Über dieses Buch Als 1649 der Dreißigjährige Krieg in Deutschland beendet war, galt es »Gesittung und Wohlstand« in den Fürstentümern und Grafschaften wiederherzustellen – in diese Zeit hinein, sechs Jahre danach wird der spätere Markgraf von Baden, Ludwig Wilhelm I. geboren. Louis, der dann seit 1683 durch seine Auszeichnung als »großer Soldat« in den Kriegen gegen die Europa bedrohenden Türken den Beinamen »Türkenlouis« erhielt, Louis, der, seit 1689 Oberbefehlshaber der Reichsarmee, im Reichskrieg gegen Frankreich mit verhinderte, daß Ludwig XIV. weiter nach Süddeutschland vordringen konnte. Das Leben dieses neben dem Prinzen Eugen von Savoyen in der Geschichte fast unbekannt gebliebenen Markgrafen hat Otto Flake in diesem ›Gemälde einer Zeit‹ in bewegter Szenenfolge erstmals dargestellt und zugleich – wie könnte es bei Otto Flake anders sein – das intime Porträt seiner Frau, der Markgräfin Sibylla Augusta, der Herrin von Schloß Favorite bei Rastatt gezeichnet.

Der Autor Am 29. Oktober 1880 in Metz als Sohn deutscher Eltern geboren, wuchs Otto Flake im Elsaß auf. In Colmar besuchte er das Gymnasium, in Straßburg studierte er Germanistik, Philosophie und Kunstgeschichte. Nach Aufenthalten in Paris und Berlin, wo er regelmäßiger Mitarbeiter der ›Neuen Rundschau‹ wurde, war er während des Ersten Weltkriegs in der Zivilverwaltung in Brüssel tätig. 1918 ging er nach Zürich und schloß sich dem Dada-Kreis an; er unternahm zahlreiche Reisen in Europa, wurde 1928 in Baden-Baden seßhaft, wo er am 10. November 1963 starb. – Rolf Hochhuth und Peter Härtling gaben 1973–1976 eine fünfbändige Ausgabe von Flakes Werken heraus, die neben den Erzählungen und Essays seine wichtigsten Romane berücksichtigt.
Im Fischer Taschenbuch Verlag sind ferner erschienen: ›Hortense oder Die Rückkehr nach Baden-Baden‹ (Bd. 2271), ›Es wird Abend. Bericht aus einem langen Leben‹ (Bd. 2272), ›Große Damen des Barock‹ (Bd. 2273), ›Marquis de Sade. Mit einem Anhang über Rétif de la Bretonne‹ (Bd. 2275), ›Schloß Ortenau‹ (Bd. 5787).

Otto Flake

TÜRKENLOUIS

Gemälde einer Zeit

Fischer Taschenbuch Verlag

Ungekürzte Ausgabe
Veröffentlicht im Fischer Taschenbuch Verlag GmbH
Frankfurt am Main, Oktober 1984
Umschlaggestaltung: Jan Buchholz / Reni Hinsch
Umschlagabbildung des Markgrafen Ludwig von Baden:
Staatliche Kunsthalle, Karlsruhe
(Reproduktion: Walter Schmidt, Karlsruhe)
Lizenzausgabe mit freundlicher Genehmigung der
S. Fischer Verlag GmbH, Frankfurt am Main

Gesamtherstellung: Clausen & Bosse, Leck
Printed in Germany
1480-ISBN-3-596-25788-3

INHALT

Erster Teil 1648–1683 7
Zweiter Teil 1683–1692 105
Dritter Teil 1693–1707 189
Vierter Teil 1707–1733 319
Die Vorfahren 359
Anmerkungen 363
Register 373

Zwei Karten

ERSTER TEIL

1648–1683

ERSTER ABSCHNITT

1648–1658

I

Der Urgroßvater Eduard Fortunat – Der Großvater Wilhelm – Der Dreißigjährige Krieg – Religiöse Verhältnisse – Badeleben

Einer der lebenslustigen jungen Leute, die im sechzehnten Jahrhundert Markgrafen in Baden-Baden wurden, hieß Eduard Fortunatus. Er war der Erbsohn der luxemburgisch-sponheimschen Linie, die sich die rodemachernsche nannte. Als 1588 in Baden-Baden sein Vetter ohne Nachkommen starb, erhielt er auch dieses Hauptstück der oberen Markgrafschaft, mit dreiundzwanzig Jahren.

Die Vornamen, die er führte, mußten für ein süddeutsches Ohr fremdartig klingen, uns noch mutet der Fortunatus shakespearisch an. In der Tat, er war, ein Jahr nach dem Dramatiker der Renaissance, in London zur Welt gekommen, und niemand anders als Königin Elisabeth hatte die Namen gewählt, als sie ihn aus der Taufe hob.

Sein Vater hatte in Schweden gedient, die Tochter Gustav Wasas (Tante Gustav Adolfs) geheiratet und lutherisch gedacht. Fortunatus kehrte in München, unter dem Einfluß seines herzoglichen Vormunds, zum katholischen Glauben zurück, bevor er noch zwanzig zählte. Er kannte schon Schweden und Polen, als er Markgraf in Baden-Baden wurde. Die schwere Verschuldung des Landes hielt ihn nicht ab, einen verschwenderischen Hof zu führen.

Die Landstände setzten ihm zu. Er war ein Van-Dyck-Kavalier, das Gezänke langweilte ihn. Er ging nach Brüssel, der üppigsten Stadt der Christenheit, wo Alexander von Parma für den König von Spanien regierte. Hier verliebte er sich in die schöne Maria von Eicken, Tochter des Statthalters von Breda. Sie war nicht ebenbürtig, er heiratete sie heimlich in Sankt Gudula, dann reiste er mit ihr nach Rom, um die

Erlaubnis zur Geheimhaltung der Ehe zu holen. Die erste Tochter wurde in Murano geboren. Als Maria, nun daheim in Baden, wieder schwanger war, ließ sich das Geheimnis nicht länger verschweigen. Der Vormund und der Kaiser gaben nach, die Vermählung fand auf dem Neuen Schloß in Baden-Baden statt.
Der Fehlbetrag im Haushalt des Ländchens schwoll so sehr an, daß die Inhaber der Schuldtitel von 1515 sich an die Durlacher Linie wandten. Bei jener Teilung war ausgemacht worden, daß das Haus eine Einheit bilde und jede Hälfte haftbar sei. Der Markgraf in Durlach erfuhr, daß Eduard Fortunatus Verhandlungen führe, um sein Land zu verfuggern – an die Fugger oder andere gegen eine Jahresrente zu verpfänden. Er besetzte die obere Markgrafschaft und ließ sich huldigen, Anno 1594.
Der Fortunatus machte einen Anschlag auf das Leben des Verwandten, was seine Lage noch verschlechterte. Er trieb sich als Soldat in den Niederlanden und Polen herum. Von seinem Besitz waren ihm nur die luxemburgischen und sponheimschen Gebiete geblieben. Hierhin kehrte er zurück und endete sein Leben in Castelnau durch den Fall von einer Stiege, man schrieb 1600.
Wenn etwas mit ihm aussöhnt, ist es die Tüchtigkeit des Sohnes, des Enkels und des Urenkels, der Markgrafen Wilhelm, Ferdinand Maximilian und Louis – leicht möglich, daß man sie der Blutauffrischung durch die unebenbürtige Maria zuschreiben darf.
Hätte Markgraf *Wilhelm* die gute Anlage nicht mitgebracht, so würden auch die Lehren, die er aus dem Schicksal des Vaters ziehn konnte, nichts genützt haben. Man überschätzt meist den freien Willen. Wer zu Trunk, zu Rauschgiften, zur Charakterschwäche neigt, läßt sich durch die krassesten Beispiele nicht belehren. Zudem war Wilhelm erst sieben Jahre alt, als sein Vater starb. Er selbst brachte es auf vierundachtzig, ein seltenes Alter in einer Zeit, wo von Fürsten nicht anders als von Bürgern zehn bis zwanzig Kinder gezeugt wurden, die zumeist früh hinwegstarben.
Wilhelm ist also ein Mann, der Beachtung und Achtung verdient. Ein Blick auf seine Züge zeigt, daß er die lebenstüchtigen Eigenschaften einer festgegründeten Natur besaß. Sein Werdegang war nicht leicht. Davon, daß er, sei es auch unter

Vormundschaft, in Baden-Baden residiert hätte, konnte keine Rede sein. Dort hatte sich der Markgraf von Durlach festgesetzt und brachte außer den anderen wohlbegründeten Beschwerden auch den Einspruch gegen die Ebenbürtigkeit an. Die Besetzung war für immer gedacht und dauerte bis in den Dreißigjährigen Krieg hinein.
Einer der Vormünder Wilhelms war Erzherzog Albrecht, der nun in Brüssel Hof hielt. Hier, zuletzt auch in Köln, erhielt Wilhelm seine Erziehung. Auf diese Jugendverhältnisse geht die enge Verflechtung mit dem Hause Österreich zurück, die noch das Leben seines Enkels Louis bis in die letzten Folgen hinein bestimmte. Ebenso die mit dem katholischen Glauben. Nur der Kaiser konnte ihm zu seinem Land verhelfen, auf das der protestantische Vetter von Durlach die Hand gelegt hatte. Gegen den war von den Vormündern beim Reichshofrat in Wien ein Prozeß angestrengt worden, der sich hinschleppte, bis die Waffen sprachen.
1622 siegte mit Tilly bei Wimpfen die kaiserliche Sache. Wilhelm ergriff Besitz von seinem Land. Der katholischen weltlichen Reichsfürsten waren nicht viele; Kardinal Caraffa tat alles, um Wilhelm zur Anerkennung zu verhelfen. Der Reichshofrat fällte seinen Spruch, und Baden-Durlach erkannte ihn schließlich an. Es zahlte sogar 380000 Gulden Entschädigung, die Wilhelm bitter nötig hatte.
Wilhelm ging sofort an sein Versprechen, das ziemlich protestantisch geworderne Land wieder katholisch zu machen. Den protestantischen Geistlichen wurde auf Ende 1622 gekündigt und Abzug befohlen. Wer von den Bürgern widerstrebte, konnte Bekehrung oder Auswanderung wählen, wenn die Geldbußen nichts nutzten. Bei Haussuchungen fahndete man nach lutherischen Bibeln. Alles in allem ging es gelinder zu als an manchen anderen Orten.
Mit dem weltlichen Klerus, der dem Bischof von Speyer unterstand, kam Wilhelm nicht gut aus: so stützte er sich auf die Jesuiten, die in jedem Ort ihr Bekehrungswerk begannen. Vor der Stadt legte der Markgraf den Grundstein zu einem Kapuzinerkloster.
Wohl war er nun eingesetzt. Aber was wollte das bedeuten in einer Zeit, wo Schweden, Kaiserliche, Spanier, Franzosen und Eigengänger wie Bernhard von Weimar am oberen Rhein hin und her marschierten, das Kriegsglück stündlich

wechselte und jeder Wechsel Flucht, Besetzung, Kontribution und Eingriff in den Glauben bedeutete. So kamen für Wilhelm noch schwere Jahre.
Gustav Adolf vertrieb ihn 1631. Wilhelm führte Krieg im Elsaß und vom Elsaß aus, machte schwedische Besatzungen nieder und wurde selbst von einem Schweden gefangen, der ihn wieder laufen ließ, weil er mit dem einfachen Soldaten einen schlechten Fang getan zu haben glaubte. Er verwüstete die untere Markgrafschaft und floh zuletzt nach Innsbruck. 1633 wies der Kanzler Oxenstierna dem Durlacher die Lande Wilhelms an. Nun war die Reihe, vertrieben zu werden, an den Mönchen.
1634 wiederum brachte den Sieg der Kaiserlichen bei Nördlingen. Alle protestantischen Fürsten und Herren wurden verjagt, über den Rhein getrieben. Für die Leiden der Untertanen war es kein Unterschied. Der Sieger hauste immer, wie es ihm gefiel. Wilhelm kehrte zurück, mit ihm die Ordensleute. Die Geldstrafen und Auswanderungen wiederholten sich. Wilhelm übergab nun den Jesuiten den Unterricht der männlichen Jugend und baute ihnen am Marktplatz das Collegium. Seine Gattin Katharina Ursula, geborene Gräfin von Hohenzollern-Hechingen, knüpfte die Beziehungen zum Benediktinerstift in Einsiedeln an, die in den folgenden Generationen noch enger wurden.
Die ›fleißige Inquisition‹, die er den kirchlichen Instanzen übertrug und deren Urteile dann der Staat ausführte, erstreckte sich auch auf die wegen Hexerei Angeklagten. Für Baden und diese Zeit werden Zahlen genannt, die schwer zu belegen sind; es soll weit mehr als hundert Verbrennungen gegeben haben. Es geht nicht an, mit ihnen den Fürsten persönlich zu belasten, da er nur den weltlichen Arm lieh. Sie fallen zu Lasten einer Zeit, die zu den übrigen Menschenquälereien auch diese fügte.
Wer nicht gestand, wurde gefoltert. Ein beliebtes Mittel war, ihn auf dem Wachstuhl anzubinden und ihm das Kränzle aufzusetzen, einen eisernen Kranz mit Nägeln. Nickte er ein, so weckten ihn die Nägel immer wieder. Die Fragen bezogen sich auf Verführung durch den Teufel mit Gotteslästerung, Teufelshochzeit, Hexentanz und Hexenritt; auf Bereitung von Hexensalbe, Wettermachung und Tötung; auf Schändung der Hostie. War das Geständnis abgelegt, so erfolgte die

›Besiebung‹, die Gegenzeichnung durch sieben Mitglieder der Bürgerschaft, dann die Betreuung durch den Priester und der Feuertod.

Trotz der Wirren und der Unsicherheit hörte auch im Dreißigjährigen Krieg das Badeleben nicht ganz auf. Nach Baden-Baden kamen vor allem Podagristen und Frauen, die an Kinderlosigkeit litten. Die Ärzte der Zeit sprechen viel vom Alaungehalt des Wassers. Was den Schwefel betrifft, so loben die einen seine Anwesenheit, die andern sein Fehlen. Es wird auch schon getrunken, aber ›junge, hitzige und zornige, dürre Leut, die cholerischer und trockener Complexion sind, sollen sich ernstlich hüten‹.

Man drückte sich mit pathetischer oder lieblicher Überschwenglichkeit aus. Ein Straßburger Arzt von 1625 beschreibt Markgraffen-Baden und findet, es sei wegen seiner lustigen, schönen Situation, des stattlichen Fruchtwachses und der anmutigen Schnabelweyd vorzuziehn. Er erwähnt unter den Bädern des Marktplatzes, auf dem die heißen Quellen entspringen, das Fürstenbad, das vier ›Badkästen‹, Kabinen, hatte und sein Wasser wie alle anderen Bäder durch hölzerne Röhren empfing.

Das Leben war billig. Am Anfang des Jahrhunderts kostete ein Pfund Ochsenfleisch vier Pfennig, ein Kalbsfuß einen einzigen. 1686 zahlte man für einen Aderlaß zehn Kreuzer. Doch waren die Einwohner durch den Krieg so arm geworden, daß sie 1658 erklärten, es sei schon viel, wenn sie genug zusammenbrächten, um nur auf eine Woche die Notdurft einzukaufen, und auch nur drei Pfennig für die Steuer der Obrigkeit fielen ihnen schwer. Als der Bischof von Speyer 1683 eine Visitation vornehmen ließ, merkte er an: *Quo tandem progrediaris, canis atque puella obvia adest* – wovon ein öfter angeführter Satz herstammen soll: Wo man zu Baden durch eine Gasse geht, trifft man ein Schwein, einen Hund und eine Dirne. Das Schwein wenigstens fehlt bei dem bischöflichen Herrn. Dunghaufen und Unrat lagen damals allenthalben.

An warmen Quellen war ein solcher Überfluß, daß von zweien berichtet wird, sie dienten nur zum Hühnerrupfen und Schweinebrühn. Daß die Mägde in ihrer Küche das Wasserkochen sparen konnten, weil sie es heiß von den offenen Brunnen holten, ist ein oft angeführter Zug.

In der Ostecke des Marktes, hinter der Stiftskirche, stand ein

Gewölbe, worin das aus dem Felsen strömende Wasser aufgefangen wurde. Es gab dort ein geschlossenes Bad für Standespersonen und ein oder zwei offene Freibäder, die nur an Walpurgis eine Abgabe erheben durften, denn zum ersten Mal kamen von weit und breit die Bauern zum Baden, weil sie an die Frühjahrskur glaubten und der Meinung waren, wenn sie die Walpurgisnacht im Wasser verbracht hätten, blieben sie das ganze Jahr gesund. Zur Vorsicht badeten sie auch noch an Johanni. In der protestantischen Zeit stellten sich die evangelischen Bauern erst am zehnten Mai ein: sie rechneten nach dem alten Julianischen Kalender, der bis 1699 galt, während die Katholiken schon seit 1583 den Gregorianischen benutzten und zehn Tage voran waren.
Man aß, trank und schlief sogar im Bad. Manche blieben so lang darin, bis das Wasser das Fleisch erweicht hatte und auf der Haut ein Ausschlag entstand, der für gesund galt. Wer auf die Ärzte hörte, begann mit einer Stunde, steigerte bis zu vier und baute vom fünfzehnten Tage ab, bis er wieder bei einer Stunde angelangt war.
Am meisten hatten wohl die Bader oder Scherer zu tun. Einer von ihnen brachte es zu solchem Ansehn, daß ihm 1471 die zwei Freibäder als Erblehn verliehn wurden. Er hieß Hans Ulrich und konnte bei Nikolas von Leyden das berühmte Kruzifix bestellen, das noch heute auf dem alten Friedhof steht. Unter den Gewerbetreibenden fallen die Seiler auf, der badische Hanf war weit und breit bekannt. Mit ihnen sind die Flößer verschwunden. Über den örtlichen Wein, der alle Hänge bedeckte, gingen die Urteile auseinander wie beim Schwefel.
Das bekannteste Gasthaus in der Mitte des siebzehnten Jahrhunderts war der ›Greifvogel‹ auf dem Markt, mit 22 Stuben und 72 Badkästen, die durch Bretter oder, die billigeren, durch Gitter getrennt waren. Hinter dem ›Greifvogel‹ hatte Ottheinrich von der Pfalz sich zum eigenen Gebrauch sowohl des Weines wie der Bäder den ›Trumpeter‹ bauen lassen.
In diesem astrologischen Jahrhundert werden sich viele an die alten *consilia medica* des Paracelsus gehalten haben, der abriet, zu baden, wenn der Mond in den Fischen oder in den Zwillingen stehe, auch den Neumond verwarf. Immerhin war er schon einsichtig genug, um zu erklären, daß eine Krankheit

›angesehn sein will‹ – sie sei mehr am Leib als am Himmel. Er verbot festes Fleisch, Essig, Mandeln und Tropfwein. Auf Obst gab man wenig, es mache viel Wind[1].
Nach dieser vielleicht nicht unwillkommenen Abschweifung über die Alltagszustände sei der Faden der Erzählung wieder aufgenommen.

2

Der Vater Ferdinand Maximilian – Seine Kavaliersreise nach Italien – Der Westfälische Friede – Das Friedensfest in Nürnberg – Frankreich faßt Fuß im Elsaß

1640 berief der Kaiser nach langer Zeit zum erstenmal wieder den Reichstag nach Regensburg. Wilhelm begleitete ihn als Kommissar. Aber der Kaiser war in diesem Glaubenskrieg nicht Haupt des Reiches, er war Partei und der Haß zu groß. Der Kampf ging weiter. Der Druck, den Frankreich auf den süddeutschen Schauplatz legte, nahm zu. Es mietete deutsche Truppen und schickte eigene.
Wilhelm stellte sich unter den Schutz Mazarins, der eben Richelieu ablöste. Er öffnete das strategisch wichtige Städtchen Stollhofen in der Rheinebene einer französischen Besatzung. Die kaiserliche Gesinnung half im Augenblick nichts. Seit 1645 unterhielt er einen Vertreter in Paris.
1644 begannen in Münster die Friedensverhandlungen. Aber wie schleppten sie sich hin. Mazarins Unterhändler saß dort am Schachbrett und machte noch viele Züge. Noch das letzte Jahr 1648 brachte Bayern die schlimme Verwüstung durch die Franzosen.
Markgraf Wilhelm zeugte mit zwei Frauen siebzehn Kinder. Aber als er starb, lebten nur noch zwei Söhne und drei Töchter, dazu drei Enkelkinder. Die erste Frau starb 1648, die zweite nahm er zwei Jahre später. Dank der Gnade der spanischen Majestät wurde er Ritter des Goldnen Vließes, das zur Bestimmung unsicherer Bilder so geeignet ist. Die Gnade der kaiserlichen Majestät wiederum machte ihn zum Geheimrat, Generalfeldmarschall und 1652 zum Reichskammerrichter in Speyer – ein Amt, das er treu verwaltete, daher er beim Volk Wilhelm der Kammerrichter hieß.

Anno 1644 schickte er seinen ältesten, 1625 geborenen Sohn, *Ferdinand Maximilian,* mit einem jüngeren, der ein paar Jahre später durch unvorsichtige Handhabung einer Waffe ums Leben kam, auf die zeitgemäße Kavaliersreise. Der Bruder zählte erst fünfzehn, trug aber schon das Kleid eines Kölner Domherrn. Genauer gesagt, er legte es nach einigen Ermahnungen in Italien an und scheint eine Fortunatusnatur gewesen zu sein – im Unterschied von Ferdinand Maximilian, der dem Vater gehorsam, bedacht und dem Rauhen abgeneigt war.

An ihm merkt man, daß die Zeit nicht stillsteht, im Antlitz der Ideen neue Züge vorbereitet: was man ein Jahrhundert später die Toleranz nannte, meldet sich bei ihm überraschend an. Wir werden noch sehn, daß er seinem Sohne Ludwig Wilhelm edle Grundsätze der religiösen Duldsamkeit im rührend eckigen Deutsch jener Tage ans Herz legte.

Der junge Mann haßte den Krieg, den er sattsam kennengelernt hatte. Sein Sinn neigte ›den gelehrten Leuten und guten Künsten‹ zu. Weicheren Gemüts, als üblich war, mußte er doch genügend Sicherheit besessen haben, wofern man aus den Instruktionen, die er vom Vater mitbekam, einen Schluß auf seine Selbständigkeit ziehn darf.

Denn die Kavaliersreise, an der außer den beiden Brüdern ein junger Adliger, ein Hofmeister und einige Bedienstete, insgesamt acht Personen, teilnahmen, litt an einem Grundübel, das für einen neunzehnjährigen Prinzen eine Erschwerung bedeutete: es fehlte ihr die geldliche Grundlage. Markgraf Wilhelm schleppte alte Schulden mit, und die ewigen Kriegsjahre hatten seine Kasse nicht eben gefüllt. Man darf ihn ruhig einen armen Fürsten nennen. Aber er begriff es wenigstens und lebte sparsam.

Der Erbprinz erhielt so trotz seiner Jugend den Auftrag, unterwegs nach Gönnern auszuschaun, die die Kosten übernehmen konnten. Man rechnete mit dem Paten in München, der mit einer Kaisertochter verheiratet war, dem Papst in Rom, vielleicht auch dem Großherzog in Florenz und dem Kaiser in Wien. Ein zweiter Auftrag ging dahin, in Rom dem jüngeren Bruder zum Besitz der einen oder anderen Pfründe zu verhelfen. In dieser Beziehung war ihm keine Grenze gesetzt; auch die übrigen Brüder konnten eine Pfründe brauchen, denn alle bis auf einen wurden

der leichteren Versorgung halber für die geistliche Laufbahn bestimmt – nicht bloß in Baden.
Nichts nahm man im Barock so ernst wie Titel, Anreden, Höflichkeitsbezeigungen. Der Erbprinz bekam die genauesten Anweisungen mit. Besser des Guten zu viel, als zu wenig tun, erklärte der Vater, einflußreiche Hofräte zum Beispiel hörten es gern, wenn man Exzellenz zu ihnen sage. Die Anrede Durchlaucht stehe nur den regierenden Mitgliedern der Häuser Österreich und Bayern zu, ob sie nun weltlich oder geistlich seien, für andere Kurfürsten genüge Euer Gnaden und Liebden. Markgraf Wilhelm besaß damals noch nicht das Prädikat Durchlaucht, er erhielt es erst später.
Der Hofmeister, ein Johanniterkomtur, bekam 400 Reichstaler fürs Jahr, jeder der Kammerdiener 72 Gulden. Die Reise ging zuerst nach München zum Paten, der auch in seine Schatulle griff und 1000 Taler gab. Die Gesellschaft fuhr durchaus nicht in eigenen Wagen, sondern mietete für die Strecke von Augsburg bis Venedig einen ›Ordinariboten‹, einen Mann, der gegen den festen Betrag von 38 Talern pro Kopf die Beförderung und die Verköstigung übernahm. Die Ordinaripost hielt sich bis zur Einführung der Eisenbahn, und es sind ihr genug Verwünschungen nachgerufen worden.
Aus Florenz berichtete Ferdinand Maximilian über die Freundlichkeit des Großherzogs nach Hause. Das nächste Ziel war Siena. Hier, in der Studentenstadt, nahmen die Brüder längeren Aufenthalt. Sie mieteten eine Wohnung mit einer Lohnfrau und einem Koch, der ihnen täglich Suppe, Rindfleisch, Huhn, dann Gans oder Hase, dann Käse und Obst auf den Tisch setzte. Die Unterrichtsstunden, die sie nahmen, umfaßten Reiten (60 Gulden im Monat), Fechten (12), Tanzen (15), Laute (15) und Italienisch (12), das noch Diplomatensprache war, zum Beispiel am Wiener Hof Verwendung fand.
Mitte September reisten sie nach Rom, wo eben ein neuer Papst gewählt wurde und Frankreich seinen Einfluß gegen den Österreichs einsetzte. Ein junger Fürst konnte hier etwas lernen, sich mit dem Atmosphärischen der Politik vertraut machen. Zu den alten Unterrichtsfächern kam die Fortifikationslehre hinzu, ein zeitgemäßes Fach, Vauban war schon geboren, ging gerade in die Schule. Auch im Badischen gab es befestigte Städte und Sperrlinien. Die jungen Leute wuß-

ten, was es bedeutete, wenn Frankreich auf der rechten Rheinseite Philippsburg und Breisach besetzt hielt – eine offene Zange um die Markgrafschaften waren die beiden Orte.
Der Papst bewilligte den Brüdern eine Audienz. Es war Innozenz X. mit den bäurischen Zügen und den scharfen Augen, so hat ihn Velasquez gemalt. Dreimal forderte er die Prinzen auf, sich zu erheben. Sie blieben knien und brachten ihren dringendsten Wunsch, den nach einem Reisezuschuß, vor. Seine Heiligkeit wich aus, fragte dies und das; ein Kardinal sagte ihnen nachher, vieles sei in Rom zu haben, nur kein Geld. Ferdinand Maximilian gab auch noch eine Bittschrift ab. Sie hatte geringen Erfolg; alles, was herausschaute, war eine Konstanzer Pfründe für den jüngeren Bruder.
Da Ferdinand Maximilian sich mit der Geschichte seiner Familie beschäftigte, fiel ihm in Rom ohne Zweifel die seltsame Tatsache ein, daß Anno 1585 der seinem Großvater Eduard Fortunatus vorangehende Markgraf neben zwei japanischen Prinzen gestanden hatte, als der Papst die Goldene Rose weihte.
Der Vater mußte 1000 Taler und noch mehr schicken. Unter diesen Umständen rief er die Söhne aus Neapel zurück, und wenn Wien im Plan gestanden hatte, ließ er es fallen. Obwohl der Erbprinz vermutlich ein aufgeschlossener Mensch war, würde man in seinen italienischen Briefen vergebens nach Worten des Natur- und Kunstempfindens suchen. Als die Brüder heimkehrten, fehlten noch zwei Jahre am Frieden. 1648 verloren sie die Mutter, im nächsten Jahr verunglückte der jüngere auf der Jagd.
Als die Friedensglocken läuteten, muß es ein erschütternder Augenblick gewesen sein. Nur die Älteren erinnerten sich noch, wie Friedenszeit gewesen war. Die anderen hatten Gewalttat, Hunger, Raub und Kampf aller gegen alle für den täglichen Zustand angesehen. Mehr oder weniger, die festesten Städte ausgenommen, war es überall dasselbe Bild, verkommene Fluren, zerstörte Häuser, umgehauene Wälder, beschmutzte Kirchen. Gesittung und Wohlstand waren um mehr als ein Jahrhundert zurückgeworfen, und aus der Brutalität der Heere wuchs geradenwegs der Absolutismus der Fürsten heraus. In gewissen Seelenbezirken des deutschen Menschen ward der Schade überhaupt nicht überwunden.

Freier Sinn und Bürgerbewußtsein schwanden, das Enge, Gedrückte und Demütige blieb.
Die das Läuten hörten, konnten im Grund nur weinen. Mancherorts waren zwei Drittel der Bewohner untergegangen, mancherorts noch mehr. Die Jahre, die auf den Friedensschluß folgten, sahen alles andere als freundlich aus. Spanier, Franzosen und Schweden rückten nicht gleich ab. Ganze Banden von Räubern durchzogen das Land. Bettlerscharen, Geistliche, Kinder, Invaliden darin, glichen aufs Haar denen der Zigeuner, gegen die man Wachdienst auf den Mauern wie im Kriege hielt.
Im September 1649 feierten in Nürnberg im Rathaus Kaiserliche und Schweden und Reichsstände ein Friedensbankett. Hoch ging es her, und die Teilnehmer tafelten in sechs Zimmern, nach ihrem Stand. Am Abend wollten, wie Gustav Freytag erzählt, die Kriegsherren und Generale noch einmal Soldaten spielen, machten die beiden Gesandten zu Hauptleuten, sich selbst zu Musketieren, marschierten um den Tisch, schossen eine letzte Salve ab und wurden dann scherzhaft des Dienstes entlassen und abgedankt, weil man sie nun nicht mehr brauche. Das Gefühl eines Einschnitts war groß.
Rund fünfundzwanzig Jahre später fing ein neues Geschlecht wieder zu kriegen an und auch darüber zu sinnen, was es denn mit dem Reich wohl auf sich habe – an hundert Stellen des zerrissenen Landes, nicht an der einen, mittelsten, die fehlte. Gab es noch ein Reich, ein deutsches Nationalgefühl? Das ist eine der Fragen, denen dieses Buch nachgehen will.
Der Friedensschluß gab dem Markgrafen in Baden-Durlach sein zerstörtes und entvölkertes Land zurück, was er nur Schweden verdankte. Hatte man ihn doch nicht einmal zu den Verhandlungen zulassen wollen. Desgleichen wurde der Pfalzgraf Karl Ludwig wieder eingesetzt und erhielt auch den Kurhut zurück, den achten, weil der alte inzwischen auf Bayern übergegangen war.
Wie alle Reichsstände bekam Baden-Baden die Landeshoheit: fortan durften Bündnisse untereinander und mit auswärtigen Mächten geschlossen werden, sofern sie nicht gegen Reich und Kaiser gingen. Es war der vorletzte Schritt zur vollen Souveränität und zur Aufspaltung des Reiches, dies in einem Augenblick, wo die gegenteilige Entwicklung in

Frankreich schon so weit gediehen war, daß Mazarin, der eigentliche Sieger von Münster, an die letzte Auseinandersetzung mit den großen Herren gehn konnte und sie fünf Jahre später gewann, womit die absolute Stellung Ludwigs XIV., die Einheit Frankreichs, seine Stoßkraft und sein Machtwillen Tatsache wurden.
Auch dem Umstand, daß es zwei Markgrafschaften Baden gab, trug man in Osnabrück Rechnung. Beide Länder gehörten zufolge der Reichsreform Maximilians I. zum Schwäbischen Kreis, beide wollten an den Reichstagen teilnehmen: abgesehn von der Beteiligung handelte es sich auch um den Vorsitz und, noch wichtiger, um den Vortritt. Es wurde abgemacht, daß Baden-Baden und Baden-Durlach in beiden abwechseln sollten. Als Kuriosum sei erwähnt, daß laut gleichem Friedensbeschluß in Osnabrück abwechselnd ein katholischer und ein protestantischer Bischof regieren durften, bis zum Ende des Reiches.
Der Austritt der Schweiz und der Niederlande aus dem Reichsverband berührte Baden nicht unmittelbar, wohl aber die Festsetzung der Franzosen in Lothringen und im Elsaß. Die drei lothringischen Bistümer Metz, Toul und Verdun gehörten ihnen *de facto* schon seit einem Jahrhundert; jetzt wurden sie *de jure* bestätigt. 1634 hatten sie dem Herzog von Lothringen sein Land fortgenommen, behielten es auch bis zur Regelung von 1659, die freilich auch keine endgültige war.
Im Elsaß trat überall an Stelle Österreichs Frankreich. Mazarin hatte den Elsässern immer versichert, daß er die Unabhängigkeit der anderen Reichsstände nicht bedrohe, nur gegen Habsburg Krieg führe. Getreu dieser Taktik übernahm er den zehn elsässischen Reichsstädten gegenüber nur die Reichslandvogtei, deren Sitz in Hagenau war, das heißt das Schutzrecht ohne rechtsprechende Macht, aber mit dem Anspruch auf Souveränität. Diese Städte verblieben im Reich, hatten auf dem Reichstag Sitz und Stimme. Dasselbe galt vom Bistum Straßburg, den Grafen von Hanau und anderen Herren, von der Reichsritterschaft und einigen Äbten. Was aber österreichischer Hausbesitz gewesen war, ging an die Krone Frankreich über, vor allem die Landgrafschaft Oberelsaß und der Sundgau, wo Mazarin eine große Schenkung erhielt.

Hier setzte bald die straffe, zentrale Verwaltung der Intendanten ein, seit 1655 Colberts von Croissy, auch Colbert d'Alsace genannt, eines Bruders des Ministers. Die Juristen der Krone verstanden nicht, was ihr König als Hagenauer Landvogt nun eigentlich sei, und darin wenigstens hatten sie recht: denkbar war die Belehnung eines deutschen Grundherrn mit einem Besitz auf französischem Boden, nicht aber die französische Souveränität über eine deutsche freie Stadt.

Daher ging nun alles Streben dahin, das deutsche Lehnsverhältnis durch das französische zu ersetzen und den Reichsstädten das zu nehmen, was sie zu Fremdkörpern machte, die eigene Gerichtsbarkeit, das Münzrecht, die Selbstverwaltung und die Bündnisfähigkeit. Auch im Reich waren den nunmehr fast souveränen Fürsten die freien Städte ein Dorn im Auge, und sie legten sie um, wo sie konnten. Nachdem man das Elsaß in ein so unglückliches Zwitterverhältnis entlassen hatte, war vorauszusehen, daß der französische Zentralismus nicht ruhen werde, bis ein rationales staatsrechtliches Gebilde geschaffen war.

Mit Breisach griff die französische Hoheit auf das rechte Rheinufer über. Was links des Rheines zum ersten Kreis, dem österreichischen, gehört hatte, fiel an Frankreich; im achten, dem oberrheinischen, die Bistümer Metz, Toul und Verdun. Der zweite Kreis, der burgundische, bestehend aus der Freigrafschaft mit Besançon im Süden, den beiden Niederlanden und Luxemburg, schrumpfte auf Luxemburg und die Freigrafschaft ein, die aber genau genommen bereits nicht mehr zum Reich gehörte, da sie spanisch war. Um das Schicksal dieser beiden Kreise drehten sich die Kämpfe, die die Regierungszeit Ludwigs XIV. ausfüllen werden.

Im achten Kreis lag das Land des Herzogs von Lothringen. Die Auseinandersetzung mit ihm und mit Spanien war im Westfälischen Frieden nicht bereinigt worden. Sie ging weiter und verlängerte den Krieg, der bei uns der Dreißigjährige heißt, für die beteiligten Länder bis 1659. Dieser Umstand, dazu die große Jugend des Königs und die bewaffnete Haltung, die nach dem Frieden von Münster die französischen Großen, die sogenannte Fronde, gegen ihn einnahmen, hatten zur Folge, daß ein Jahrzehnt vorübergehn mußte, bevor man an den europäischen Höfen klar sah, welchen Weg Ludwig einschlagen werde, welches sein Charakter und sein Ziel sei. Im Elsaß erkannte der erste Gouverneur und Landvogt, Harcourt, 1653 noch die Rechte, die Reichsunmittelbarkeit der zehn Reichsstädte nebst der Reichsdörfer an.

Für Baden-Baden war zunächst am bedenklichsten, daß Frankreich auf der rechten Seite des Rheins außer Breisach auch das Besatzungsrecht in Philippsburg erhalten hatte: beide Festungen bildeten jene Zange, von der die Rede war. Philippsburg, im heutigen Bezirk Bruchsal gelegen, deckte damals, wo der Rhein noch nicht reguliert war, den wichtigen Übergang in der Gegend Speyer. Es hatte den Bischöfen von Speyer als Residenz gedient und bis 1623 Udenheim geheißen; einer der Bischöfe mit dem Vornamen Philipp befestigte es nach dem Vorbild von Breisach.

Nachdem Markgraf Wilhelm Kammerrichter geworden war, weilte er oft in Speyer. Er führte Ferdinand Maximilian in die Regierungsgeschäfte ein und ließ sich von ihm vertreten. Zwischen dem Vater und dem Sohne bestand eine seltene Übereinstimmung der Auffassung, der gleiche Wille, zu sparen und aufzubaun, da ›alles verschuldet und verhaftet, in Abgang und Ruin‹ war.

An der Spitze der Vögte, die die ›Ämter‹, die Verwaltungsbezirke, leiteten, stand der Obervogt in Baden-Baden. Neben diesen adligen Beamten saßen in der Kanzlei, wie allenthalben seit dem Aufkommen der Geldwirtschaft und des römischen Rechtes im fünfzehnten Jahrhundert, bürgerliche Juristen, die ihre Ausbildung gern auf italienischen und französischen Universitäten, aber auch in Straßburg beim älteren Obrecht holten und später zu Schöpflin gehn werden.

Mit der Ausbildung des fürstlichen Absolutismus verfielen die Landstände. In Süddeutschland war nur Württemberg ausgenommen, in Norddeutschland Hannover, Mecklenburg und Jülich-Kleve. In Baden-Durlach hatte Friedrich V. 1622 ein Landrecht ausarbeiten lassen, das sich bewährte. In Baden-Baden blieb das ältere württembergsche in Geltung.

Unter den baden-badenschen Landständen war der Adel kaum vertreten, er fehlte bis auf den Abt von Schwarzach, die Äbtissin von Lichtental und die von Frauenalb. Die Städte waren klein und so erschöpft, daß der Verlust der alten Rechte sich unmerklich vollzog. Es lagen keine Reichsstädte im Gebiet der Markgrafschaft, denen das Schicksal von Münster, Erfurt, Köln, Magdeburg, Braunschweig hätte bereitet werden können, der Untergang der Reichsunmittelbarkeit.

3

Ludwig XIV. und Mazarin – Die Nichten Mazarins – Die Fronde – Das Haus Condé – Die Gräfin von Soissons – Werbung um Luisa Carignano

Ein paar Monate nach Richelieu starb auch Ludwig XIII. (1643) und hinterließ außer einer unbedeutenden Frau einen Dauphin, der noch keine fünf Jahre alt war, eine ungemein gefährliche Lage für ein Land, das mit allen Nachbarn im Streite lag und sich im Innern der Begehrlichkeit der Großen ausgeliefert sah. Nichts ist in der Geschichte so selten wie die Fügung, daß auf einen Staatsmann von großem Format ein wenn nicht ebenbürtiger, so doch ebenso zielbewußter und geschickter folgt.

An Charakter stand Mazarin, der als Mazarino nach Frankreich gekommen war, hinter Richelieu zurück, an Geschmeidigkeit übertraf er ihn. Er führte die ganze Verschlagenheit, über die ein Italiener verfügen kann, in die französische Politik ein. Richelieu entdeckte und empfahl ihn sterbend dem König als Nachfolger. Unter den Diensten, die der Kardinal Frankreich erwies, ist das nicht der gringste.

Anna, die Frau Ludwigs XIII., war eine spanische Habsburgerin. Aus Furcht, sie könne den Kurs nach dieser Seite steuern, schloß der König sie durch Testament von der Vormundschaft über den Sohn aus, auf Mazarins Anraten. Nach seinem Tod verschaffte Mazarin Anna die Vormundschaft und sich die Stellung des leitenden Ministers. Ein übriges tat die private Beziehung, in die Anna und er eintraten. Seine Habsucht war außerordentlich, er soll ein Vermögen von zweihundert Millionen hinterlassen haben. Im oberen Elsaß war er mit ungeheuren Besitzungen belohnt worden.

Er legte die zahllosen Prinzen königlichen Blutes und alle anderen, die ihre Zeit gekommen glaubten, durch jenen ersten Schachzug herein. So entstand die jüngste und letzte Fronde.

Auch Turenne aus dem Hause La Tour und der Herzog von Enghien, ein Condé, der seit 1646 diesen Namen führte und als der Große Condé bekannt ist, gehörten zu ihr, erfochten aber, als schon die Unterhändler in Westfalen zusammentraten, für ihr Land die Siege am Rhein und in Bayern, die es Mazarin ermöglichten, die Verhandlungen in Münster so lange hinzuziehn, wie es ihm paßte.
Gleich nach dem Friedensschluß schritt in Frankreich die Fronde zum Angriff, von Condé und Turenne geführt. Mazarin mußte nach Köln in die Verbannung gehn, auch das Parlament stand gegen die Krone. Es ist erstaunlich, zu verfolgen, wie es Mazarin gelang, die Unzufriedenheit, die der Eroberer von Paris, Condé, durch sein schroffes Wesen, seine Habgier und seine Mißwirtschaft sich zuzog, aus der Ferne zu leiten.
Das Angebot, Condé zu ermorden, wies Anna zurück. Ihr und des nunmehr mündigen Sohnes Sache wurde jetzt von Turenne geführt, und 1652 stieß Mazarin zum Hof in Poitiers. Turenne griff Condé in Paris selbst an, ohne durchgreifen zu können. Ludwig bildete in Pontoise ein Gegenparlament, in Paris konnten Condé, Orléans und der Kardinal Retz keinen Regentschaftsrat zusammenbringen, und die Pariser Bürgerschaft, hinter der Mazarin steckte, war es, die dem Bürgerkrieg ein Ende machte, indem sie eine Abordnung nach Pontoise schickte, die den jungen Ludwig bezaubernd fand. Er verstand sich darauf, als König aufzutreten.
Die Frondisten verzweifelten daran, sich in Paris zu halten. Im Oktober ging Condé zu den Spaniern an die Front in Flandern, der feigere Orléans entwich, und Anna, Ludwig, der Hof kehrten nach Paris zurück. Im nächsten Jahr auch Mazarin. Ludwig zog ihm mit den Garden entgegen, verließ seinen Wagen und bestieg ihn wieder mit dem Kardinal, der so vom König selbst durch die Stadt geleitet wurde.
Jede Gnadenbezeigung des Königs hatte die Wirkung, den Beglückten bis ins Mark zu erschüttern und diese Erregung auf alle Zeugen, weiterhin auf alle, die sich zur Sonne drängten, fortzupflanzen. Dieselben Parlamentsräte, die einen Preis auf den Kopf Mazarins gesetzt hatten, machten ihm die demütigsten Besuche. Man versteht diese Zeit nur, wenn man sich vergegenwärtigt, daß in dem Augenblick, wo der König auftrat, ja sich nur ankündigte, die im rechten Winkel

geneigten Körper und die ausgestreckten rechten Arme, die den dreieckigen Kavaliershut hielten, erstarrten.
Der König, noch ein Kind, verzichtete auf Rache. Die Königinmutter sperrte ein paar Leute ein, die sie geschmäht hatten. Mazarin ließ zwei Attentäter hinrichten, im übrigen sprach er nur Verbannungen aus. Er ließ aus Rom seine Schwägerin mit ihren sechs Töchtern kommen, blutjungen, schönen Mädchen, die Prinzen von Geblüt und Herzöge heiraten. Olympia war vierzehn, Maria dreizehn alt.
Gewöhnlich heißt es, Maria sei die erste Geliebte Ludwigs XIV. geworden; andere nennen Olympia, und das ist wahrscheinlicher, denn Olympia heiratete schon 1657, Maria erst 1661. Jedenfalls, sie eröffneten die fast unübersehbare Reihe von Frauen, die dank der königlichen Huld ihren Männern, Geschwistern, Kindern und Vettern zu Gütern, Stellungen, Pensionen und Geldzuwendungen verhalfen.
Lebensfreudig war man am französischen Hof immer gewesen, Franz I. und Heinrich IV. hatten aus dem vollen gelebt. Jetzt, in den Frühjahren Ludwigs XIV., schwebte Eros über dem Treiben und reichte einer neuen jungen Gottheit, der Eleganz, die Hand. Macht ist nicht nur Besitz, auch Selbstbewußtsein und Genuß, damals wenigstens. Den Puritanismus, der zur selben Zeit in England geboren wurde, schob man mit einer lässigen Bewegung zur Seite, und zahllose Fürsten in ganz Europa ahmten sie nach.
Wohl mochte die französische Haltung unnatürlich, gespreizt, künstlich sein, von einer anders gearteten Auffassung her gesehn. Aber sie war Stil und schuf Stil. Stil ist immer der Versuch, das an sich verfließende und an sich banale Leben zu gestalten, zu regeln, auf ein geistiges Niveau zu heben und für das Bewußtsein oder Gefühl zu steigern. Vor allem ist er die Idee, sämtliche Daseinsäußerungen, bis in die Kleider, Frisuren und Gärten hinein, aus dem einen universalen Gedanken abzuleiten. Daher das Pathos dieses Pariser und späterhin Versailler Stils: seine Würde, seine Steilheit verlangte den Kothurn, und er wandte sich nicht aus Ohnmacht, sondern wollend vom Natürlichen ab. Sein höchster Ehrgeiz war irgendwie griechisch, was immer man sagen mag. Er suchte Vernunft und Schönheit in eines zusammenzufassen, statt sie zu spalten. Esprit sollte Leichtigkeit, also Überlegenheit sein.

Olympia heiratete den Prinzen Eugenio Maurizio di Savoia-Carignano, der es zum Befehlshaber der Schweizer Garde und Gouverneur der Champagne brachte. 1663 gebar sie den letzten Sohn, ein schwächliches, häßliches Kind, das als Prinz Eugen so berühmt werden sollte. Olympia konnte später als Oberintendantin der Frau des Königs, Maria Theresias von Spanien, den Anspruch erheben, die erste Dame des Hofstaates zu sein.

Und nun: eine Schwester dieses Savoia-Carignano, Maria Luisa Christina, heiratete Ferdinand Maximilian von Baden. Der Ehe entsprang Ludwig Wilhelm, der also der Neffe der Olympia Mancini und der Vetter des Prinzen Eugen ist. Die Prinzessin war, als die Verbindung geschlossen wurde (1654), bereits siebenundzwanzig und Hofdame der Königinmutter Anna. Durch ihre Mutter, eine geborene Gräfin Soissons, gehörte sie zur bourbonischen Familie. Die Soissons waren eine Linie der Condé. Eine Betrachtung des Stammbaums sei erlaubt.

Gründer der Linie Condé war Louis I., Bruder des Königs Anton von Navarra, des Vaters Heinrichs IV. Durch Heinrich IV., Sohn der letzten Valois, gelangte das Haus Bourbon 1589 auf den französischen Thron. Louis I. von Condé war also der Onkel Heinrichs IV., Führer der Hugenotten und Neffe Colignys. Sein Sohn, Henri I., sein Enkel Henri II., sein Urenkel Louis führten den Titel Prinz von Condé. Louis ist der Große Condé, auch Herzog von Enghien genannt, und erhielt 1646 die Erlaubnis, sich Herzog von Bourbon zu nennen.

Ein anderer Sohn des ersten Condé hatte einen Sohn Charles und einen Enkel Louis. Nach dem Tode dieses Louis gingen Besitz und Titel der Grafen von Soissons an seine Schwester Marie über, die einen jüngeren Sohn des Hauses Savoia, Tommaso di Savoia-Carignano, geheiratet hatte. Sie ist die Großmutter der beiden Vettern Prinz Eugen und Markgraf Ludwig Wilhelm oder, anders gesagt, die Schwiegermutter Ferdinand Maximilians. Vom ersten Condé her gesehn ist sie Enkelin, ihre Tochter, die Frau Ferdinand Maximilians von Baden, Urenkelin und Ludwig Wilhelm Ururenkel. Ihr Gatte ist der Urenkel von Franz I., Karl V. und der Katharina Medici, der Enkel Philipps II.

In den dynastischen Familien und weiterhin in denen des

Adels heirateten damals die Mädchen sehr früh, oft schon mit vierzehn. Es fällt also auf, daß Prinzessin Ludovica oder Luisa mit siebenundzwanzig noch ledig war. Die Gründe sind nicht festzustellen. Aus dem, was später geschah, könnte man rückschließen, daß sie, der herrschsüchtigen Mutter hörig, Angst vor der Ehe gehabt habe und daß erst ein Druck auf die Mutter ausgeübt werden mußte: dafür kommt weit mehr als das Haupt des Hauses Savoyen, der Herzog in Turin, das des Hauses Bourbon, der König von Frankreich, in Betracht.
Es liegt Grund zur Annahme vor, daß man im Hause Carignano eher recht illusionslose Vorstellungen von den kleineren deutschen Höfen hatte. In der Tat, die Verlumptheit, mit der sie aus dem großen Krieg hervorgegangen waren, wird in manchem kuriosen Dokument bezeugt, und ihr entsprach, als Gegengewicht erklärlich, die Aufgeblasenheit, die Maßlosigkeit der Forderungen. Man kennt diese Wechselbeziehung zwischen Bettelhaftigkeit und Stolz auch vom Hidalgo her: hier liegt eine der Wurzeln des Barocks. Um vor sich und andern die Misere des äußeren Lebens vergessen zu machen, stilisierte man es, gab ihm künstliche Stützen, wickelte sich in dreimal soviel Tuch ein, als nötig war.
Markgraf Wilhelm liebte die Franzosen nicht, mit seinem Herzen und seinen Interessen dachte er habsburgisch. Wir haben aber gesehn, daß ihn die Verhältnisse schon im Dreißigjährigen Krieg zwangen, sich unter den Schutz Mazarins zu stellen. Ob er wollte oder nicht, er mußte dem Grundsatz, an den Pflichten gegen Reich und Kaiser festzuhalten, einen Nachsatz geben: Solang es möglich ist.
Es lag nahe, an eine französische Rückversicherung zu denken. Den ersten Anstoß gab wohl die Tochter des Herzogs von Savoyen, Adelaida, die 1652 mit sechzehn Jahren den ebenso alten Kurfürsten Ferdinand Maria von Bayern heiratete; er war der Sohn des Paten Ferdinand Maximilians von Baden. Die blutjunge Frau fand das deutsche Klima grau und kalt, sie wünschte sich eine Schicksalsgefährtin in diesem Himmelsstrich und knüpfte die Fäden, als sie erfuhr, daß der badische Prinz nach einer Frau ausschaue.
Zur Zeit der alten Markgrafen, vor der Spaltung vor 1515, hatte es verschiedene Ehen zwischen Zähringern und französischen Familien gegeben, auch bereits eine savoyische. Unter dem politischen Gesichtspunkt konnte es Ludwig XIV.

nur recht sein, wenn sich das eine oder andere deutsche Haus mit dem seinen verband. Er seinerseits hielt deutsche Prinzessinnen für derber und gesünder, gut zur Aufbesserung des Blutes: so suchte er zwanzig Jahre später für seinen Bruder Liselotte von der Pfalz aus.

Da ein Bruder Ferdinand Maximilians die Witwe des Herzogs von Jülich-Berg zur Frau nehmen wird, sei erwähnt, daß dessen Sohn sich um die Grande Mademoiselle, eine Kusine Ludwigs XIV., bemühte und die Werbung von einem Jesuitenpater vortragen ließ. Der Pater brachte der Prinzessin das Bild seines Herrn mit und erzählte ihr, der Herzog Philipp Wilhelm sei ein so schöner Mann, daß seine erste Frau vor Freude, ihn nach einer Reise wiederzusehn, gestorben sei. ›Sie machen mir Angst‹, erwiderte Mademoiselle, das Urbild der Preziösen, ›ich müßte immer fürchten, ihn zu sehr zu lieben und dann zu sterben.‹ Sie sah in dem Pfalz-Neuburger einen dieser kleinen deutschen Fürsten und empfand es als Anmaßung, daß er sich ihr, der Montpensier und Tochter des Herzogs von Orléans, zu nähern wagte. Er wiederum war beleidigt, daß sie Genaues über die Größe seines Landes wissen wollte, und heiratete eine hessische Prinzessin.

Ferdinand Maximilian begab sich nach Paris. Die Reise muß wie die des Jesuitenpaters mitten in die Wirren der Fronde und die damit verbundene Unsicherheit der von Räuberbanden bedrohten Straßen gefallen sein. Die weiteren Verhandlungen führte dann der badische Vizekanzler, Doktor Krebs von Bach. Im August 52 richtete der Vater Luisas, Tommaso di Savoia-Carignano, einen lateinischen Brief an die Serenissima Celtitudo des Markgrafen Wilhelm, worin er seiner Freude über die bevorstehende Verbindung Ausdruck gab. Der deutsche Kaiser riet ab, Mazarin war anderer Meinung. Ludwig XIV. beglückwünschte im nächsten Jahr den Vater des Bräutigams.

4

Der Ehevertrag – Die Trauung in Stellvertretung – Der Bericht über die Hochzeit – Das Hotel Soissons

Luisa fand keinen Gefallen an Ferdinand Maximilian. Er hatte eine massige Gestalt und bestand schlecht unter den Kavalieren von Paris. Aber Prinzessinnen wurden nicht gefragt. Es gab nirgends so viele Tragödien wie in diesem Stand. Vom Anspruch auf persönliche Wahl, auf persönliches Glück konnte keine Rede sein. Dem konnten sie nachgehn, wenn sie ihre Pflicht erfüllt hatten: Kinder, vor allem Söhne zu gebären und die von den Diplomaten für nötig erachteten Beziehungen zwischen den Höfen zu festigen. Sie hatten sich an dem Bewußtsein aufzurichten, daß sie eine ihrem Stand vorbehaltene Pflicht erfüllten. Auch das war Ethik, denn man bezahlte fast immer mit dem Verzicht auf Liebe. Das Volk beneidete sie, aber sie wußten besser, daß nicht alles Gold war, wenn es auch glänzte. Es wurde von diesen Frauen, die noch Kinder waren, viel Charakter und Kraft verlangt. Auch ihnen fiel es nicht leicht, sich Persönlichkeit zu geben. Wir werden sehn, ob Luisa diese seelische Stärke besaß.

Der Ehevertrag ist ein pomphaftes Dokument, vom Gefühl für den Rang der Häuser diktiert. Den Grundstock der Mitgift stiftete König Ludwig, der sich überhaupt die Zuwendungen an seine Kusine von Soissons etwas kosten ließ. Die 600 000 Livres, die der Vater der Braut bewilligte, werden als *supplemento* bezeichnet, trotz der Höhe der Summe, aus Höflichkeit gegen den König. Die Hälfte sollte bar gezahlt, 100 000 an die Hochzeit gewandt, 200 000 in vier Jahresraten überwiesen werden. Dazu kam die Ausstattung mit Möbeln, Schmuck und anderem im Betrag von 150 000 Livres.

Markgraf Wilhelm übernahm die Verpflichtung, seiner Schwiegertochter die 600 000 Livres zu gewährleisten, zur Sicherheit eine Hypothek auf die Herrschaften Mahlberg und Eberstein zu geben und ihr als Witwensitz Schloß Mahlberg zu lassen.

Auch in Baden-Baden stürzte man sich in Ausgaben, bestellte Kutschenpferde in Oldenburg, Wäsche in Genua, Spitzen in Flandern. Es verging noch auffallend lange Zeit, bis die Trauung[2] stattfand. Am 17. Februar 1654 wurde sie in der Hauskapelle des Hotels Soissons von einem Erzbischof vollzogen, *per procura:* den Bräutigam vertrat ein Bruder der Braut. Ferdinand Maximilian ließ sich von einem seiner Pariser Vertreter namens Schmitz Bericht erstatten; Schmitz wiederum beauftragte damit einen Herrn de la Chapelle, der wie folgt schreibt:

›... Ihre Hoheiten von Savoyen, Fräulein von Longueville, Frau von Vendôme, der Herzog von Bournonville und Herr von Servient, Herr von Nemours, Herr und Frau von Brienne und verschiedene andere wohnten bei.

Madame [Luisa], die von Frau von Vendôme geführt wurde, trug ein reich besticktes silbernes Kleid; der Gürtel bestand aus einer Doppelreihe von Perlen, die hinten eine herrliche Schließe bildeten. Im inneren Busen trug sie eine andere, dreireihige Kette, vor dem Busen drei Perlenschleifen, auf jeder Schulter Perlen von hohem Wert. Auf dem Kopf bemerkte man eine Anordnung von gleich wertvollen Perlen, die Haarschnüre waren reich mit weniger kostbaren, aber doch schönen weißen und runden Perlen durchsetzt.

Nach der Trauung fand das Festmahl statt, für die Prinzen und Herren in einem Saal, für die Prinzessinnen und Damen in einem andern. Die Gesundheiten begannen mit der auf Ew. Hoheit. Monseigneur Prinz Tommaso brachte sie aus, indem er sich an Herrn von Schmitz wandte. Die auf den König, die Königinmutter und Seine Hoheit [Tommaso] folgten sowie mehrere andere auf die beiden erlauchten Häuser[3].

Nach der Tafel unterhielt eine italienische Musik die Gesellschaft bis fünf Uhr abends, wo Ihre Majestäten und der ganze Hof eintrafen. Sie wurden von Ihren Hoheiten am Fuß der Treppe empfangen und zu Madame ins Zimmer geführt. Sie begaben sich eine Viertelstunde später in den großen Saal, wo das Theater aufs prächtigste vorbereitet war. Man spielte den zweiten und dritten Akt der Komödie von Heraklius [von Corneille]; die Schönheit der Verse und die Kunst der Schauspieler wurden sehr bewundert.

Ihre Majestäten bedienten sich aus zwei großen vergoldeten Silberkörben, gefüllt mit Zitronen, Orangen aus Portugal und anderen seltenen Früchten; dazu wurden Süßigkeiten und Limonade gereicht. Nach der Komödie kehrten Ihre Majestäten, Monsieur, der Bruder des Königs, und Seine

Eminenz [Mazarin] in das Zimmer Madames zurück und drückten ihre Zufriedenheit mit der Veranstaltung aus.
Am nächsten Tag empfing Madame, die auf ihrem Bett ruhte und ein blaues Kleid trug, die Besuche und Höflichkeiten des ganzen Hofes, auch die des Herrn Schmitz, der ihr als seiner Herrin und Souveränin aufwartete[4].‹

Die Heirat durch einen Stellvertreter, die sogenannte Prokuration, war im katholischen Eherecht für Verhinderungsfälle vorgesehen. Entfernung zum Beispiel stellte in jenen Zeiten ein Hindernis dar. Geübt wurde die Stellvertretung in den fürstlichen Familien. Wenn einer der hohen Herren sich seine Frau auf diese Weise antrauen ließ, wollte er zum Ausdruck bringen, daß der Souverän sein Land nicht verläßt: die Braut heiratet am elterlichen Hof, dann reist sie zu ihrem Mann, an ihren neuen Bestimmungsort.

So wurde der Vorgang zu einem Zeremoniell, das den Rang, die Stellung der Beteiligten verdeutlichte. Ein Souverän im strikten Sinn war der noch nicht regierende Erbprinz des badischen Markgrafen nicht, und man darf annehmen, daß der Vorschlag von der Familie der Braut ausging. Sie wünschte ihre Abstammung von den Häusern Savoyen und Bourbon darzutun. Vor allem die Brautmutter lebte in diesen Vorstellungen.

Was auffällt, ist, daß Luisa, nunmehr Markgräfin von Baden, keine Anstalten machte, um zu ihrem Gatten zu reisen, daß vielmehr dieser den Weg nach Paris antrat und sich dazu mehr als vier Monate Zeit ließ. Aus dem, was weiterhin geschah, darf man den Schluß ziehn, daß die Prinzessin von Carignan ihm bedeutete, es sei nicht an ihrer Tochter, den ersten Schritt zu tun, daß unerquickliche Verhandlungen stattfanden und daß Ferdinand Maximilian nachgeben mußte. Die Schwiegermutter, eine der bösesten dieser Gattung, geradezu ein klassischer Fall, mag schon damals Absichten gehabt haben, von denen er sich noch nichts träumen ließ.

Er traf also Ende Juni im Hotel Soissons ein, dem größten Adelssitz der Stadt, einem Gebäude aus dem Mittelalter, das Katharina von Medici umgebaut, mit einem Park umgeben und aufs üppigste ausgestattet hatte. In dem prachtvollen Park gab es Springbrunnen, Statuen, eine Kapelle und die berühmte dorische Säule, die Katharina zu astronomischen Beobachtungen gedient hatte und allein übrigblieb, als auf

dem Grundstück oder einem Teil die Getreidebörse gebaut wurde.
Der Mann Maries von Carignano, Tommaso, fünfter Sohn des in Turin regierenden Fürsten von Piemont und Herzogs von Savoyen, ist, nebenbei gesagt, der Stammvater des heutigen italienischen Königshauses: die Linie Savoia-Carignano gelangte 1831 auf den sardinischen Thron. Da die Enkel dieses Tommaso und dieser Marie, Prinz Eugen und Markgraf Ludwig Wilhelm, im gleichen Hotel Soissons geboren wurden, ist dieser Sitz ein Schnittpunkt badischer, savoyischer und bourbonischer Beziehungen.
Die regierende Linie des Hauses Savoyen war völlig vom guten Willen Ludwigs XIV. abhängig, der bereits eine der Schlüsselfestungen Piemonts, Pinerolo, besaß und sich später auch die zweite, Casale Monferrato, nahm. Die Nebenlinie lebte nicht nur vorübergehend in Paris. Sie war damals wenigstens dort beheimatet und kann infolge ihrer Versippung mit den bourbonischen Soissons-Condé, der bald die mit Mazarin folgte, als französische Familie angesehen werden: Savoie-Carignan.
Daher war auch die Verbindung, die der badische Prinz mit ihr einging, unter dem politischen Gesichtspunkt eine französische Orientierung. Sie barg Möglichkeiten, aber auch Weiterungen. In Baden saß man zwischen zwei Stühlen und mußte im Kriegsfall sich für den König oder den Kaiser entscheiden. Die Rückversicherung durch die Heirat mit einer Familie, deren Oberhaupt praktisch gesehn der König von Frankreich war, würde gewiß nichts an diesem Zwang, Partei zu ergreifen, ändern.
Die Versippung hatte deshalb nur dann einen Sinn, wenn man entschlossen war, gegebenenfalls die französische Sache zu wählen, sei es, daß man, wie Anno 1674 Bayern, dem ganzen Reichstag zum Trotz, neutral blieb, sei es, daß man sich, wie die Fürstenberger, zum französischen Vorspann hergab und dabei auf seine Kosten kam. Denn Folgerichtigkeit läßt sich den Fürstenbergern, die uns noch begegnen werden, nicht absprechen. Markgraf Wilhelm banden Neigung, Religion und Familieninteressen an den Wiener Hof. Sein zweiter Sohn, Leopold Wilhelm, stand schon im Dienste des Kaisers, und der dritte, Hermann, lernte eben in den spanischen Niederlanden das Soldatenhandwerk.

Freilich, zu der Zeit, als Ferdinand Maximilian seine Frau in Paris suchte, konnte man noch nicht wissen, daß der junge König von Frankreich den Gegensatz zwischen den Häusern Bourbon und Habsburg zum Leitgedanken seiner Politik machen werde, und noch nicht ahnen, daß aus den Kämpfen der Fronde strahlend und unmittelbar das absolute Königtum hervorgehn sollte. Wahr aber ist, daß nur ein gänzlich unvorhergesehner Zufall die Baden-Badener vor Konflikten bewahrte, in die diese Eheschließung sie gezogen hätte: sie nahm einen unglücklichen Verlauf, der Rückschlag trieb das Haus endgültig und eindeutig ins kaiserliche Lager.

5

Die Ehezerrüttung – Die Geburt Louis' von Baden – Die Trennung der Gatten – Die ›Entführung‹ des Knaben nach Baden-Baden

Ferdinand Maximilian war nach Paris gekommen, um eine Ehe zu konsumieren, wie der savoyische Gesandte, ein Abbé, nach Turin berichtete, und um seine Frau sobald wie möglich in die Heimat zu führen. Er wollte die Flitterwochen auf Schloß Mahlberg verbringen, dann seinen Hausstand im Neuen Schloß zu Baden-Baden einrichten; er war ja Teilhaber an den Regierungsgeschäften.
Er stieß auf die ersten Schwierigkeiten. Die geringste bestand darin, daß die neuen Verwandten für Luisa etwas verlangten, was unmöglich war, die Anrede *Altesse royale,* da sie französische Prinzessin von Geblüt sei. Man hätte sich in Baden-Baden lächerlich gemacht, das Haus besaß damals noch nicht einmal das Prädikat Durchlaucht. Ferdinand Maximilian mochte sich der Winke erinnern, die der Vater ihm auf die Kavaliersreise mitgegeben hatte.
Schlimmer war, daß es auf beiden Seiten an Geld fehlte. Die Abmachungen des sehr feierlichen Ehevertrags standen auf dem Papier. Die Vertreter Ferdinand Maximilians hatten Schulden gemacht, in der Annahme, daß sie aus der Mitgift gezahlt werden könnten. Der badische Prinz trat großartig, ja verschwenderisch auf. Vermutlich war ihm nicht wohl dabei, aber er glaubte es sich und der vornehmen Verwandtschaft schuldig zu sein. Er wollte in diesem prunkvollen Paris

und in diesem Palast, der einer der gesellschaftlichen Brennpunkte war, nicht zurückstehn. Allein die Reisekutsche, die er für die gemeinsame Heimfahrt bestellt hatte, scheint ein Vermögen gekostet zu haben.
Der Schwiegervater mußte Besitz in Piemont verpfänden, um wenigstens einen Teil der Raten zahlen zu können. Die hunderttausend Livres des Königs standen auch noch aus, weil der Intendant die Anweisung des Rechnungshofs vermißte. Die Anweisung kam nie. Im Jahre 1700 erkundigte sich der Sohn Luisas und Ferdinand Maximilians bei Ludwig XIV. nach diesem Geschenk, das vor sechsundvierzig Jahren seinen Eltern versprochen worden war: der König erinnerte sich, und das war alles.
Die Lage war nicht angenehm für Ferdinand Maximilian. Er fühlte sich beengt, konnte nicht so auftreten, nicht so entschlossen seinen Willen durchsetzen, wie der Besitz von Geld erlaubt. Was sollte er tun, als Luisa erklärte, sie habe keine Lust, schon abzureisen.
Er hatte es schlecht getroffen, über das Schicksal seiner Ehe bestimmte die Schwiegermutter. Der Schwiegervater zwar war das, was man einen herzensguten Mann nennt, ihr Charakter aber stand auf einem andern Blatt. In den Kämpfen aufgewachsen, die der hohe Adel mit Richelieu führte, und bis nach Spanien, bis ins Gefängnis verschlagen, besaß sie alle Eigenschaften der Selbstbehauptung, eine zähe, jähzornige, herrschsüchtige Frau, die über achtzig alt wurde und damals noch vierzig Jahre vor sich hatte. Das Leben lehrte sie Selbstsucht; die Launenhaftigkeit, die Heftigkeit, die Unberechenbarkeit ihrer Natur änderten sich nie.
Hören wir, was die Herzogin von Montpensier, die Grande Mademoiselle, in ihren oft recht boshaften Erinnerungen von ihr sagt: ›Eine häßliche Frau, die aber gut auszusehn weiß; Miene und Auftreten einer Prinzessin aus hohem Haus. Freigebig bis zur Verschwendung; Kutsche und Gefolge ganz groß, alles prächtig. Sie hat Geist, aber kein Urteil, daher sie viel spricht und wenig sagt, was Hand und Fuß hätte. Ihre Geschichten gehn über das Wahrscheinliche hinaus. Die Tochter hat Geist, viel mehr Zurückhaltung und Urteil als sie. Wenn ich mein Vergnügen haben wollte, unterhielt ich mich mit der Mutter; wenn ich vernünftig reden wollte, wandte ich mich an die Tochter.‹

Ferdinand Maximilian liebte seine junge Gattin, sie ihn aber nicht. Um gegen diese Frau, deren Leben Pfuschwerk war, so gerecht wie möglich zu sein, muß man feststellen, daß es Ferdinand Maximilian weder als Mann noch als Mensch gelang, irgendwelche Macht über sie zu gewinnen. Eine Schönheit war er sowieso nicht. Breite Züge verweisen auf eine breite Körperlichkeit, er entsprach wohl nicht den Vorstellungen, die Luisa von einem Hofkavalier hatte. Frauen ihrer Art, die sich immer unter die Flügel der Mutter gedrängt haben und denen es an Selbständigkeit fehlt, wollen anders angefaßt sein, als es der, wenn auch schwerblütige, so doch rücksichtsvolle Markgraf vermutlich tat. Eine Bemerkung, die sich in den Tagebüchern des Abtes von Sankt Georgen im Schwarzwald findet, ist aufschlußreich: die unförmliche Gestalt des Markgrafen habe die Franzosen zum Spott gereizt und das Unglück der Ehe verschuldet. Mit andern Worten, Luisa fürchtete diesen Spott und wollte sich nicht mit ihm zeigen, das Lächerliche tötete in ihren Kreisen. Es bleibt unverständlich, daß die Heirat überhaupt zustande kam.
Luisa weigerte sich, das Haus der Mutter mit dem unbekannten Schloß in Baden-Baden zu vertauschen. Im Hotel Soissons, in Paris war ihr alles vertraut; sie hatte Angst, den entscheidenden Schritt aus der gewohnten Lebensluft zu tun. Man kann die Vorstellungen erraten, die die beiden Frauen sich von dem ›nebligen, kalten‹ Germanien machten. Der Glanz von Paris, wo die Familie eine so große Rolle spielte, wo Frauen von ihrem Rang alles fanden, was das Herz begehrte, Festlichkeiten, Huld des Königs, Intrigen, Salons, Theater, den großen Lebensstil, Toiletten, Schneiderinnen, Parfüms, Kavaliere – das alles auf der einen Seite, und auf der andern eine kleine deutsche Residenz von ein paar tausend Seelen, die nach dem schrecklichen Krieg vielleicht eine halbe Einöde war und wo die Männer plump, die Frauen bar jeder Eleganz dahinlebten und die Menschen eine Sprache redeten, die keine französische Zunge je lernte: die Wahl fiel nicht schwer, wenn man tat, als stände sie noch frei, als gäbe es keine Pflicht, keine Charakterstärke, kein Vertrauen und keinen guten Willen.
Die Agenten, die nach Turin berichteten, loben an Ferdinand Maximilian, daß er Französisch, noch besser Italienisch spreche, Haltung und einen regen Geist habe. Er wiederum blieb

auch noch später dabei, daß seine Luisa Gemüt besessen habe. Auch die Herzogin von Montpensier spricht ihr ja die Fähigkeit zu, eine ernste Unterhaltung zu führen. Aber es kommt nicht nur auf die Anlagen und Möglichkeiten an, sondern auch auf die Kraft zu handeln und auf das mutige Herz. Alles in allem war sie nur eine kleine, lebensfeige Frau.
Die Prinzessin von Carignan hatte in ihrem Hause alles zu sagen, ihr Mann nichts. Der Schwiegersohn mißfiel ihr gründlich. Sie erklärte zunächst, sie könne sich von Luisa – die ihre einzige Tochter war – noch nicht trennen. Ferdinand Maximilian besaß nicht die Fortunatusnatur seines Großvaters, der an seiner Stelle vermutlich gefunden hätte, es könne ihm gar nichts Besseres widerfahren, als ein paar Jahre am glänzendsten Hof von Europa zu leben, solange er zu Hause noch entbehrlich sei. Fortunatus wäre vielleicht darauf bedacht gewesen, sich im Heer oder im Hofdienst eine Stellung zu schaffen, und würde, was die Schulden betraf, auf den König vertraut haben. Wozu sich mit den Bourbons, Condés, Soissons, Savoyen verschwägern, wenn man nicht die Gelegenheit ergriff, sich über alle diese deutschen Prinzen, Fürsten, Grafen zu erheben, die den König wie die Motten das Licht zu umkreisen begannen?
Bei irgendeiner Auseinandersetzung zwischen den jungen Leuten ließ Ferdinand Maximilian sich zu Bemerkungen hinreißen, die von der Schwiegermutter aufgegriffen wurden und nun so aussahn: er habe Luisa vorgeworfen, daß sie alt und häßlich sei, daher er sie daheim in Baden den Leuten nicht zeigen werde. Von diesem Augenblick an hatte er es mit beiden Frauen verdorben. Die Prinzessin erklärte, sie erlaube der Tochter nicht, in ein Land zu gehn, wo sie ihres Lebens nicht sicher sei, und Luisa, sie könne nicht mehr vertrauen, er habe sie in ihren tiefsten Empfindungen verletzt.
In allen Kämpfen, die kamen, hatten die Damen nun einen jener Gründe, die man vorschiebt und auf die man sich versteift, um nicht offen eingestehn zu müssen, daß man nicht will. Auch das Verhältnis zum Schwiegervater kühlte sich wohl ab. Prinz Thomas vernahm die Lesart der Frauen, und wie man weiß, es bleibt immer etwas hängen.
Als Ferdinand Maximilian erfuhr, daß Luisa sich in anderen Umständen fühle, wurde ihm zugleich bedeutet, daß er die junge Mutter nicht den Beschwerden und Gefahren einer so

weiten Reise aussetzen dürfe. In jener Zeit war es ein ernsthafter Einwand, und er gab nach, in der Annahme, daß nach dem Wochenbett der Abreise nichts mehr entgegenstehn werde. Es wird ihm wohl schwer gefallen sein, zu denken, daß sein Kind statt in Baden in Paris zur Welt kommen solle.

Die Niederkunft erfolgte[5] am 8. April 1655. Das Kind war ein Sohn, der, wie in Fürstenhäusern üblich, nur die Nottaufe erhielt. Die eigentliche sollte in Baden-Baden stattfinden, wie auch im Jahre 1656 geschah. Die Pariser Taufe scheint ein Bischof *in partibus* vorgenommen zu haben, der von Trapezunt. Anders ist es nicht erklärlich, daß dieser Würdenträger unter denen auftaucht, die von dem badischen Prinzen Geld verlangten; er wird mit den italienischen Komödianten, dem Bademeister, dem Hutmacher des Viertels zusammen genannt.

Das Kind sollte *Ludwig Wilhelm* heißen: nach dem König von Frankreich, der die Patenschaft übernahm, und nach dem Großvater, Markgrafen Wilhelm.

Als die Mutter wiederhergestellt war, erinnerte Ferdinand Maximilian an die Abmachung. Die Prinzessin von Carignan zeigte sich unzugänglicher als je. Sie haßte den Prinzen; sie fand die Tochter zu schade für ein Land, wohin ihr nicht einmal ein französischer Koch, geschweige denn der für unentbehrlich gehaltene Hofstaat folgen wollte; sie zog Genuß aus der Hörigkeit Luisas und mochte nicht darauf verzichten.

Es machte ihr nicht das geringste aus, den Spieß umzukehren und dem Schwiegersohn vorzuwerfen, er untergrabe ihre mütterliche Autorität, und ihn einen *infâme* zu nennen. Die Pariser Gesellschaft hatte ihr helles Vergnügen an der bizarren Mutter und der widerspruchsvollen Tochter, die in einem Atemzug erklärte, sie sei durchaus bereit, dem Gatten zu folgen, aber nach Baden gehe sie nicht.

Anfang Juli wandte Ferdinand Maximilian sich an den Bruder seines Schwiegervaters, den in Turin regierenden Herzog Carlo Emanuele II., und machte ihn auf den Schaden aufmerksam, den das Ansehn beider Häuser erleide. Ende des Monats finden wir ihn in Vannes oder Vanures, eine Stunde von Paris. Ein Bericht nach Turin lautet:

›Der arme Prinz von Baden tut aller Welt leid. Madame, seine Frau, kennt nun die Absichten Madames, ihrer Mutter, und will auf keinen Fall nach Deutschland gehn, sogar ihren Gatten nicht sehn. Er hat sich nach Vannes zurückgezogen, mit dem Kind, und will nicht abreisen, bevor er seine für die Mitgift gemachten Schulden bezahlt hat, die sich auf gut und gern 100000 Taler belaufen. Er hoffte, es mit der Mitgift seiner Frau tun zu können, konnte aber nichts bekommen und hat Geld aus Deutschland verlangt. Wer ihn kennt, achtet seinen Verstand, seine Höflichkeit und seine Rechtschaffenheit.‹

Das alles ist seltsam genug und nicht ganz durchsichtig. Er saß in diesem Vannes und schrieb in mäßigem Französisch Briefe an den Schwiegervater, die Schwiegermutter, die Frau, den Schwager, auf die er keine Antwort erhielt. Der Herzog von Savoyen gab eine Antwort, aber sie ist nichtssagend: er verweist den Prinzen auf die Gefühle einer Mutter, die sich von der einzigen Tochter trennen muß, und empfiehlt ihm Geduld.

In einem Brief an den Herzog vom 1. September erklärt der Prinz, er warte nun schon fünf Wochen in Vannes, ohne seine Frau auch nur sprechen zu können, und in einem vorangehenden, er wisse, daß der Schwiegervater nichts geben könne – so verlange er auch vorerst nichts, außer den für die Reise notwendigsten Dingen. Die Furcht seiner Frau, es könne ihr in Baden an Geld fehlen, sei unbegründet: er wolle ihr außer 2000 Livres jährlich auch ein Taschengeld aussetzen. Es sei zu bedenken, daß seine Brüder, wenn er plötzlich stürbe, sagen könnten, die Ehe sei nichtig, da die Frau sich vom Mann getrennt habe. Eigenhändige Nachschrift: ›Ich fühle eine so große Leidenschaft für meine Frau, daß man keine größere finden kann, und würde lieber das Leben als sie verlieren. Ich will meine Schwester [kommen und] hier zurücklassen als Bürgin dafür, daß meine Frau nach Frankreich zurückkehren darf, wenn sie, erst einmal in Baden, darauf besteht.‹

Das war ein merkwürdiger Vorschlag, und das Zuviel in der Äußerung der persönlichen Gefühle wurde auf der savoyischen Seite als unpassend empfunden. Die Lage blieb die alte. Die überlieferten Mitteilungen lassen sich nicht alle auf einen Nenner bringen. Zum Beispiel widerspricht die, daß der nunmehr als Großkanzler bezeichnete Krebs vergebens nach Paris gekommen sei, um die Auslieferung des Kindes zu verlangen, der, daß der Vater es bei sich in Vannes habe. Vermut-

lich fällt in diese Zeit die auf deutscher Seite überlieferte ›Entführung‹ des Knaben nach Baden-Baden, bei der der savoyische Edelmann Lassolaye behilflich gewesen sei.
Ferdinand Maximilian entschloß sich im Herbst, ohne seine Frau abzureisen. Im Haus Carignan traten Umstände ein, die ihm höchst ungünstig waren. Der Schwiegervater wurde von Mazarin in politischer oder militärischer Sendung nach Piemont geschickt, man war im spanisch-französischen Krieg, und auf dieser Reise erlag er einer Krankheit. Auf die Nachricht, daß es mit ihm zu Ende gehe, eilte die Prinzessin von Carignan mit ihrer Tochter an sein Sterbelager, und im Hotel Soissons war niemand mehr, dem der junge Ehemann seine Botschaften schicken konnte.
Von hier aus gesehn, nimmt die Wahrscheinlichkeit zu, daß die berühmte Entführung des Kindes nur in der Überbringung nach Baden-Baden bestand. Lassolaye wurde Kammerherr in Baden-Baden und erwies sich dank den in Frankreich erworbenen Kenntnissen in der Gartenkunst als nützlich: er gilt als Schöpfer der Lichtentaler Allee, die er noch im gleichen Jahr 1655 begonnen habe.

6

Die Taufe des Kindes – Keine Versöhnung der Eltern – Vergebliche Verhandlungen in Turin – Und in Lyon – Die weiteren Schicksale Luisas

Luisa und ihre Mutter blieben nach dem Tode Carignans am Turiner Hof. Ferdinand Maximilian wohnte nun mit seinem Sohn im Neuen Schloß zu Baden-Baden. Man kann sich fragen, weshalb Mazarin oder Ludwig XIV. keinen Druck auf die Prinzessin von Carignan ausgeübt hatten. Die Privatangelegenheit des deutschen Prinzen mußte zurücktreten, als Mazarin selbst verwandtschaftliche Beziehungen zum Hause Carignan, die Heirat seiner Nichte Olympia mit dem Bruder Luisas, anstrebte. Der König aber vergnügte sich recht offenkundig mit der schönen Italienerin und mußte ihre zukünftige Schwiegermutter bei guter Laune erhalten.
Ins Jahr 1656 fällt die Taufe Ludwig Wilhelms und ein Bericht darüber, den der Marchese di S. Geniez der Prinzessin von

Carignan erstattete. Der Marchese begab sich im Mai nach Baden-Baden, um Ludwig XIV. als Pate zu vertreten. Er kam in Karossen an, die der Markgraf ihm entgegengeschickt hatte. Eine Stunde vor Baden-Baden erwartete ihn Markgraf Hermann, der Bruder Ferdinand Maximilians, mit hundert Garden, einigen hundert Berittenen und einem großen Aufzug von Kutschen.

Am Eingang des Städtchens feuerte die Artillerie Salut, in den Straßen bildete die Infanterie Spalier. Der Marchese beziffert völlig unhaltbar die Streitmacht der Markgrafschaft auf sechs- bis siebentausend Mann Fußvolk, die Berittenen auf ein Zehntel dieser Zahl.

Der Marchese wurde in dem Zimmer des Schlosses untergebracht, das für Luisa bestimmt war, er lobt es als sauber und heiter. Markgraf Wilhelm drückte ihm die Hoffnung aus, die Schwiegertochter bald bei sich zu sehn, desgleichen alle Prinzen und Prinzessinnen des Hauses. Nach der Tafel hielt der Vertreter des Königs das Kind über die Taufe, mit einer der Prinzessinnen, die die Stelle der Schwiegermutter einnahm. Am Abend gab es ein Feuerwerk, am nächsten Mittag großen Ball mit Ballett, die Prinzessinnen Anna und Maria bewegten sich sehr anmutig.

Auch Luisa schrieb der Marchese, alle Mitglieder der badischen Familie wünschten aufs innigste ihre Anwesenheit: ›Ich darf mir die Freiheit nehmen, Ew. Hoheit zu sagen, daß Sie diese Genugtuung nicht verweigern sollten. Madame, Sie werden dort, was Unterkunft und Aufmerksamkeiten betrifft, vollkommen zufrieden sein und von allen jede Achtung und Ehrung empfangen. Die Schönheit der Landschaft ist so groß, daß ich in meinem ganzen Leben nichts Hübscheres gesehn habe. Ich würde wünschen, Madame, daß Ew. Hoheit sich entschließen könnte, der Erwartung des erlauchten Hauses recht bald nachzukommen.‹

Ferdinand Maximilian hatte in Turin einen Agenten Heiß, der ihm schrieb, daß die alte und die junge Prinzessin fortführen, ihre sattsam bekannten Gründe gegen eine Aussöhnung vorzubringen: Luisa sei in Baden nicht ›sicher‹, angesichts der von Ferdinand Maximilian ausgestoßenen Drohungen; andererseits erklärte Luisa, sie warte darauf, daß ihre Mutter ihr das Geld gebe, das sie zur Reise brauche.

La Chapelle wiederum, derselbe, der Ferdinand Maximilian

über die Trauung berichtet hatte, weilte nun bei ihm in Baden und schrieb nach Turin, er könne Ihrer Hoheit nur wiederholen, daß der ganze Baden-Badener Hof Monseigneur den kleinen Prinzen einfach anbete, der ein reizendes Kind sei und in Madame seiner Amme die beste Pflegerin besitze.

Eine ganze Reihe von Herren bis zum französischen Gesandten bemühte sich über ein Jahr lang, in Turin beim Herzog, bei der Herzogin und bei den Damen Carignano zu vermitteln, zuletzt auch die Kurie, an die sich die Badener gewandt hatten. Man kann nicht sagen, daß Ferdinand Maximilian es an Eifer fehlen ließ. Die unglückselige Drohung, wie immer sie gelautet haben mag, stand im Wege. Nicht einmal Papst Alexander VII., der ein Gutachten von Rechtsgelehrten einforderte, erreichte etwas.

Markgraf Wilhelm erklärte sich um der Ehre seines Hauses willen bereit, die Schulden, die sein Sohn in Paris eingegangen war und die die erstaunliche Höhe von 400000 Livres erreicht haben sollen, ›zu den seinigen zu machen‹. Die Herzogin in Turin wiederum berief sich darauf, daß sie der Prinzessin Carignan versprochen habe, sie nicht von der Tochter zu trennen, und das binde ihr die Hände auch dann, wenn Ferdinand Maximilian nach Turin komme.

Zu dieser Reise entschloß sich der junge Markgraf, der so zäh an seiner Frau festhielt. Inzwischen war das Jahr 1657 schon fast zu Ende gegangen und hatte den Tod Kaiser Ferdinands III. und die Thronbesteigung Leopolds I. gebracht, des Kaisers, dessen lange Regierung nun zusammen mit der noch längeren Ludwigs XIV. den Hintergrund unsrer Darstellung bilden wird.

An seiner Krönung in Frankfurt nahm im nächsten Jahre Ferdinand Maximilians Bruder, Markgraf Leopold Wilhelm, teil, als Hauptmann der kaiserlichen Leibgarde. An der kirchlichen Laufbahn hatte er keinen Gefallen gefunden, auch sein Bruder Hermann vertauschte ein paar Jahre später das geistliche Gewand mit dem soldatischen[6].

Die Prinzessin von Carignano befand sich wieder in Paris, ihre Tochter war in Turin geblieben. Die französische Gesandtin weigerte sich, ihr die einer Prinzessin von Geblüt zustehenden Ehren zu erweisen, sie sei nunmehr nur Markgräfin, und als Königin Christine von Schweden an den Hof

kam, wies sie Luisa keine *sedia a bracciuoli,* sondern nur ein Tabouret ohne Lehnen an, worüber sich die Mutter in Paris schrecklich aufregte.
Nachdem noch ein Vermittlungsversuch der Kurfürstin Adelheid von Bayern gescheitert war, erschien plötzlich Ferdinand Maximilian, im Dezember 1657, in Savoyen. Die Anweisungen, ihn mit gebührenden Ehren in Chambéry zu empfangen, kamen zu spät. Luisa konnte sich gerade noch nach Pinerolo, unter französischen Schutz, flüchten: solange der Markgraf in Turin sei, fühle sie sich nicht sicher. Mit dieser Unsicherheit hatte sie so oft gearbeitet, daß sie nun selbst daran glauben mochte.
Der Markgraf besaß Takt genug, um nicht, wie ihm angeboten wurde, im Schloß abzusteigen. Er wohnte beim Nuntius. Nach einer Audienz bei der Herzogin wurde deren Beichtvater nach Pinerolo geschickt. Er richtete aus, der Markgraf empfinde die zärtlichsten, ja heißesten Gefühle für seine Frau; er sei gewiß, nie eine Verfehlung begangen, nie etwas gedacht oder getan zu haben, was ihr mißfallen könne; er wolle ihr jeden Beweis für seine echte Liebe geben.
Er machte ihr zugleich für den Fall, daß sie sich nicht für Baden-Baden entschließen könne, drei Vorschläge: entweder das Kind nach Frankreich zu schicken und seinen Unterhalt für sechs Jahre sicherzustellen. Oder mit Frau und Kind in einem französischen Grenzort zu leben. Oder Luisa als Wohnsitz einen Ort der Markgrafschaft anzuweisen, wo sie absolute Herrin sei, sogar die Offiziere der Garnison ihr zu gehorchen hätten – das alles, um ihr zu beweisen, daß sie sich ›sicher‹ fühlen könne.
Der Nuntius unterstützte diese Vorschläge und fügte hinzu, es sei, um den Anstand zu wahren, nötig, daß Luisa einen Antrittsbesuch in Baden mache.
Auch der Nuntius in Paris mischte sich ein. Einen Augenblick war davon die Rede, den Streitfall vor den Pariser Gerichtshof, das Parlament, zu bringen, und Mazarin, der nun mit den Carignan versippt war, drohte, ebenfalls für einen Augenblick, die störrische Gattin in ein Kloster zu stecken. Der Papst schickte vier Breves an die Hauptbeteiligten und mahnte zur Versöhnung. Ferdinand Maximilian machte einen neuen Vorschlag, weil immer wieder davon die Rede war, in Baden-Baden könne es Luisa an den nötigen Ehrun-

gen, an einem genügenden Hofstaat, an Einkünften fehlen: Luisa solle, solange er noch nicht selbst regiere, in Straßburg wohnen, wo kein Mangel an Adel, Fremden, Franzosen sei. Ja, er verzichtete auf die Mitgiftraten.

Diesem Ansturm hielt die Mutter Luisas mit all ihrer ›*indifferenza*‹ stand. Es war schon längst ein Duell geworden, bei dem es nicht um Glück, Pflicht und Ehre, sondern um ihre Unfehlbarkeit ging. Luisa, die ihren Anweisungen folgte, erwiderte: wenn der Prinz von Baden immer die Gefühle der Achtung, auf die er sich berufe, für sie gehabt hätte, wäre eine Trennung nicht notwendig gewesen.

Am savoyischen Hof hatte man nun mehr Verständnis für den Markgrafen, der durch seine persönlichen Eigenschaften an Boden gewann. Aber die Prinzessin von Carignano rief im Juli 1658 die Tochter nach Paris zurück, und dem Markgrafen blieb nichts übrig, als unverrichtetersache abzureisen. Es war das Ende.

Gleich nach ihrer Rückkehr nach Paris wurde Luisa von der Königinmutter Anna, der sie als Hofdame gedient hatte, in Audienz empfangen. Bei dieser Gelegenheit erfahren wir zum erstenmal etwas von der zerstörenden Wirkung des ewigen Streites mit dem Gatten: sie sei so melancholisch gewesen, daß sie kaum auf die Fragen der Königin geantwortet habe. Sie schloß sich in ihr Zimmer ein, und der Schweizer, der mit der Hellebarde den Eingang des Hotels Soissons bewachte, mußte alle Besucher abweisen.

Ferdinand Maximilian lag in Baden-Baden zwei Monate lang krank. Den letzten Versuch, Schwiegermutter und Frau durch Mittelsleute beeinflussen zu lassen, machte er, als beide mit dem französischen Hof in Lyon weilten. Mazarin hatte hier Besprechungen wegen einer Heirat Ludwigs XIV. mit der Tochter des Herzogs von Savoyen. Für den badischen Abgesandten fand er keine Zeit.

Aus Paris erfuhr Ferdinand Maximilian, daß seine Schwiegermutter in ihrem Haß das Gerücht zu verbreiten suchte, das Kind Luisas sei gar nicht mehr am Leben, vielmehr durch ein untergeschobenes ersetzt. Er berichtete darüber nach Turin und fragte, ob man wohl für möglich halte, daß seine Brüder sich ihr Erbrecht von einem Bastard rauben ließen.

Im Jahre 1659 heiratete sein Bruder Leopold Wilhelm, der nun mit dreiunddreißig Jahren schon Generalsrang besaß und den Dänen ein kaiserliches Hilfskorps gegen die Schweden zuführte, die Witwe des Grafen Czernin, eine geborene Gräfin Caretto di Millesimo. Sie brachte ihm die böhmische Herrschaft Lobositz und eine Rente von 50000 Talern ein, starb aber nach wenigen Jahren. Ihr Geld besserte die Lage im Hause Baden auf und erleichterte Leopold Wilhelm einige Jahre später eine Geste der Uneigennützigkeit, die sich wohl bezahlt machte.

Ferdinand Maximilian lebte wie ein Witwer und seine Frau wie eine Witwe im Hotel Soissons bei der Mutter, mit der sie sich bis an ihr Ende stritt, und bei ihrem Bruder, der Olympia Mancini geheiratet hatte. Da auf ihn der Name Soissons übergegangen war (Linie Carignan-Soissons), gab es wieder eine Gräfin von Soissons, die der Pariser Gesellschaft reichlich Gelegenheit zum Reden lieferte.

Luisa dagegen konnte man durch die Jahre keine Liaison nachsagen. Das Sinnliche war in ihr vermutlich schwach ausgebildet, wenn nicht verkümmert, sonst wären ihre Resignation und ihre Gleichgültigkeit gegen den Sohn unverständlich. Hier liegt wohl auch die Erklärung dafür, daß sie so lange mit dem Heiraten gewartet hatte. In der Ehe erlitt sie das, was man ein Trauma nennt, und die Zwangsvorstellung, in Baden sei sie nicht sicher, besagte nur, daß sie sich selbst nicht sicher genug fühlte. Lieber verurteilte sie sich zu einem freudlosen Leben, und diesem Entschluß der armen Frau kann man einen negativen Mut, eine unfruchtbare Folgerichtigkeit nicht absprechen. Das Unglück wäre noch viel größer geworden, für alle, wenn sie einem Gatten nachgegeben hätte, der wie ein Bürgersmann Neigung verlangte.

Die Königinmutter Anna, an deren Hof sie verkehrte, starb 1666. Drei Jahre später ließ ihr Ludwig XIV. mitteilen, sie tue gut, sich weniger oft bei seiner Frau zu zeigen: sie war in Ungnade gefallen. Ludwig hatte sie sogar aus Paris verbannen wollen. Sie war der Königin durch ihre Zunge und allerlei Intrigen lästig geworden. Niemand in Paris hatte Mitleid mit ihr. Sie war unbeliebt und unwichtig.

Wenn Ferdinand Maximilian an sie dachte, empfand er Bitterkeit, machte aber weniger sie haftbar als dieses Paris mit seinen Eitelkeiten und seinen Frauen, die dem Treiben verfallen waren. Er sah das alles nun mit deutschen Augen und erzog den Sohn in derselben Auffassung.

ZWEITER ABSCHNITT

1658–1683

I

Der Rheinbund von 1658 – Ludwig XIV. wird mündig – Die Reichsstädte im Elsaß – Leopold wird zum Kaiser gekrönt – Der Onkel Leopold Wilhelm – Das Prädikat Durchlaucht

Die oben erwähnte Begegnung in Lyon, wo Ludwig XIV. mit der Herzogin von Savoyen und ihrer Tochter zusammentraf und nebenher auch die Prinzessin von Carignan und ihre Tochter, die Markgräfin von Baden, anwesend waren, hatte keinen andern Zweck, als den Friedensschluß mit Spanien zu beschleunigen. Man malte die Heirat des Königs mit einer Savoyen an die Wand und meinte die mit Maria Theresia von Spanien. Das Haus Savoyen mußte den Schimpf auf sich beruhen lassen.

Im Westfälischen Friedensschluß waren Frankreich und Schweden Garanten geworden: sie hatten die Einhaltung der Bestimmungen und den Besitzstand zu überwachen. Das Friedensbedürfnis der Reichsfürsten war ungeheuer; jeder mußte sein verwüstetes und entvölkertes Land neu aufbauen. Führer dieses Gedankens war Johann Philipp von Schönborn, der Reichserzkanzler und Kurfürst von Mainz. Ihn und die andern rheinischen Fürsten zwang die Nachbarschaft mit Frankreich, auf gute Beziehungen zu ihm bedacht zu sein. Wie die Dinge lagen, hieß hier Frieden mit Frankreich Frieden schlechthin.

Der Dreißigjährige Krieg hatte nicht mit dem habsburgischen Absolutismus als einem Gegenstück zum französischen geendet. Die Reichsstände erlangten Souveränität und die protestantischen Bekenntnisse Gleichberechtigung. So war an einen deutschen Einheitsstaat nicht zu denken. Die Wachstumsvorgänge wurden in die Territorien verlegt, die sich alle zunächst an Frankreich anlehnten, den Kaiser ausgenommen, der in einem Gegensatz zu ihnen stand und zusehn

mußte, wie er selber zu einer genügend großen Territorialmacht kam.
Mazarin konnte diese Entwicklung nur recht sein. Er und der König von Schweden arbeiteten mit Mainz auf einen Bund der rheinischen Staaten hin, der sich nicht offen gegen den Kaiser richtete, der Sache nach aber sein Gewicht im Reich noch mehr schwächte. Wollte er zum Beispiel zur Unterstützung des Verwandten in Madrid Truppen nach den spanischen Niederlanden schicken, so verlegte ihm der Bund den Weg. Das war der französische Hintergedanke; der des Schweden, der ja auch Reichsfürst war, entsprang der Einstellung gegen den katholischen Kaiser.
So kam 1658 der Zusammenschluß zustande, den man als den ersten Rheinbund bezeichnet hat. Kurmainz, Kurköln, Kurtrier, Jülich-Berg, Hessen-Kassel, der schwedische König als Herzog von Bremen und Verden, die in Hannover und Braunschweig regierenden Lüneburger beteiligten sich. Ludwig von Frankreich trat als Mitglied ein.
Im Pyrenäenfrieden von 1659 überließ Spanien dem König die an der gemeinsamen Grenze gelegene Grafschaft Roussillon, im Norden Flandern und Arras. Das von Turenne eroberte Dünkirchen gab Ludwig an die Engländer. Condé begnadigte er und gewann sich damit einen Feldherrn zurück. Der Herzog von Lothringen mußte die Festungswerke von Nancy schleifen, Pfalzburg, Saarburg und bald auch die Festung Marsal abtreten und die Heerstraße von Metz nach dem Elsaß bewilligen, die dreißig Stunden lang und eine halbe breit war.
Ludwig stand nun im zweiundzwanzigsten Jahr und erklärte bereits, er wolle keinen Mazarin, keinen Premierminister mehr nehmen. Mazarin tat ihm den Gefallen, schon 1661 zu sterben. Wie Richelieu auf dem Totenbett ihn als Nachfolger empfohlen hatte, so empfahl er die Männer, deren Mitarbeit Frankreich zur straffsten Monarchie Europas machte: Lionne (Äußeres), Louvois (Krieg), Colbert (Finanzen). Colbert, ein Bürgerlicher, ersetzte Fouquet, der als Generalkontrolleur so verschwenderisch wie der König selbst gelebt hatte und jetzt, vor Gericht gestellt, zu lebenslänglichem Gefängnis verurteilt wurde.
Der Übergang zur Selbstherrschaft vollzog sich im übrigen ohne Donner und Blitz. Ehrgeizige junge Fürsten, die die

Regierung antreten, verjagen gewöhnlich die Mitarbeiter des bisherigen Leiters. Selbst Fouquet sah sich nicht sofort hinweggefegt. Lionne hatte den Westfälischen Frieden und den Rheinbund vorbereitet. Colbert war kein neuer Mann, und den jungen Louvois führte sein Vater Le Tellier, der im Amte blieb, ein. Der weltgeschichtliche Wechsel wurde geräuschlos durchgeführt. Man muß diesem König anfangs der Zwanzig zugestehn, daß er Gefühl für Maß und Form besaß.

1660 erhielt Turenne den Befehl über alle Truppen, damit begann die Schaffung des stehenden Heeres, das sich rasch vergrößerte. Große Straßen-, Kanal- und Hafenbauten begannen. Der Kriegsflotte folgten die kolonialen Erwerbungen. Kanada war schon seit anderthalb Jahrhunderten französischer Besitz und erfuhr nun stärkere Beachtung. Bald werden Louisiana, Pondichéry, Cayenne hinzukommen. Das französische Kolonialreich übertraf das englische. Wenn Ludwig sich nicht auch in Europa Aufgaben gestellt hätte, die seine ganze Kraft beanspruchten, wäre die Entstehung einer französischen Weltmacht möglich gewesen.

Die an Ort und Stelle verfolgten Aufgaben betrafen die Hinausschiebung der Grenze nach Norden und Osten, die Verstärkung des Einflusses im Reich, die Schwächung der Reichsmacht. Wohl schrieb und redete man von den Ansprüchen auf das Reich Karls des Großen oder auf das alte Austrasien, auch spielte man hie und da mit dem Gedanken, den König oder den Dauphin zum Kaiser wählen zu lassen: aber mit der Einverleibung des linken Rheinufers machte Ludwig doch nicht recht Ernst, sondern beschränkte sich auf das Elsaß, das Einfallstor nach Süddeutschland und Wien.

Das zur Ergänzung notwendige Lothringen hinzuzuerlangen, wäre fast geglückt, durch Kauf, wie Dünkirchen zurückgekauft wurde, im gleichen Jahr 1662. Unentbehrlich vom französischen Standpunkt aus war die Sicherung im Norden, wo die Festungen der spanischen Niederlande viel zu nahe an Paris lagen. Mehr als ein Schönheitsfleck auf der Landkarte, eine Lücke in den Sicherungen war der Umstand, daß die Freigrafschaft Burgund noch immer spanisch war.

Im Elsaß begannen die Drangsale der zehn Reichsstädte 1661, als der Herzog von Mazarin, durch Heirat Neffe des Kardinals, der die Landvogtei übernahm, die Eidesleistung ver-

langte. Die Städte weigerten sich, ›weil einem französischen Beamten schwören soviel bedeute, wie dem französischen König schwören‹. Zuletzt mußten sie doch nachgeben, zu Hagenau, in einer Form, die ihre Empfindungen schonte. Colbert ließ Nachforschungen über die ehemaligen habsburgischen Rechte anstellen: der Beginn jener juristischen Ausdeutungen, die später zu den Reunionskammern führten. Gegen das Verlangen, Garnisonen aufzunehmen, Einblick in die Arsenale zu gewähren, bei Wahlen den Vertreter des Königs zuzulassen oder gar, sei es nur zur Beobachtung, Organen der Intendanten dauernden Aufenthalt in den Mauern zu gestatten, wehrte sich Colmar am stärksten.
Neuer Streit entstand, als Frankreich den Reichsstädten seine Rechtsprechung aufdrängen wollte und sie sich auf ihre eigene und das Reichsgericht beriefen. Sie wandten sich sofort an den Reichstag in Regensburg, und Ludwig willigte in ein Schiedsgericht ein, das sich Jahre lang Zeit ließ, bis es, 1671, entschied, mit der Landvogtei habe er nicht auch die Landeshoheit erlangt.
Colmar prägte Münzen mit der Umschrift: *Moneta liberae civitatis imperialis Colmariensis* – was half es, das Wort Reich klang nach Schwäche, stark klang das Wort König. Ludwig konnte warten. Nur eines hielt er ein, das den elsässischen Protestanten gegebene Versprechen, ihre Rechte zu achten. Auch die Aufhebung des Ediktes von Nantes galt nicht für sie.
Der französische Absolutismus – *eine* Monarchie, identisch mit dem *einen* Herrscher – strahlte die Werbekraft seiner Idee nach Deutschland aus, zu jedem der vielen Fürsten hin, bis an den kleinsten Hof: so daß derselbe Gedanke in Frankreich die Einheit des Staates mit stehendem Heer und straffer Beamtenschaft heraufführte, in Deutschland den Auseinanderfall in eine Unzahl mikrokosmischer Paris oder später Versailles, mit Fürstentruppen und Fürstenbeamten. Die höhere und die modernere Auffassung besaß man auf französischer Seite.
Erstaunlich wird immer bleiben, daß Ludwig XIV. nicht nur eine politisch-militärische Glanzzeit schuf, sondern auch eine gesellschaftliche und kulturelle. Wer große Vorgänge verstehn will, muß sie positiv sehn, zum mindesten in ihren Aufstiegsjahren. Die untrennbare Einheit der politischen und der menschlich-geistigen Wirkung verhalf Frankreich zu

einem fast beispiellosen Siegeszug. War das Deutsch der amtlichen Schriftstücke, der Briefe, der Bücher um 1650 plump bis zur Barbarei – unbegreiflich genug, wenn man bedenkt, daß hundert Jahre zuvor Luther durch die Bibelübersetzung eine reine klare Sprache geschaffen hatte –, so tritt es uns zwischen 1680 und 1700 als ein französisch durchwuchertes Gebilde des Grauens entgegen, das samt seinen entrechteten, demütigen, angeschnauzten Bürgern die Verachtung der Franzosen verdiente.

Das deutsche Elend läßt sich nicht durch den Dreißigjährigen Krieg allein erklären. Es geht auf einen beliebig festzusetzenden Augenblick des Mittelalters zurück, der die deutsche Unfähigkeit, vom Kleineren zum Größeren, vom Vielen zum Einen fortzuschreiten, belegt. Nach dem Westfälischen Frieden war jedem deutschen Fürsten die Politik der Furcht vor dem Kaiser und der Eifersucht gegen ihn vorgeschrieben. Man muß es richtig sehn: im Grunde verlief die Entwicklung im Reich genau so wie in Frankreich auf der Linie des zu schaffenden Absolutismus – mit dem Unterschied, daß Deutschland es nur zu örtlichen Einheiten, Frankreich aber zur universalen Einheit brachte.

Alle Energie war bei Ludwig; alles Zögern, alle Unlust bei seinem Gegenspieler Leopold I., der es entsetzlich fand, daß man immer sich entschließen, immer handeln müsse (ein stark religiös gefärbter Zwiespalt, man darf in diesem Mann keinen Trottel sehn), und der mit seinen drei Frauen und sechzehn Kindern, seinem persönlichen Verzicht auf Pomp, seinem gelegentlich gegen sich selbst gerichteten Humor eine Vorwegnahme Franz' II. ist.

Ludwig hatte es sich viel Geld kosten lassen, seine Wahl in Frankfurt zu hintertreiben und die seines Kandidaten Ferdinand Maria von Bayern durchzusetzen, desselben, dessen savoyische Frau dem badischen Ferdinand Maximilian auch nach dem Bruch mit Luisa weiterhin Briefe schrieb, worin sie von ihren ewigen Schwangerschaften erzählte. Der junge bayrische Kurfürst war diesmal festgeblieben, er wollte es nicht mit den Wiener Nachbarn verderben.

Für Ludwig hatten in Frankfurt auch die Grafen von Fürstenberg, seine bekanntesten Parteigänger, gearbeitet. Trotzdem erhob der Kaiser sie bald danach in den Fürstenstand. Einen von ihnen, Franz Egon, wählte 1663 das Straßburger Kapitel zum Bischof, was Ludwig zu benutzen verstand. Ein Jahr später wurde Leopold Wilhelm von Baden, der Bruder Ferdinand Maximilians, durch den Tod seiner Frau Witwer. Nach der Trauerfrist heiratete er in zweiter Ehe eine geborene Fürstenberg, eine Schwester Franz Egons, wodurch unser Ludwig Wilhelm, daheim Louis genannt, zu einer neuen Tante kam.

1665 trat Ludwig Wilhelm in sein elftes Jahr. Wir wollen versuchen, uns nach den spärlichen Quellen ein Bild von den Umständen, in denen er aufwuchs, zu machen.

Sein Großvater, Markgraf Wilhelm, zählte zweiundsiebzig Jahre, dessen zweite Frau, Maria Magdalena von Öttingen, sechsundvierzig, für eine (Stief-)Großmutter ein jugendliches Alter.

Der Vater war vierzig, ein ebenso wohlbeleibter Mann wie die beiden Onkel Leopold Wilhelm und Hermann. Von Hermann, dem Domherrn, Soldaten und Diplomaten, der nicht in festen Diensten stand und viel reiste, dürfte der Knabe bis dahin wenig gesehn haben. Aber Leopold Wilhelm kehrte um diese Zeit mit dem Lorbeer des Siegers zurück: er hatte 1664 als einer der Führer des Reichskontingents mit dem Titel Feldmarschall unter Montecuccoli beim Kloster Sankt Gotthard an der Raab einen Sieg über die Türken errungen, den glänzendsten, an den sich die Christenheit seit Jahrhunderten erinnern konnte und der mit einem Waffenstillstand von zwanzig Jahren schloß.

Aus dem Munde dieses Onkels, der ein Jahr jünger als der Vater war, vernahm der aufgeweckte, leicht lernende Knabe, in dem soldatische Fähigkeiten schlummerten, zum erstenmal, mit der Entzündlichkeit der Jugend, von jener Welt im Osten, in der er selbst ein Jahrzehnt seines Lebens verbringen und noch ruhmreichere Siege erringen sollte.

Er wird auch von dem Zorn erfahren haben, der die Generale ergriff, als der Kaiser – der am Ende seiner Kräfte war – dem Besiegten Bedingungen zubilligte, die ihn zum Sieger machten: Siebenbürgen blieb türkisches Vasallenland und Neuhäusel, wenige Stunden von Wien gelegen, türkische Bastion, zudem zahlte Leopold 200 000 Taler, die als ›Geschenk‹ an den Sultan gingen oder an den Großwesir, der dort in Konstantinopel seinem Vater Mehmed Köprülü, dem Einiger des Reiches, gefolgt war.

In Neuhäusel also standen diese entsetzlichen Mordbrenner; fast war es wie 1529, als sie Wien belagert hatten, und nun rüsteten sie, ohne Zweifel, um zum zweitenmal die Hauptstadt des Kaisers zu berennen und diesmal zu nehmen. Ein Glück, daß der König von Frankreich dem Kaiser nicht in den Rücken gefallen, vielmehr als Mitglied des Rheinbundes ein Hilfsheer geschickt und es bei Sankt Gotthard tapfer hatte mitkämpfen lassen. Aber dem Kaiser war die Anwesenheit dieses französischen Heeres doch unheimlich gewesen, weil in Spanien der König im Sterben lag und ganz plötzlich ein Krieg mit Frankreich entstehen konnte.

Der Knabe war in die Zeitgeschichte eingeführt, und sein Haus stand mitten im Geschehn. Einem jungen Prinzen Bewußtsein und Stolz anzuerziehn, gehörte zu den Selbstverständlichkeiten.

Dem gleichen Leopold Wilhelm verdankte das Haus das Prädikat Durchlaucht. Als der Kaiser Anno 63 in Regensburg, wo der Reichstag von nun an dauernd tagen sollte, um Türkenhilfe bat und ihm auch ein Reichsheer bewilligt wurde, verzichtete der zum Generalfeldmarschall ernannte Onkel auf die Besoldung, was er sich dank den böhmischen Einkünften seiner Frau leisten konnte, und erhielt für die Baden-Badener Linie jenes Prädikat. Um die Durlacher Linie nicht vor den Kopf zu stoßen, erstreckte sich diese Gunst auch auf sie, die ebenfalls einen Prinzen als Generalwachtmeister stellte.

Der Reichstag hatte sich diesmal angesichts der Türkennot bereitwillig gezeigt, betete man doch auf Anordnung des Kaisers vielerorts im Reich um Abwendung des Krieges, wenn die Türkenglocke rief. Aber der Umstand, daß die Reichsstände nun nicht mehr zu bestimmten Gelegenheiten einberufen wurden, sondern laufend ihre Geschäfte führten, machte diese Körperschaft nicht beweglicher. Das Kollegium der 8 Kurfürsten, das der 33 geistlichen, 61 weltlichen Fürsten zuzüglich der 6 Stimmen der Prälaten, Grafen und freien Herren, das der 51 Reichsstädte berieten gesondert.

2

Die Mitglieder der Familie 1665 – Das Neue Schloß – Die Erziehungsgrundsätze des Vaters – Sein politisches Testament

Um die Liste der Onkel zu vervollständigen, so hatte bis anfangs dieses Jahres noch ein Großonkel in der jüngeren, rodemacherschen Linie gelebt, der Bruder des Großvaters, Markgraf Hermann Fortunat. Sein Sohn regierte nun im Luxemburgischen und Sponheimschen, kam auch wohl gelegentlich nach Baden-Baden, starb aber schon im nächsten Jahr 1666; noch mehr, er starb aus, und seine Lande fielen an Baden-Baden zurück, es mußte Ludwig Wilhelm Genugtuung bereiten.
Er sollte freilich dieses Zuwachses nicht froh werden, doch das barg die Zukunft in ihrem Schoß. Im Augenblick war noch Friede, gerade noch für zwei Jahre, aber schon verfinsterte sich der Horizont, denn in diesem Jahre 1665 starb in Spanien der Bruder der Königinmutter Anna von Frankreich, der nicht nur der Onkel Ludwigs XIV., sondern auch sein Schwiegervater gewesen war. Komischerweise galt genau dieselbe doppelte Verwandtschaft auch für den Kaiser Leopold: von den beiden Rivalen hatte der eine immer den gleichen Schachzug wie der andere getan.
Da Markgraf Wilhelm, der Großvater, in höheren Jahren noch einmal geheiratet hatte, gab es auch einen Stiefonkel, und dieser Karl Bernhard war nur zwei Jahre jünger als Ludwig Wilhelm. In ihm, der die Vettern ersetzte, dürfen wir den Gespielen der Kindheit sehn. Wie alle Männer in der Familie wollte er nicht geistlich, sondern Soldat werden, wurde es später auch, um in jungen Jahren den Heldentod bei Rheinfelden zu erleiden.
Was die Frauen im Neuen Schloß betrifft, so war die Stieftante Maria Anna Wilhelmine, die Schwester Karl Bernhards, genau so alt wie Ludwig Wilhelm, also ein Ersatz für die fehlenden Kusinen und ebenfalls eine Gespielin, sofern fürstliche Kinder damals spielten – der nicht sehr lange und noch weniger breite, aber schön über dem Städtchen auf der steil untermauerten Schloßterrasse gelegene Gartenpark lud dazu ein.
Die Stiefgroßmutter haben wir schon erwähnt. Von den

Töchtern des Großvaters aus der ersten Ehe mit der Gräfin von Hohenzollern lebten damals noch, als Tanten des Prinzen: Katharina Franziska, geb. 1631, und Anna, geb. 1634. Katharina Franziska nahm den Schleier; für 1670 ist ihre Anwesenheit im Kloster de la Visitation de Notre-Dame zu Besançon bezeugt, sie wird also kaum zu den Frauen gehört haben, in deren Obhut das Kind heranwuchs; nicht einmal 1656, als der Vertreter Ludwigs XIV. zur Taufe kam, wird sie erwähnt, er nennt nur Anna und Maria – unter dieser ist vermutlich Maria Anna Wilhelmine gemeint.
So bleiben als sicher die Stiefgroßmutter, die richtige Tante Anna, die Stieftante Maria, ein Kind, übrig und im Hintergrund der weibliche Hofstaat der Großmutter, nämlich eine Hofmeisterin und einige Hoffräuleins, für die ersten Jahre auch die Amme, die den Knaben später an den Erzieher oder Präzeptor Johann Reinhardt Vloßdorf abgeben mußte.
Innerhalb des ummauerten Schloßbezirks wohnten auch im eigenen Häuschen der Hofmeister der Oheime, Freiherr von Elz, und der Kammerdirektor Freiherr von Eggenberg. Vermutlich gab es auch in diesen Familien Kinder, die gelegentlich zum Prinzen befohlen wurden.
Man kann sich noch heute gut vorstellen, wie das Städtchen mit seinen Mauern und Toren von der Oos zum Markt hinaufwuchs und dahinter an den Hang und an die Stützungsmauer stieß, über der die geebnete Platte mit dem Schloß lag und liegt. In diesem Hang entspringen die heißen Quellen aus einer Tiefe von zweitausend Meter.
Will man alle örtlichen und geschichtsbildenden Mächte mit einem Blick umfassen, so stellt man sich seitlich und unterhalb des Marktes, der die Stiftskirche trägt, auf den kleinen Römerplatz. Man hat da buchstäblich unter den Füßen, unter einem Pflaster, das es einmal nicht gab, das Bad der römischen Legionäre und hoch über sich das Schloß der Fürsten, die hier regierten; dazwischen den Hang mit den Quellen, die Kirche, das Kloster, die Badehäuser – nichts kann anschaulicher sein, weil es so eng zusammengerückt ist, Sinnbild des Geschehens von mehr als anderthalb Jahrtausenden, günstig für die Bildung der Heimat- und Besitzgefühle, die ein junger Prinz empfinden mußte.
Zwar hat das Schloß seither seine Gestalt verändert, aber nicht seinen Platz und nicht seine Grundanlage. Wenn Lud-

wig Wilhelm auf der Nordseite aus dem Garten trat und nach dem Alten Schloß hinüberschaute, verspürte er dieselbe Heiterkeit des Lichts, dieselbe linde und gelöste Luft, die dem Menschen von heute diese Stelle so lieb macht. Seine Mutter drüben in Paris fürchtete sich vor einem Klima, das in Wirklichkeit so unrauh ist, daß gerade hier oben die Hälfte der Wintertage schon dem Vorfrühling angehört.

Das Neue Schloß steht an einer strategisch einleuchtenden Stelle, daher schon die Römer ein Kastell errichtet haben werden. Die Substruktionen im Hang lassen ihre Bauweise erkennen. Auch als die Zähringer noch auf Hohenbaden hausten, müssen sie hier ein Vorwerk unterhalten haben. Es kamen Häuser hinzu, unter Christoph siedelte man um und begann einen Ausbau, der den Palast des Neuen Schlosses ergab. Baumeister Kaspar Weinhardt, ein Bayer, der auch am Residenzschloß in München tätig gewesen war, leitete in der zweiten Hälfte des sechzehnten Jahrhunderts das Unternehmen im Geist des neuen, italienischen Stils und legte die berühmten unterirdischen Räume an, die in der Volksphantasie eine so große Rolle spielten, aber weit mehr der Zuflucht als dem Kerkerwesen dienten.

Im untersten Stockwerk hat sich von diesem Renaissancebau einiges erhalten: Türen und das als Bad bezeichnete Gemach, dazu außerhalb des Schlosses das offene Rundtempelchen, das die Ecke der Gartenbalustrade füllte. Die Franzosen des neunzehnten Jahrhunderts, die alles, was ihnen fremd geworden war, auf den sagenhaften König Dagobert zurückführten, gaben ihm den Namen Dagoberttürmchen, der ihm blieb. Zerstört ist der große Prunksaal Weinhardts im zweiten Geschoß, den Tobias Stimmer aus Schaffhausen aufs reichste mit Allegorien ausmalte, 1579.

Es war ein ansehnliches Schloß, weit und breit das größte. Die Berichte aus den letzten Jahrzehnten des vorangehenden Jahrhunderts sind voll von Klagen der Landstände über die Steuern, die ihnen aus dem Bauen erwuchsen: auch Ettlingen bekam damals ein Schloß, und in Stollhofen, Scheibenhardt, Rastatt erstanden fürstliche Häuser; Mahlberg kennen wir bereits.

Markgraf Wilhelm, der einen guten Teil des Jahres am Kammergericht in Speyer verbrachte, konnte die Erziehung des Prinzen mit bestem Gewissen dem Vater überlassen. Ferdinand Maximilian wird seinen Eifer für die Geschichte des Hauses auf den Sohn übertragen haben. Hofmeister des Knaben war ein florentinischer Edelmann, Cosimo Medici, der auch die französische Sprache beherrschte. Für Italienisch und Französisch, vielleicht auch Spanisch kam noch der eine oder andere savoyische Kammerherr in Betracht.

Für Latein und die schönen Künste war der Präzeptor da. Französisch hatte noch nicht Deutsch im täglichen Umgang ersetzt. Ludwig Wilhelm schrieb später seine Briefe oder Berichte aus dem Feld in der heimatlichen Sprache.

Zwei Dinge fallen an dem Deutsch jener Zeit auf: das Fehlen einer festen Rechtschreibung und das eines klaren Satzbaus. Man sollte annehmen, die Beschäftigung mit dem Lateinischen müßte den Sätzen mindestens zu einer logischen und gesetzmäßigen Gliederung verholfen haben. Aber das Gegenteil war der Fall. Liest man solch ein Schriftstück, so denkt man unwillkürlich, der Empfänger habe den Inhalt erraten müssen, er habe ihn sich nach Stichworten zusammengesucht.

Um ein Beispiel zu geben: Als Ferdinand Maximilian Ende 1657 jene Reise nach Turin antrat, von der er die Versöhnung mit seiner Frau erhoffte, machte er, wie es bei derartigen nicht ungefährlichen Unternehmen üblich war, ein Testament, dessen Anfang wie folgt lautet:

›Im namen der allerheiligsten dreifaltigkeit amen. Kund und zu wissen: demnach bei jetziger meiner vorhabenter reiss nachher [nach] Turin mir billich obgelegen auf alle sich etwann zutragende fäll meines lieben und bis dato einigen söhnleins prinz Ludwig Wilhelms marggraffen zu Baden und Hachbergk vätterliche firsehen zu duhn, das ich aus wolbedachtem muet durch diese als eine dispositio inter libellos oder anderen kräftigen lesten willen nachfolgende verordnung hinterlassen wollen ...‹

Er bestellte zu Vormündern des Knaben seine Brüder. Weiterhin gab er Anweisungen zur Erziehung des Sohnes. Er verlangt Gehorsam gegen den Papst, Liebe zu Deichsland [Deutschland] und Treue gegen den Kaiser. Bei den Sprachen wird Französisch fortgelassen, ist aber selbstverständlich; auch Spanisch steht unter den notwendigen. Überdies soll der Knabe wenn möglich ›in einer slavonischer, als polnischer oder ungerischer Sprach instruiert werden‹. Das ist ungemein weitsichtig. Polnisch kam für Bewerber um den Thron und Ungarisch für den Dienst in Wien in Betracht. Der Beichtvater soll aus der Sozietät Jesu genommen werden, die ritterlichen Übungen sollen sich auf Reiten, Fechten, Tanzen erstrecken. Für Lehre in der Fortifikation ist zu sorgen. Mechanica oder Exercitia von handwercken beschränken sich auf das Reissen, das technische Zeichnen. In lectione historiarum, der Bibel und andrer politicorum kommt es auf den fructus an. Der Hofmeister darf kein Pedant sein, der ›zu einer leidlichen Erbsenzählerei anhält‹ – fürstliche oeconomia ist etwas anderes, die lehrt ein Kavalier.

›Man soll ihn auch gewöhnen zu ehrerbietigkeit gegen mäniklich, auch seinen eigenen unterthanen, damit sie ihn lieben und ferchten, offt sie anreden bei schießen oder anderen zusammenkonfften mit ihnen conversieren und sich weisen, auch zuweilen etwas zum besten geben.‹ Er soll auf Reisen gehn, die Unterhaltung mit ›ehrlichen dames‹ nehmen, sich das Weintrinken nicht angewöhnen und statt des Segens den Fluch des Vaters erhalten, wenn er sich nicht standesgemäß verheiratet – hier spricht die Erinnerung an die Schwierigkeit mit, die aus der Heirat des Fortunatus mit einer Nichtebenbürtigen entstanden war.

Der Vater weiß sogar schon einen Wink zu geben: er betrifft eine Erzherzogstochter, Claudia Felicitas, die dem Haus die begehrte vorderösterreichische Ortenau (die Gegend um Kehl und Offenburg) zubringen könnte. Für die Kenntnis des Krieges genügt die Anwesenheit während dreier Monate als Beobachter ohne Chargen, ›damit er ein heroischs nicht aber bellicosichs gemüt an sich nemen wisse‹.

Die Erzherzogstochter wurde eine der Frauen Kaiser Leopolds, und gegen das bellikose Gemüt half keine Vorsicht.

Der Vater kehrte von Turin zurück und konnte die Erziehung selbst leiten. Welche Lehre er den Sohn aus dem Erlebnis mit der Mutter ziehen lassen wollte, erfahren wir aus einem zweiten Schriftstück, das keine Jahreszahl trägt, aber vermutlich vor 1664 verfaßt wurde. Sei es, daß der Knabe diese Worte sofort zu lesen bekam, sei es, daß sie ihm als letztwillige Mahnung übergeben werden sollten, der Vater spricht zu dem Sohn persönlich über Dinge, die ihm am Herzen liegen.

Es handelt sich um ein politisches Testament, das auf die badische Lage zugeschnitten ist, aber ins Allgemeine wächst, daher man es der Gattung der Fürstenspiegel zurechnen kann. Um seiner Menschlichkeit und Eindringlichkeit willen verdient es größere Beachtung, als ihm bisher zuteil geworden ist. Die Zeit nach dem Dreißigjährigen Krieg ist nicht so reich an redlichen Menschen oder gar Fürsten, daß man Ferdinand Maximilian von Baden übergehn dürfte.

Ob den vier Kapiteln – ›wihe sich mein sohn gegen gott zu halten‹, wie gegen den Papst, den Kaiser und den König von Frankreich – noch andere folgen sollten, bleibe dahingestellt. Das höchste Lob, das sich diesen Lehren spenden läßt, besteht darin, daß man den Eindruck hat, hier seien Predigten und Leben nicht verschiedene Dinge gewesen.

›Gott ist das höchste guht, dehr unß auß lauhter gihte und genahdt das lehben gibt, dehr unß in muhter leihb erhaltet, auß mutter leihb firet und durch vihlveltige wunder zu den alten dagen kommen laßt; ehr stirtzet dihe mächtige vohn dem stuhl und erhebet dihe demuhtige, richtet auff dem [den] armen auß dem koht und setzet ihn under dihe firsten ...‹

Auf dieses schöne Bekenntnis der Demut folgt das zur religiösen Duldung. Zwar solle der Sohn soviel wie möglich keinem andern als dem katholischen Glauben Raum in seinen Landen geben, ›doch weiß keinen widerwillen oder feindschafft gegen anderer religion zugedahnen, dann [denn] Gott begäret nicht das der Klauhben mit gewaltd eingetrungen sondern freiwwillig in dihe herzen gepflanzet werde‹.

Der Sohn soll die Priesterschaft in Ehren halten, aber nicht gestatten, daß sie sich in weltliche Angelegenheiten mische, es sei denn auf seinen Wunsch. Gott verlangt nicht, daß der Fürst allezeit in der Kirche sitzt, der Fürst hat auch Herrscherpflichten zu erfüllen. Er helfe Witwen und Waisen, sei mitleidig, löse seine Sünden durch Almosen aus, beflecke sich nicht mit unrechtem Gut. ›Verdamme nicht leicht zum dohdt, denn es ist besser, 10 schuldigen zu verzeihen alß einen uhnschuldigen umbß leben bringen.‹

Der König von Frankreich ist nach dem Kaiser der mächtigste und als Nachbar leider auch der gefährlichste. Besser, ihn zum Freunde behalten, als ihn beleidigen. Baden-Durlach nahm schon vor der Aufhebung des Ediktes von Nantes (1685) Hugenotten auf: vor diesen Flüchtlingen warnt Ferdinand Maximilian, die guten Beziehungen leiden darunter. Die inneren französischen Händel gehn Baden nichts an.

Festungen zu bauen, die den Franzosen den Weg verlegen könnten, ist nicht ratsam. Gott möge geben, daß sie aus Breisach und Philippsburg herausgehn – aber ein gewaltsamer Versuch hat nur Sinn, wenn das Reich zusammensteht, was man schwerlich erleben wird.

Wir sehn, wie genau der Vater die Lage seines Landes kannte und wie vorsichtig er abwog. Man darf, fährt er fort, nicht lange am französischen Hof verweilen, es kostet Geld und vermindert das Ansehn. Man soll dort mit den gesetzten Leuten, nicht mit den Wüstlingen verkehren, sich mit den Prinzen, Herzögen und Kavalieren gut stellen, aber darauf achten, daß dem eigenen Rang nichts vergeben wird. In der Kleidung muß man es ihnen gleichtun, auch ihre feinen Manieren und ihre hübsche Sprache sich aneignen, aber darauf hat sich die Nachahmung zu beschränken.

Am Pariser Hof soll man sich befleißigen, wohl bei den Damen daran zu sein, aber fliehen wie die Pest, eine daraus zu heiraten, sonst hat man sein Lebtag keine Ruhe und untergräbt sein ganzes Haus. Glaub mir dies, mein liebes Kind und laß dir deine eigene Mutter eine Witzigung sein, ›dihe mann für dehn besten Humor unter allen bey ganzem hoff gehalten und dan noch vohn ihrer mutter und leihten also wunderlich verfiren und abwendig machen lassen‹.

Französische Diener taugen nichts am deutschen Hof, sie verderben die einheimischen. Erbt man in Frankreich, so macht man den Besitz am besten flüssig, um nicht abhängig zu werden. Vom König sind zuzeiten Gelder zu bekommen: so es die Okkasion ergibt, nimm es an, verwende es aber niemals gegen das Vaterland oder das Haus Österreich, solange sie dich nicht zwingen. Auch hier der Nachsatz, der aller Weisheit Schluß war.

So weit die beiden testamentähnlichen Schriftstücke. In dem von 1657 fällt der Hinweis auf die polnische Sprache auf. In Polen hatte bis 1632 ein schwedischer Wasa regiert, das Land vom Calvinismus zum Katholizismus zurückgeführt und kriegerische Auseinandersetzungen mit Gustav Adolf gehabt. Sein Sohn Johann II. Kasimir regierte bis 1668; er mußte Livland an Schweden, Kiew an Rußland abtreten und dem Großen Kurfürsten die Souveränität über das Herzogtum Preußen bewilligen. Seit einem Jahrhundert wurden die polnischen Könige von der Schlachta, den Magnaten und

dem kleineren Adel, *viritim* gewählt: jeder Adlige hatte das Recht, persönlich an der Wahl teilzunehmen. 1652 kam das des *Liberum veto* hinzu, das Recht des Einspruchs gegen einen Reichstagsbeschluß.
So weit hatte man es nicht einmal in Deutschland gebracht. Johann II. Kasimir wurde des unfruchtbaren Gezänkes müde und legte die Krone nieder. Eine kleine Partei im Adel ermutigte im Jahre 1668 Hermann, den Bruder Ferdinand Maximilians von Baden, sich zu bewerben. Es wurde nichts daraus. Um König in Polen zu werden, brauchte man dasselbe, was nach Montecuccoli oder anderen zum Kriegführen nötig war, Geld und wieder Geld, da die Stimmen gekauft werden mußten.

3

Maria Franziska – Der Besuch bei Karl Ludwig von der Pfalz – Die erste Messe des durlachschen Kardinals – Wendung des Vaters gegen Frankreich – Der Devolutionskrieg 1668 – Der Tod des Vaters – Louis' Jugendbildnis von Merian – Der Tod Leopold Wilhelms – Das Kloster zum Heiligen Grab – Das Kammergericht in Speyer – Die Kavaliersreise Louis' nach Besançon und Rom – Die Heimkehr über Innsbruck

Ins Jahr 1666 fällt die zweite Heirat des Onkels Leopold Wilhelm mit der jungen Witwe des alten Herzogs von Jülich-Berg. Maria Franziska verwuchs mit Baden-Baden, wohin sie mit dreiunddreißig Jahren kam.
Sie wurde 1633 als zehntes Kind des Grafen Egon VIII. von Fürstenberg aus der Heiligenberger Linie geboren, in Konstanz, wohin sich die Familie in den Kriegswirren geflüchtet hatte. Von Hause aus besaß sie so wenig wie ihre Brüder, deren stärkste Triebfeder der Ehrgeiz war. Bei einem von ihnen, dem Domherrn Franz Egon, dem späteren Bischof von Straßburg, lebte sie als Mädchen in Köln.
Ihr erster Mann war der durch den Jülich-Kleveschen Erbfolgestreit wohlbekannte Wolfgang Wilhelm aus der pfälzischen Linie der Wittelsbacher, der die Oberpfalz an der Donau besaß. Er war sechsunddreißig, als 1614 der Jülich-Klevesche Streit damit endete, daß Kleve an Brandenburg,

Jülich und Berg an ihn kamen. Sein Haus war eine Stütze des Protestantismus gewesen; er heiratete eine katholische Bayerin und trat über. Da sein Sohn, der es in einer späteren Ehe doch noch auf siebzehn Kinder brachte, Anno 1651 noch keines hatte, gehorchte Wolfgang Wilhelm, dreiundsiebzig Jahre alt, der Politik und nahm die dritte Frau, die achtzehnjährige Maria Franziska von Fürstenberg.
Der Plan wurde zwischen den Kölnern und dem Neuburger, der in Düsseldorf residierte, ausgeheckt und alles, weil man Eile hatte, an einem Tag erledigt: die Begegnung auf halbem Weg und freiem Feld, die Verlobung, die Trauung. Die Ehe blieb kinderlos, und Wolfgang Wilhelm hinterließ nach zwei Jahren eine zwanzigjährige Witwe. Dreizehn Jahre später reichte sie Leopold Wilhelm von Baden die Hand. Nun kam die Zeit des Kinderzeugens auch für sie. Zwei Söhne und drei Mädchen folgten einander. Die Mädchen starben früh, der zweite Knabe mit zwölf; der erste, der am Leben blieb, war im Sprechen und in seinen geistigen Fähigkeiten behindert.
Wenn auch im Hause Neuburg nicht viel Geld zu finden war, so muß Maria Franziska doch einiges mitgebracht haben, sonst wären die achtunddreißig Zwerge, die sie sich hielt und die eine neue Note in das Baden-Badener Stadtbild fügten, unverständlich. Sie gab ihnen Namen wie Dürrschnabel und Dürrschnäbelin, stiftete auch gern Ehen zwischen ihnen. Markgraf Wilhelm befahl ihr, als es ihm zu arg wurde, dreißig zu entlassen. Auf den Bildern sieht man eine Frau mit freundlichen Zügen. Ihr Gatte weilte öfter in Wien; er hatte die Leitung und bezog die Einkünfte des Warasdinschen Generalats in den Militärgrenzlanden, im nicht türkisch gewordenen Teil von Ungarn.
Am Allerheiligen 1668 las in Baden-Baden in Gegenwart der markgräflichen Familie, des Bischofs von Straßburg und fünf Benediktineräbten seine erste Messe ein Konvertit aus dem durlachschen Hause, der jüngste Sohn Friedrichs V. und das Patenkind des Königs von Schweden von 1631. Er hatte die Schlacht an der Raab noch als Soldat mitgemacht. Drei Jahre später wurde er Novize in Fulda und nannte sich Bernhard Gustav, in Erinnerung an den seligen Bernhard, seinen Vorfahren.
Im Jahre 1669 besuchte Markgraf Wilhelm, von Leopold

Wilhelm, Ferdinand Maximilian und dem vierzehnjährigen Ludwig Wilhelm begleitet, in Heidelberg den Kurfürsten Karl Ludwig, den Sohn des Winterkönigs und der Stuart. Karl Ludwig hatte sich während des Dreißigjährigen Krieges im Haag und in London herumgetrieben, auch Richelieus schwere Hand kennengelernt, als er in Vincennes gefangen saß. Er war derb, unbeherrscht und sparsam. Dem Vertreter des Kurfürsten von Bayern warf er einmal ein Tintenfaß an den Kopf. Von seiner Frau, die ihn langweilte, schied er sich eigenmächtig und heiratete zur Linken die sanfte Gräfin von Degenfeld, die spätere Raugräfin. Im Tiergarten Gottes und der Geschichte machte er eine Figur für sich.
Die drei Badener werden auch seine Tochter Liselotte gesehn haben, die zwei Jahre nachher den Herzog von Orléans heiratete, und Ferdinand Maximilian mag sich, ein unbewußter Warner, über seine französischen Erfahrungen ausgelassen haben. Denn der Besuch der drei Persönlichkeiten hatte ohne Zweifel politische Hintergründe. Es war auch nicht der erste, den Ferdinand Maximilian in Heidelberg machte.
Sein persönliches Schicksal hatte es gefügt, daß er nicht zum Parteigänger Ludwigs wurde: so verfolgte er kritisch und aufmerksam die Vorgänge im Elsaß, wo die Reichsstädte mehr und mehr bedrängt wurden, und weiterhin in Frankreich selbst, wo die Machtmittel des Staates, die Einnahmen, die Rüstungen, das Selbstbewußtsein des Königs zunahmen. Seitdem er die Pariser Hofkreise aus eigener Anschauung kannte, drang sein Blick tiefer – er spürte, wie gefährlich das Gefühl, sich auf der ansteigenden Linie zu bewegen, für einen Herrscher und seine Nation werden kann.
Als 1661 der Marquis de la Meilleraye, der durch die Heirat mit einer Nichte des Kardinals Herzog von Mazarin geworden war, dem Markgrafen Wilhelm einen Besuch machte, wandte sich Ferdinand Maximilian dagegen, daß ihm fürstliche Ehren erwiesen werden sollten. Man muß den Franzosen nicht nachlaufen, Abstand und Würde wahren, sagte er und blieb der Begrüßung in Ettlingen fern. Doch das war noch eine private Handlung.
Auf eine aktive Wendung gegen Frankreich ließ er sich ein, als Ludwig im Jahre 1664 dem Kaiser Hilfstruppen schickte, die an der Schlacht beim Kloster Sankt Gotthard teilnahmen. Er traute dem Durchmarsch der Franzosen nicht und fürch-

tete einen Handstreich bei der nächsten Gelegenheit, daher er in Straßburg ein Schutzbündnis zwischen der Reichsstadt, der Schweiz, Baden und dem Kaiser anregte. Die Besorgnis war für dieses Mal unbegründet gewesen.
Aber 1667 und 68 führte Ludwig seinen ersten noch kleinen Eroberungskrieg. Immer um die juristische Rückendeckung besorgt, wandte er nach dem Tod des spanischen Königs, seines Onkels und Schwiegervaters, das in Kastilien geltende Devolutionsrecht, wonach im bürgerlichen Leben die Töchter erster Ehe vor den Söhnen zweiter erbten, auf die Politik an und erhob Anspruch auf die spanischen Niederlande und die Freigrafschaft. Zwar habe seine Frau, erklärte er, auf ihr Nachfolgerecht verzichtet, aber nur unter der Bedingung, daß ihm die ausbedungene Mitgift sofort ausgezahlt werde, was nicht geschehen sei. Er besetzte Lille, das er auch behalten und dank Vauban in eine Festung ersten Ranges umwandeln konnte. Die Freigrafschaft dagegen mußte er wieder herausgeben und den Spaniern lassen, weil Holland, England, Schweden eine drohende Haltung einnahmen. Und für dieses Bündnis nun hatte Ferdinand Maximilian auch den Kaiser, Pfalz, Württemberg, Hessen u. a. zu gewinnen gesucht, die Vertreter dieser Staaten mit dem Abgesandten des Kaisers in Baden-Baden zusammengebracht; der Rheinbund bestand schon nicht mehr.
Er war also zum Politiker geworden, der davon ausging, daß es nur ein Mittel gebe, um den Plänen Ludwigs entgegenzutreten: die rechtzeitige Koalition. In den Anweisungen an den Sohn, wie er dem König von Frankreich zu begegnen habe, hatte es anders gestanden – woraus sich schließen läßt, daß diese Mahnungen doch früher geschrieben worden sind, als man annimmt, nämlich vor den Erfahrungen von 1664. Inzwischen waren die Tatsachen hinzugekommen und hatten einen Niederschlag erzeugt, das Mißtrauen.
Man ersieht aus seinen Bemühungen, wie über alle Begriffe wichtig die Freiheit Straßburgs war. Er erkannte, daß man sie nicht früh genug schützen könne. Die Wandlung dieses auf der Bastion des Reiches beobachtenden Fürsten ist bedeutsam. Aus einem Anhänger des Friedens mit Frankreich war ein Gegner geworden, aus einem Pazifisten ein Aktivist. Zwanzig Jahre nach 1648 hatte sich auch Österreich so weit erholt, daß es eine gegen Ludwig XIV. zu befolgende Politik

ins Auge faßte. Das hieß zugleich, daß es daran ging, seine Stellung im Reich einer Revision zu unterziehen, selber aktiver zu werden.
Ferdinand Maximilian wurde es nicht vergönnt, die neue Einsicht in die Tat umzusetzen, er starb in Heidelberg.
Es war Spätherbst, der Kurfürst fuhr seine Gäste zur Jagd. In der Enge des Wagens entlud sich eine Büchse und zerriß Ferdinand Maximilian die Hand. Er verschied am vierten November, der Brand war hinzugetreten. So endete mit vierundvierzig Jahren auf dieselbe Weise wie der Bruder, der ihn nach Italien begleitet hatte, ein Mann, der seine Gaben nicht entfalten durfte.
Die Leichenfeier und die Beisetzung erfolgten in der Baden-Badener Stiftskirche, die damals noch von Krambuden umgeben war. Man sieht den sechsundsiebzigjährigen Markgrafen Wilhelm und den jungen Enkel dem Sarge folgen. Es wird auch berichtet, wie ergriffen die Trauergäste von diesem Anblick waren.
Aus diesem Jahre 1669 gibt es eine Zeichnung, die den Knaben darstellt. Wüßte man nicht, daß sie vom jüngeren Merian stammt, so könnte man sie für ein englisches Bild des achtzehnten Jahrhunderts halten.
Aus dem Rund der Perücke, die auf den Harnisch fällt, schaut ein Gesicht von langer schmaler Form. Die Nase ist romanisch und erinnert an die italienische der Bourbonen, wie der Mund an jene Margarethe Maultasch, die mit Zähigkeit durch die Jahrhunderte ihre Unterlippe ungefähr jedem mitgegeben hat, der einen Tropfen habsburgischen Blutes in sich hatte. Bei Ludwig Wilhelms zweitem Sohn, dem letzten Baden-Badener, wird das Merkmal noch ausgeprägter sein.
Das Kinn des Knaben verrät Tatkraft. Die Augen haben einen mandelförmigen Schnitt und einen blinzelnden Ausdruck, den man als Kurzsichtigkeit deuten könnte, wenn er nicht einfach Unschärfe des noch kindlichen Blickes ist. Der Körper scheint fein, unrobust zu sein: die Figur hatte Ludwig Wilhelm nicht vom Vater, sondern von der lateinischen Mutter geerbt. Auch im Temperament und in der unsentimentalischen Klarheit wird man französisches Erbe vermuten dürfen; gesinnungsmäßig dachte er deutsch.
Der Harnisch überrascht, wenn man sich an die Besorgnisse Ferdinand Maximilians erinnert. Vielleicht war der Vater

schon anderer Meinung, auf die Neigung des Knaben aufmerksam geworden; es sei denn, daß Merian, der das Virtuose anstrebt, den Stahl aus dekorativen Gründen wählte.
Zwei Jahre nach dem Tod des ältesten Sohnes, durch den Ludwig Wilhelm Erbprinz wurde, verlor Markgraf Wilhelm auch den zweiten. Leopold Wilhelm starb 1671 im Alter von fünfundvierzig Jahren. Maria Franziska errichtete ihm in der Stiftskirche das sehenswerte Grabmal, auf dem der Sieger von Sankt Gotthard mit griechischem Gewand und einer Allongeperücke ruht. Er stützt den Arm auf und ist ein Vater Nil an Fülle. Der Künstler dieses Barockprachtstückes war entweder Franzose, oder er stand unter französischem Einfluß.
Die Platte wird von zwei türkischen Sklaven getragen. Die kniend und betend hineinkomponierte Frau ist Maria Franziska. Leopold Wilhelm hatte bei Lebzeiten 1500 Gulden für das Grabmal bestimmt. Der Schluß der Inschrift lautet: *Ejus coniux obiit A.* 1..., (seine Gattin verschied im Jahre 1...) – die freigelassene Stelle ist heute noch nicht ausgefüllt, die Zahl würde 1702 lauten.
Ihr Andenken hat sich in Baden-Baden erhalten, da die Gründung des Frauenklosters zum Heiligen Grab auf sie zurückgeht. Sie hatte die Sepulchristen schon nach Jülich gerufen. Die Überlieferung besagt, daß sie ihre Hochzeitsreise nach Aachen gemacht habe, wo Frauen dieses Ordens eine Klosterschule leiteten, und daß Leopold Wilhelm ihr versprochen habe, eine Anstalt der gleichen Art in Baden-Baden zu gründen – ein verdienstvolles Werk, da die Erziehung junger Mädchen nach den Jahrzehnten des Krieges ohne Zweifel im argen lag.
Das Kloster dient noch heute seiner alten Bestimmung. Der Orden geht auf die Kreuzzüge zurück, sein Wappen ist das der Stadt Jerusalem mit dem Patriarchenkreuz. Das Hauptkloster von Sankt Agatha in Lüttich sandte 1670 vier Frauen und eine Laienschwester. Leopold Wilhelm ließ den ›welschen Nonnen‹ eine Wohnung mit Obst- und Grasgarten anweisen. Der alsbald aufgenommene Unterricht erfolgte bis zum Weltkrieg in französischer Sprache. Im Anfang sind ›die Pensionnaires mehrenteils von der Hofkuchen erhalten worden‹. Die Stiftungsurkunde von 1674 bestimmte für die frommen Frauen ein Kapital, dessen Zinsen jährlich 78 Gul-

den betrugen. Mit so wenig begann man in diesen mageren Zeiten ein Unternehmen, und es gab Jahre, wo die Nonnen statt der 78 Gulden nur einen erhielten.
Dem Markgrafen fehlte nach dem Tode Ferdinand Maximilians der Helfer, der ihn entlastete. Die Sitzungen in Speyer kosteten viel Zeit, das Amt eines Kammerrichters war eines der undankbarsten, wenn man es ernst nahm. Das Reichskammergericht entschied über alle Streitigkeiten unter den Reichsunmittelbaren, Landfriedensbrüche, eigenmächtige Erbteilungen, Leibeigenschaftsfragen. Die langen Kriege hatten verheerend gewirkt, hundertjährige Prozesse waren keine Seltenheit. Der Kammerrichter, der mit vier Senatsvorsitzenden und fünfzig Assessoren arbeitete, konnte froh sein, wenn er die schwer zu behandelnden Parteien zu einem Vergleich bewog.
Wilhelm selber hatte sich mit dem Bischof von Speyer auseinanderzusetzen. Es handelte sich um die Hälfte, die den Grafen von Eberstein geblieben war. Das Geschlecht erlosch 1660, die Erben verkauften ihren Anteil an den Bischof von Speyer, Wilhelm machte ein altes Vorkaufsrecht geltend und verglich sich 1676 dahin, daß die Ebersteinschen Eigengüter an ihn kamen, die Stadt Gernsbach aber Condominium mit Speyer wurde. Wilhelm gelangte so als Landesherr in den Besitz des ganzen Murgtals, das seine Langhölzer den Rhein hinunter verflößte, ein genossenschaftliches Geschäft, dessen Geldgeber die eine Sägerfamilie Kast war: sie stiftete Gernsbach das schöne Renaissancerathaus, ihr Aufstieg gehört in die Geschichte des Frühkapitalismus.
Als Ludwig Wilhelm fünfzehneinhalb Jahre alt war, im Herbst 1670, schickte ihn der Großvater bereits auf die Kavaliersreise, die Ferdinand Maximilian erst mit neunzehn angetreten hatte. Man kann aus diesem Entschluß die Sorge des greisen Fürsten um die Nachfolgeschaft herauslesen. Er beschleunigte den Abschluß der Erziehung und tat es sicher nicht leichten Herzens. Um nichts zu unterlassen, was die Sicherheit erhöhte, gab er dem Prinzen zwei Begleiter mit, den Präzeptor Vloßdorf und den Hofmeister Medici.
Die Reise ging zuerst nach Besançon, das Ludwig XIV. wieder herausgegeben hatte. Im Palais Granvella amtete nach wie vor ein spanischer Gouverneur, als Ludwig Wilhelm eintraf. Es war ein Aremberg, das Haus besaß Croy und Chi-

may und war neuerdings herzoglich geworden, stand auch zu Baden in weitläufiger Verwandtschaft. Die Rechte einer freien Reichsstadt waren Besançon, ehemals Bisanz, erst vor ein paar Jahren verlorengegangen.

Im Kloster de la Visitation lebte Ludwig Wilhelms Tante als Nonne. Der Aufenthalt dauerte bis in den Mai 1671. Der Prinz nahm dieselben Unterweisungsstunden wie einst sein Vater in Siena und Rom; juristische Vorlesungen kamen hinzu. Er faßte leicht auf: *avec peu de peine il apprend tout,* berichtete der Hofmeister. Ein Spanier unterrichtete den Prinzen für sechs Taler monatlich in militärischen Sachen, auch die *fortificatio* fehlte nicht.

Nach diesem ersten Blick in die Welt, nachdem er ›geblattert‹ hatte, reiste Ludwig Wilhelm weiter. Den Hof in Turin überging er aus demselben Grund, weshalb er Paris vermied: die Beziehungen zur Familie der Mutter waren durchschnitten. Unter dem Namen eines Barons von Grävenstein (im Westrich) stellte er sich in Florenz dem Großherzog vor.

In Rom sah er den Freiherrn von Plittersdorf wieder, der vor ein paar Jahren für den Kaiser die Besprechungen in Baden-Baden abgehalten hatte. In seinem ersten Brief vom Januar 72 dankt er dem Großvater für seine Gnade, ›welches mich don [denn] mehr obligiret, mich dergestalten zu verhalten, daß dermahlen Ew. Gnaden und das gantze Haus alle Ehr und Contento darvon haben mögen‹.

Medici schickte Berichte: der Prinz wende seine Zeit gut an, besuche *des comédies en musique,* nehme an einer Wildschweinjagd teil, sei beim spanischen Ambassator gewesen, habe den Papst gesehn. Für die Musikkomödie kommt Verschiedenes in Betracht, eine Commedia dell arte mit Pulcinella und Arlecchino, ein burleskes Melodram von Acciajoli, zum Beispiel gerade damals der ›Girello‹, Musik des Prologs von Alessandro Stradella, oder eine der Marionettenkomödien Acciajolis, wobei die Figurinen den Mund öffneten und hinter der Kulisse Künstler sangen.

Es war das Zeitalter der Sänger, der Sängerinnen und der Theaterleidenschaft. Auch Bernini, der noch lebte, hatte Stücke geschrieben. In vielen Palästen gab es Theatersäle. Christine von Schweden, Gustav Adolfs extravagante Tochter, unterhielt ihr eigenes Theater. Sie schaute im Winter fast jeden Abend zu, von Kardinälen umringt, deren einer, Bene-

dikt Odescalchi, uns später als Innozenz XI. begegnen wird.
Christines größte Rivalin in der römischen Gesellschaft war Maria Mancini, die Schwester Olympias. Nach ihrer Beziehung zu Ludwig XIV. hatte sie den Fürsten Colonna geheiratet. Anfangs war es eine Leidenschaft gewesen; dann hatten die Gatten, nach der Geburt dreier Söhne, verabredet, wie Bruder und Schwester zu leben; jetzt flüsterte man von einem Versuch Colonnas, seine Frau zu vergiften, sie war mit dem Chevalier de Lorraine ins Gerede gekommen – ihre Schwester Hortensia sogar von einem Stallmeister Mutter geworden: die beiden Frauen flohen im Frühjahr nach Paris.
Ludwig Wilhelm sah den Papst mit dem Vizekönig von Neapel und dem französischen Gesandten speisen. Medici berichtete nach Baden-Baden: ›Sobald der Papst erfuhr, daß der Herr Prinz im Zimmer sei, ließ er ihn rufen und unterhielt sich während der ganzen Tafel mit ihm. Er war sehr heiter und trank ihm auf die Gesundheit Seiner Kaiserlichen Majestät zu. ›*A la fin de la table Sa Sainteté luy présenta deux baies de confitures*‹.
Es war Klemens X., Altieri, ein zweiundachtzigjähriger asketischer Herr, der Schauspieler, Kurtisanen und nackte Statuen nicht leiden konnte. Der Vizekönig von Neapel fand Gefallen an Ludwig Wilhelm und erbot sich, ihm daheim in Spanien einen soldatischen Posten zu verschaffen. Aber das hätte der Großvater nicht erlaubt. Die Reisenden traten den Heimweg an, über Venedig und den Brenner.
In Innsbruck residierte, stolz und ehrgeizig wie ihr Name, jene junge Erzherzogin Claudia Felicitas, an die Ferdinand Maximilian zu naiv als Schwiegertochter gedacht hatte. Im nächsten Jahr wurde sie die Frau Kaiser Leopolds. Wiederum drei Jahre später, mit dreiundzwanzig, war sie schon tot.
Gewiß, Anno 1446 heiratete ein Vorfahr Ludwig Wilhelms die Schwester Kaiser Friedrichs III., und sein frommer Bruder Bernhard hätte sich mit der Tochter Karls VII. von Frankreich vermählen können. Noch im sechzehnten Jahrhundert wurde ein Markgraf Schwiegersohn des Königs von Schweden, sein Bruder der des Herzogs von Bayern. Jetzt lebte man in einer andern Zeit. Fürst war nicht mehr gleich Fürst. Die großen hoben sich scharf von den mittleren und diese von den kleinen ab.

Mit der Souveränität, die 1648 brachte, war ihnen auch der Ehrgeiz eingeimpft worden. Bereits zehn Jahre später wird die Fähigkeit oder Nichtfähigkeit, ein stehendes Heer zu unterhalten, den äußeren Maßstab liefern. Die Großen werden danach streben, sich zum Kurfürsten oder gar König zu erhöhen, und die andern durch Verstärkung des Hochmuts das Gesicht wahren. In dieser Beziehung ist Ludwig Wilhelm ganz ein Sohn der Zeit, nichts für ihn bitterer als der Umstand, daß sein Stolz sich Kurfürsten unterordnen muß.

4

Übersicht über die Kriege Ludwigs XIV. – Holland und das Haus Oranien – Ludwig XIV. bereitet den Krieg gegen Holland vor – Seine deutschen Verbündeten – Er eröffnet den Krieg 1672 – Der Umschwung der deutschen Meinung – Die Territorialfürsten und die französischen Subsidien – Wilhelm Egon von Fürstenberg

Als er heimkehrte, stand er im neunzehnten Jahr: schon war der erste der großen Kriege ausgebrochen, in denen sich Ludwig XIV. die Hegemonie über Europa bestätigen wollte. Fünfundzwanzig Jahre dauerten sie und brachten dem König zwei Überraschungen. Einmal bewies das Reich trotz allem, was man sagen mag, größere Festigkeit, als er erwartet hatte, und wenn die deutsche Diplomatie geschickter gewesen wäre, hätte sie Ludwig das Elsaß wieder abnehmen können. Zum andern gingen die kaiserlichen Lande aus diesem Ringen als Großmacht für sich, als österreichische Monarchie hervor, die Frankreich das Gleichgewicht hielt, aber auch ihren Schwerpunkt aus dem Reich verlegte.

Diese Kriege sind, nachdem 1667 auf 68 der Devolutionskrieg vorausgegangen war und den Gewinn von Roussillon im Süden, von Lille und andern Plätzen im Norden gebracht hatte:

	1672/78	
Krieg gegen Holland und die Allianz	Gewinn: Lothringen Freigrafschaft Valenciennes Cambray, Maubeuge u. a. Freiburg	Verlust: Philippsburg Orange
	1680/81	
Die Reunionen, 500 Orte ohne Krieg besetzt	Gewinn: Die Reunionen Straßburg, die Dekapolis mit Landau Casale	Verlust: –
	1688/97	
Pfälzischer Krieg gegen die Große Allianz	Gewinn: Bestätigung Straßburgs, Landaus und der elsässischen Reunionen Saarlouis	Verlust: Lothringen, Freiburg, Breisach, Kehl Die außerelsässischen Reunionen Pinerolo
	1701/14	
Spanischer Erbfolgekrieg gegen die Große Allianz	Gewinn: Orange Spanien kommt an einen Bourbonen	Verlust: Hudsonbailänder Österreich gewinnt Belgien, Neapel, Mailand, Sardinien

Danach ergeben sich als Endgewinn Ludwigs die Linie Dünkirchen–Lille–Valenciennes–Maubeuge–Longwy–Saarlouis als Grenze gegen Belgien und Luxemburg; die Freigrafschaft und Orange; Straßburg, die zehn Städte mit Landau. Wenn auch schwer errungen, sind es Erfolge.

Auf der Verlustseite des Reiches steht das Elsaß, das schon im Frieden von Münster ausgegliedert worden war. Auf der Habenseite der Gewinn von Freiburg[7], Breisach, Philippsburg und die Tatsache, daß der Versuch Ludwigs XIV., noch mehr Stücke aus dem Fleisch des Reiches zu schneiden, sich 1697 erledigte. Von diesem 1714 bestätigten Ergebnis aus gesehn gewinnen die Vorgänge, die bis 1697 auf dem deutschen Kriegsschauplatz vor sich gehn, einen Sinn, der ihnen, wenn man sie Jahr für Jahr betrachtet, oft zu fehlen scheint.

Daß das Reich in den entscheidenden letzten Jahren des Pfälzischen Krieges nicht zusammenbrach, vielmehr Süddeutschland gegen die französischen Angriffe abriegelte, verdankt es ausschließlich Ludwig Wilhelm von Baden. Den holländischen Krieg machte er als Freiwilliger mit. Von 1683–1692 verweilte er auf dem türkischen Schauplatz, von 1693 an auf dem westlichen. Das Gesamtkriegstheater bildet den Hintergrund seines Lebens.

Holland, seit 1591 von Spanien unabhängig, war aus dem Westfälischen Frieden, der ihm auch die Unabhängigkeit vom Reich brachte, als das reichste Land Europas hervorgegangen. Die Ostindische und die Westindische Compagnie beuteten die Kolonien aus, doch gehörte Brasilien schon nicht mehr dazu.

Das politische Gebilde der sieben Provinzen ließ sich mit keinem anderen vergleichen. Man könnte es einen Bund von Republiken mit erblichen Konsuln nennen. Die Konsuln stellte das Haus Oranien, eine Magnatenfamilie mit großem Besitz. Wilhelm I., der Schweigsame, war als Graf von Nassau-Dillenburg geboren, erbte 1544 das Fürstentum Orange an der Rhone, stand durch den Besitz von Breda in Beziehungen zu den Niederlanden, wurde noch unter Karl V. Statthalter der Provinzen Holland, Seeland, Utrecht, schloß sich der Erhebung gegen Spanien an, worauf Alba ihn ächtete, und vereinigte, als das Land frei war, die Statthalterschaften aller Provinzen in seiner Hand.

Die Provinzen hatten ihre eigene Gesetzgebung. Jede verwaltete sich durch ihre ›Staaten‹, jede besaß ihren Generalanwalt oder Syndikus, Ratspensionär genannt. Alle schickten Vertreter nach dem Haag, aber jede verfügte nur über eine Stimme. Der Republikanismus dieser Generalstaaten war plutokratisch-bürgerlich, am stärksten in der Kernprovinz Holland, zu der Amsterdam mit seinen Handelsherren gehörte. Wilhelms zweiter Sohn starb 1647. Dessen Sohn, Fürst Wilhelm II., war auch Generalkapitän aller Provinzen, das heißt oberster Anführer zu Wasser und Land. Er übte seine Macht nicht so vorsichtig wie die Vorgänger aus, die die Generalstaaten in der Hand hatten; er war mit einer Tochter Karls I. von England verheiratet. Die Generalstaaten betrachteten ihn mit Mißtrauen. Amsterdam nahm ihn nur als Statthalter der Provinz Holland auf, er beging die Torheit, sechs Vertreter gefangenzusetzen. Seine Schwester heiratete

Friedrich Wilhelm von Brandenburg, der später der Große Kurfürst hieß.
Wilhelm II. starb ganz jung 1650, sein Sohn Wilhelm III. wurde acht Tage später geboren; vorerst bestand keine Gefahr mehr seitens des Hauses Oranien. Die republikanische Partei benutzte die Gelegenheit. Der Ratspensionär der Provinz Holland, Jan de Witt, führte die Staatsgeschäfte, trennte die Generalkapitänschaft von der Statthalterschaft, und er ist es, der im Devolutionskrieg die sogenannte Tripelallianz gegen Ludwig XIV. zustande brachte. Er ließ den oranischen Erben sorgsam überwachen. Er führte zwei Seekriege gegen England, de Ruyter drang in die Themse ein. In England regierte Karl II., einer der verderbtesten Fürsten, die es gegeben hat.
Als Ludwig XIV. die Isolierung de Witts betrieb, war Karl II. gegen eine Riesensumme bereit, seine Flotte mit der französischen zu vereinigen. Mit Geld, das der Adel so gern wie der König nahm, wurde Schweden auf die französische Seite gezogen. Es sollte Brandenburg in den Rücken fallen, wenn sich der Kurfürst gegen Ludwig wandte. Es dauerte aber noch einige Jahre, bis Schweden die Zusage erfüllte, vorerst schickte der Kurfürst Truppen an den Rhein. Holland wollte ihn dafür bezahlen, er war sein einziger Verbündeter. Witt klagte, man könne Holländer nicht dazu bestimmen, schon im Frieden Verpflichtungen einzugehn, die Geld kosteten.
Um sich das Aufmarschgebiet zu sichern, schloß Ludwig ein Bündnis mit dem Kurfürsten von Köln, dem Bischof von Münster und dem Herzog von Jülich-Berg, auch das kostete Geld. Der Kurfürst von Trier versprach Neutralität, der von Mainz, der dem Reich den Frieden erhalten wollte, wurde im Auftrag Ludwigs von Wilhelm Egon von Fürstenberg bearbeitet, der Inhaber eines französischen Regiments und kurkölnischer Gesandter war. Dessen Bruder, der Bischof von Straßburg, ließ sich gleichfalls dafür bezahlen, daß er die französische Sache in Köln und anderswo unterstützte.
In Wien führte der Minister Leopolds, Fürst Lobkowitz, die französische Partei. Sie stand auch nicht umsonst zur Verfügung, hatte aber immerhin sachliche Gründe vorzubringen: Holland gehörte nicht mehr zum Reich, und man tat am besten, abzuwarten. Um für alle Fälle bereit zu sein, setzte der Kaiser ein Korps unter dem alten tüchtigen Montecuccoli ge-

gen den Rhein in Marsch. Es hatte den Brandenburger zu beobachten. Der katholische Herzog von Hannover und sein protestantischer Bruder, Bischof von Osnabrück, der spätere erste Kurfürst von Hannover, verschlossen sich so wenig wie der Kurfürst von Bayern gegen die französischen Aufmerksamkeiten, sie blieben neutral. In Polen galt es, die österreichische Partei in Schach zu halten, es gelang Ludwig auch, die Wahl Sobieskis durchzusetzen, doch das ist etwas vorgegriffen, Sobieski wurde 1674 König.

Jedenfalls, die französische Diplomatie arbeitete an hundert Stellen zugleich, und als es so weit war, auch der Herzog von Lothringen sich wieder einmal aus seinem Land vertrieben sah, rückte ein französisches Heer auf kleve-brandenburgischem Boden gegen Geldern vor, von Turenne, Condé, Luxembourg angeführt, von Ludwig, Louvois, Vauban begleitet, im April 72.

Die Anfangserfolge waren groß. Die Angreifer erreichten die Provinz Holland und bedrohten Amsterdam. Die Folge war eine innere Revolution, ein Aufstand, der die Republikaner hinwegfegte. Beim Volk waren nicht sie beliebt, sondern Oranien. Wilhelm stand nun im dreiundzwanzigsten Jahr. Er hatte die militärische Anlage seiner Vorfahren geerbt und die staatsmännische dazu. Witt legte seine Ämter nieder. Als er seinen Bruder im Gefängnis besuchte, wurden beide von einer Masse zu Tode getreten und durch die Gassen geschleift. Die Macht übernahm Wilhelm.

Die Provinz Holland öffnete die Schleusen, um Amsterdam zu retten. Im Dezember gefror das Wasser, die Franzosen rückten vor; das Wasser schmolz plötzlich, und sie zogen sich schleunigst von Leyden zurück. Damit schloß das erste Kapitel dieses Feldzuges ab, die Überrennung war nicht gelungen; Ludwig mußte mit längerer Dauer rechnen. Er übergab den Befehl in Holland Luxembourg, schickte Turenne mit einem Teil der Truppen gegen den Kurfürsten von Brandenburg und Condé nach dem Elsaß: die Fronterweiterung von Breisach bis zum Niederrhein bereitete sich vor.

In Deutschland regte sich etwas wie eine öffentliche Meinung, die ihren Niederschlag in Broschüren fand. Wilhelm von Oranien schickte an die Höfe Botschaften. Der kaiserliche Gesandte im Haag, Lisola, tat alles, um ein Bündnis zwischen Kaiser, Spanien und Holland zustande zu bringen.

Der Herzog von Lothringen, den Ludwig verjagt hatte, arbeitete in der gleichen Richtung.
Das Wunder geschah; Spanien lehnte nicht mehr ab, sich für die ketzerischen und abgefallenen Niederlande einzusetzen. Sogar in Regensburg geriet man in Wallung: Ludwig ließ im Elsaß die Reichsstädte entwaffnen, zu offenen Orten machen, mit seinen Garnisonen belegen und in französische Verwaltung nehmen. Das Fürstentum Orange hatte er auch besetzt.
Die Colmarer Wälle wurden von Bauern aus dem Sundgau und Markircher Bergwerksknappen abgebrochen, das Arsenal nach Breisach geschafft. Die Franzosen staunten über seinen Reichtum. Der König zog an der Stadt vorbei, und die Grande Mademoiselle schrieb, nie habe sie Menschen in größerer Bestürzung und Trauer gesehn.
Noch war es nicht so weit, daß seine Gegner marschieren ließen. Merkwürdigere Verhältnisse sind schwer zu finden. Turenne hatte den Kurfürsten von Brandenburg nach Westfalen gedrängt, Friedrich Wilhelm wollte eine Schlacht annehmen, aber Montecuccoli riet ihm ab. Der Kurfürst hörte etwas von geheimen Abmachungen zwischen Ludwig und dem Kaiser, und die Holländer zahlten die ausbedungenen Hilfsgelder nicht. Er begann mit dem König zu verhandeln, der ihm die Feldzugskosten durch Zahlung von 800000 Livres ersetzen wollte.
So standen die Dinge, als der junge Prinz von Baden, im Mai 73, eine Reise nach Mainz, Koblenz, Köln und Düsseldorf antrat. Die Zeit war geschickt gewählt. Noch lagen, wie damals üblich, die Kriegführenden in den Winterquartieren; es wurde gewöhnlich Frühsommer, bis das Marschieren und Kämpfen wieder begann. Turenne und der Kurfürst von Brandenburg beobachteten sich in Westfalen, an den Rheinufern war alles Land neutral oder in französischer Hand, und da auch Baden neutral war, solange das Reich nicht den Krieg erklärte, durfte Ludwig Wilhelm bei den Generalen auf höfliche Behandlung rechnen.
Trotzdem war es kein ungefährliches Unternehmen, da Zwischenfälle eintreten konnten. Der Anstoß mag von ihm selbst ausgegangen sein. Er mußte sehn, was da geschah, und wenn er auch nicht bis zum jungen Retter Hollands, der nur ein paar Jahre älter war, vordringen konnte, so doch bis in die

Nähe. Beziehungen gab es dort überall. Maria Franziska, die nun verwitwete Tante, kam aus Düsseldorf, und Wilhelm Egon Fürstenberg, der in Köln alles zu sagen hatte, war ihr Bruder. Auch Franz Egon, der Straßbuger, hielt sich in Köln auf.

War es nicht gut, sich zu zeigen? Schon redete man davon, daß Ludwig zu Verhandlungen bereit sei, die in Köln stattfinden würden. Ludwig wußte sehr gut, daß in Wien wenige so eifrig auf einen Reichskrieg gegen Frankreich drängten wie der Sohn des badischen Markgrafen, Hermann. Gewiß stand man mit dem Gefühl nicht auf der französischen Seite. Aber wie die Dinge lagen, schadete es nichts, sich den Fürstenbergern vorzustellen.

Der Großvater verschloß sich diesen Erwägungen nicht, es waren seine eigenen. Der Himmel war mit Sorgen verhängt. Die Verhältnisse machten den Enkel mündig: je eher er zur Anschauung kam, desto besser. Markgraf Wilhelm gab die Erlaubnis und empfahl dem jungen Menschen, sich in Köln jeder Einmischung in die politischen Händel zu enthalten.

Die Kindheitsjahre Ludwig Wilhelms endeten früh. Er sah mit achtzehn, wie es in der Welt zuging, wie es im Reiche stand. Man kommt zu schiefen Urteilen, wenn man eine Zeit mit dem Maßstab einer späteren mißt. Man muß fragen, was in ihr selbst als möglich und nicht ehrenrührig galt. Wohl gab es eine Reihe Fürsten, die unter der Ohnmacht des Reiches und dem Tanz um das zu Paris aufgestellte goldene Kalb litten. Gerade die Badener gehörten zu ihnen. Aber für sie, Pfalz, Mainz, Köln, Jülich, Münster und alle, die den französischen Heeren erreichbar waren, bestand keine Möglichkeit, sich zur Wehr zu setzen – selbst dann nicht, wenn das Reich als solches, als Gesamtheit, hinter sie trat, denn das Reich hatte kein stehendes Heer. Da sie Territorialfürsten waren, schrieb das Territorium, die Nachbarschaft mit Frankreich, ihnen die Haltung vor: eine Selbstverständlichkeit, die erst dann als hemmungsloser Egoismus wirkt, wenn man sie an der heutigen Idee des Nationalen mißt – die in diesem holländischen Krieg zum ersten Male da und dort zu keimen begann.

Erklärte das Reich den Krieg, so wußten die westdeutschen und süddeutschen Fürsten, was sie erwartete. Denn nun wurde der Kampf auf ihrem Gebiet ausgetragen, *sie* und ihr

Land mußten stillhalten. Es gibt keine Handhabe, dem deutschen Norden und Osten ein stärkeres Nationalgefühl als ihnen zuzuschreiben. Baden und Pfalz, Württemberg, die Main- und Rheinlande haben in dem halben Jahrhundert, das uns hier beschäftigt, gründlich für das Reich gelitten.
Es wird oft vergessen, daß die Verträge von 1648 Frankreich (mit Schweden) zum Garanten des Friedens machten, ihm also das Recht des Mitredens verliehen. Unter diesem Gesichtspunkt muß man den Rheinbund von 1658 betrachten. Kurfürst von Mainz, nebenher auch Bischof von Würzburg, und Reichserzkanzler war Johann Philipp von Schönborn, ein Mann, der sich als Soldat, Geistlicher und Diplomat ausbildete und aus den Erfahrungen des großen Krieges den einen Grundgedanken ableitete: den Frieden zu befestigen und zu bewahren. Er gründete den Rheinbund nicht, um dem französischen König ein politisches Instrument in die Hand zu spielen, sondern um ihn zu binden. Frankreich führte darin nicht den Vorsitz, sondern gehörte ihm als Mitglied an. Als der Erzbischof die in einer Mainzer Enklave gelegene Reichsstadt Erfurt sich aneignete, erlebte man das Schauspiel, daß französische Truppen ihn unterstützten und mitten im Frieden durch deutsches Gebiet zogen.
Der Bund zerfiel im Devolutionskrieg, als sich erstmalig zeigte, was man von Ludwig zu erwarten hatte. Auch Schönborn hatte Jahresbeihilfen von Ludwig genommen. Fortan erkalteten seine Beziehungen zum König. Um den holländischen Krieg zu verhüten, machte er ihm den merkwürdigen Vorschlag, statt in Europa Krieg zu führen, eine Expedition nach Ägypten zu schicken. Diesen Plan trug in seinem Auftrag in Paris Leibniz vor, der damals als Jurist bei ihm in Mainz lebte. In Paris erklärte man Leibniz, das Mittelalter und die Zeit der Kreuzzüge sei vorüber.
Es ist zuzeiten Geld aus Frankreich zu haben, hatte Ferdinand Maximilian von Baden geschrieben. Alle nahmen es. Der eine, zum Beispiel der Große Kurfürst, um seine Feldzugskosten hereinzubekommen. Der andere für seine Luxusbedürfnisse und die nun einsetzende Nachahmung des französischen Lebensstils, einschließlich der kostspieligen Damen. Der dritte und zehnte noch, weil die Errichtung stehender Heere und die der absoluten Staatsmacht, die Vermehrung der Beamtenschaft, das Bauen, und was für Aufgaben immer

eine neue Zeit verlangte, gewaltige Summen erforderten. Ihnen allen zwang das Vorbild Ludwig nicht nur das dekorative Zubehör, sondern die Sache selbst auf. Sie mußten Schritt halten und sich anpassen. Die Vorwürfe und die Verstimmung der Nachwelt sind sinnlos.

Schön wird niemand finden, daß die Partei Lobkowitz von Ludwig Geld nahm, am wenigsten, daß die Anweisungen, die an Montecuccoli gingen, gleichzeitig zu den französischen Generalen fanden. Montecuccoli ärgerte es so, daß er für einen Augenblick seinen Abschied nahm. Aber der Auffassung, daß Geldnehmen möglich sei, begegnet man noch beim Wiener Kongreß, noch beim letzten großen Staatsmann der alten Schule, Talleyrand. Sauberkeit und Vorsicht setzen sich erst im neunzehnten Jahrhundert durch, sie sind ein recht spätes Ereignis.

Wenn Wilhelm Egon von Fürstenberg, der einer besonders ehrgeizigen und geschmeidigen Familie angehörte, sich damit entschuldigte, er sei ein *cadet*, ein jüngerer Sohn, und müsse um jeden Preis auf ein standesgemäßes Einkommen bedacht sein, so sprach er aus, was andere taten. Er entdeckte, daß man außer der Jagd auf Dompfründen, die allgemein geübt wurde, auch der auf die französischen Huldbeweise obliegen könne. Wer nichts hatte, schaltete sich ein, und wer regierte, suchte mehr zu bekommen.

Ein Wettlauf um die Macht, um das Geld, um den Glanz des Namens begann, dem sich keiner, der im Geschehn stand, entziehn konnte. Dieser Wirbel fegte über ganz Europa hin, das sich nach dem großen Einschnitt des Westfälischen Friedens neu bilden wollte und die Völker des Erdteils wie bewußtseinsmäßig zusammenrückte.

Wir lachen über den Grafen von Hanau, den die Kunde von den Kolonien nicht schlafen ließ, daher er der Holländisch-Westindischen Compagnie ein Gebiet am Amazonas abkaufte, oder über Johann Wilhelm von der Pfalz, der ein paar Jahrzehnte später auf Anraten eines armenischen Abtes und eines Kaufmanns ein Königreich Armenien gründen wollte. Wir lachen nicht, wenn wir von kolonialen Bestrebungen des Großen Kurfürsten hören, wobei übrigens Markgraf Hermann von Baden mithalf. Der Hanauer und der Düsseldorfer sind komisch, weil ihre Lage im Binnenland und der Geldmangel ihnen derartige Pläne verboten. Dem Antrieb nach ist kein Unterschied zwischen ihnen und dem Kurfürsten von Sachsen, dem König von Polen oder dem Kurfürsten von Brandenburg, der König von Preußen wurde. Man muß immer auf die Antriebskräfte einer Zeit achten, die allen Zeitgenossen gemeinsam sind, den kleineren und den mächtigeren, den charakterstärkeren und den schwächeren.

5

Louis reist 1673 nach Düsseldorf und Köln – Der Kurfürst von Brandenburg am Niederrhein – Turenne marschiert mainaufwärts – Montecuccolis Gegenmarsch – Louis wieder in Besançon – Spanien und das Reich erklären den Krieg – Louis tritt ins Heer ein – Die Gefangennahme Wilhelms von Fürstenberg – Das Kriegsballett von 1674 am Oberrhein

Noch vor einem halben Jahr hätte Ludwig Wilhelm in *Mainz* den bedeutendsten deutschen Kirchenfürsten des Jahrhunderts getroffen, den nordischen Cato oder Salomo, wie man ihn nannte, der in seinen drei Bistümern Mainz, Würzburg und Worms die Wunden des Dreißigjährigen Krieges zu heilen suchte: Schönborn war im Februar gestorben.
Seit einem Jahr lebte auch sein Minister Boyneburg nicht mehr, dessen Verdienst es ist, Leibnitz entdeckt und in die einem Gelehrten sonst nicht zugänglichen Herrscherkreise gebracht zu haben. Leibnitz selbst war, nachdem er den merkwürdigen ägyptischen Vorschlag überbracht hatte, in Paris geblieben, ein Humboldt des siebzehnten Jahrhunderts und der erste Vertreter des sich bildenden Europäertums.
Vom Schloß stand nur der älteste Teil, die Ausbauten erfolgten erst später. Neben dem Dom war die größte Sehenswürdigkeit die von Schönborn angelegte Brücke, die auf 42 Schiffen ruhte. Als der Kurfürst sie nach der Fertigstellung überschritt, zahlte er als erster den Zoll, von dem nur die Bettler befreit blieben. Unter den Fürsten, die auf seine Veranlassung zum katholischen Glauben übertraten, war der Pfalzgraf von Sulzbach, dessen Tochter den katholischen Herzog zu Lauenburg heiratete und die Mutter der Prinzessin wurde, mit der sich achtzehn Jahre später Ludwig Wilhelm verbinden wird.

Vom damaligen *Koblenz* mit Mauern und Türmen gewinnt man ein anschauliches Bild durch den Merianschen Kupferstich von 1632. Über die Mosel führt eine vielbogige Brücke, über den Rhein noch keine. Man erkennt deutlich gleich an der Brücke die kurtrierische Burg mit den beiden Ecktürmen, das Gegenstück zur alten Feste Ehrenbreitstein. Kurfürst von Trier war ein von der Leyen, der den Franzosen nicht so bereitwillig wie Kurköln entgegenkam. Die Residenz war noch nicht gebaut.
Bei *Düsseldorf* dagegen stand der Vorgänger des heutigen Schlosses Benrath, mitten im Wasser, durch Galerien mit dem Land verbunden. Der Italiener Lollio hatte es eben für die Gemahlin des Herzogs Philipp Wilhelm gebaut. Wenn die älteste Tochter des Herzogs aus erster Ehe anwesend war, begegnete Ludwig Wilhelm auch hier wieder einer der künftigen Frauen Kaiser Leopolds.
Er betrat in Düsseldorf einen Hof, der künstlerische Neigungen besaß. Der Vater des Kurfürsten, derselbe, der in so späten Jahren die junge Maria Franziska heiratete, hatte mit Rubens und anderen niederländischen Malern in Verbindung gestanden und den Grundstock zu einer nachmals berühmten Galerie gelegt, die später nach München kam. Philipp Wilhelm wurde so alt wie sein Vater und erbte 1685 Kurpfalz, welcher Umstand ihn zum bedeutendsten rheinischen Fürsten machte.
Der badische Prinz lernte in Jülich-Berg das erste Land mit gemischter Religion kennen. Freilich hatte Wolfgang Wilhelm 1614 bei der Teilung der jülich-kleveschen Erbschaft entgegen der Zusicherung der Glaubensfreiheit die Protestanten verfolgt. Aber 1672 ward endlich mit dem Erben von Kleve, Brandenburg, ein endgültiges Abkommen getroffen, wonach die Protestanten beider Richtungen in den neuburgschen Gebieten, die Katholiken in den brandenburgischen freie Religionsübung und jeder Fürst ein Schutzrecht über die im Land des anderen wohnenden Glaubensgenossen erhielt. Dieses Abkommen war ein Markstein, es setzte sich ein neuer Geist durch. Da in Kleve über die Hälfte der Bewohner katholisch war, hatte sich auch der kommende preußische Staat zum erstenmal mit andersgläubigen Minderheiten abzufinden. Außerdem mit Ständen, die es in den straff regierten Stammlanden nicht gab.

Am längsten weilte Ludwig Wilhelm in *Köln.* Außer den Fürstenbergern[8], mit denen Baden auch durch frühere Heiraten und durch gemeinsame Abstammung verwandt war, kam er hier mit dem katholischen Durlacher, Bernhard Gustav, zusammen, der in diesen Tagen Abt von Kempten, bald auch von Fulda wurde. Die Verleihung der Kardinalswürde suchte Ludwig XIV. zu hintertreiben. Bernhard Gustav starb schon 1677.
Der Kurfürst, ein Wittelsbacher, der überdies die Stifter Lüttich und Hildesheim besaß, überließ die Politik den Fürstenbergschen Domherren und Beratern. Während bald darauf die Friedensbesprechungen in Köln begannen, lebte er wie ein Mönch im Kloster und beschäftigte sich mit Alchimie. Nahe dem seltsam anzuschauenden Dom, dessen Chor für sich stand, während die Westfassade statt der Türme als Wahrzeichen der abgebrochenen Arbeit den schiefen Kranen trug und das Ganze von Bürgerhäusern umschlossen war, besaß er eine uralte Burg, aber schon vor Jahrhunderten hatten die Erzbischöfe ihren Wohnsitz aus der Reichsstadt nach Brühl und Bonn verlegt. In beiden Orten stammen die Schlösser aus einer späteren Zeit.
Die Baulust der rheinischen Kurfürsten erwachte erst, als friedlichere Zeiten kamen; als erstes erstand das Bonner Schloß, nach dem Frieden von Ryswyk. Das Vorbild Versailles wurde 1682 fertig. Auch Ludwig Wilhelm wird eines Tages bauen.
Er hatte nun Italien, München, Südfrankreich und die Rheinlande gesehn. Die Niederlande, England, Paris, Wien und Norddeutschland fehlten noch an der vollständigen Kavaliersreise. Die Zeitumstände waren der Vollständigkeit nicht günstig, es mußte alles gekürzt und beschleunigt werden. Seine Jugend war nun beendet. Was sollte er anfangen? Er konnte heiraten und sich auf die Regierung vorbereiten. Aber es schien doch Krieg zu geben.
Die Kölner Verhandlungen führten nicht zum Frieden. Turenne marschierte, von dem zurücktretenden Brandenburger befreit, nach Aschaffenburg und rückte anfangs September gegen Rothenburg vor: von Eger und Nürnberg näherte sich das kaiserliche Heer, das unter Montecuccoli, dem Herzog von Bournonville und Hermann von Baden stand. Montecuccoli war für die Volten, mit denen er den Gegner

täuschte, berühmt. Er schwenkte nach dem Main, überschritt ihn bei Ochsenfurt und überflügelte, auf Würzburg gestützt, Turenne, der sich in den Odenwald zurückzog. Aber Montecuccoli griff ihn nicht an, sondern drang weiter bis Mainz vor, wo er übersetzen konnte.
Turenne glaubte nun an den Einfall ins Elsaß und sicherte sich den Rheinübergang durch einen Marsch auf Philippsburg, das er Ende Oktober erreichte. Der stark befestigte Platz deckte die Schiffsbrücke. Der Italiener jedoch eilte schon in Gewaltmärschen rheinabwärts, um sich mit dem Oranier zu vereinigen, was bei Bonn geschah. Beide belagerten diese Festung und schlugen Condé zurück. Turenne, der nun auch auf dem Anmarsch war, erfuhr in Kreuznach den Fall Bonns und wandte sich nach Trier, eine Operation bedingte die andere, und die Franzosen befanden sich jetzt in der Verteidigung. Man kann dem glänzend durchgeführten Gedanken Montecuccolis die Bewunderung nicht versagen. Den Gewinn hatten die Holländer: anfangs 74 räumten die Franzosen ihr Land. Dafür hat das rheinische Gebiet alle Aussicht, Kriegsschauplatz zu werden, wenn der Winter vorüber ist.
Im Oktober finden wir Ludwig Wilhelm abermals in Besançon. Noch hatte Spanien nicht den Krieg erklärt, noch war Ludwig XIV. nicht in die Freigrafschaft eingefallen. Aber beide Ereignisse erfolgten jetzt, die Freigrafschaft ging Spanien endgültig verloren. Ludwig Wilhelm kehrte nach Baden zurück. Was hatte ihn nach Besançon geführt? eine persönliche Angelegenheit oder Besprechungen, die seinem Eintritt ins Heer galten?
Die Tatsache, daß es dann doch noch ein Jahr dauerte, bis der Prinz Soldat wurde, ja daß er im April 74 mit seinem Onkel Hermann eine Reise nach den Niederlanden antrat, die in Köln abbrach, läßt sich nur so erklären, daß die Kriegserklärung des Reiches bis zum Mai 74 auf sich warten ließ. In diesem Jahre 1674 wählten die Polen wieder einen König. Der Kandidat Frankreichs, Sobieski, siegte. Als einen der deutschen Kandidaten hatte Hermann dem Kaiser den Neffen Ludwig Wilhelm vorgeschlagen.
In Köln war helle Aufregung. Kaiser Leopold, der sich so ungern entschied, hatte, in seinem nur zu berechtigten Zorn gegen die Egoniten, Wilhelm Egon von Fürstenberg, den Geheimrat und kurkölnischen Gesandten, der während der

Friedensbesprechungen die deutschen Unterhändler im französischen Sinn bearbeitete, an Fastnacht von 300 Mann eines italienischen Regiments aufheben und nach Bonn bringen lassen. Seine plötzliche Energie ging so weit, daß er den Domherrn als Hochverräter hinrichten lassen wollte. Jüngst hatte er dieses Schicksal daheim vier Verschwörern aus dem ungarischen Adel bereitet.
Die nächste Wirkung war, daß die Friedensbesprechungen abgebrochen wurden, weil Ludwig XIV. die Sache des Ministers seines Verbündeten zur eigenen machte. Juristisch war das Recht diesmal auf seiner Seite. Dem Kaiser gab die Verfassung nicht die Möglichkeit, einen Beamten des souveränen Kufürsten in seiner eigenen Hauptstadt durch einen Gewaltstreich zu verhaften, es sei denn, daß er die Acht über ihn verhängte – eine Maßregel, die von den Reichsständen nicht ohne das Verlangen, mitzusprechen, hingenommen worden wäre.
Die Kriegserklärung des Reiches brachte mehr als einen der Fürsten in Verlegenheit: Schweden, Hannover, Osnabrück, Köln, Münster, jeden, der mit Ludwig einen Neutralitätsvertrag oder gar ein Bündnis geschlossen hatte. Bis auf den Kurfürsten von Bayern, der darauf bestand, neutral zu bleiben, besannen sich alle auf ihre Pflicht, indem sie wie Köln und Münster Frieden mit Holland machten oder ihre Kontingente auszurüsten begannen.
Ganz war das Reich noch nicht eine Schimäre. Aber was für eine Schwerfälligkeit: ein Jahr lang nach dem Eintritt des Kaisers hatte man in Regensburg überlegt, ob ja, ob nein, und endlos erwogen. Wenn nicht Turenne drüben im Raume Zabern-Landau seine Bewegungen begonnen hätte, wären auch jetzt die Herren auf der Fürsten- und der Grafenbank und die Städte der Entscheidung ausgewichen. Es gab ja kein Reichsheer, das man sofort an einer bedrohten Stelle hätte einsetzen können – es mußte von Fall zu Fall bewilligt und zusammengestellt werden, und dann war es viel zu klein.
Dazu die Unlust der am Rhein, am Main und am Neckar gelegenen Gebiete, Schauplatz zu werden, sich für das Ganze zu opfern. Da es das Ganze nicht in dem durchgreifenden Sinne gab, daß man auf Gedeih und Verderb zusammengehörte; da man fast die volle Souveränität besaß; da die Gleichsetzung der Begriffe Kaiser und Reich zwar für die Genera-

tionen von 1880, aber nicht für die von 1680 gilt, vielmehr die Belange des Kaisers sich sehr oft nicht mit denen des Reiches deckten und der katholische Eifer des einen den protestantischen Interessen des andern gefährlich werden konnte – so war es den Anrainern gar nicht zu verdenken, daß sie zehnmal überlegten, bevor sie sich und ihre Untertanen zur Schlachtbank führen ließen.

Auf die Vermittlungsversuche von 1673 folgten daher 1674 neue. Sie scheiterten an Ludwigs erster Bedingung, daß Wilhelm von Fürstenberg aus der Haft zu entlassen sei. Er blieb bis zum Kriegsende Gefangener des Kaisers, der seinen Zorn auf die ganze Familie ausdehnte. Der vierte der Brüder, Hermann Egon, Oberhofmeister in München, trug mit der Kurfürstin, der savoyischen Adelheid, Schuld daran, daß Ferdinand Maria in der Neutralität verharrte. Als 1676 in Fürstenberg Fürst Anton, ein Neffe der Brüder, zur Regierung kam und seiner zwanzig Jahre wegen den Kaiser erst um die *venia aetatis* bitten mußte – nach dem römischen Recht wurde man nach der Vollendung des fünfundzwanigsten Jahres mündig –, hatte er nichts Eiligeres zu tun, als nach Frankreich, in Feindesland, zu reisen und die reiche Marie de Ligny zu heiraten. Der Kaiser ließ den gesamten Besitz des Fürsten mit Sequester belegen und die Bewohner auf sich vereidigen.

Die Kriegshandlungen des Jahres 74 bestanden in zwei Einfällen Turennes zum Neckar hin, wobei die Pfalz unter den Brennereien so schwer litt, daß Kurfürst Karl Ludwig ihn in einem erregten Brief zum Zweikampf aufforderte – der Marschall erwiderte höflich, er folge nur den Anweisungen und tue seine Pflicht.

Ganz seltsam muten die Bewegungen der Gegner an, wie die eines bewaffneten Balletts: man ›debouchierte‹ aus Philippsburg, lieferte den Kaiserlichen rasch bei Sinsheim ein Treffen, zog sich zurück, weil auf der anderen Rheinseite eine Abteilung heranrückte, die man nicht im Rücken dulden durfte, dann begann das Spiel von neuem. Der alte Rhein wußte nicht, wie ihm geschah, so oft ›passierte‹ und ›repassierte‹ man ihn.

Turenne war in diesem Jahr nicht sehr stark, weil die Besetzung der Freigrafschaft ihn zu Abgaben zwang. Im Oktober überschritt Bournonville mit kaiserlichen und Reichstruppen bei Kehl den Rhein. Bald rückte auch der Kurfürst von Brandenburg mit Verstärkungen heran. Der Schauplatz wurde auf französisches Gebiet verlegt, aber Straßburg wagte nicht, Partei zu ergreifen, es blieb neutral, entbot jedem der Gegner nach einem Sieg Glückwünsche und verweigerte beiden seine Brücke. Jetzt war es Turenne, dem eine berühmte Volte gelang. Zum Schein nach Zabern ausweichend, erschien er, übers Gebirge marschierend, plötzlich von Belfort her Ende Dezember im Oberelsaß und überfiel das deutsche Heer, das bereits im Winterquartier, und zwar im Feindesland lag. Nach dem Treffen bei Türkheim in den ersten Tagen des Jahres 75 zogen die Deutschen über den Rhein zurück. In wenigen Tagen ging der Erfolg eines Jahres verloren.

6

Das Leben Hermanns von Baden – Das Kriegsjahr 1675, Turenne fällt – Karl III. von Lothringen ersetzt Montecuccoli – Das Kriegsjahr 1676 – Die Eroberung von Philippsburg – Louis bringt die Nachricht nach Wien – Exkurs über Sophie von der Pfalz, Eleonore d'Olbreuse und die Prinzessin von Ahlden

An diesem Feldzug gegen Turenne nun nahm Ludwig Wilhelm teil, unter der Aufsicht seines Onkels Hermann, der ein Artilleriekommando hatte.

Ein Rückblick auf das Leben des Markgrafen Hermann ist angebracht. 1628 geboren, zum geistlichen Stand bestimmt, oblag er den Studien vom elften bis einundzwanzigsten Jahr im Jesuitenkollegium zu Dillingen, erhielt die Tonsur in Rom, ging von da nach den spanischen Niederlanden, um sich zum Soldaten auszubilden, und wurde zugleich Domherr in Paderborn und Köln. Markgraf Wilhelm rief ihn 1653 zurück, aber es hielt den jungen Mann nicht lange in Baden-Baden, er begab sich auf Reisen, in Italien knüpfte er Beziehungen an.

Un homme pesant tant par sa grosse corpulence que par son génie, gewichtig durch seine massige Körperlichkeit und seine Geistesgaben, nannte ihn einer jener französischen Diplomaten, die nicht nur zu beobachten, sondern auch sich auszudrücken wußten. Und als Hermann, der eine Neigung zum Schreiben hatte, selber einmal die Einwände gegen seine Person zu Papier brachte, erwähnte er den Vorwurf, ›hatte viel *Concepta*, darunter auch zu Zeithen gute, die sich wohl hören ließen, führte aber wenig auß, sondern seye weithläufig in seinen Handtlungen‹. Diesen Verdacht, ein Plänemacher zu sein, wies er als unwahr zurück. In solchen Urteilen steckt aber immer ein Körnchen. Er war kein Alltagskopf, schaute sich in der Welt um, entdeckte allerlei Möglichkeiten, die zugleich ihm und seinem Ehrgeiz weiterhalfen.

1660 schlug ein holländischer Exadmiral Friedrich Wilhelm die Schaffung brandenburgischer Kolonien vor. Der Kurfürst fühlte sich nicht stark genug und wollte den Kaiser, auch Spanien, hinzuziehn: die Unterhandlungen führte Hermann von Baden, mündlich und in Denkschriften. Aus diesen ersten brandenburgischen Kolonialplänen wurde nichts , auch nicht aus der polnischen Kandidatur Hermanns, der wieder bald in Madrid, bald in Wien, bald in Potsdam auftauchte, ein gewandter, nüchtern lebender und etwas unruhiger Mann, der nur ein jüngerer Sohn war.

Zur Schlacht bei Sankt Gotthard kam er zu spät. 1671 wurde er Generalfeldzeugmeister, im nächsten Jahr unterbreitete er dem Kaiser sofort die Gründe, die für ein Eingreifen in den holländischen Krieg sprachen. Inzwischen war er auch Domherr in Salzburg und Augsburg geworden. Diese gemischten, sowohl geistlichen wie weltlichen Laufbahnen waren in jener Zeit nichts Ungewöhnliches. Seit 1673 nahm Hermann am Kriege gegen Ludwig teil.

Das Jahr 1675 bietet dasselbe Schauspiel wie das vorangegangene, auf der deutschen Seite wird die Regsamkeit etwas größer. Oberbefehlshaber ist wieder Montecuccoli. Markgraf Hermann steht im Breisgau. Markgraf Friedrich VI. von Baden-Durlach, ein Mann von menschlichem Rang, ist Reichsgeneralfeldmarschall und führt Montecuccoli Truppen des schwäbischen und fränkischen Kreises zu.

Montecuccoli streicht wie eine Katze rheinauf und rheinab, vielleicht setzt sich der Gegner auf der anderen Seite des Stromes auch in Bewegung. Aber Turenne läßt ihn ruhig gen Philippsburg marschieren, er selbst bleibt zwischen Schlettstadt und Straßburg liegen. Sogar ein Übergang bei Speyer erschreckt ihn nicht. Er schlägt eine Schiffbrücke bei Ottenheim und rückt an die Kinzig vor: Montecuccoli kehrt zurück. In der Gegend Offenburg beobachten sich die Heere,

führen kleinen Krieg und warten, bis dem anderen die Lebensmittel ausgehn. Die Leidtragenden der rohen Kriegsführung sind die Bewohner.
Am 25. Juli behaupten in einem Gefecht an der Rench die Franzosen ein Dorf, und Montecuccoli weicht ein wenig auf Achern zurück. Am 27. entwickelt sich auf den Vorhöhen bei Sasbach eine Kanonade. Turenne macht einen Erkundigungsgang: dieselbe Kugel trifft ihn in den Unterleib und reißt dem Befehlshaber der Artillerie den Arm ab. Sie kommt vielleicht aus einem Geschütz des Markgrafen Hermann, unter dem Ludwig Wilhelm dient. An der Stelle, wo der Marschall fiel, ließ 1796 Moreau ein Denkmal errichten; die französische Regierung, die das Gelände kaufte, ersetzte es unter der Restauration durch einen Obelisken. Die Anlage mit der hohen Nadel und dem Hain dahinter ist noch heute unverändert.
Den Oberbefehl übernimmt Turennes Neffe, Lorge, der Gegner Ludwig Wilhelms zwanzig Jahre später. Er geht über den Rhein zurück, die Deutschen folgen nach und belagern Hagenau. Hermann tut das gleiche vor Zabern, dessen Umgebung zuerst von den Franzosen, dann von den Kaiserlichen gründlich verwüstet wird. Hermann läßt die Stadt, Residenz des Bischofs von Straßburg, zweimal zur Übergabe auffordern, dann beginnt er die Beschießung. Condé marschiert zur Entsetzung herbei. Als er ankommt, haben die Kaiserlichen unerwartet alle Belagerungen aufgegeben.
Auf deutscher Seite ist noch die Rückeroberung von Trier durch die Herzöge von Lothringen und Braunschweig zu buchen. Aber sie bleiben dort liegen, das Hauptheer der Franzosen steht ja in den spanischen Niederlanden. Montecuccoli, dem der Proviant ausgeht – dies war der Sinn der ewigen Verwüstungen –, zieht sich früh über den Rhein in die Winterquartiere zurück, läßt jedoch in Weißenburg und Lauterburg Garnisonen. Das Gesamtergebnis ist etwas vorteilhafter als jahrs zuvor, sollte die Wiedereroberung des Elsaß möglich sein?
Turenne ist gefallen. Montecuccoli nimmt wegen hohen Alters den Abschied. Karl III. von Lothringen, bisweilen auch Karl IV. genannt, es gibt zwei Zählungen, stirbt, ein Mann, der schon gegen Gustav Adolf gekämpft und die Wechsel des

Schicksals gründlich kennengelernt hat. Und Condé tritt aus demselben Grund wie Montecuccoli ab.
Montecuccoli starb 1680 zu Linz. Geboren wurde er 1609 auf Schloß Montecuccoli bei Modena. Die Familie besaß seit Karl V. den Reichsgrafenstand. Gleich seinem Gegner Turenne war er ein bedeutender Militärschriftsteller, den noch Friedrich der Große studierte. Er erkannte die Bedeutung der Artillerie, der schrägen Schlachtordnung, des großen stehenden Heeres. Daß er auch ein Meister der Manöverstrategie war, bewies er am Main und am Oberrhein, nur lag der Ermattungsgedanke weit eher dem französischen Vorgehen gegen ihn zugrunde.
Das Jahr 1676 brachte Ludwig Wilhelm die entscheidende Wendung, die sein ganzes Leben bestimmte.
Die kriegerischen Handlungen beginnen früher als sonst. Die französische Besatzung von Philippsburg beunruhigt die Umgegend und steckt Anfang März Bruchsal an. Zur gleichen Zeit trägt Markgraf Hermann, der im Breisgau überwintert, einen schönen Erfolg davon, über 2000 Mann der Garnison Breisach, die auf Kontributionen ausziehn. Er läßt sie von 1200 Reitern überfallen und nimmt ihren General am Spieltisch gefangen.
Solange die Franzosen in Philippsburg nisten, ist man behindert: Philippsburg muß genommen werden. Der neue Feldherr, Karl IV. von Lothringen, Neffe Karls III., geht schon am 30. April bei Speyer über den Rhein und greift den Brükkenkopf an, der fällt. Die Belagerung der Festung selbst wird den beiden Badenern, Friedrich von Durlach und Hermann, übertragen. Der Lothringer nimmt die Sicherung jenseits des Rheins auf sich.
Es kommt ein frischer Wind in die deutschen Operationen. Herzog Karl drängt die von Luxembourg geführten Franzosen auf Zabern zurück. Sie erhalten Verstärkung, er weicht nach Straßburg aus, marschiert auf dem rechten Ufer des Rheins nordwärts, überschreitet ihn bei Lauterburg wieder und verlegt dem Gegner von neuem den Weg nach Philippsburg. Das ist so könnerisch und elegant, als hätte Montecuccoli selber noch angeführt.
Andere Züge auf dem Schachbrett der Rheinebene folgen. Luxembourg marschiert bis Breisach zurück, geht über den Strom, aber auch auf der deutschen Seite ist man marschiert

und hat Emmendingen besetzt. Ein Angriff der Franzosen mißlingt, sie verschanzen sich in einem festen Lager. Bis jetzt hat auf diesem Schauplatz während der ganzen Jahre keine Entscheidungsschlacht und nur eine größere an der Saar stattgefunden; auch weiterhin bleibt es so.
Für Montecuccoli war es von Anbeginn die gegebene Taktik, da er nicht wagen konnte, tiefer in das eigentliche Frankreich einzudringen. Zwanzig Jahre später wird Ludwig Wilhelm sie wiederholen, er lernte in diesen ersten zwei Jahren ungeheuer. Was die französischen Generale am Oberrhein betrifft, so genügte es für sie, diese menschensparende Taktik nachzuahmen. Ihre Aufgabe bestand darin, die Kaiserlichen so lange zu beschäftigen, bis das Hauptziel des Krieges, die Eroberung der spanischen Niederlande, erreicht war und dann die Kräfte für den oberrheinischen Schauplatz frei wurden.
Ludwig belagerte und eroberte im Norden eine Festung nach der andern, und den Brandenburger war er losgeworden, indem er ihm den Schweden auf den Hals schickte. Der Kurfürst von Brandenburg besiegte den Eindringling bei Fehrbellin, schon 1675, kam aber für den Oberrhein nicht mehr in Betracht, er war nun mit der Eroberung von Schwedisch-Pommern beschäftigt.
Nach einer Belagerung von vier Monaten ergab sich Philippsburg den badischen Markgrafen. Der Kommandant, du Fay, erhielt für sich und seine 1500 Mann den Abzug mit Kriegsehren, dazu einen Ehrensäbel. Zuerst hatte es nicht an Schwierigkeiten gefehlt; die Bewilligung von Geschützen seitens der Reichsstände und die Heranschaffung waren zweierlei. Bei der Belagerungsarmee befanden sich der Herzog von Sachsen-Lauenburg, dem in diesem Jahr eine Tochter, die künftige Frau Ludwig Wilhelms, geboren worden war, und der Prinz von Braunschweig-Wolfenbüttel, der im August an einer ›Blessure‹ starb.
Markgraf Friedrich faßte für das nächste Jahr die Eroberung von Breisach ins Auge und trat die Reise nach Wien an, um dem Kaiser die Notwendigkeit dieses Unternehmens vorzutragen. In Donauwörth wurde er so schwer krank, daß er nach Durlach zurückkehrte. Hier ereilte ihn der Tod.
Ludwig Wilhelm hatte sich durch Mut, Auffassungsgabe und Tapferkeit hervorgetan. Wie es Sitte war, schickte der Herzog von Lothringen sofort nach dem Fall der Festung

einen Boten mit der guten Nachricht an den Kaiser. Die Wahl fiel auf den Prinzen, der nun im zweiundzwanzigsten Jahre stand. Es war eine Belohnung für gutes Verhalten und eine Aufgabe für einen jungen Mann, der keine Mühe scheut, um als erster anzukommen. Der Kaiser verlieh ihm das Infanterieregiment, das durch den Tod des Prinzen von Braunschweig-Wolfenbüttel freigeworden war. Verweilen wir einen Augenblick bei diesem Prinzen. Seine Verlobte war Sophie Dorothea, zehn Jahre alt, die Tochter des Herzogs Georg Wilhelm von (Braunschweig)Lüneburg-Celle und der Eleonore d'Olbreuse, eines hugenottischen Fräuleins aus Poitou.

Die Geschichte geht bis 1656 zurück. Damals war Georg Wilhelm zweiunddreißig Jahre alt und bereits ein viel reisender junger Herr, der besonders gern den Karneval zu Venedig besuchte. Wieder einmal auf dem Weg dahin, sah er in Heidelberg die Tochter des Winterkönigs und der Stuart, die Schwester Karl Ludwigs von der Pfalz, der sich gerade um die Degenfeld bemühte, die ihm besser als seine Frau gefiel. Der Herzog von Celle gab ebenso leicht seinen Affekten nach, verlobte sich mit Sophie, bereute in Venedig, sich gebunden zu haben, und suchte nach einem Ausweg.

Sein jüngerer Bruder, ein katholischer Konvertit, war Herzog in Calenberg-Hannover, der protestantische jüngste hatte nur die Anwartschaft auf das Bistum Osnabrück, wo lutherische und katholische Bischöfe abwechselten. Dem jüngsten, der Ernst August hieß, schlug Georg Wilhelm vor, an seiner Statt Sophie zu heiraten. Es fehlten ihm die Mittel? Er gab sie ihm und verpflichtete sich obendrein, selbst nie zu heiraten: die Kinder Ernst Augusts und Sophies konnten dann Celle erben; frei sein war alles.

In Heidelberg ging man auf den Handel ein. Sophie hatte nichts, und niemand ahnte, daß fast ein halbes Jahrhundert später das englische Parlament ihr als letzter protestantischer Stuart die Thronfolge zusprechen sollte. Ernst August wurde Bischof, und wenn der Bruder in Hannover weiterhin nur Töchter zeugte, konnte er nach dem Hausgesetz dort Herzog werden, wie es auch 1679 geschah.

Vorerst hielt er Hof auf Schloß Iburg. Georg Wilhelm fand Sophie von neuem reizvoll und zeigte seine Leidenschaft. Es hielt ihn nicht ab, sich zu Kassel in das Fräulein von Olbreuse zu verlieben, das dort Hofdame war, eine kluge, temperamentvolle Französin, die auf sich hielt und seinem Werben widerstand, bis Ernst August und Sophie sich einmischten.

Es bestand immer Gefahr, daß Georg Wilhelm doch noch heiratete. Wenn er sich an das nicht standesgemäße Fräulein Eleonore band, hatte man nichts zu fürchten. Wozu gab es, für Fürsten, die sogenannte Gewissensehe? Das junge Mädchen willigte ein, als Ernst August, Sophie und Georg Wilhelm ihm durch einen Vertrag Jahresrente und Witwengeld zusicherten. Das war 1665. Ein Jahr später wurde Sophie Dorothea geboren, die von der Mutter den lebhaften Geist, das sensible Wesen erbte.

Die Mutter verstand den durchgängerischen Gatten an sich zu fesseln. Das Kind wuchs heran und weckte die Vatergefühle. 1676 legitimierte er Frau und Tochter durch die kirchliche Trauung. Das zehnjährige Mädchen wurde zugleich mit dem Erbprinzen von Braunschweig-Wolfenbüttel verlobt. In Iburg sah man Celle zur älteren Linie des Hauses Welf hinübergleiten, statt zur eigenen jüngeren, der lüneburgischen. Man war der Demoiselle de Poitou nicht wohlgesonnen, darin wenigstens trafen sich Ernst August und Sophie. Er ging seine eigenen Wege, die nicht die des Ehemanns waren; sie fand eine gewisse Ablenkung in ihren geistigen Interessen, so dem Verkehr mit Leibniz, wurde aber eine verbitterte Frau.

1679 erbte das Paar das Herzogtum Calenberg und siedelte nach Hannover über. Die Staatsraison gebot eine Aussöhnung mit Georg Wilhelm und Eleonore. Wenn Sophie Dorothea von Celle als einziges Kind den Erbprinzen von Hannover heiratete, wurden die Gebiete der lüneburgischen Linie vereint. Sophie meinte, es sei eine bittere Pille, aber da sie mit 100000 Talern vergoldet werde, mache man die Augen zu und schlucke sie. So schloß Sophie Dorothea 1682 die Ehe mit Sophies Sohn Georg Ludwig und hätte mit ihm eines Tages Königin von England werden können, wenn sie sich nicht so maßlos unglücklich gefühlt hätte mit einem jungen Mann, der schon mit zweiundzwanzig verlebt war, dazu steif und hochmütig.

Der Ehe entsprangen der Erbprinz, der in England Georg II. wurde, und die mit der Mutter gleichnamige Sophie Doro-

thea, die 1706 den Kronprinzen von Preußen heiratete und die Mutter Friedrichs des Großen geworden ist. In Celle war sie von der fröhlichen, zärtlichen Mutter verwöhnt und unbefangener als üblich erzogen worden: in Hannover begegnete sie der Strenge und Feindschaft der Schwiegermutter. Sie ließ sich mit dem Enkel eines märkischen Grafen ein, der im Dreißigjährigen Krieg als schwedischer General die verschiedensten Gegenden Deutschlands verwüstet hatte, dem Grafen Königsmark, Bruder Auroras, der Geliebten Friedrich Augusts von Sachsen.
Man hat den Briefwechsel zwischen Sophie Dorothea und dem Grafen lange angezweifelt und sieht ihn heute als echt an. Danach besteht kein Zweifel, daß die Beziehung ein Liebesverhältnis war. Die Herzogin beschloß, mit Hilfe Königsmarcks nach Celle zu fliehn. Der Plan wurde entdeckt, Königsmarck im Sommer 94, als er eines Abends das Schloß verließ, verhaftet und von diesem Augenblick an nie mehr gesehn.
Sophie Dorothea sah sich vor ein Gericht von hannoverschen und celleschen Räten gestellt und der Desertion, des böswilligen Verlassens, angeklagt. Eleonore tat alles, um die Tochter zu retten, der vom Bruder eingeschüchterte Vater nicht. Sophie Dorothea ward schuldig gesprochen, geschieden und für die letzten zweiunddreißig Jahre ihres Lebens in das einsame Wasserschloß Ahlden verwiesen, wo sie außer ihrem kleinen Hofhalt kaum jemand anders als die Mutter empfangen durfte, die nach dem Tod Georg Wilhelms nur ihr und grenzenloser Wohltätigkeit lebte. 1722 starb Eleonore, vier Jahre später das unglückliche Kind.
Wer die Lebensinteressen dieser Barockfürsten verletzte, büßte es mit der Freiheit oder dem Leben, ob es nun ein Liebhaber, die Frau oder der eigene Sohn war – der Gedanke an Friedrich Wilhelm von Preußen liegt nahe. Diese hier eingefügte Geschichte ist auch in manch anderer Hinsicht für das Zeitalter Ludwig Wilhelms bezeichnend, für das, was seine Standesgenossen als ihr Recht ansahn, für ihre Auffassung von Hausmacht, Frauen, Ehrgeiz, Geld und Vergnügungen.

7

Der Friede von Nymegen 1678 – Das Bündnis des Großen Kurfürsten mit Frankreich – Der Tod des Markgrafen Wilhelm – Die Mündigerklärung Louis' – Die Rangstufen im kaiserlichen Heer – Der Hof des jungen Markgrafen – Die Beziehungen zu Einsiedeln – Die Hofrangordnung für Baden von 1681

Schon 1676 begannen in Nymegen Friedensbesprechungen. Über die Vorbedingung, die Ludwig stellte, die Enthaftung Wilhelm Egons von Fürstenberg, hatte man sich einigen können, als der Fürst selber erklärte, er wolle freiwillig bis zum Abschluß Gefangener des Kaisers bleiben.

Die Kriegshandlungen gingen 1677 weiter. Die Verbündeten setzten ihre Hoffnungen auf dieses Jahr. Die Reichsarmee sollte durch das Elsaß in Frankreich eindringen, die lothringisch-kaiserliche auf der Linie Saarbrücken-Trier. Am Jahresende war von alledem nichts erreicht, wohl aber Freiburg nach kurzer Beschießung durch Créqui in den Händen der Franzosen, die ungeheure Beute machten, weil von weit und breit die Bevölkerung sich mit ihren Habseligkeiten in die Stadt geflüchtet hatte.

Durch den Besitz von Breisach und Freiburg riegelten sie nun den ganzen Breisgau ab. Die Deutschen befestigten die Schwarzwaldpässe, aber die Beherrscher der Ebene brandschatzten und plünderten im nächsten Jahre ringsum. Die zu Durlach gehörenden Schlösser Badenweiler, Sausenberg, Röteln wurden zerstört. In einem Gefecht bei Rheinfelden verlor Ludwig Wilhelms junger Stiefonkel Karl Bernhard das Leben; die Leiche trieb ab und ließ sich nicht mehr finden. In einem andern Gefecht, bei Staufen, stürzte Ludwig Wilhelm selbst vom getöteten Pferd, wurde verwundet und entging mit Not der Gefangennahme.

In diesem Jahre scheint er auch trotz des Krieges nach Straßburg gekommen zu sein. Tatsache ist jedenfalls, daß er bei der Rückkehr mit dem Straßburger Professor und Diplomaten Stösser von Lilienfeld bei der Überfahrt über den Rhein von den französischen Wachen beschossen wurde, aber glücklich durch die feindlichen Linien hinein nach Offenburg gelangte.

Im Raume Offenburg standen sich im Sommer 78 die Heere

gegenüber, als der Friede geschlossen wurde: am 10. August mit Holland, am 17. September mit Spanien, zuletzt am 5. Februar 79 mit dem Kaiser. Im Juli hatte Créqui noch Kehl weggenommen.

So tapfer sich die deutschen Truppen am Oberrhein gehalten hatten, es fiel nur insofern in die Waagschale, als man sich auf den augenblicklichen Besitzstand einigte: Ludwig verzichtete auf Philippsburg und behielt das Besatzungsrecht in Freiburg, dazu den ungehinderten Verkehr zwischen dieser Garnison und Breisach. Das war bitter; so viel Aufwand von Menschen und Kraft um dieses einen Philippsburg willen. Aber der Augenblick war gekommen, wo sich die französische Hauptarmee aus den spanischen Niederlanden gegen Süddeutschland gewandt hätte.

Bitter war auch, daß der ganze Einsatz nur dazu gedient hatte, Holland, das nicht mehr zum Reich gehörte, zu einem Frieden zu verhelfen, durch den es seine Freiheit wiedererlangte und einen günstigen Zollvertrag gewann. Wilhelm von Oranien hatte sich ein Jahr zuvor mit einer der Nichten Karls II. verheiratet, was zwölf Jahre später dazu führte, daß England und Holland sich in Personalunion verbanden und Wilhelm den englischen Thron bestieg.

Ludwig gab Wilhelm auch Orange zurück. An den günstigen Bedingungen, die er Holland stellte, hatte nicht nur der Umstand, daß England auf Frieden drängte, Anteil, sondern auch die Erwägung, um so leichteres Spiel werde er mit den andern Gegnern haben. Mit anderen Worten, er sprengte ihren Bund. So erklärt es sich, daß er nicht die ganzen spanischen Niederlande verlangte. Aber die Freigrafschaft war ein beträchtlicher Gewinn, und aus den an der belgischen Grenze gewonnenen Orten Maubeuge, Condé, Valenciennes, Cambrai, Saint-Omer, Aire machte er ein uneinnehmbares Festungssystem.

Friedensverhandlungen jener Zeit waren mit den langwierigsten Besprechungen über Vortritt, Anreden und dergleichen Fragen der Ehre belastet. Man hatte abgemacht, daß in den engen Gassen von Nymegen nur zweispännig gefahren werden solle. Ludwig XIV. lehnte das ab. Er achtete auch darauf, daß kein deutscher Kurfürst zwei Gesandte schickte: das stehe nur Königen zu, überhaupt sei zur Kenntnis zu nehmen, daß er zwar Vorschriften gebe,

aber von keinem Menschen annehme. Colbert trat hart, Louvois brutal auf.
Dreißig Jahre waren seit dem westfälischen Aktabschluß vergangen, und wenn unter denen, die überall die Untertanen genannt wurden, jemand noch nicht wußte, wer der Hauptspieler in dem neuen sei, dann drang die Kunde nun sogar in seine Hütte: der König in Paris, der die Mannesjahre begann. Die Jugend lag hinter ihm, mit ihr das Scharmante – er atmete fortan strenge Würde und heischte sie.
Die Fürstenberger wurden in alle ihre Güter und Rechte eingesetzt. Die Reichsfürsten, soweit sie armiert waren, eigene Heere besaßen, hatten einzeln Frieden zu schließen, der von Brandenburg nahm den ihm diktierten in Saint-Germain entgegen. Alte Freunde wie Münster und Braunschweig kamen sehr glimpflich davon, auch lohnte Ludwig mit Geldbeträgen.
Dem Herzog von Lothringen erlegte er so schwere Bedingungen auf – vier Heerstraßen und Verzicht auf die Hauptstadt Nancy –, daß sie nicht angenommen wurden und das Land von den Franzosen besetzt blieb. Friedrich Wilhelm von Brandenburg mußte Vorpommern, Stettin, Rügen, alle Eroberungen an Schweden zurückgeben. Verloren der Gewinn von vier Jahren, die ihm die Bewunderung der Zeitgenossen und den erstmalig im Elsaß ausgesprochenen Beinamen des Großen Kurfürsten eintrugen, war es ihm doch gelungen, den Ruhm der schwedischen Heere zu brechen, die er über die vereisten ostpreußischen Haffe zurückgetrieben hatte.
Er konnte sich zurückziehn, zerfallen mit Holland und dem Kaiser, von denen er sich im Stich gelassen fühlte, mit Schweden und mit Ludwig, der ihn hart wie das Schicksal selbst angefaßt hatte. Ein erstaunliches Umstellungsvermögen ermöglichte ihm, sofort wieder aktive Politik zu treiben und eine völlige Schwenkung zu vollziehn. Vier Monate nach Saint-Germain schloß er ein Bündnis, gestand dem König den Durchmarsch durch seine Lande, die Besetzung seiner Festungen zu und verpflichtete sich sogar, für Ludwig oder den Dauphin zu stimmen, wenn wieder ein römischer König oder deutscher Kaiser zu wählen sei. Dafür erhielt er Jahreszahlungen von 100000 Livres. Die Reunionen und die Einverleibung von Straßburg, zu denen der Verbündete

schwieg, waren Ludwig noch etwas mehr als diese Beträge wert.
Das Geld setzte Friedrich Wilhelm instand, nun an den Erwerb der afrikanischen Kolonien zu gehn, aber seine Kräfte waren für dieses Unternehmen zu schwach. Nachdem das Bündnis mehrere Male erneuert worden war, trat der Kurfürst zurück, als Ludwig das Edikt von Nantes aufhob: der Protestant brach in ihm durch.
Wenn man die rheinischen Fürsten, die 1672 dem König den Durchmarsch und die Festungen bewilligten, verurteilt, muß man auch den Großen Kurfürsten verurteilen. Der Vertrag mit Ludwig ließ sich nicht mehr mit der Bestimmung von 1648 vereinigen, wonach ein Reichsfürst kein gegen den Kaiser gerichtetes Bündnis schließen durfte. Ihm diktierte die politische Lage das Verhalten, den Fürsten am Rhein obendrein die räumliche. Sein Gedanke war, Schweden als Bundesgenossen Frankreichs auszuschalten, indem er selbst Bundesgenosse wurde.
In diesem Zusammenhang, unter diesem Gesichtspunkt darf man die Frage aufwerfen, ob die Markgrafen von Baden-Baden richtig handelten, als sie dem Kaiser eine so bedingungslose Gefolgschaft leisteten, daß ihre Sache und die des Wiener Hofes identisch wurden. Schlossen sie ein Bündnis mit Ludwig XIV., so hätten sie freilich nicht wieder davon zurücktreten können wie der Kurfürst von Brandenburg, der dem unmittelbaren Zugriff nicht ausgesetzt war. Aber darauf kommt es nicht an, jene Frage stellt sich: lohnte die Gefolgschaft? Die Antwort wird zwanzig Jahre später gegeben werden können.
In Baden-Baden starb im Mai 1677 Ludwig Wilhelms Großvater, Markgraf Wilhelm, mit vierundachtzig Jahren. In seiner Jugend hatte er so viel vom Wechsel des Glücks wie der Herzog von Lothringen gesehn. Aber dessen Land lag völlig im französischen Schatten, während seines nur angrenzte, daher es Wilhelm doch vergönnt wurde, mehr als vierzig Jahre ununterbrochen zu regieren. Aus dem holländischen Krieg ging Baden-Baden ohne Verlust und Gewinn hervor. Den Verlust brachten erst die Reunionen, doch sie erlebte er nicht mehr.
Ludwig Wilhelm hatte bei seinem Tode gerade das zweiundzwanzigste Jahr überschritten. Er bedurfte, nachdem er re-

gierender Markgraf geworden war, der Alterserlaubnis seitens des Kaisers und erhielt sie bald, so daß die Vormundschaftszeit nicht lange dauerte. Das Jahr 1676 war insofern schicksalhaft für ihn, als er zum Boten ausersehn wurde, der die Nachricht vom Fall Philippsburgs nach Wien zu bringen hatte. Der Kaiser lernte ihn kennen, er seinerseits trat vor den Mann, an den ihn die Erziehung des Vaters und die Überlieferung des Hauses wiesen.

Noch einmal taucht der Schatten der Mutter auf, die dem Kind nicht nach Baden-Baden gefolgt war. Man kann nicht sagen, wie alles sich gefügt hätte, wenn sie eine Frau von Fleisch und Blut gewesen wäre. Nicht so einseitig männlich erzogen, würde der Knabe sich vielleicht etwas mehr politischen und diplomatischen Instinkt erworben haben, als er nun besaß. Nichts hätte er nötiger gehabt, gerade weil er an der gefährdetsten Stelle des Reiches Markgraf eines nur kleinen Landes war. Die Norddeutschen erhielten dadurch, daß sie sich dem Kaiser nicht verschrieben, Gelegenheit, ihre Zustimmung oder Hilfe bezahlen oder gar erkaufen zu lassen, so Hannover, das die neunte Kur bekam, und Brandenburg, das den Königstitel erlangte.

Der Kaiser ernannte Ludwig Wilhelm bald nach dem Frieden von Nymegen zum Obristfeldwachtmeister zu Pferd und zu Fuß, der dem Major entsprach. Da man annehmen muß, daß er durch den Gnadenbeweis vor 1676 bereits Oberst des verliehenen Regiments war, ist nicht recht einzusehen, worin die Beförderung bestand.

Von unten herauf hießen die Stufen: Fähnrich, Leutnant, Hauptmann, Rittmeister, Obristwachtmeister, Obristleutnant, Obrist. Von oben herab: Generalleutnant, Feldmarschall, Generalfeldzeugmeister (heute General der Infanterie), General der Kavallerie, Feldmarschalleutnant (heute Generalleutnant), Generalfeldwachtmeister (Generalmajor). Die höchste aller erreichbaren Stellungen war also der Generalleutnant. Im siebzehnten Jahrhundert wurde er nur fünfmal verliehn, an Piccolomini, Montecuccoli, Karl IV. von Lothringen, Ludwig Wilhelm von Baden, Eugen von Savoyen.

Die geldliche Lage der Markgrafschaft war nach den jahrelangen Aushebungen, Durchzügen, Kontributionen nicht besser geworden. Aus dem Jahre 1664 liegt eine Zusammen-

stellung der Einkünfte der Ämter mit Ausnahme der rodemachernschen und der meisten sponheimschen vor, wonach sie nur 43 500 Gulden betrugen. Dazu kamen noch Naturalabgaben, zum Beispiel Korn 2514 Malter, Haber 1087, Wein 96 Fuder, 2292 Hühner, 924 Pfund Fleisch.
Am Hofhaushalt im Schloß dürfte sich Maria Franziska, die als Erbin Leopold Wilhelms Lobositz besaß, reichlich beteiligt haben. Die markgräfliche Familie war sehr klein. Im Jahre 1680 verheiratete sich Maria Anna Wilhelmine, Ludwig Wilhelms Tante, mit dem Fürsten Lobkowitz-Sagan, dem Sohn des Ministers, der am Wiener Hof die französische Partei geführt hatte. Sie fiel also aus, ebenso der Onkel Hermann, der in Wien lebte, und die Tante Katharina Franziska, die Nonne in Besançon.
Übrig blieben als Hausgenossen nur drei Frauen: die Stiefgroßmutter Maria Magdalena Öttingen, die bis 1688 lebte; die angeheiratete Tante Maria Franziska, die siebenundvierzig Jahre alt war; die fast gleichaltrige Tante Anna, die sich nicht vermählte und den Neffen überlebte. Auf jede von ihnen muß man mindestens eine Hofdame, auf die Großmutter vielleicht zwei und eine Hofmeisterin rechnen: der Markgraf war von einer Schar meist älterer Frauen umgeben. An Männern kamen nur der Gatte der Hofmeisterin und Ludwig Wilhelms Adjutanten in Betracht. Jung und fröhlich ging es kaum zu.
Die beiden Witwen, Maria Magdalena und Maria Franziska, sandten fromme und kunstfertige Gaben nach Einsiedeln, wohin sie auch selber wallfahrteten. In einem der Antependien, die Maria Magdalena schickte, ließ sie sich und ihre Stieftochter Anna abmalen. Anno 84, als sie der Muttergottes das eigene kostbare Hochzeitskleid gestiftet hatte, erfuhr sie die besondere Ehre, daß man für sie beim Hochamt ein rotsamtnes ›Betstühlin‹ aufstellte. 1685 war sie wieder in Einsiedeln, mit Anna und Maria Franziska, die ihren lallenden Sohn mitbrachte und um seine Heilung betete. Da die Frauen, um dem Kloster keine Kosten zu verursachen, im Gasthof wohnten, schickte das Kloster ihnen Forellen, Krebse und den Ehrentrunk. Die alte Markgräfin stiftete diesmal einen Rosenkranz aus Gold- und Ambrakugeln mit einem Diamantenkreuz, so ihr selbst ›von der Königlichen Majestät von Hispanien verehrt worden‹[9].

Für Anfang 1682 ist ein neuer Aufenthalt des Markgrafen in Wien belegt. Er empfing dort die Ernennung zum Feldmarschalleutnant. Da aus dem Jahr 81 eine markgräfliche Hofordnung vorliegt, läßt sich annehmen, daß sie Ende des Jahres auf dem Weg nach Wien entstand. Sie beweist, daß der junge Fürst am Ordnen war, und umfaßt in 48 Stufen die Hofämter, die Offiziere, die Beamtenschaft, zuletzt die Hofbedienten.

An der Spitze stehn Präsident und Geheime Räte nach der *ancienneté* (Nr. 1); es folgen Marschalk (2), Propst, höchster Kleriker des Landes (3), Oberhofmeister (4), Stallmeister (5), Jägermeister (6), Beichtvater (8), die Cammerer (9), die *Capitains des gardes* zu Pferd und Fuß (10), die adelichen Hofräte (11), die adeliche Beambten (12), ordinari Hofcavalliers (13), Dechant des Collegiatstifts (14), Leibmedicus (19), Vicarii des Stifts (32), Landsadvokaten (33), Lieutenant so kein cavallier (34), Küchenmeister (35), Burgermeister zu Baden (42), Cammerdiener (46), Trompeter, Musikanten, Mundkoch, Zuckerbäcker, Tafeldecker, Hofgartner ... promiscue. Die Weiber nach dem Stand und Würde ihrer Männer, die Witiben nach den Weibern deren Männer und so weiter.

Diese Hofrangordnung lag handschriftlich zum Nachschlagen bereit, in der Kanzlei, im Regierungskollegium, bei den Vögten der Ämter – zusammen mit dem übrigen gesetzgebenden Werk. Solch ein Gesamtexemplar hat sich erhalten. Es umfaßt einschließlich der Hofrangordnung sechzehn Instruktionen, von denen nur drei gedruckt sind.

Die Schatzungsinstruktion zum Beispiel behandelt die Steuerveranlagung, die Ungeldordnung die Weinsteuer. Das Landrecht von 1588, gleichlautend mit dem württembergischen, ist noch in Geltung, desgleichen die Kurtaxordnung für die Stadt Baden von 1577 und die Eckerichtsordnung von 1581, worin die für die Schweinemast wichtige Ausnützung der Eichwälder geregelt wird. Die Forstordnung wiederum stammt von 1686, die Wasserzollordnung von 1700, und so vollzog sich die Regierung des Landes nach alten und neuen Gesetzen mit einem Apparat, dessen Bescheidenheit und Einfachheit einen stimmungshaften Reiz hat.

8

Die Reunionen – Baden huldigt für die sponheimschen Besitzungen – Ludwig XIV. besetzt Straßburg – Die Union Waldecks – Die Laxenburger Allianz – Louis reist 1682 nach Holland

Nach dem Abschluß in Nymegen kehrten die Kontingente der Reichsarmee und die Heere der Armierten in ihre Heimat zurück. Die Friedenssehnsucht hatte sich erfüllt, und Ludwig XIV. konnte sicher sein, daß die Reichsstände sobald nicht wieder für einen Feldzug zu haben waren. In diesem psychologischen Augenblick griff er zu.

Der *Conseil supérieur* in Breisach, das oberste Berufungsgericht für das Elsaß, erkannte im Jahre 1680 dahin, daß mit Ausnahme von Straßburg und Mülhausen das Unterelsaß, die Landvogtei Hagenau, das heißt die Reichsstädte, und das Mundat Weißenburg mit allen Orten und Einwohnern unter die Souveränität des Königs von Frankreich gestellt seien.

Das war eine Gewalttat, aber insofern eine saubere Sache, als man sich nicht bei Deklamationen und Scheingründen aufhielt. Anders die Entscheidungen der Reunionskammern im engeren Sinn. Die eine wurde dem Parlament – Gerichtshof – von Metz im Oktober 1679 angegliedert, die andere in Besançon eröffnet.

Im Frieden von Münster war der unmittelbare weltliche Besitz der Bischöfe von Metz, Toul, Verdun an Frankreich gefallen. Es hatte damals schon die innerhalb der Diözesen gelegenen Lehen zu erhalten versucht, also den Gesamtumfang der Kirchenbezirke begehrt. Jetzt ging man viel weiter und erklärte nach jahrelanger Durchforschung der Archive, das Recht des Königs erstrecke sich auch auf alle Gebiete jenseits der Diözesangrenzen, die jemals durch Schenkung oder Vertrag von den Bischöfen vergeben worden seien.

Die Grafschaft Saarbrücken wurde auf Grund einer Abmachung von 1065 wieder vereinigt. ›Aus der trümmerhaften Überlieferung nahm man irgendeine Urkunde heraus.‹ Die Besitzergreifung erstreckte sich auf 47 Fälle und annähernd ein halbes Tausend Orte. Genannt seien die Grafschaften Zweibrücken, Bliescastel, Sponheim, Veldenz, die Gebiete der Wild- und Rheingrafen, die Herrschaften Leiningen und Dalberg, die Abtei Prüm, das Fürstentum Chimay, Herzog-

tum und Festung Luxemburg. Überall erhielten die Tore das bourbonische Wappen.
Der König von Schweden wurde als Pfalzgraf von Zweibrücken nach Metz geladen, um die Grafschaft als französisches Lehen zu empfangen; der König von Spanien für Luxemburg und Chimay. Da sie nicht erschienen, erklärte das Gericht sie ihrer Rechte verlustig. Erhob einer der Orte oder Herren Einspruch, so vernahm er, die Beschwerde sei keine politische, sondern eine Rechtssache, er müsse sich an die Reunionskammer wenden. Später, als in Frankreich eine Opposition gegen den König erwachte, schrieb ihm Bischof Fénelon: ›Sie haben eine Reunionskammer errichtet, um zugleich Richter und Partei zu sein, das hieß der Gewalt den Spott hinzufügen.‹
Leisteten die Orte nicht freiwillig den Eid, so erhielten sie Besatzung. Im Elsaß unterwarf sich zuerst die Reichsritterschaft, um ihre Vorrechte zu retten. Nach und nach folgten die Reichsstände, die dort Besitzungen hatten. Diesem Lehnsverhältnis machte erst die Französische Revolution ein Ende.
Ludwig Wilhelm verlor seine linksrheinischen Gebiete: Beinheim, Sponheim und die rodemachernschen Lande. Er lehnte ab, zu Kreuz zu kriechen, zunächst sprach nur der Stolz. Er stellte dem Kaiser seinen Degen zur Verfügung und wurde mit dem Generalfeldwachtmeister – heute Generalmajor – belohnt. Der Mitbesitzer im Sponheimschen, der Herzog von Birkenfeld, leistete den Eid und übernahm den badischen Anteil. Im Juni 83 holte die Stellvertreterin Ludwig Wilhelms, Maria Franziska, das Versäumte nach und ließ durch den Rat Knör vor der Reunionskammer in Metz die Huldigung vollziehn, worauf sie gemeinsam mit dem Herzog die Grafschaft als Lehen des französischen Souveräns empfing[10].
Die Erregung im Reich war nicht gering. Der Kaiser legte im Januar 1681 in Regensburg den Kurien der Kurfürsten, Fürsten und Reichsstädte eine Entschließung vor, die die Reichssekurität betraf. Er schlug ein stehendes Heer, Verteilung auf die Kreise und eine gemeinsame Kriegskasse vor.
War der Rheinbund der erste Versuch gewesen, ohne Bemühung von Reich und Kaiser für ein beschränktes Selbsthilfegebiet zu einem gebrauchsfertigen Heer zu kommen, so

nahm nun der Kaiser diesen Gedanken für das ganze Reich auf. Schon 1670 hatte Leibniz, der Verteidiger des Rheinbundes, drei Forderungen aufgestellt: *Consilium perpetuum, aerarium perpetuum* und *miles perpetuus*. Man dachte nicht mehr so dumpf wie im ersten Jahrzehnt nach dem Westfälischen Frieden, als die Anlehnung an Frankreich die letzte Weisheit gewesen war. Ludwig XIV. hatte 1674 erlebt, daß das Reich ihm den Krieg erklärte: es war also doch noch da, und der Widerhall der Gewalttat der Reunionen drang zu ihm über den Rhein.

Die Kurien stimmten dem Vorschlag zu. Sie setzten das *Simplum*, den Friedensfuß, auf 40000 Mann fest. Österreich hatte einen Teil seines Heeres nach dem Nymeger Frieden unter den Waffen gelassen. Sachsen begann alsbald, sein eigenes stehende Heer einzurichten. Bayern folgte im nächsten Jahr. So waren 1682 armiert im Süden die österreichischen Erblande und Bayern, in Norddeutschland Brandenburg, Münster, Braunschweig und Sachsen.

Es ist ungemein bezeichnend, daß der kaiserliche Vorschlag, Kreisheere einzurichten, die beschleunigte Armierung der großen Reichsstände zeitigte und daß das der greifbarste Erfolg war. Die Zukunft gehörte den Armierten. Mit ihren Gebieten lagen sie in verschiedenen Kreisen, so Brandenburg im obersächsischen, westfälischen und niedersächsischen. Verteilte es seine Truppen darauf, so mußte es sie zerreißen. Gleichwohl haben wir die Entwicklungsgeschichte des *Miles perpetuus* im Auge zu behalten. Sie ist gleichbedeutend mit der wichtigsten inneren Lebensäußerung des Reiches zwischen 1648 und 1697, dem Regenerationswillen.

Was sich wirklich erreichen ließ, war, daß zur stehenden Truppe auch diejenigen Kreise gelangten, die aus einer Unmenge kleiner Stände bestanden, die süddeutschen und westdeutschen. Der Vater dieses Gedankens nun und damit der Vorläufer Ludwig Wilhelms war Graf Georg Friedrich von Waldeck.

In den letzten Zeiten des Dreißigjährigen Krieges hatte Waldeck den Generalstaaten als Soldat, nach dem Krieg dem Kurfürsten von Brandenburg als Minister, in der Schlacht bei Sankt Gotthard der deutschen Sache als General gedient. Seit dem Frieden von Nymegen wohnte er in Holland, beriet den Oranier in deutschen Angelegenheiten und war Gouverneur

von Maastricht. Im Reichstag führte er die wetterausche Grafenbank.
Er fürchtete als kleinerer Reichsfürst das Übergewicht der Armierten und suchte die minder Mächtigen zusammenzuschließen: zunächst die Fürsten und Grafen der Wetterau, des Westerwalds und der Eifel, was ihm 1679 zu Frankfurt gelang. Dieser Abmachung, der Union, trat der stärkste Stand des oberrheinischen Kreises, der Landgraf von Hessen-Kassel, bei, der das Kommando übernehmen sollte. Wir haben also 1681 zwei Ansatzpunkte für die Reform des Reichsheeres, den Regensburger und den Frankfurter. So standen die Dinge, als Ludwig XIV. Straßburg besetzte.
Straßburg, die elfte Reichsstadt im Elsaß, da in der Dekapolis Landau die zehnte Stelle einnahm, hatte sich im Dreißigjährigen Krieg durch Neutralität der ärgsten Leiden erwehrt und glaubte mit derselben Haltung dem französischen Zugriff zu entgehn. Das Reunionsverfahren ließ sich bei ihm nicht anwenden: so bereitete Louvois den Überfall vor. Es gab den einen oder andern Anhänger des Königs in der Stadt, die einen französischen Residenten beherbergte. Die Masse der Bürgerschaft dachte nicht daran, die einzigartige Stellung, die ihre Stadt durch Lage, Überlieferung, Handel und geistiges Leben einnahm, gegen die Unfreiheit einzutauschen. Wieweit das französische Geld in ihr arbeitete, ist schwer abzuschätzen, ebenso die Bereitwilligkeit, mit der das Domkapitel dem ausgesprochenen Parteigänger Ludwigs, Bischof Franz Egon von Fürstenberg, folgte, der sich nicht in Straßburg aufhielt.
Durch die Reunionen wurde die Stadt ihrer Landbezirke beraubt. Von Landau bis zur Baseler Grenze – wo nebenbei Ludwig die Burg Landskron von Baden-Durlach gekauft und als Kastell ausgebaut hatte – erstreckte sich nun französisches Gebiet, mit einziger Ausnahme von Mülhausen, das zur Eidgenossenschaft gehörte. Straßburg empfand seine Vereinsamung. Nach langer schwächlicher Neutralität machte es im holländischen Krieg einen letzten Versuch, sich mit den protestantischen Kantonen zu verbünden. Der Hilferuf ins Reich zur Zeit der Reunionen verhallte, es war wirklich ›abandonnieret‹.
In der Nacht zum 28. September 1681 hatten die Franzosen die Zollschanze am Rhein genommen. Als die Sonne auf-

ging, sah sich die Stadt von 30000 Mann und 82 Geschützen eingeschlossen. Der Nachmittag brachte die Aufforderung zur Übergabe. Am 30. unterzeichnete der Rat in Illkirchen die Kapitulation. Am 20. Oktober traf der Fürstbischof ein und nahm Besitz vom Münster. Am 23. zog Ludwig feierlich in die Mauern, Fürstenberg empfing ihn am Portal und hielt eine Predigt, die dem neuen Gebieter genügend huldigte, auch ohne das ›Herr, nun lässest du deinen Diener in Frieden fahren, denn meine Augen haben deinen Heiland gesehn‹, das nicht gesprochen wurde.

›Die Libertät ging zu Grabe‹, schrieb ein Straßburger. Leibniz verfaßte ein Epitaph. Eine Fülle von Flugschriften begleitete in Deutschland das Ereignis, dessen strategische und politische Auswirkung nicht überschätzt werden kann. Niemand fühlte, erkannte und drückte das einmal besser als Ludwig Wilhelm aus, der unmittelbar und am nächsten betroffene Nachbar: ›Es ist unmöglich, daß die Teutsche Freyheit bestehen khönne, wann nicht die Statt Straßburg mit allen fortificationen, welche die Cron Franckhreich sowohl in-alß an dem Rhein geleget hat, auß derselben Händen gerissen und wider zum Reich gebracht werde.‹

Kehren wir zur Union Waldecks zurück, einem Kapitel, das die meisten Geschichtsschreiber zur Seite liegen lassen, während es tatsächlich ins Innere der deutschen Zustände führt. Ende September traten Darmstadt und Fulda der Union bei, danach Würzburg, Bamberg, überhaupt der fränkische Kreis, und Gotha. Das waren Erfolge, und Waldeck begann Größeres als reine Verteidigungsmaßregeln zu planen. Frankreich hatte mitten im Frieden Kriegshandlungen brutalster Art begangen, als es die reunierten Gebiete und Straßburg wegnahm. Konnte man sich dagegen nicht wehren? Zum mindesten durfte man auf keinen Fall die Besetzungen anerkennen, wie Frankreich verlangte, das einen Vertrag anbot, wonach ihm die Reunionen zunächst auf zwanzig Jahre zuerkannt werden sollten.

Waldeck war ein Patriot, immerhin etwas in dieser Zeit der Schwäche. Er suchte den Oranier zu gewinnen, viel zu früh, nachdem eben erst der Krieg beendet war. Vom Haag reiste er nach Wien. Hier sah man beklommen nach dem Osten, wo die Türken vor Ablauf des Waffenstillstands von 1664 wieder anzugreifen drohten. Trotzdem fand er Gehör beim

Kanzler Hocher, einem Bürgerlichen aus Freiburg, neuerdings Freiherrn von Hohenkrähn, und beim Kaiser.
Im Juni 82 wurde in einem Schlößchen bei Wien die Union in die Laxenburger Allianz verwandelt, indem der Kaiser ihr beitrat. Einer seiner Unterhändler war Markgraf Hermann von Baden, der Präsident des Hofkriegsrats. Brandenburg, der Verbündete Ludwigs XIV., hatte abgeraten. Bayern, Schwaben, die norddeutschen Armierten fehlten. Ludwig XIV. beschuldigte die Allianz kriegerischer Absichten und konnte nun jenes Recht auf Selbstschutz erheben, das der, der zuerst Unrecht begangen hat, immer sucht und zu dem man ihm nicht verhelfen darf.
Gleichwohl, ganz passiv hatte das Reich den Raub Straßburgs nicht hingenommen, und wenn Brandenburg ihn deckte, so widersprach eben Waldeck mit den Kräften, die hinter ihm standen. Angreifen konnten sie nicht, dazu waren sie zu schwach. Die deutsche Ohnmacht verurteilte diejenigen, die etwas tun wollten, dazu, die Betriebsamkeit schon für die Sache zu nehmen. Wer gerecht ist, wird auch in der Betriebsamkeit den Keim der Tatkraft sehn.
Mit Ludwig Wilhelm wiederum ging das jugendliche Ungestüm durch. Er gehörte zum schwäbischen Kreis. Nach dem Vorschlag, den der Kaiser den Kurien in Regensburg machte, setzte er dem Vetter von Durlach auseinander, der Kreis müsse Truppen werben, der Kaiser Festungen längs der Grenze bauen und das Reich sie mit Garnisonen belegen. Ein Jahr später war Straßburg gefallen, ohne daß Schwaben sich der Union angeschlossen hätte. Er fand nun selbst, man dürfe nichts tun, um Ludwig XIV. zu reizen.
Und doch war er es, auf den der Waldecksche Gedanke übersprang. Eines Tages wird er ihn aufnehmen und den schwäbischen Kreis armieren: aus dem einfachen Grunde, daß er gleich dem Grafen – der seit Laxenburg Fürst war – nicht zu den großen Reichsständen zählte und nie hoffen konnte, selbst zu einem stehenden Heer zu kommen.
Im gleichen Jahre 82 holte er die seinerzeit abgebrochene Reise nach Holland nach. Er lernte Wilhelm von Oranien persönlich kennen, einen der wenigen Männer, denen er Einfluß auf sich eingeräumt hat. Es war für Ludwig Wilhelm das letzte Jahr friedlichen Regierens. Im nächsten erschienen die Türken vor Wien.

Man kann nicht sagen, daß Ludwig XIV. diesen ihm natürlich recht willkommenen Umstand ausnutzte, um beim Kaiser mehr herauszuschlagen, als er verlangt hatte: die Anerkennung der Reunionen auf zwanzig Jahre. Jetzt erreichte er sein Ziel. Der Kaiser mußte froh sein, daß ihn mit den Heeren des Sultans nicht auch noch die des französischen Königs angefallen hatten.
Brandenburg vermittelte nochmals das Angebot des Verbündeten, das auch für Spanien galt. Um nachzuhelfen, beschoß Ludwig XIV. Genua, nahm im Juni 84 Luxemburg fort und schleifte Trier. Am 15. August wurde in Regensburg der Waffenstillstand auf zwanzig Jahre unterschrieben. Was bis zum 1. August 1681 reuniert worden war, und überdies Straßburg, sollte französisch bleiben, das übrige deutsch oder spanisch. Spanien trat Luxemburg ab.
Waldeck aber und die fränkischen Kreistruppen waren inzwischen statt zum Rhein nach Osten marschiert und hatten tapfer zum Einsatz von Wien beigetragen. Auch die oberrheinischen rückten an, freilich zu spät. Ludwig XIV. hatte mit größtem diplomatischen Geschick eine Lage sich zum Vorteil gewandt.

ZWEITER TEIL

1683–1692

DRITTER ABSCHNITT

1683–1690

I

Rückblick auf die Türkenkriege – Die ungarischen Aufstände – Die Pforte erklärt 1683 den Krieg – Parteien am Wiener Hof – Der Vertrag mit Sobieski – Louis beim Rückzug von der Raab – Die Einschließung Wiens

1521 erobert Suleiman II. Belgrad.
1526 kommt Ungarn (mit Böhmen) durch Heirat an Karls V. Bruder Ferdinand, der die österreichischen Erblande besitzt und 1556 seinem Hause die Kaiserwürde zuführt. Ein Teil des ungarischen Adels stellt als Gegenkönig den siebenbürgischen Woiwoden Zapolya auf, der Suleiman zur Hilfe ruft.
1529 belagert Suleiman vergeblich Wien.
1533 schließt Frankreich Handels- und Niederlassungskapitulationen mit Suleiman: auf sie gehn die guten Beziehungen beider Länder und das Jahrhunderte dauernde Vorwiegen des französischen Einflusses bei der Pforte zurück.
1541 fällt Ofen endgültig in türkische Hände.
1606 erkennen Österreich und Ungarn den türkischen Schützling Bocskay als Woiwoden von Siebenbürgen an. Seine Nachfolger, so Bethlen und Rakoczi, führen Krieg gegen Habsburg, doch sichert sich dieses im Dreißigjährigen Krieg durch Waffenstillstandsverträge und baut die Militärgrenze aus, ein System gehäufter Festungen, das den übriggebliebenen Teil von Kroatien und Ungarn schützt.
1620 erfolgt der erste türkische Vorstoß gegen Polen.
1656 wird Mehmed Köprülü Großwesir, der den türkischen Angriffsgeist erneuert.
1664 erleidet sein Sohn Ahmed die Niederlage bei Sankt Gotthard, aber Leopold bewilligt ihm den Frieden von

Eisenburg, der den Türken Großwardein im Banat und Neuhäusel östlich von Preßburg einbringt. Die Militärgrenze verläuft nun von der Adria auf der kroatisch-dalmatinischen Grenze über Save und Drau zum Westufer des Plattensees, von da nördlich bis Neuhäusel und dann im rechten Winkel nach Osten in Richtung Debreczin zur nördlichen Grenze Siebenbürgens, das gleich seinem südlichen Nachbar Walachei türkischer Vasallenstaat ist. Zur Verteidigung der Militärgrenze verwendet man gern die Uskoken, Flüchtlinge aus den jenseitigen Gebieten.

1672 siegt der polnische Kronfeldherr Sobieski über Ahmed Köprülü, muß gleichwohl Podolien und den Rest der an Rußland verlorenen Ukraine abtreten.

1673 erneuert Frankreich die Kapitulationen mit der Türkei.

1674 wird Sobieski König von Polen.

Von Ungarn war ein darmähnliches Gebilde übriggeblieben, das sich im Westen, bei Warasin an der Drau beginnend, und im Norden um die türkische Provinz legte. Der Hauptort war Preßburg. Von hier verlief die Grenze längs der March bis zum mährischen Göding, weiterhin bis zum Jablonkapaß, wo sie mit der schlesischen und polnischen zusammenstieß.

Kaiser Ferdinand hatte 1645 den kalvinistischen Ungarn wieder einmal Religionsfreiheit zugesagt, aber der nachfolgende Leopold, der in seinen Erblanden den katholischen Glauben wiederherstellte, auch in Ungarn die Gegenreformation durchzuführen gesucht. Das war der eine Grund der Unzufriedenheit. Der zweite betraf den überstürzten Frieden von Eisenburg. Der dritte den Umstand, daß der Kaiser die deutschen Besatzungen im Lande liegen ließ und Leopoldstadt an der Waag baute.

Eine Verschwörung entstand, die Hilfe bei Michael Apafi von Siebenbürgen suchte und durch ihn mit den Türken anknüpfte. Leopold verhaftete die Grafen Zrinyi, Nadasdi, Frangipani und Tettenbach, machte ihnen den Hochverratsprozeß und ließ sie hinrichten. Unter denen, die flüchteten, war der junge Graf Thököly. Er wies die Amnestie zurück und beunruhigte zu derselben Zeit, als Ludwig XIV. die Re-

unionen durchführte, die Grenze, von türkischen und siebenbürgischen Abteilungen unterstützt.
Der Kaiser knüpfte Verhandlungen an, mit ihm und dem Sultan, zu dem eine Gesandtschaft ging. Thököly reiste nach Ofen und verabredete sich mit dem Statthalter Ibrahim Pascha. Man wollte einen Einfall nach Rumpfungarn machen, Thököly sollte unter türkischer Oberhoheit Fürst im Teil zwischen den Karpaten und der Grenze werden. Es ging im Osten nicht anders als im Westen zu.
Der Einfall fand statt, Kaschau fiel. In Konstantinopel zogen sich die Verhandlungen hin, bis am 2. Januar 1683 vor dem Sultanspalast die Roßschweife herausgesteckt wurden. Damit war der Krieg erklärt, zwei Jahre vor Ablauf des Waffenstillstandes. Ludwig XIV. hatte die Pforte nicht direkt zum Krieg aufgehetzt. Aber die Unruhen in Ungarn und dann der Vormarsch waren ihm willkommen, weil sie den Kaiser bedrängten. Immerhin soll *er* dem Sultan angeraten haben, nicht Krakau, sondern Wien anzugreifen.
Die deutsche Meinung sah in ihm den ›allerchristlichsten Türken‹, der den ›türkischen Kettenhund‹ am Bosporus losgebunden habe. Papst Innozenz ermahnte ihn, wenn er sich nicht an der Abwehr beteiligen wolle, möge er es doch wenigstens so halten, daß ›Deutschland und die andern christlichen Länder sich frei fühlen von der Furcht vor deinen Waffen‹.
Montecuccoli war Inhaber der beiden höchsten militärischen Posten, nämlich Präsident des Hofkriegsrats und Generalleutnant, in einer Person gewesen. Nach seinem Tod trat eine Teilung ein: Präsident wurde Hermann von Baden, Generalleutnant der vierzigjährige Karl von Lothringen, verheiratet mit Leopolds Schwester, Witwe eines der Könige von Polen.
Die beiden Herren an der Spitze vertrugen sich nicht gut. Jeder bildete und hatte seine Partei. Stand der Generalleutnant im Felde, so konnte er gar nicht anders, er mußte dafür sorgen, daß ihm im Hofkriegsrat Anhänger und Nachrichtenvermittler saßen. Hermann wiederum sorgte für Fühlung mit dem spanischen Gesandten, und alle hatten mit dem Vertrauten des Kaisers, dem venetianischen Kapuziner d'Aviano, zu rechnen. Der Spanier wünschte den Krieg mit Frankreich, der Italiener begleitete als eine Art Kreuzzugspater die Gene-

rale an die ungarische Front. Die aus dem Reich stammenden oder kommenden Generale haßten die vielen Italiener, die hohe Stellungen im Heere einnahmen, so die Neffen Montecuccolis, die beiden Caprara, Caraffa, Rabatta.

Parteien und Intrigen gibt es an jedem Hof. Aber während Ludwig XIV. die Fäden in der Hand hielt, vor allem sich rasch zu entscheiden verstand, besaß Leopold allerlei ansprechende menschliche Eigenschaften, jedoch nicht jene Fähigkeit, Anspannung der Kräfte zu befehlen und Erfolge sehn zu wollen, die man Organisieren nennt. Das Unglück Österreichs waren die Akten, die Instanzen, die Bürokratie und so bei Leopold selbst nach einem trefflichen Ausdruck Schultes der pflichteifrige Schlendrian.

Der Zugang zu ihm war leicht, er hörte alles an, erfaßte gut, sah das Besondere und Schwierige: eben das hinderte ihn, während dieselbe Eigenschaft des Blickes für den Kern Männer wie Friedrich oder Napoleon zur sofortigen Entscheidung trieb. Leopold dagegen forderte auf dem Aktenweg die Ansicht der Minister ein, ein von Gewissenhaftigkeit gehemmter und gar nicht kaiserlich aussehender Mann [11]. Auf der Glücksseite stehn die Feldherrn ersten Ranges, die ihn zuletzt aus allen Fährnissen herausrissen und ihm über die angeborene Würde hinaus zum Bewußtsein einer Sendung verhalfen. Seine dritte Frau war die Tochter Philipp Wilhelms von Pfalz-Neuburg. Er zeugte sechzehn Kinder. Das zweite, eine Tochter aus erster Ehe, heiratete 1685 den Kurfürsten Maximilian Emanuel von Bayern, der seinerseits seit 1680 der Schwager des Dauphins war.

Unter dem Eindruck der Reunionen gab der junge Kurfürst die französische Politik seines Vaters auf. 1683 bot er mit dem Enthusiasmus eines Einundzwanzigjährigen und geborenen Soldaten dem Kaiser Hilfe an. Auch Ludwig Wilhelm von Baden eilte nach Wien, um sein Kommando zu übernehmen.

Hilfsverträge schloß Leopold mit Polen, Bayern, Sachsen, dem fränkischen und oberrheinischen Kreis. Das polnische Bündnis besagte, daß Sobieski und der Kaiser einander mit 40000 Mann, im Fall eines Angriffs auf Wien oder Krakau mit ihrer ganzen Macht unterstützen, daß Sobieski eine sofortige Beihilfe von 200000 Talern beziehn und die an die Türken verlorenen Gebiete zurückerlangen solle. In diesem

Vertrag wurde auch auf die Möglichkeit, den Zaren in Moskau zu gewinnen, hingewiesen, der vor ein paar Jahren zum erstenmal mit den Türken zusammengestoßen war.
Volle Uneigennützigkeit hat es in der Politik noch nie gegeben. Auch dem Vertrag, den Polen schloß, lagen sehr benennbare Interessen zugrunde. Gleichwohl verdient es die höchste Anerkennung, daß Sobieski nicht abwartete, nicht zusah, nicht auf Ludwig XIV., sondern auf den energisch eingreifenden Innozenz XI. hörte, der ihm 500000 Gulden Hilfsgelder, dem Kaiser 400000 zahlte und in eine Türkenhilfe einwilligte, die in den österreichischen und bayrischen Ländern von der Geistlichkeit erhoben wurde. Das christliche und europäische Empfinden war stärker als die französischen Ratschläge.
Auch der Große Kurfürst erbot sich, Truppen zu stellen, das Angebot wurde aber abgelehnt. Man fürchtete in Wien eine Besetzung der schlesischen Herzogtümer, die der Kaiser als erledigte Lehen eingezogen hatte, indem er ihren Erbvertrag mit Brandenburg nicht anerkannte.
Bis die Helferheere ausgerüstet, in Marsch gesetzt waren und ankamen, sollte es August werden. Die Schwerfälligkeit des Apparates war überall die gleiche. In Polen kamen die Leere des Kronschatzes und der Widerstand der französischen Partei hinzu. Vorerst mußten die kaiserlichen und die ungarischen Insurrektionsregimenter zusehn, wie sie allein fertig wurden.
Am 4. Mai nahm der Kaiser bei Preßburg die Heerschau ab und übergab seinem Schwager von Lothringen den Oberbefehl. Die Infanterie umfaßte rund 22000 Mann, die Kavallerie 11000, die Artillerie 56 Geschütze. Einer der vier Führer der Reiterei war Ludwig Wilhelm. Das ihm verliehene Regiment Louis von Baden gehörte zum Fußvolk.
Die Operationen begannen mit der Belagerung von Neuhäusel. Sie wurde abgebrochen, als Kunde kam, daß das türkische Heer in Stärke von wie man schätzte 200000 Mann und 300 Geschützen von Belgrad her anrückte. An der Raab erblickte die dorthin geschickte Reiterei diese Armee, der Thököly voranzog, und der Mut wollte ihr sinken. Infanterie und Artillerie gingen auf die Insel Schütt zurück. Der Großwesier Kara Mustapha war nun in Feindesland, das schreckliche Morden, Brennen, Schänden und Verschleppen der Frauen

und Kinder begann. Wo ein Kreuz stand, hing ein sterbender Mensch daran. Was entkommen konnte, flüchtete bis in die Steiermark hinein, von den Tataren verfolgt; was sich ergab, wurde niedergemetzelt. In allen Dörfern und Städten gellten die ›Türkenglocken‹. Die Pest von 1679 hatte nicht so schlimm gehaust.
Die Kavallerie schlug den Weg nach Wien ein, um zu verhüten, daß die ahnungslose Stadt von schwärmenden Tataren überrumpelt werde. Ludwig Wilhelm deckte mit einem Dragonerregiment den Abmarsch. Am 7. Juli wollte er den Kampf annehmen. Der Herzog änderte den Befehl, worüber sich Ludwig Wilhelm in einem Brief unwillig äußerte, und schickte das Gepäck voran. Ein Tatarenschwarm fiel in diese Kolonne ein. Der Schrecken war so groß, daß die eigenen Leute den Bruder des Prinzen Eugen, der in kaiserlichen Diensten stand, niederritten. Er wurde von den Hufen zertrampelt und starb nach sechs qualvollen Tagen daran.
Ludwig Wilhelm sammelte einige Schwadronen und hielt stand, bis die anderen in Sicherheit waren. Das Gefecht hatte 300 Tote gekostet. Die Bestürzung in Wien war grenzenlos. Der Kaiser ernannte hastig eine Stadtregentschaft von fünf Mitgliedern. Dann flüchtete er, noch am gleichen Abend, während schon vor mehreren Toren Tataren erschienen, nach Linz, bald weiter nach Passau. In Linz beschimpfte das Volk ihn und noch mehr die Jesuiten seines Gefolges.
Wien erlebte die Schreckensnacht vom 7. auf den 8. Den Horizont röteten die brennenden Dörfer, durch die Tore drängten die Bewohner der Umgegend mit ihrer Habe herein, während die Gesandten und der Adel flüchteten. Die Verteidigungsmittel waren völlig ungenügend, es läßt sich schwer verstehn. Markgraf Hermann hatte gewarnt, der Instanzenzug es besser gewußt. In dieser Nacht ließ Hermann Geschütze auf die Wälle fahren, holte ein Bataillon herein, brachte die Reiterei in der Taborau unter und fuhr dem Herzog entgegen. Am Nachmittag verließ er gemäß dem Befehl des Kaisers die Stadt. Zum Glück nahm Kara Mustapha, der mit einem ungeheuerlichen Troß marschierte, sich sieben Tage Zeit, um den Weg von der Raab bis zur Hauptstadt zu bewältigen, die er am 14. erreichte.
Inzwischen konnte das Heer von der Insel Schütt her eintreffen und der Herzog mit dem Stadtkommandanten, Graf

Ernst Rüdiger Starhemberg, die Verteidigung vorbereiten. Die Vorstädte mußten niedergebrannt werden. Ludwig Wilhelm zog sich aus der seinigen zurück, sah die Greuel, die von türkischen Vortrupps unter den Flüchtlingen angerichtet wurden, und ritt mit ein paar Schwadronen, den Säbel in der Hand, ›im vollen Karrier durch daß Feuer‹, wie er Hermann berichtete. Fast wäre ›das arzenal mit sambt allem Pulver und munition in die lüfften gangen‹.
Die Garnison bestand nun aus etwa 12000 Mann, darunter drei Kompagnien Stadtgarde. Kara Mustapha schlug sein prachtvolles Zelt am Schottentore auf, der Janitscharenaga am Burgtor, der Pascha von Mesopotamien, die Fürsten der Moldau und der Walachei und die übrigen Führer vor den andern Toren. Am 15. mußte der Herzog nach Zerstörung der Donaubrücke aufs linke Ufer zurückgehn und bezog ein Lager am Bisamberg bei der Feste Korneuburg. Durch den Fluß geschützt, hielt er sich die Verbindung nach Westen, Norden und Osten offen. Das auf dem rechten Ufer gelegene Wien aber war an diesem Tage eingeschlossen.

2

Das Lager am Bisamberg – Sobieski trifft ein – Der Marsch auf Wien – Die Erstürmung des türkischen Lagers – Die Befreiung der Stadt und Louis' Anteil daran – Louis wird General – Der Vormarsch – Der Feldzug 1684 – Die Liga von Linz – Ofen vergeblich belagert – Der Feldzug von 1685

Preßburg hatte sich den aufständischen Ungarn unter Thököly ergeben. Die Stadt war für den Herzog auf dem linken Ufer erreichbar. Er setzte sich mit der Reiterei dorthin in Marsch, die Vorhut befehligte Ludwig Wilhelm. Dem Markgrafen kam das Hauptverdienst an der raschen Übergabe der Stadt zu, die am 29. erfolgte, die Flucht Thökölys nach sich zog und den Anmarsch der Polen sicherte. Er berichtete darüber wieder dem Oheim Hermann, frisch, bescheiden und in einem Deutsch, das viel besser als das seines Vaters oder des Herrn Hofkriegsratspräsidenten ist.
Der Herzog kehrte in sein Lager am Bisamberg zurück. Von hier aus beunruhigte er die Tataren, die auf dem rechten Ufer

bis ins Tullner Feld vorstießen, säuberte noch einmal das Marchfeld durch einen Ausfall nach Osten und wartete auf das Eintreffen der Truppen aus dem Reich, die sich bei Krems, weiter oberhalb an der Donau, sammeln sollten, sowie der Polen, die in Stärke von 25000 Mann am 15. August von Krakau abmarschierten, überall unterwegs als die Befreier begrüßt.
Es war höchste Zeit. Die Botschaften, die auf heimlichen Wegen aus Wien den Herzog erreichten, wurden immer drängender. Die Besatzung und die von Starhemberg gebildeten Bürgerwehren der Kaufleute, Hofdiener und Handwerker gaben das Beste her. Aber die Ruhr forderte täglich ein halbes Hundert Opfer, die Geschütze verbrauchten sich, die Munition ging aus. Das hinter den Basteien liegende Burgravelin war in Bresche gelegt, die türkischen Minenstollen arbeiteten sich unter denen der Verteidiger heran, der Sturm auf den Hauptwall stand bevor. Die Türken erlitten ungeheure Verluste, doch die Zahl der Verteidiger betrug noch immer nur den fünfzehnten Teil der Angreifer.
Endlich am 30. August trafen die Polen ein, der Herzog ließ bereits bei Tulln zwei Brücken schlagen. Am 3. September fand der Kriegsrat sämtlicher Verbündeter statt. Den Oberbefehl erhielt der König. Der bessere Stratege war Karl von Lothringen, aber ein König hätte sich ihm nicht unterstellt. Es lag in dem ungewöhnlichen Charakter Karls, daß er freiwillig anbot, was sich nicht umgehen ließ. Man einigte sich darauf, bei Tulln über den Fluß zu gehn, den linken Flügel längs der Donau vorrücken zu lassen und mit dem Rest des Heeres – das nach Abzug der Reserven aus 70000 Mann bestand – den Gebirgsstock zu überschreiten, der das Tullner Feld von dem südöstlich gelegenen Wien trennt. Der Blick auf eine Karte ist zu empfehlen. Strategische Handlungen sind so spannend wie irgendein anderes Geschehen.
Der Vorschlag wurde auf Antrag Hermanns angenommen. Der Kaiser wohnte dem Entsatz seiner Hauptstadt nicht bei. 10000 Bayern und Salzburger unter Max Emanuel, 9000 fränkische und rheinische Truppen unter Waldeck, 11000 Sachsen unter Kurfürst Johann Georg III. setzten sich in Marsch. Der Plan beruhte auf dem Gedanken, den unbegreiflichen Umstand zu benutzen, daß Kara Mustapha die bis an die Donau vorspringende Bergnase nicht besetzt hatte, viel-

leicht erklärlich aus der maßlosen Geringschätzung, die er den Christen entgegenbrachte. Es wäre für ihn leicht gewesen, die Schluchten des Wiener Waldes zu sperren. Da der König die Geschütze zurücklassen mußte und kaum noch mit der Reiterei vorankam, hätte die Lage während des Anmarsches selbst recht gefährlich werden können.
Aber nichts geschah. Am dritten Tag nach dem Aufbruch von Tulln überschritt das wiedervereinigte Heer den Weidlingbach und erklomm den Kamm des Kahlenbergs, wo es das ungeheure, nicht befestigte Zeltlager der Türken erblickte und der in Rauch gehüllten Stadt die ersten Feuersignale gab. Jetzt erst, am 11. September, schickte Kara Mustapha Reiter und Janitscharen, etwa 15000 Mann, gegen die Christen vor, um sie beim Abstieg aufzufangen – unterbrach aber durchaus nicht die Beschießung der Stadt, die er vielmehr zu einem noch nicht erreichten Grad steigerte. Man sagte, er wolle die Übergabe erzwingen und sich die Beute sichern, die er beim Sturm seinen Soldaten hätte überlassen müssen. Der König rechnete damit, daß er zwei Tage brauche, um sich vorzuarbeiten. Aber die Entscheidung fiel schon am 12. Nach einem Frühgottesdienst, bei dem er selbst ministrierte, beobachtete Sobieski mit Hermann von Baden auf dem Kahlenberg die Kämpfe am Abhang. Um Mittag hatten der linke Flügel und die Mitte die Türken über Grinzing und Nußdorf auf Heiligenstadt zurückgedrängt.
Eine Pause trat ein. Man war ermüdet und wartete auf die Polen, die auf dem rechten Flügel über Neustift vorzurücken hatten. Den linken Flügel führte der Herzog, unter ihm Ludwig Wilhelm das Dragonerregiment Savoyen. Auf diesem Flügel kämpften dreiunddreißig Prinzen, deren einer Eugen von Savoyen war.
Ludwig XIV. hatte mit verletzenden Worten abgelehnt, dem Abbé eine Kompagnie zu verleihen. Als Eugen die Nachricht vom Tode seines Bruders erhielt, verließ er heimlich Paris, in der Hoffnung, vom Kaiser das Regiment des Bruders zu erhalten. In Passau empfing ihn der Kaiser. Das Regiment war schon vergeben, Eugen trat als Freiwilliger ein.
Von einem Freudengeschrei begrüßt, tauchten die polnischen Husaren aus dem Walde zur Rechten auf. Der König ließ sofort angreifen. Sein Ziel für diesen Tag waren die letzten Anhöhen, aber die einsetzende polnische Infanterie warf

die Türken darüber hinaus zurück. Jetzt ließ der König wieder die Reiterei angreifen, der Herzog auf dem linken Flügel tat das gleiche. Das Ganze drang vor, die Türken fluteten auf das Hauptlager und rissen es mit sich fort. Umsonst ließ Kara Mustapha die grüne Fahne des Propheten entfalten: gegen Abend befand sich alles auf der Flucht, raabwärts zu, der Großwesir mitten darin. Die Gefangenen hatte man nur noch rasch in voller Wut niedergemacht.
Der König, in der Meinung, der Rückzug diene der Sammlung, und just, wenn man plündre, erfolge ein Überfall, verbot bei Todesstrafe, abzusitzen. Während er stundenlang wartete, entkam das feindliche Heer.
Die Janitscharen aber, die die Stadt berannten, waren so in ihre Arbeit vertieft, daß sie sich um die Vorgänge im Rücken nicht kümmerten. Der Herzog schickte Ludwig Wilhelm mit drei Schwadronen und einem Dragonerregiment gegen die Laufgräben. Die Besatzung, die von den Wällen besser beobachtet hatte, machte einen Ausfall aus dem Schottentor. Die Gräben wurden gesäubert, an 200 Geschütze vorgefunden. Am Abend des 12. September war mit dem fast unglaubhaft geringen Verlust von 600 Mann – gegen 10000 auf türkischer Seite – ein Sieg von weltgeschichtlicher Bedeutung errungen, mit dem der Niedergang der osmanischen Macht und die Bildung der österreichischen Monarchie begann.
Auf den großen Tag, der einem außerordentlichen Glück verdankt wurde, folgten die weniger erhebenden acht Tage der Plünderung des Lagers der 15000 Zelte, in denen alles zurückgelassen worden war, Feldkassen, das kostbare Reitzeug und die juwelenbesetzten Waffen des Großwesirs, Fahnen, märchenhafte Beutel voll Dukaten, Harems und jene Säcke voll Kaffee, die einer, der Bescheid wußte, erstand und damit die erste Kaffeesiederei Wiens eröffnete.
Der Kaiser kehrte zurück. Er behandelte Sobieski gemessen, den protestantischen Kurfürst von Sachsen so kühl, daß dieser angeblich deswegen abreiste. Die deutschen Hilfsvölker kehrten nach Hause zurück, die Stadt war ja befreit. Es wird erzählt, Leopold habe sich, bevor er mit Sobieski zusammenkam, beraten, welche Form anzuwenden sei bei einem Mann, der Wahlkönig und mit einer Marquise verheiratet war, für seinen Sohn aber die Hand der Kaisertochter begehrte[12].

Die Wahrheit wird eher sein, daß der gute Kaiser Unbehagen empfand angesichts der Tatsache, daß Sobieski nicht auf ihn gewartet hatte, um in Wien hinter den eroberten Roßschweifen einzuziehn, und sich für den alleinigen Retter nicht nur des Hauses Habsburg, sondern der Christenheit hielt. Das dauerte noch lange an; in zahllosen Tedeen, Flugschriften, Denkmünzen, Gedichten, Dramen wurde überall das Ereignis gefeiert. Auf die soldatische Jugend Frankreichs wirkte es so stark, daß die Söhne des hohen Adels in Scharen um Urlaub baten. Ludwig XIV. schlug alle Gesuche bis auf vier ab. Es fand aber späterhin noch mancher den Weg nach Osten, so der Marquis von Villars, der künftige Feldherr, dessen ›Mémoires‹ für die Geschichte Ludwig Wilhelms wichtig sind. Der französische Hof hatte nun Versailles bezogen.

Sobieski, der persönlich ein unkleinlicher, ritterlicher Mann mit einem sarmatischen Temperamentseinschlag war, ging Leopold fortan aus dem Wege, blieb dem Bündnis aber treu, wie er es dem Legaten in Warschau in die Hand versprochen hatte. Am 17. begann der Vormarsch gegen Parkany, den Brückenkopf von Gran, das nördlich von Ofen an der Donau liegt. Nach Ofen war Kara Mustapha marschiert, nachdem er das zerrüttete Heer in Raab gesammelt und eine Anzahl Paschas oder Bassas hingerichtet hatte. Er schob die Schuld auf andere. Aber seine Tage wurden in Belgrad vom Sultan schon gezählt.

Zum erstenmal ging ein christliches Heer wieder zum Angriff vor. Der vorauseilende Sobieski erlitt eine Schlappe, der nachrückende Lothringer rettete ihn. Dünewald eroberte die Brückenschanze, Ludwig Wilhelm nahm das Fort Parkany mit stürmender Hand. Die Türken in Gran schauten hinter den aufgespießten Köpfen der polnischen Gefangenen zu. Pardon wurde nicht gegeben. Die Geschütze feuerten in die türkischen Massen, die über die Brücke flüchteten, die Brücke brach. Es war ein fürchterliches Sterben und Gemetzel. Ludwig Wilhelm trug diese ›Victori‹ vom 9. Oktober die Ernennung zum General der Kavallerie ein. Die Urkunde ist eine an der Sprache begangene Greueltat.

Neben bayrischer Infanterie traf nun auch, auf Grund einer Abmachung mit Sobieski, ein brandenburgisches Korps von 1200, nach anderen von 3000 Mann ein. Alle Angaben liegen in abweichenden Fassungen vor; über die Vorgänge beim

Entsatz von Wien kann man die verschiedensten Darstellungen lesen.

Am 27. Oktober ergab sich Gran. Die Besatzung erhielt freien Abzug, der Primas von Ungarn bekam seinen Dom zurück. Thököly lag Ofen gegenüber bei Pest. Noch hielt er es mit den Türken, aber in Wien hörte man, daß er der ehrgeizigen Königin von Polen die ungarische Krone für ihren Sohn anbiete. Borgomainero, der spanische Gesandte, drängte, den türkischen Krieg abzubrechen und den französischen aufzunehmen. Der Kaiser, dessen Hofburg so zerschossen war, daß er in Linz wohnen mußte, überlegte, ob er nicht gut tue, sich mit dem Sultan zu vergleichen.

Aber die Pforte dachte nur an Rache, und alles, was in Wien katholisch, päpstlich, christlich empfand, überließ sich hingerissen der Vorstellung, daß die Stunde gekommen sei, um den Erbfeind des Glaubens niederzuwerfen. Da auch Polens Eroberungen noch ausstanden, hatte der Krieg von neuem Aussicht, der heilige zu werden. Von dem Ereignis vor Wien ging doch eine gewaltige beschwingende Wirkung aus. Die Christenheit wurde geradezu wieder jung. Venedig, dessen Gesandte so treffliche Berichte schrieben, hoffte Kandia und Morea zurückzugewinnen. 1684 schloß es in Linz unter dem Protektorat des Papstes eine Liga mit dem Kaiser und Polen, auch der Malteserorden gehörte dazu. Man schickte Gesandtschaften nach Moskau und sogar nach Persien.

Der Feldzug von 1684 unterstand wieder dem Herzog von Lothringen. Die Infanterie befehligte Graf Starhemberg, die Reiterei Graf Caprara, unter ihm den rechten Flügel Ludwig Wilhelm. Auf dem linken diente Oberst Eugen von Savoyen. Sobieski hatte seinen eigenen Kriegsschauplatz, in Podolien, erreichte aber nichts.

Rasch fiel Pest, und die Unterstadt von Ofen brannte ab. Sollte man die stark befestigte Oberstadt mit der Burg belagern, das war die Frage. Starhemberg verneinte sie als einziger. Ludwig Wilhelm berichtete dem Onkel temperamentvoll, wie er war, von dem ›Herrn Graff Stahrenberg seine Kinderbossen‹. Es sei ›kheinesweegß zue zweifflen, daß wir selbiges orth innerhalb 8 tagen ohnfehlbarlich emportieren werden‹.

Aber der in Belagerungen erfahrene Starhemberg behielt recht, trotz der Erfolge im offenen Feld, wo der Seraskier,

der Kriegsminister, geschlagen und von Ludwig Wilhelm verfolgt wurde. Der Markgraf hatte zu lernen, daß Festungen nicht mit der Kavallerie genommen werden.
Man hatte es zu eilig, die Laufgräben wurden zu oberflächlich aufgeworfen, die Minen platzten zu weit vorn. Die Türken wehrten sich, die Kaiserlichen schmolzen auch durch Krankheit arg zusammen. Ludwig Wilhelm zog sich das Wechselfieber, eine Malaria, zu. Zwar traf der kriegslustige Max Emanuel wieder mit einem bayrischen Korps ein, aber auch ein türkisches Ersatzheer nahte.
Von der fröhlichen, kameradschaftlichen Stimmung war nichts geblieben. Die Gereiztheit der Führer und die Gegensätze unter ihnen nahmen zu, mißbilligend stellte es Pater d'Aviano fest. Der Herzog schickte einen offenherzigen Bericht über die Lage nach Wien, der Präsident des Hofkriegsrates kam selbst. Aber auch Hermann mußte einsehn, daß die Belagerung aufzuheben sei. Die Artillerie wurde am 1. November eingeschifft, das Heer zog ab nach Gran, der Seraskier ein in die befreite Stadt.
Es war ein kritischer Augenblick. Der Fehlschlag gegen die ungarische Hauptstadt entmutigte. Kleinere Erfolge über Thököly in Oberungarn und im Süden an der kroatischen Grenze wogen ihn nicht auf. Der Pascha von Ofen war jetzt zu Verhandlungen bereit und suchte in Wien Minister zu bestechen. Der Kaiser, dem ein Instinkt sagte, daß sich ein neuer Weg in die Zukunft öffne, blieb fest.
Das die Reunionen betreffende Regensburger Abkommen sicherte ihm den Rücken, und Ludwig XIV. hielt es ein, was zur Folge hatte, daß aus dem Reich eine Menge Hilfsangebote kam, sogar aus Köln. Die vier französischen Prinzen, die den Urlaub bekommen hatten, waren zwei Contis, der junge Turenne und der junge Créqui. Sie hielten sich nicht an die Vorschrift des Königs, sie dürften nur Sobieski helfen. Die beiden Conti schlugen sich dann bei Neuhäusel so tollkühn, daß der Kaiser ihnen drohte, er werde sie zu ihrer Sicherheit in eine Festung sperren lassen.
Die Tüchtigkeit des Papstes – Innozenz' XI., Odescalchi – und seines Wiener Nuntius Buonvisi taten ein übriges. Der Nuntius machte Vorschläge zur Hebung der Einnahmen und erreichte, daß Graf Rabatta das Kriegskommissariat übernahm. Der Nachlaß zweier reicher Bischöfe wurde für Rü-

stungen verwandt; der Papst schickte größere Beträge, die er in Europa hatte sammeln lassen. Ein Drittel des Kirchguts, das der Klerus in den letzten sechzig Jahren erworben hatte, diente demselben Zweck.

Auch die Pforte war sehr regsam geworden. Kara Mustapha gab es nicht mehr, er hatte die seidene Schnur zugesandt erhalten und war erdrosselt worden. Den Oberbefehl übernahm 1685 wieder der Herzog. Die Infanterie führte der Fürst von Waldeck, die Kavallerie Caprara, eine der jetzt vermehrten Unterabteilungen Ludwig Wilhelm.

Der Feldzug brachte die Einnahme von Neuhäusel durch Caprara; den Entsatz der von den Türken belagerten Festung Gran; das lateinische Friedensangebot des Paschas von Ofen an Markgraf Hermann in Wien und den Vorschlag, Thököly auszuliefern; den Zusammenbruch Thökölys, als General Schulz die Festung Eperjes genommen hatte und die Kuruzzen es müde wurden, mit den Türken gegen die Befreier des Landes zu kämpfen, daher sie sich ergaben; die Verhaftung Thökölys durch den Pascha von Großwardein, der ihn in Ketten nach Belgrad bringen ließ; die seidene Schnur für den Seraskier; die Freilassung Thökölys, der seine Rettung einem Wesirwechsel verdankte; Siege der Venetianer in Dalmatien; die Niederlage Sobieskis, der sich zurückziehn mußte, aber nun unter Beihilfe des Papstes ein Bündnis mit Moskau eingehn wird, mit der Regentin und Halbschwester des heranwachsenden Peter. Dieser Anschluß an die Liga von Linz bereitete den Eintritt Rußlands in die europäische Politik vor: man bat es darum, Papst und Kaiser waren die Paten.

Das Jahr 1685 endete mit ermutigenden Erfolgen. Noch aber saßen die Türken in Ofen, und damit war die Aufgabe für 1686 gegeben.

3

Louis weigert sich, nach Oberungarn zu gehn – Sein Verhältnis zu Karl von Lothringen und zu Max Emanuel von Bayern – Prinz Eugen – Die Lebensumstände Karls von Lothringen

Ludwig Wilhelm hatte die Belagerung von Neuhäusel und den Entsatz von Gran mitgemacht. Jahrs zuvor war Eugen für seine Teilnahme an der Eroberung von Gran Oberst geworden und damit aus seiner Armut herausgekommen.
Einer der venetianischen Gesandten meinte einmal, ein kaiserliches Regiment zu besitzen werfe soviel wie ein Marquisat ab. Die Offizierstellen wurden gekauft, in allen Armeen. Das und sein Gehalt verhalfen einem Oberst zu einem Betrag, den Arneth mit 10000 bis 12000 Gulden sicher zu hoch ansetzt. Die Einkünfte der obersten Führer waren bedeutend. Ludwig Wilhelm bezog später als Generalleutnant 25000 Gulden.
Der Feldzug von 1685 brachte Eugen den Rang eines Generalfeldwachtmeisters. Ludwig Wilhelm erfuhr keine Beförderung. Für den Kavalleristen kam die nächste Stufe, der General der Infanterie, nicht in Betracht. Der Herzog bot ihm in diesem Sommer das Kommando über die oberungarischen Streitkräfte an; dort stand Thököly zwischen den Kaiserlichen und Siebenbürgen. Ludwig Wilhelm lehnte ab, er wolle nicht der Esel sein. So war es Caprara, dem sich die Truppen Thökölys ergaben, als dieser verhaftet worden war, und wiederum Caprara, der Kaschau nahm und bereits nach Siebenbürgen vordringen konnte.
Ludwig Wilhelm hätte also sehr wohl auf diesem Nebenschauplatz Lorbeern erringen können. Aber es war der Nebenschauplatz, und im nächsten Jahr hätte man ihn ihm vermutlich wieder angeboten. Er wollte dort sein, wo die Hauptschläge fielen, bei den Anwärtern auf die große Laufbahn. Als Reichsfürst konnte er sich eine Weigerung leisten. Der noch jüngere Kurfürst von Bayern, der weniger Dienstjahre als er hinter sich hatte, machte bereits seine weitere Mitwirkung davon abhängig, daß ihm im nächsten Jahre ein Kommando gegeben werde.
Die Subordination hätte verlangt, daß Reichsfürsten im Dienst nichts als das waren, was ihr militärischer Rang besagte. Weit entfernt davon, machten sie Schwierigkeiten,

wenn sie sich zurückgesetzt fühlten. Im Juni 83 berichtete der Franzose Sobeville: ›Der Prinz von Baden weigerte sich, gegen eine von den Türken bedrohte Kirche vorzugehn, indem er erklärte, ein Reichsfürst habe vom Herzog von Lothringen keine Befehle zu empfangen.‹

Karl von Lothringen, ein selten uneigennütziger, die Zurückgezogenheit liebender, gegen die Untergebenen freundlicher Mann, war Ludwig Wilhelm wohlwollend entgegengekommen, und im Anfang, am Oberrhein, vor Philippsburg, scheint das Verhältnis das beste gewesen zu sein. Es trübte sich ohne Zweifel unter dem Einfluß Hermanns von Baden, der den Herzog mit Feindschaft bedachte, seitdem er erfahren hatte, daß Karl seine Ernennung zum Präsidenten des Kriegsrates für einen Mißgriff halte.

Der schwere, korpulente Mann war nach dem Zeugnis eines der französischen Botschafter leicht in Zorn zu versetzen und ein ziemlicher Arbeiter. Nach seiner eigenen Angabe in jener Selbstverteidigung war Hermann liberal, offenherzig, nicht interessiert, ein absonderlicher Liebhaber klarer Befehle und der Disziplin. Es gibt ein Barocktemperament fürstlicher Personen, auf dessen Linie Jähzorn, Liberalität, Großzügigkeit und eine genialische Betriebsamkeit liegen.

Wie dem auch sei, Ludwig Wilhelm stand zu diesem Verwandten. Seine Briefe an ihn atmen naive Frische. Die Kritik an Karl von Lothringen und am Grafen Starhemberg entspringt dem Ungestüm, das sich an der Vorsicht stößt, Neigung zum Intrigantentum verrät sie nicht. Ein Schleicher hätte den Umstand, daß er an den Präsidenten des Kriegsrats schreiben konnte, anders ausgenützt.

Seinem rasch reagierenden, schroffen, halb französischen und ruhmgierigen Temperament fehlte die Grundeigenschaft des Intriganten, die Geduld.

Den eigentlichen Charakter, das Moralische, das Saubere und Feste, treffen die Vorwürfe, die ihm im Laufe der Zeit gemacht wurden, nicht: daß er seine Truppen zu wenig schone und sozusagen bei jedem Feldzug eines neuen Heeres bedürfe; daß er gern als großer Herr auftrete, viel Geld verbrauche und fordere. Bedenklicher ist die Aussetzung, daß er in der Jugend keinen Befehl, im Alter keinen Rat angenommen habe. Sein Stolz verband sich mit einer großen Halsstarrigkeit.

Als der junge Turenne, die beiden Prinzen Conti und Créqui, denen Ludwig XIV. erlaubt hatte, auf polnische Seite gegen die Türken zu kämpfen, in Augsburg Max Emanuel von Bayern trafen, ließen sie sich leicht überreden, ihn an die kaiserliche Front zu begleiten, an der es viel aufregender zuging. Ludwig Wilhelm war noch nicht zu alt für diesen Kreis von Heißspornen, die alles, was das Lagerleben brachte, teilten, die Anstrengungen und die Erholungen, daher dieser Reiz mitgesprochen haben mag, als Ludwig Wilhelm das Kommando in Oberungarn ablehnte.
Die Versailler erzählten Hofgeschichten; über den König und Frau von Maintenon wurden boshafte und witzige Dinge gesagt. Ludwig XIV. erfuhr, daß Briefe von ihnen gekommen und Antworten an sie abgegangen waren, ließ den Kurier anhalten und las, was man dort hinten in Ungarn über seine geheiligte Majestät redete. In seinem Zorn sperrte er den einen Empfänger ein, und die Schreiber erlangten auch nach der Rückkehr nie mehr seine Gnade.
Zu diesem Kreis gehörte Prinz Eugen, der jüngste Sohn Olympia Mancinis, die auch nach der Heirat mit dem Prinzen von Savoia-Carignano, Grafen von Soissons, den König oft als Gast in ihrem Hause sah, dem gesellschaftlichen Mittelpunkt, da sie als Oberhofmeisterin der Königin Maria Theresia die erste Dame des Pariser Hofes war. Ihre Stellung wurde erschüttert, als sie in ihrer Eifersucht auf die Herzogin von la Vallières der Königin einen Wink gab. Nach einer Zeit der Verbannung kehrte sie zurück, verlor den Gatten, klammerte sich an Wahrsager und Astrologen, geriet 1680 in den Prozeß der Giftmischerin Voisin, floh nach Brüssel und ließ die Kinder bei ihrer Schwiegermutter, die auch die Ferdinand Maximilians von Baden gewesen war.
Eugen, 1663 geboren, war ein schwächliches Kind. Liselotte von der Pfalz beschrieb ihn: ›Ist klein undt heßlich von person, fett, die Oberleffzen so kurz daß Er den Mundt nie zu thun kann, man sieht also allezeit zwey große breyte Zähn; die Naß hatt Er Ein wenig aufgeschnupfft undt ziemblich weitte Naßlöcher, aber die augen nicht heßlich undt lebhafft.‹
Auch seine Brust war schwach. Von früh an voll leidenschaftlichen Interesses für alles Militärische – sein Lieblingsbuch war die Geschichte Alexanders des Großen –, stählte er

durch Übungen seinen Körper, um Soldat werden zu können; daß man ihn als jüngsten Sohn in ein Abbégewand steckte, wäre kein Hindernis gewesen. Aber der König fand, für einen Offizier sei er zu unscheinbar.
Zwei seiner Brüder traten in das savoyische Heer ein. Der eine starb, der andere nahm Dienst beim Kaiser und erlitt, wie erzählt, auf dem Marsch nach Wien den Tod. Eugen und Ludwig Wilhelm fanden sich im gleichen Haß gegen Ludwig. Eugen soll geschworen haben, er werde Frankreich nie mehr betreten, es sei denn mit der Waffe in der Hand, und der badische Vetter mag das gleiche gedacht haben.
Ludwig Wilhelm stellte Eugen zuerst dem Kaiser vor. Eugen stand sich mit dem Herzog besser als sein Vetter, der unter den Heerführern nur mit dem Kurfürsten von Bayern befreundet war. Max Emanuel heiratete im Sommer 85 die Tochter des Kaisers, Maria Anna. Seine Schwester hieß ebenso und war als Frau des Dauphins die Schwiegertochter Ludwigs XIV., wie Elisabeth Charlotte von der Pfalz als Frau des Herzogs von Orléans die Schwägerin.
In diesem Jahre 85 starb Lieselottes Bruder, womit die Simmernsche Linie erlosch und Philipp Wilhelm von Pfalz-Neuburg, der Schwiegervater des Kaisers, die Kur erbte. Ludwig XIV. erhob für seinen Bruder von Orléans Ansprüche: an dem so friedlichen Himmel stieg ein Wölkchen auf. Noch wußte niemand, daß es Leid für ein Jahrzehnt barg.
Der Kaiser war mit einer Tochter Philipp Wilhelms verheiratet, der neue Kurfürst sein Schwiegervater und zugleich der von Leopolds Schwester. Die Kaiserin war eine stille Frau, die aber großen Einfluß besaß. Schwager des Kaisers war der Herzog von Lothringen: in diesem Kreis, der trotz der politischen Feindschaft so eng mit dem französischen Hause verknüpft und verschlungen war, verkehrte Ludwig Wilhelm während der Winterruhe, es sei denn, daß er überhaupt noch Lust hatte, nach dem fernen Baden-Baden zu fahren, wo seines Onkels Witwe, Maria Franziska, in ständiger Verbindung mit Hermann in Wien die Regierungsgeschäfte führte. Wie klein, wie still war das Leben dort – vielleicht dachte er an die Angst seiner Mutter vor dem unbewegten Ort.
Wenn er etwas über ihr Leben im Hotel Soissons hören wollte, Eugen erzählte es ihm. Eugen fuhr mit seiner eigenen Mutter, die in Brüssel nun ebenso einsam, entwurzelt, leer

lebte und in nichts mehr der schönen Olympia glich, anfangs 86 nach Madrid, um zwei Heiratsmöglichkeiten nachzugehn. Beide zerschlugen sich. Der König behandelte ihn als Granden erster Klasse. Auch Eugen war nicht unempfindlich für Ehren und Würden, allerdings unterstellte er den Ehrgeiz der überpersönlichen, der großen Illusion des Tatendranges. Aus Frauen machte er sich gar nichts. Um nochmals Liselotte anzuführen: ›Wie er den geistlichen habit quittirte, hießen ihn die jungen leütte nur madame simone, den Man [denn man] pretentirte daß er offt die dame agirte', woraus zu sehn ist, daß auch die gesunde Pfälzerin nicht anders als die mokanten Französinnen jenes Vergnügen am Menschlichen fand, das als Selbstzweck Klatschsucht heißt, als Begabung dem Sinn für den einzelnen, charakteristischen Zug entspringt – daher die Memoiren der damals schon individualistischen Franzosen so reich an persönlichen Beobachtungen sind. Wir verdanken Liselotte von der Pfalz einen Einblick in die vielen kleinen Hofumstände, der unersetzlich ist.

Als Ludwig Wilhelm sich weigerte, nach Oberungarn zu gehn, spielte wohl auch der Gedanke mit, daß es nicht gerade seine Aufgabe sei, dem Herzog von Lothringen zu einem Ersatz für das von Ludwig XIV. beschlagnahmte Herzogtum zu verhelfen, nämlich zu Siebenbürgen. Dieser Gedanke tauchte auf, Karl selbst lehnte ihn ab. Die polnische Krone hätte er angenommen, war auch aufgestellt worden, aber gegen Sobieski nicht durchgedrungen.

Karl wurde 1643 in Wien geboren und für die geistliche Laufbahn bestimmt. Inhaber einer Reihe lothringischer Prioreien und andrer Pfründen, hielt er sich oft zu Paris auf, während sein regierender Onkel auf spanischer Seite gegen den jungen Ludwig XIV. kämpfte. 1661 legte er das geistliche Gewand ab, um zu heiraten: sein Onkel setzte ihn zum Nachfolger ein, machte jedoch ein Jahr später einen Vertrag mit Ludwig, wonach er das Herzogtum gegen ein innerfranzösisches vertauschen und die Zusage erhalten sollte, daß die lothringischen Prinzen unter die französischen von Geblüt, mit dem Recht der Thronfolge, aufgenommen würden. Die französischen Prinzen widersprachen. Die Lage der Lothringer war verwickelter als je.

Karl heiratete eine Savoyen-Nemours, sein Vater vertrat ihn bei der Eheschließung. Als er selbst nach Paris kam, um die

Ehe zu vollziehn, verwies ihn Ludwig des Landes und erreichte, daß der Papst die Ehe trennte. Karl wurde Oberst in kaiserlichen Diensten, nahm am Türkenkrieg von 1664, dann am holländischen teil, nachdem Ludwig Lothringen wieder besetzt hatte. 1675 starb der Onkel, und Ludwig legte schwarze, nicht violette Hoftrauer an, um auszudrücken, daß die Lothringer nicht souveräne Fürsten seien. Auch wies er in Nymegen die Gesandten Karls zurück.

Den lothringischen Untertanen wurde der Verkehr mit dem Herzog verboten. Wenn man einem älteren Bericht glauben will, ›ließ er die Häuser und Güter der Ungehorsamen wie auch ihre Frauen, Eltern und Kinder niederreißen und einziehn‹.

Karl hatte eine gute Erziehung genossen, schrieb besser Deutsch als Hermann von Baden und las eifrig die Alten. Am liebsten hielt er sich über Winter, wenn die Waffen ruhten, in Innsbruck auf, er war von seinem kaiserlichen Schwager zum Statthalter von Tirol ernannt worden. Er hatte genug zum Leben; ein Lothringer aus einem der ältesten und stolzesten Häuser gab seine Ansprüche nicht auf, um Fürst von Siebenbürgen zu werden. Überdies hätte man auch für Apafi, der dort als türkischer Vasall regierte, erst einen Ersatz suchen müssen. Apafi wagte noch nicht den Abfall, verhandelte jedoch unter der Hand mit Wien und stellte die Bedingung, daß zuerst Ofen und Belgrad erobert sein müßten.

4

Das Bündnis des Großen Kurfürsten mit dem Kaiser – Der Feldzug von 1686 – Die Eroberung von Ofen – Louis' erstes Kommando im Donau-Drau-Winkel

Der Große Kurfürst fühlte sich als Verbündeter Frankreichs nicht mehr wohl. Sein Sohn, sein Schwager von Anhalt, sein Feldmarschall, der alte Derfflinger, sein Geheimrat von Fuchs und der General von Schöning, der später anders dachte, bildeten eine franzosenfeindliche Fronde. Die Ansprüche Ludwigs XIV. auf die Pfalz, die Aufhebung des Edikts von Nantes, die Thronbesteigung des katholischen Jakob II. von England – alle drei Ereignisse fanden 1685 statt –

milderten die Entfremdung, die seit Nymegen zwischen Friedrich Wilhelm und Wilhelm von Oranien bestand. Es war wieder einmal Zeit, eine politische Umstellung zu vollziehen, zumal da Ludwig XIV. ihm nicht zu Vorpommern verholfen hatte. Der Kurfürst war bereit, sich dem Kaiser zu nähern, dessen Macht sichtlich zunahm.

Er stellte Leopold für 1686 ein Hilfskorps von 8000 Mann in Aussicht. Der französische Gesandte drohte, die Subsidien zu streichen. Der Kaiser übernahm sie in Form eines Beitrags zu den Feldzugskosten und von Jahreszahlungen in Höhe von 100000 Gulden. Eine geheime Zusage an den Kurprinzen, ihm nach dem Tode des Vaters das Ländchen als böhmisches Lehen zu geben, ein sofortiges Geschenk von 10000 Dukaten und eine ›reelle Gnade‹ für den Fürsten von Anhalt halfen nach. Dies und nichts anderes ist Politik.

Am 1. April 1686 unterzeichneten der katholische Kaiser und der protestantische Kurfürst den geheimen Allianzvertrag, der bereits die Nachfolge des Kaisersohnes Josef, die Verteidigung der Pfalz, die spanische Erbfolge ins Auge faßte. Die 8000 Brandenburger unter Schöning wurden ausgerüstet.

Auch Schweden stellte als Reichsstand 1000 Mann, Sachsen 4700. Köln hatte seine 3000 in Ungarn gelassen. Der schwäbische, fränkische, oberrheinische Kreis sandten Hilfe, Bayern 8000 Mann. Insgesamt kamen aus dem Reich etwa 34000, ein Beweis, daß man sich eine Generation nach dem Dreißigjährigen Krieg von der Menschen- und Willensarmut zu erholen begann. Der Reichspfennigmeister zog die vom Reichstag bewilligten Römermonate ein – soweit er sie erhalten konnte. Die Verrechnung muß ein Kreuz gewesen sein. Am sichersten gingen die Fürsten, die sich die Subsidie vorerst vom Kaiser auszahlen ließen, so Bayern, dem überdies das eigene Kommando bewilligt wurde.

Gut, daß der Kurfürst von Brandenburg und der von Sachsen ihre Truppen nicht selbst herbeiführten; die Frage des Oberbefehls wäre noch schwieriger geworden. Um Max Emanuel entgegenzukommen, schuf man für ihn eine Belagerungsarmee und nannte die des Herzogs Bedeckungsarmee. Es zeigte sich bald, daß diese Trennung der Gewalten nur auf dem Papiere stand.

Im Hofkriegsrat war angeordnet worden, daß nicht Ofen, das man fürchtete, sondern das weiter südlich gelegene

Stuhlweißenburg zu belagern sei. Kaum hatten die Truppen sich in Bewegung gesetzt, so sandte der Kaiser den Befehl nach, beide Heerführer hätten sich gemeinsam gegen Ofen zu wenden. Ofen war eine harte Nuß, die Max Emanuel nicht allein knacken konnte, und der Ausweg, den der Kaiser gefunden hatte, war ebenso geschickt wie wirksam.
Die Aufgabe bestand darin, die Festung zu nehmen, bevor der Großwesir Soliman, der sich von Belgrad aus in Marsch setzte, eintraf. Vom Schreibtisch des zwanzigsten Jahrhunderts gesehn ein einfaches Problem: ausnahmsweise mußte man schon im Mai beginnen – überhaupt, wie kann festgesetzt werden, daß von Juni bis Oktober Krieg und dann bis zum nächsten Juni Ferien seien? Aber man soll einem Jahrhundert nicht in seine Gewohnheiten hineinreden. Die Kaiserlichen waren hier zufällig ihrer Basis nahe, die Brandenburger und Schwäbischen trafen erst Ende Juni und Anfang Juli ein.
Die Organisation war noch nicht so weit, daß eine Gegend sämtliche Truppen im Winter aufnehmen konnte. Die Versorgung mit Wintersachen, der Antransport, die Kosten, die Auffüllung der Menschenlücken: alles Fragen, die nur ein einheitlicher Staat und eine fortgeschrittene Technik hätten lösen können. Zu den Glaubenssätzen eines Feldherrn gehörte der, daß man nicht vorrücken dürfe, ohne gewiß zu sein, daß eine Kette von Magazinen gefüllt und in nächster Nähe sei. Woraus sich wiederum die umgekehrte Vorschrift erklärt, durch Verwüstung das Anlegen von Magazinen und das Furagieren unmöglich zu machen.
Die Kavallerie des Ofener Belagerungsheeres befehligte Ludwig Wilhelm, unter dem Eugen stand. Mitte Juni schloß sich um das auf einem Kalkplateau am westlichen Ufer gelegene Ofen und das flache, sofort überlassene Pest am östlichen Ufer das Lager, worin die bewimpelten Zelte nach Nationen geordnet waren. Die Ungarn machten ungefähr den zwölften Teil aus. Zu spät versuchten vornehme Türken ihre Frauen und Kostbarkeiten auf einem Schiff fortzuschaffen. Eine ungarische Streife machte reiche Beute.
In der Nacht zum 22. begann die Arbeit an den Laufgräben. In Stadt und Schloß Ofen lagen 10000 Türken unter Abdurrahman Pascha. Die Kaiserlichen allein führten 186 Geschütze mit: 3- bis 45pfündige Kanonen, 12- bis 30pfündige

Haubitzen, 30- bis 200pfündige Mörser, 120000 Kanonenkugeln, 200 Haubitzengranaten, 54000 Handgranaten, gegen 10000 Zentner Pulver. 2000 Fuhren und eine Donauflottille sorgten für Nachschub jeder Art.
Der erste heiße Kampf ging um ein Eckrundell. Die Angreifer sappierten, die Verteidiger machten Ausfälle; den stärksten fingen Ludwig Wilhelm und Eugen auf. Ein Sohn des alten Derfflinger fand den Tod. Desgleichen der junge Créqui, als eine von den Türken entzündete Mine nur die Wirkung hatte, ihr Rundell zu erschüttern: alsbald ließ der Herzog eine Bresche schießen und stürmen. Die Türken wehrten sich fanatisch, ihre Weiber und Kinder kämpften mit. Der Herzog erlitt eine Schlappe mit schweren Verlusten. Ludwig Wilhelm berichtete darüber dem Oheim mit Ausdrücken, die sein Zerwürfnis mit dem Herzog nicht mehr verschleierten.
Kundschafter teilten mit, daß der Großwesir schon Esseg an der Drau nahe. Von da waren es nur noch zwölf Tagesmärsche bis Ofen. Am 22. Juli vernagelten die Türken bei einem Ausfall einige Geschütze. Der erste Schuß aus dem wieder entnagelten Mörser flog, ein Zufallstreffer, über die Stadt ins türkische Hauptpulvermagazin, das 8000 Zentner enthielt. Steinstücke schlugen jenseits der Donau und Pests Mannschaften tot, Bayern glaubten, die Erde bebe, und überrannten ihren Kurfürsten nicht eben glimpflich. Als sich nach einer Stunde der Rauch verzog, war eine Bresche von 100 Schritt Breite gerissen.
Hier setzten die nächsten Stürme an. Man nahm die äußere Mauer und das Schloßrundell, aber der Sturm vom 27. kostete 3400 Tote und Verwundete, auch führte er nicht weiter. Ludwig Wilhelm erhielt einen Streifschuß, Eugen einen Pfeil in die Hand.
Der Großwesir nahte. Der Herzog ließ die oberungarische Armee in Eilmärschen kommen und um Ofen Abwehrlinien aufwerfen, die als Halbkreis auf der Donau standen. Dann rückte er dem Wesir entgegen. Ludwig Wilhelm begriff nicht, daß das erst jetzt und so nahe am Lager geschah. Der Wesir versuchte ein Umgehungsmanöver und überraschte auf dem großen Schwabenberg das dort in Reserve stehende Reiterregiment Dünewald. Aber seine Spahis ließen sofort das Fußvolk im Stich.

Am 18. August schickte der Wesir von neuem gegen den Schwabenberg eine ausgewählte Schar von 2000 Janitscharen vor, mit dem strikten Befehl, bis zu den Belagerten durchzubrechen. Nur 300 kamen an. Am 21. war der Wesir verschwunden, die Kaiserlichen wandten sich wieder der Belagerung zu.

Am 22. stürmten zwei Kolonnen des Kurfürsten und Ludwig Wilhelms die Schloßfront. Die Kolonne Ludwig Wilhelms konnte sich auf dem eroberten Posten verbauen; der Kurfürst mußte weichen, als ein paar Handgranaten in den Taschen der Grenadiere explodierten und eine Panik entstand. Während eines nächtlichen Gewitters wiederholte der Kurfürst den Angriff und hatte diesmal Erfolg.

Am Morgen machte der Pascha Ausfälle, wild und tapfer. Es waren Nahkämpfe mit Granaten und Hellebarden, und jede Kugel, die traf, wirkte tödlich. Die Zahl der Verteidiger schmolz. Die beiden Kolonnen, die sich festgesetzt hatten, eroberten Haus um Haus, Zimmer um Zimmer. Ein Angriff des Wesirs endete damit, daß seine Schar bis auf den letzten Mann niedergemacht wurde. Zwischen Christen und Türken gab es keinen Pardon.

Am Nachmittage traf das oberungarische Heer ein, am 2. September das schwedisch-pommersche Kontingent und kam just zurecht für den auf 2 Uhr angesetzten Generalsturm. Es erhielt seinen Platz auf dem rechten Flügel, den der Herzog befehligte, während den linken der Kurfürst führte. Die Reserven standen an den befestigten Linien zur Abwehr des Wesirs bereit, aber der Wesir wagte nichts zu unternehmen.

Die Batterie auf dem Schwabenberg gab das Zeichen und öffnete den Weg. In den Gassen hob ein fürchterliches Blutbad an. Um fünf Uhr ergaben sich die letzten 2000 Verteidiger im Zwinger des Schlosses. Der Kurfürst war großmütig und schenkte ihnen das Leben.

Der kaiserliche Berichterstatter, Graf Vecchi, warf eine kurze Siegesnachricht an Markgraf Hermann aufs Papier und schloß: ›Bravo Elettore! Bravo e sopremodo bravo Principe Luigi et immortale! – Tapferer Kurfürst! Über alles tapferer und unsterblicher Prinz Ludwig [Wilhelm]!‹ Dieser, völlig erschöpft, schickte keinen Bericht. Der Herzog führte ein Belagerungsjournal, der Oberst Vecchi desgleichen.

Die Stadt wurde dem gemeinen Mann zum Plündern freigegeben und geriet in Brand. Am 4. mußten gefangene Türken löschen, aufräumen und die gefallenen Toten begraben. Unter einem Hügel von Gefallenen fand man die Leiche Abdurrahmans. Den Großwesir riß das fliehende Heer bis Stuhlweißenburg fort.
Nach 145 Jahren Türkenzeit wurde Ofen-Pest wieder ungarisch. Den größeren Anteil an der Eroberung hatten deutsche Führer und Truppen gehabt. Nach Röder von Diersburg standen bei der Belagerungsarmee 2500 Ungarn, bei der Bedeckungsarmee 3000, bei der oberungarischen, die nicht völlig herangezogen wurde, 4000, insgesamt 9500, während die drei Heere zusammen 82500, darin die Truppen aus dem Reich 28400 Mann zählten. Die früher für die Truppen aus dem Reich gegebene Zahl 34000 ist die von Huber-Redlich. Der Streit um den ungarischen Vorrang ist unerquicklich, aber er wurde aufgeworfen.
Trotz des Unwillens der Reichstruppen beschloß man vernünftigerweise, den Sieg auszunutzen. Die Donau fließt von Ofen senkrecht nach Süden bis zur Vereinigung mit der Drau, die von Westen herkommt und ihr fortan die östliche Richtung aufzwingt. Dieses Land zwischen Donau, Drau und Militärgrenze zu säubern und zu sichern, war die nächste Aufgabe: der Kaiser selbst, durch die Erfahrung gewarnt, übertrug sie Ludwig Wilhelm, der damit sein erstes selbständiges Kommando erhielt. Sehr schwer war sie nicht, da der Wesir rechtzeitig über die Esseger Brücke abzog.
Östlich der Donau fließt gleichgerichtet mit ihr die Theiß, die bei Szegedin die aus Siebenbürgen waagerecht heranströmende Maros empfängt. Die Flüsse teilen Ungarn in ein System von Rechtecken und Vierecken auf. Gegen Szegedin wandte sich der Herzog selbst. Die Brandenburger gingen nach Oberungarn in die Winterquartiere, die andern Reichstruppen marschierten heim.
Dem Befehle Ludwig Wilhelms wurde auch das kroatische Korps unterstellt, das wegen Hochgangs der Drau erst am 14. Oktober den Übergang aufs linke Ufer beenden konnte. Der Hauptort im Donau-Drauwinkel ist Fünfkirchen. Das Land war ausgesogen, menschenleer, die Jahreszeit schon vorgeschritten. Der örtliche Pascha steckte die Stadt in Brand und ließ sich in der höhergelegenen Festung belagern. Er er-

gab sich nach einigen Tagen und wurde mit der Siegesnachricht als lebender Beweis nach Wien gebracht.
Ludwig Wilhelm nahm noch ein paar Kleinfestungen, dazu Kasposvar, und zerstörte die Reste der riesigen Brücke von Esseg. Dann führte er seine Truppen in die kroatischen Quartiere. Das Heer des Herzogs schlug bei Zenta, südlich von Szegedin, den Wesir und zwang Szegedin zur Übergabe. Sobieski richtete auf seinem Kriegsschauplatz wiederum nichts aus. Die Venetianer eroberten nun schon Morea. Im Jahresabschluß der Kaiserlichen standen Ofen, Szegedin, Fünfkirchen, das heißt der Gewinn der Theißgrenze mit Ausnahme des Donau-Theißwinkels, den schwere Festungen deckten, und des völlig isolierten Stuhlweißenburg. Oberungarn war schon zurückerobert; auch bereits das Gebiet um Großwardein ohne dieses selbst.
Also ein außerordentlicher Erfolg, der die Kreuzzugsstimmung noch vermehrte. Freiwillige aus allen europäischen Ländern hatten bei Ofen mitgekämpft, Prinzen und die 60 Handwerker aus Katalonien, die alle fielen. Mehr als 70 Denkmünzen wurden auf die Einnahme geprägt. Der vereinzelte Fall des aus dem Reich stammenden Leutnants Fink, der den Platz dem Pascha von Stuhlweißenburg in die Hand spielen wollte, erledigte sich durch Hinrichtung des Verräters.

5

Der Augsburger Bund von 1686 – Verhältnisse im Elsaß – Die religiösen Gegensätze erneuern sich in Europa – Die jungen Prinzen beim Karneval in Venedig – Louis und die Frauen – Der Feldzug von 1687 – Die Schlacht am Berge Harsan – Siebenbürgen unterstellt sich Ungarn

Angesichts der habsburgischen Erfolge nahm die Unruhe Ludwigs XIV. zu, entsprechend die Furcht der Süddeutschen, er könne seine Ansprüche auf Teile der Pfälzer Erbschaft mit den Waffen geltend machen. Vorerst hielt ihn der Papst zurück, den er als Schiedsrichter hatte vorschlagen wollen, als der neue Kurfürst die von den Orléans beanspruchten Allodialgüter besetzte, es war auch die Grafschaft Sponheim dabei.

Die Laxenburger Allianz lief 1685 ab. Seltsam genug war ihre Lebenskurve gewesen. Als Waldecks Union gegen die Armierten gegründet, um den kleinen Ständen zu einem Heer zu verhelfen, hatte sie einen politischen Charakter angenommen, der zwischen Defensive und Offensive schwankte, bis der Notruf des Kaisers sie veranlaßte, ihre Truppen kurzerhand nach Wien zu schicken. Daß sie eine Urzelle war, der ein neuer allgemeiner Krieg gegen Ludwig XIV. entspringen konnte, braucht nicht geleugnet zu werden. Um das Unrecht des reunierenden Königs noch zu vergrößern, stellen viele deutsche Historiker Deutschland als das duldende Opfer hin, das nicht einmal nach dem Verlust von Straßburg aufbegehrte. Es kann nur befriedigen, daß es wider den Stachel löckte. Der Aufschwung des Selbstbewußtseins, der den Siegen über die Türken folgte, kam auch dem Empfinden gegenüber Ludwig XIV. zugut. Die Entwicklung trieb einer zweiten Koalition zu, nicht zuletzt, weil man sich in den Niederlanden an der Vertreibung der Hugenotten erregte.
So erlebte die Laxenburger Allianz ihre Wiederauferstehung in dem Bund, den im Sommer 86 der Kaiser zu Augsburg mit dem bayrischen und fränkischen Kreis, den Ernestinern, den westerwäldischen Ständen, den oberrheinischen diesseits des Rheins, Kurpfalz und Holstein-Gottorp, dazu Schweden und Spanien als Reichsständen schloß. Die Franzosen haben nicht unrecht, wenn sie den Krieg, der zwei Jahre später ausbrach und den wir viel zu eng den pfälzischen nennen, als den der Liga von Augsburg bezeichnen. Darum bleibt doch Ludwig XIV. derjenige, der ihn eröffnete und zum reinen Präventivkrieg machte. Der Kaiser war im Osten so sehr beschäftigt, daß er gern noch Jahre gewartet hätte, bis die Entscheidung über das Schicksal Straßburgs ausgetragen wurde.
Man kann auch zugeben, daß der König im Elsaß die zugesagten Freiheiten, die Religionsübung, die wirtschaftliche Verbindung mit dem Reich durch Beibehaltung der Zollgrenze zwischen Elsaß und Frankreich achtete und daß das Land unter seiner straffen Verwaltung an den Neuaufbau gehn durfte und durch den ganz deutschen Fleiß seiner Bewohner Aufschwung erlebte – das alles ändert nichts an dem Unrecht der Reunionen und ihrer Fortsetzung, dem Krieg von 1688.
Im Inneren Frankreichs sah es nicht elsässisch aus. Die Ver-

schwendung und die Schulden nahmen zu. Beim Tode Colberts, der Einspruch erhoben hatte, belief sich der Fehlbetrag auf 50 Millionen. Es gab Hungerprovinzen. Der Verlust der Hugenotten bedeutete den eines unternehmenden, vom protestantischen Wirtschaftsgeist getragenen Elements. Der König tat nicht gut, als er Louvois zu seinem Ratgeber machte.

Der Aufhebung des Edikts von Nantes, 1685, waren schon seit zehn Jahren Unterdrückungen der Protestanten vorangegangen, einschließlich der Dragonaden. Jetzt wurden bei Todesstrafe und Einziehung des Vermögens die reformierten Gottesdienste auch in den Wohnungen verboten, die Prediger bei Galeerenstrafe zur Auswanderung gezwungen. Vierhunderttausend Menschen sollen das Land verlassen haben. Nach Baden brachten Flüchtlinge die Kenntnis des Tabakbaues mit. Durlach siedelte 1699 in Friedrichstal 25 Familien an, der Ort ist heute Hauptstation für Züchtung und Forschung.

Österreich waren noch zwei Jahre gegeben, in denen es alle Kräfte auf die eine Front richten konnte. Der Kurfürst von Bayern setzte wieder die Teilung des Kommandos durch. Vorerst begab er sich nach Venedig zum Karneval, dem berühmtesten und besuchtesten jener Zeit. Eine Reihe junger Prinzen begleitete ihn, auch Eugen, dem es freilich nicht um Frauen, sondern um das Arsenal, den Guß von Kanonen und den Stapellauf von Kriegsschiffen für den siegreichen Feldherrn Morosini zu tun war. Diesen Mars begleite keine Venus, sagte man von ihm. Die Stadt führte den Prinzen das Schauspiel eines Seegefechtes vor. Über ihre privaten Vergnügungen schweigt die Geschichte.

Ludwig Wilhelm trug der Feldzug von 1668 die Ernennung zum Feldmarschall ein. Noch nicht zweiunddreißig Jahre alt, nahm er, nach Wien gerufen, die Urkunde aus der Hand des Kaisers in Empfang. Das Patent ist vom 13. Dezember. Um einen Begriff vom Stil derartiger Schreiben zu geben, sei der Anfang hierher gesetzt:

›Wir Leopold von Gottes Gnaden, Erwählter Römischer Kayser usw. Entbiethen allen- und jeden Unsern Obristveldtzeugmaistern, Generalen der Cavalleria, Veldtmarschalchleüthenanden, Obristveldtwachtmaistern, Obristen, Obristleüthenanden, Obristwachtmaistern, Rittmaistern,

Haubtleüthen, Leüthenanden, Fendrichen, Wachtmaistern, Befelchshabern, und ins Gemain allen Kriegsleüthen zu Ros und fues, Was Nation, Würdten, Standts, oder weesens die sein, So sich in Unsern Kriegdiensten befinden, Unsere Gnad- und alles guettes, und geben denselben Hiemit gnedigst Zuvernehmen, das Wir ... aus dem sonderbahren Gnedigsten Vertrauen, so Wür in Ihre des Marggrafens Ludwig zu Baaden Liebden stellen, dieselbe zu Unsern Kayserlichen Veldtmarschalchen über all Unser Kriegs Volckh zu Ros und fues bestelt ...‹

Da Ludwig Wilhelm mit Max Emanuel befreundet war, so ist es leicht möglich, daß er, der Junggeselle, den Kurfürsten und die andern jüngeren Prinzen zum Karneval nach Venedig begleitete. Wir würden gern etwas über seine Beziehungen zu Frauen wissen.

In den Briefen steht nichts. Aber im Treppenhaus des Neuen Schlosses zu Baden-Baden hängen vier dem Holländer Verelst zugeschriebene Gemälde, die vier Frauen in ganzer Gestalt, kostbarer Toilette und reicher Frisur darstellen. Die Zeit hat die Farben nachgedunkelt und den etwas fremdartigen Reiz der stolzen Gesichter verstärkt, sie ins Geheimnis des Vergangenen zurückgedrängt. Kleidung und Frisur nach könnten diese Damen vornehme Venetianerinnen sein. Die Überlieferung besagt, daß es sich um vier Türkinnen handelt, die aus einem Harem erbeutet worden seien.

Harem kann Frauen eines Generals, aber auch Töchter eines Provinzpaschas, eines Ortskommandanten bedeuten. Zwischen Ofen und Fünfkirchen wurde mehr als eines dieser befestigten Schlösser genommen. Die Türken hatten zuletzt noch auf dem Marsch nach Wien zahllose Frauen fortgeschleppt. Die Vergeltung brauchte sich nicht in den groben Formen der Gewalttat zu vollziehn: Türkinnen, die dem Kriegsrecht verfielen, mußten froh sein, wenn sie sich als Beute eines vornehmen Mannes sahn. Zurückkehren konnten sie nicht, sie folgten ihm nach Wien, nach München, nach Venedig, erhielten die Freiheit und die Mittel zum damenhaften oder nicht damenhaften Leben, wurden gemalt, traten zum christlichen Glauben über und erlebten Schicksale, von denen man so wenig weiß wie von denen der Kinder, die in Ofen sich in der Moschee zusammendrängten, als der gemeine Mann seine Freitage hatte.

Durch die Jahrhunderte ließen die Sultane aus dem Balkan, aus Ungarn, allen eroberten oder auch nur tributpflichtigen Ländern den Knabenzehnt nach Konstantinopel kommen – Kinder, die die Erinnerung an ihre Eltern verloren, als Mohammedaner aufgezogen und zu Soldaten, Beamten, Geistlichen gemacht wurden. Mancher Aga, Pascha, Wesir war christlich getauft gewesen und wütete dann ahnungslos gegen Menschen, die vielleicht seine Verwandten waren.
Statt Türkinnen könnten die erwähnten vier Damen auch Magyarinnen sein, die zuerst von den Türken geraubt, dann mit einem Kastell übergeben worden waren, verlassene Andromeden, Geschöpfe einer bitteren Romantik, die in einer Wüstenei blühte, gelegentlich ein Kastell darin: auch das berichtet die Überlieferung, die eine Tochter der Fama ist und mit unsicheren Fledermausflügeln zwischen den Zeiten streicht. Auf einem der dunkelnden Porträts bemerkt man im Hintergrund, blaß wie ein Moornebel, den Schemen einer Dienerin: von ihr heißt es, sie habe ›Zuviel gewußt‹ und sei aus dem Leben geräumt worden.
In Schlackenwerth gab es eine Gemäldesammlung, und Ludwig Wilhelm begann selber zu sammeln. Die Verelstschen Porträts könnten daher durch bloßen Kauf in seinen Besitz gekommen sein. Andererseits steht fest, daß er, wie Lieselotte sich ausdrückte, als *débauché* lebte. Es kann sich nicht darum handeln, Geschwätz, das in schlechten Romanen seinen Niederschlag gefunden hat, aufzubauschen; aber etwas Tatsächliches liegt den vier Bildern zugrunde, und es ist nicht einzusehn, inwiefern es dem Andenken des Markgrafen schaden möchte. Im Gegenteil, es wäre ein tötender Gedanke, daß ein Mann seine Jugendjahre nur mit Krieg ausgefüllt habe, und ein lächerlicher, daß er, Zeitgenosse des heftigsten Geschehens, dazu Fürst unter Seinesgleichen, bis zur Heirat wie ein bürgerlicher Kandidat gelebt hätte.
Der Großwesir, der dem Sturm auf Ofen untätig zugesehn hatte, blieb über Winter in Belgrad, weil er nicht heimzukehren wagte, und schlug Hermann von Baden Unterhandlungen vor. Der Präsident des Hofkriegsrats erwiderte ihm dem Sinne nach, der Pforte am wenigsten stehe es an, die Süße des Friedens mit beredten Worten zu beschwören.
Max Emanuel verlangte nun völlige Unabhängigkeit vom Lothringer. Zu seiner Umgebung gehörte der Marquis Vil-

lars, der zugleich eine Art Militärattaché war und Ludwig XIV. auf dem laufenden hielt. Der Kaiser willigte ein, daß zwei selbständig operierende Heere aufgestellt wurden; sie sollten sich nur im Notfall verständigen. Das erste, ungefähr 35 000 Mann stark, erhielt der Herzog; das zweite von 25 000 der Kurfürst, bei dem Ludwig Wilhelm und Prinz Eugen waren. Mit päpstlichen Hilfsgeldern wurde Ofen neu befestigt. Der Kriegsplan litt unter der Uneinigkeit. Der Herzog faßte aber eine große Feldschlacht ins Auge.

Er rückte auf dem östlichen Donauufer vor, überschritt den Fluß bei Mohacz, vereinigte sich mit dem zweiten Heer und ging bei Esseg über die Drau nach Slawonien hinüber, um eine unerwartete Erfahrung zu machen: der Wesir hatte sein Lager befestigt. Der Kriegsrat entschied, daß man über die Drau zurückzugehn habe. Die Führer waren schwer verstimmt, am meisten Ludwig Wilhelm, der nach dem fernen Großwardein abmarschieren wollte.

Der Wesir rückte nach. Man stand nun wieder in der Gegend Mohacz, am Berge Harsan. In der Nacht zum 12. August schlief das Fußvolk unter Waffen, die Reiterei bei den gesattelten Pferden. Das Gelände war für die Kaiserlichen ungünstig, durch Wald und Sumpf beengt. Als der Herzog am 12. den rechten Flügel in die Ebene hinausdrehte, griff der Wesir den linken kurfürstlichen an, von vorn und auf beiden Seiten, mit Spahis und Janitscharen.

Der Angriff kam durch den Mut der deutschen Reitergenerale zum Stehn. Der Wesir warf Linien auf, die sich zu rasch folgten, daher die Geschütze zu hoch zielten, und die ihm zum Verderben wurden, als eine von Karl zurückgeworfene Reiterschar darüber hinwegsetzte und die Janitscharen verwirrte. Die Kavallerie Ludwig Wilhelms, Eugen voran, ritt in sie hinein, die Infanterie folgte. Der wilde Stoß war unwiderstehlich, die Türken flohn auf Esseg zu.

Diese Schlacht von Mohacz oder besser vom Berg Harsan war ein Tag der Kavallerie, die 10000 Mann zur Strecke brachte und das ganze Lager erbeutete. Max Emanuel hieß bei den Türken nach der Farbe des Waffenrocks der blaue König, Ludwig Wilhelm der rote Fürst, und beides war schreckhaft gemeint. Bei Mohacz hatte 1526 der König von Ungarn Leben und Land verloren. Die Siegesnachricht überbrachte Eugen dem Kaiser, der ihn zum Feldmarschalleut-

nant machte. Der König von Spanien gar verlieh ihm das Goldene Vließ, dem Herzog von Savoyen zu Gefallen.
Karl von Lothringen, dessen Anteil an der Schlacht gering gewesen war, überging die Vorschläge des Kurfürsten und des Markgrafen. Er erklärte den überraschten Herren, seine Armee werde nach Siebenbürgen marschieren, ein abgetrenntes Korps in Slawonien einrücken. Er gab dieses Korps an Dünewald, der nur General war, und überging den Feldmarschall Ludwig Wilhelm.
Ludwig Wilhelm verließ, nachdem die Bestätigung aus Wien gekommen war, den Herzog, ohne sich zu verabschieden. Desgleichen reiste Max Emanuel ab. Ludwig Wilhelm nahm in seiner Kutsche Villars mit, der dem Zorn des Markgrafen lauschte.
Dünewald eroberte das westliche Slawonien. Karls Erscheinen bestürzte den Fürsten und die Stände von Siebenbürgen, das mit dem verödeten Ungarn verglichen in blühendem Zustande war. Karl zwang Apafi, seinen Truppen Winterquartier zu gewähren. Die weiteren Verhandlungen führten dazu, daß Apafi im Frühjahr einen Vertrag unterzeichnete, wonach Siebenbürgen sich der Krone Ungarn unterstellte, Besatzungen aufnahm und dem türkischen Bündnis entsagte. Ein großer Erfolg, wenn schon jetzt seine Zeit gekommen war. Leopolds Sohn, der neunjährige Josef, wurde zum König von Ungarn gekrönt.

6

Das Blutgericht von Eperjes – Hermann von Baden wird gestürzt und geht nach Regensburg – Die Krönung Josefs zum König von Ungarn, das Turnier von Preßburg – Villars über Louis – Max Emanuel erhält den Oberbefehl für 1688 – Er erobert Belgrad – Die ersten Heiratspläne Louis' – Das Ultimatum Ludwigs XIV. an das Reich – Der Fall von Philippsburg

Nach der Einnahme von Ofen war ins Oberungarische und gegen die Reste der Thökölyschen Anhänger Caraffa geschickt worden. Er setzte ein Gericht von 13 Köpfen ein, das als Blutgericht von Eperjes berüchtigt ist und auch bei Katholiken Widerspruch erregte, so bei Markgraf Hermann.

Caraffa folterte, um Geständnisse zu erlangen, richtete hin und zog Güter ein. Thökölys Frau, Helene Zrinyi, hielt sich lange in Munkacz, einer Feste in Oberungarn. Im Februar 1668 mußte die tapfere Frau die Waffen strecken. Caraffa zeigte sich wenigstens bei dieser Gelegenheit menschlich. Die Besatzung wurde begnadigt, Helene Thököly hatte lediglich ihren Wohnsitz in Wien zu nehmen.
Hermann hatte mit Thököly Briefe gewechselt – im Auftrag des Kaisers, wie er sich verteidigte. Caraffa erhob auf Grund der erpreßten Zeugenaussagen noch schwerere Anklagen gegen ihn, so die, er habe 1683 die Türken von dem ihm unterstellten Raab fort nach Wien gezogen. Wahr ist, daß Hermann im Sinne des spanischen Gesandten, der zum Krieg gegen Frankreich trieb, das türkische Unternehmen nicht begünstigte. D'Aviano und die übrigen Gegner Hermanns, zu denen auch der Herzog rechnete, benützten die Gelegenheit, um den Präsidenten zu stürzen, der in seinem Amt vielleicht nicht ganz am Platze war.
Leopold überwies ihm den gerade freiwerdenden Posten eines Prinzipalkommissars beim Reichstag. Hermann beantragte eine Untersuchung gegen sich. Mit Accusen und Excusen sei dem publico nicht gedient, entschied der Kaiser. Hermann zog die Abreise hin, solange er konnte. In dieser Verstimmung nahm er an der Krönung Josefs teil, die am 9. Dezember unter großen Feierlichkeiten in Preßburg stattfand. Als Gouverneur von Raab gehörte Hermann zu den Würdenträgern der Krone Ungarn.
Auch Ludwig Wilhelm begab sich nach Preßburg und trat mit höchstem Glanze auf. Als sei noch Mittelalter, gab es ein Turnier vor dem Kranz der Damen. Als Anno 1695 ein rühriger Frankfurter Verleger die Lebensbeschreibung des berühmten Feldherrn zusammenstellte, ließ er sich auch Angaben über das Turnier von Preßburg machen, die ihm offenbar bereitwillig gegeben wurden. Danach eröffnete der Markgraf den Festzug. Voran sein Stallmeister mit vier Pferden, alle in Gold- und Silberzeug, jedes von zwei Reitknechten geführt. Hinter ihnen zwei Trompeter, ein Pauker, sechs Musikanten, auf ungarisch gekleidet, Hauben und Federn auf dem Kopf, dann die Equipage des Markgrafen. Darauf die Schar der Lakaien, in roter Liberey (Livrée) mit Silberschnüren, neue Musikanten und Pagen. Nun endlich, auf prächtigen

Rossen, der Markgraf selbst und sein Introdukteur, Graf Palffy. Der Markgraf besiegte fünf Gegner im Speerstechen und erhielt als Preis ein silbernes Rauchfaß im Wert von 700 Reichstalern.

Im neuen Jahr mußte Hermann sich bequemen, das Amt in Regensburg anzutreten. Er begann mit der Niederschrift von Memoiren, die seine Verdienste um den Kaiser beweisen sollten. Er lebte noch bis Oktober 1691. Im Hofkriegsrat vertrat ihn Starhemberg, schonenderweise als Vizepräsident, das Generalat Raab erhielt Ludwig Wilhelm, als der Oheim nicht mehr war.

Schon im Feldzug von 1687 hatte der gar zu sehr gereizte Herzog offenbar nach geheimen Verabredungen mit dem Kaiser gehandelt, als er nach der Schlacht von Mohacz die Vorschläge des Kurfürsten oder seines Ratgebers Ludwig Wilhelm zur Seite schob und Siebenbürgen zum Anschluß zwang.

An sich war die Auffassung Ludwig Wilhelms die richtigere, wenn er sich nämlich der Warnung Montecuccolis erinnerte, daß eine verlorene Schlacht den Sultan nicht hindere, im nächsten Jahr wieder mit einem Heer zu erscheinen, während sie auf der kaiserlichen Seite alles Errungene gefährde. Aber Ludwig Wilhelm trat viel zu schroff auf, und vor allem, er hatte nicht die Macht, um seine Meinung durchzusetzen. Der Kurfürst, der jedes Jahr ein bayrisches Heer stellte und überdies der Schwiegersohn des Kaisers war, konnte es sich leisten, den Herzog vor den Kopf zu stoßen – Ludwig Wilhelm nicht. Max Emanuel war auch ein politischer Faktor, den nun Ludwig XIV. zu umwerben begann: Ludwig Wilhelm nach dem Sturze Hermanns ein auf sich gestellter General, sonst nichts.

Die Ausbootung Hermanns zielte also auch auf ihn. Er hatte es sich selbst zuzuschreiben, seinem Ungestüm. Eugen, der sozusagen mit nichts angefangen hatte, war es in diesen Jahren gelungen, eine Stellung zu erringen, die sich als fester erwies. Das Haus Savoyen, dessen Stolz er geworden war, stand hinter ihm, und das Haus Savoyen hatte Lust, diesmal auf die kaiserliche Seite zu treten, wenn es zum Kriege mit Ludwig XIV. kam.

Villars zeichnete 1687 den Charakter Ludwig Wilhelms so: ›... Er besitzt großen Mut, im Kampf hat er einen klaren und sicheren Blick. Er ist sehr tätig, wachsam, immer auf dem Pferd und von allen am meisten geeignet, ein großer General zu werden, wenn der Eigendünkel ihm nicht in die Quere kommt. Denn auf Ratschläge hört er wenig, und wenn er sich gezwungen sieht, ihnen zu folgen, tut er es erst spät und niemals, ohne wenigstens ein paar Änderungen vorgenommen zu haben, damit man glauben soll, es seien seine eignen Gedanken. Er möchte umgänglich erscheinen, ist jedoch das Gegenteil für jemand, der ihm nicht blind gehorcht. In seinem Tadel und Lob ist er nicht immer gerecht, richtet das Urteil oft danach, ob man seinen Interessen dient oder nicht. Für das Hofleben ist er wenig geeignet, da er mit den Ministern allzu frei und heftig redet. Insgesamt hat er alle Tugenden, die einer haben muß, wenn er eines Tages eine Armee würdig führen will – aber auch alle Fehler, die die Lust, sie ihm anzuvertrauen, benehmen.‹

Mehr über die positiven Eigenschaften urteilte später der Graf Chavagnac: die schwersten Dinge begreife er sofort, sei großmütig, aufrichtig, ein treuer Freund, nie habe es einen aktiveren General gegeben, er besitze alle Eigenschaften der großen Feldherrn.

So viel ist sicher, daß man in Wien keinen Zweifel an seinen vorzüglichen Fähigkeiten hatte, aber auch keinen, daß er ein unbequemer Mann sei. Viele Freunde besaß er nicht. Auf dem glatten Boden der Hofburg der Gesellschaft, der Kanzleien bewegte er sich ohne Geschmeidigkeit. Menschen dieser selbstbewußten Art vertrauen auf ihre Kraft, ihr Glück und ihre Unentbehrlichkeit. Aber es könnte sein, daß sie eines Tages vereinzelt dastehn. Für das Zerwürfnis mit Karl von Lothringen, der ein gerechter Mann war und ihm nie die Anerkennung versagte, läßt sich kein Grund finden, und der Anschluß an Max Emanuel brachte keinen Lohn. Beide standen als Fürsten höher als er. Aber während er sich gegen den Herzog aus Geltungsbedürfnis sperrte, konnte er sich von vornherein nicht auf die gleiche Stufe mit dem Kurfürsten stellen, der sein eigenes Heer besaß, der Schwiegersohn des Kaisers und der Schwager des Dauphins war.

Dem Kaiser, nunmehr achtundvierzig alt, wuchsen mit den Aufgaben und Jahren Verantwortungsgefühl und Menschenkenntnis zu. Die letzte Zuverlässigkeit mochte ihm fehlen – er wußte darum doch, worauf es in seiner durchaus nicht einfachen Stellung ankam, wenn die eigene starke Initiative fehlte: vorsichtig zu lavieren, zwischen den Ratgebern und Kräften auszugleichen. Der Mann, der die Hofbibliothek vermehrte und die Musik liebte, wurde auf seine Weise auch mit der verhaßten Brutalität des Tuns fertig, füllte seinen Platz gar nicht so schlecht aus und schuf sich eine Stellung, die an die unauffällig wirksame eines parlamentarisch regierenden Königs erinnert. Er war nicht blind für die Dienste, die der noch junge Feldmarschall ihm erwies. Für gewöhnlich nicht freigebig mit Dankbezeigungen, gewährte er sie Ludwig Wilhelm reichlich und dachte vielleicht schon damals an die Möglichkeit, dem eigenwilligen Prinzen durch eine Heirat sanftere Zügel anzulegen.

Vorerst jedenfalls mußte Ludwig Wilhelm hinter Max Emanuel zurückstehn, als die Befehlsstellen für 1668 vergeben wurden. In diesem Jahr lief der Bündnisvertrag mit dem Kurfürsten ab, und in München trafen während des Winters sowohl Pariser als Wiener Angebote ein. An beiden Höfen kannte man den Ehrgeiz des sechsundzwanzigjährigen Fürsten. Ließ Ludwig durchblicken, ebensogut wie Josef von Habsburg könne Max Emanuel römischer König werden, so Leopold, daß in Neapel-Sizilien oder den spanischen Niederlanden eine Krone zu holen sei. Etwas konnte Ludwig nicht anbieten, den Oberbefehl gegen die Türken und die schier unbegrenzten Möglichkeiten, die jene gewaltige Kampfebene bot – bis nach Konstantinopel erstreckte sie sich, und nur die Rücksicht auf den Lothringer stand im Wege. Der Lothringer legte sich im Frühjahr 1788 ins Krankenbett, just nachdem Max Emanuel erklärt hatte, das Ganze müsse es sein, nicht Teilung mit dem Herzog. Noch zögerte Leopold ein wenig, um das Gesicht zu wahren. Aber als Karl nicht gesund werden wollte, überbrachte der Hofkanzler dem Kurfürsten das gewünschte Angebot, den Oberbefehl.

Im Mai dieses Jahres 1688 starb der Große Kurfürst. Ludwig Wilhelm schickte den Oberst Zandt, um Friedrich III. zur Thronbesteigung Glück zu wünschen. Der Oberst erkundigte sich unter der Hand, ob eine Bewerbung des Markgrafen um die Schwägerin des neuen Kurfürsten angenehm sei. Markgräfin Luise Charlotte, geborene Radziwill aus dem reformierten Zweig, war seit einem Jahr Witwe, einundzwanzigjährig, kinderlos, reich begütert in Litauen und viel um-

worben. Aber sie hatte schon gewählt und verheiratete sich kurz danach mit dem Pfalzgrafen Karl Philipp von Neuburg.
Ludwig Wilhelm dachte in diesem für ihn immerhin kritischen Jahr zum erstenmal an den Rückhalt, den ihm eine reiche Heirat geben konnte. Andere regierende Fürsten hatten mit Dreiunddreißig längst eine Frau, oft schon die zweite, und eine Menge Kinder. Die Mahnung wird von Hermann ausgegangen sein, der für den Neffen noch von einer anderen Verbindung träumte: mit Maria Anna von Pfalz-Neuburg, Schwester der Kaiserin.
Alles heiratete neuburgische Prinzessinnen: der Kaiser, der König von Portugal, der König von Spanien, der junge Sobieski, und der Herzog von Parma war der geringste. So hatte der Markgraf von Baden keine Aussichten. Maria Anna war es, die zwei Jahre später den dekadenten König von Spanien nahm, denselben, dessen Tod den spanischen Erbfolgekrieg entfesselte.
In der Türkei hatte sich gegen den Wesir Soliman, durch dessen Schuld Ofen und die Schlacht vom Berge Harsan verlorengegangen waren, vor Belgrad das Heer empört, der Sultan ihm Solimans Kopf geschickt, die Truppe aber den Aufruhr nach Konstantinopel getragen, ein schreckliches Blutbad angerichtet, den Sultan gestürzt und zuletzt die Macht an das vom neuen Sultan aufgerufene Volk verloren.
Die Übertragung des Oberbefehls an Max Emanuel erfolgte so spät, daß den Türken Zeit blieb, sich aufzuraffen. Diesmal stand Belgrad auf dem Spiel. Der Kurfürst traf erst am 25. Juli bei Peterwardein ein. Bis dahin hatte Caprara, der inzwischen auch Feldmarschall geworden war, das Oberkommando geführt und Ludwig Wilhelm den Befehl erteilt, mit nur 5000 Mann Slawonien zu durchziehn und die Hauptarmee vor Überraschungen von Bosnien her zu sichern.
Mit Starhemberg, der an Hermanns Stelle den Hofkriegsrat leitete, hatte Ludwig Wilhelm schlecht gestanden, mit Caprara nicht besser. Nun wurde er Caprara untergeordnet und, trotz der Freundschaft mit Max Emanuel, auf einen Nebenschauplatz geschickt. Hier stieß er auf Geländeschwierigkeiten, von denen man in Wien nichts geahnt hatte.
Max Emanuel wartete vergeblich auf die Schiffsbrücke, die

Ludwig Wilhelm auf der Save heranschaffen sollte, wagte trotzdem den Übergang auf einer selbst geschlagenen, vertrieb den Seraskier und schloß Belgrad ein. Die Beschießung mit dem schweren Geschütz begann am 25. August, der Hauptsturm am 6. September. Er führte an einem Tage zum Ziel.

Die letzten zwei- oder dreihundert Mann, die aus dem Schloß die weiße Fahne ausstreckten, wurden geschont, die übrigen niedergemacht, oder sie fielen, insgesamt angeblich 7000. Die Beute war gering, weil die Bewohner sich rechtzeitig eingeschifft hatten. Max Emanuel schickte den gefangenen Kommandanten dem Kaiser zu, und nach Wien kehrte auch, wenn nicht der Mustapha von 1683, so doch sein Schädel zurück – ohne Haut, die ging seinerzeit zum Sultan als Beleg für die vollzogene Erdrosselung.

Nach 167 Jahren wurde der wichtigste Platz an der Donau den Türken entrissen. Der Eindruck war so stark, daß Ludwig XIV. nicht länger zögerte. Am 24. September erließ er ein Manifest an Kaiser und Reich: wenn bis Januar der Regensburger Stillstand – Straßburg und die Reunionen betreffend – als endgültiger Friede angenommen werde, wolle er sich in Sachen Pfalz mit einer Geldentschädigung begnügen. Das klang maßvoll, aber zugleich drangen seine Heere bereits gegen Trier, Koblenz, Mainz und Philippsburg vor.

Die süddeutschen Kreistruppen eilten von Belgrad nach Hause. Als Philippsburg am 29. Oktober fiel, rückten 8 kaiserliche Regimenter ab. Max Emanuel war schon am 13. September nach Wien gereist. Die phantastischen Pläne des Pater Aviano, der mit nach Belgrad gegangen war, um Sofia zu erobern, erledigten sich von selbst. Ende des Jahres waren die letzten türkischen Festungen westlich der Donau gefallen, aber was sollte nun werden?

Ludwig Wilhelm hatte seine Aufgabe bestens gelöst, jenseits der Save Kostainitza in Bosnien, an der Save Gradiska und Brod genommen, den Pascha von Bosnien bei Dervent völlig geschlagen und schon weit südlich in Bosnien Zwornik erobert. Der Sieg von Dervent war eine Heldentat. Fürst Salm, einer der wenigen Freunde des Prinzen, schrieb in einem Glückwunschbrief, den er an Hermann richtete:

›Vermuthlich wird Ihn nunmehro nicht gerewen diß Commando, welches zu Einer Ihme so gloriosen action gelegen-

heit gegeben; dann [denn] es gar etwas ungemeines ist, daß 3000 man 15000 in die Flucht schlagen, 5000 Erlegen, und fast so viel gefangen nehmen, alß der Überwinder Selbsten seindt.‹
Die Anspielung ist deutlich und bestätigt, daß Ludwig Wilhelm über dieses Kommando unzufrieden gewesen war. Sein Stern stieg an. Der Kaiser ließ den Sieg in den Wiener Kirchen feiern, und der Sieger erhielt ein ›Dankbriefl‹. Wenn der Krieg an zwei Fronten geführt werden mußte, war Karl von Lothringen an der westlichen unentbehrlich.
Alles hing davon ab, ob man mit der Pforte zu einer Verständigung gelangen konnte. Wohl hatte sie Ludwig Wilhelm um freies Geleit für eine Friedensgesandtschaft ersucht, und die Unterhändler waren schon in Wien, aber sie verlangte den *status quo* für Belgrad und Siebenbürgen, und darauf wollte der Kaiser nicht eingehn.
Als Ludwig Wilhelm seine Truppen in die Winterquartiere an Save und Drin geführt hatte, folgte er dem Ruf Leopolds nach Wien.

VIERTER ABSCHNITT

1690–1692

I

Die französischen Festungen am Rhein – Die Ächtung Wilhelms von Fürstenberg – Das Magdeburger Konzert – Der Ablauf des Ultimatums, die Verwüstung von Heidelberg, Mannheim, Speyer – Die Große Allianz – Louis erhält das Oberkommando im Osten – Batotschina – Nissa – Der Vertrag mit der Walachei

Die Reunionen waren durch die zwanzigjährige Überlassung nicht gesichert. Vor allem bereiteten sie der Hinneigung vieler deutschen Stände zu Frankreich ein Ende. Beim Zusammenschluß der Augsburger Liga von 1686 war nach französischer Auffassung die nachhelfende Hand Wilhelms von Oranien zu spüren gewesen. Eines Tages konnte eine gesamteuropäische Liga daraus werden.

Seit dem Frieden von Nymegen und den Reunionen baute Louvois die Festungen Bitsch, Homburg, Saarlouis, Pfalzburg, Hüningen, Belfort, Landau, Mont-Royal (bei Trarbach), Straßburg und Fort-Louis entweder neu oder aus. Fort-Louis entstand auf einer Rheininsel unterhalb Straßburgs aus den Steinen der Kaiserpfalz von Hagenau; die Vorwerke griffen unbekümmert auf badischen Boden über. Hüningen, Kehl, Fort-Louis und Mont-Royal sicherten dem König vier Übergänge.

Was noch fehlte, um die gesamte Rheinebene als Aufmarschgebiet zu besitzen, war die Verfügung über die kölnischen Gebiete. Dazu sollte ihm Wilhelm Egon von Fürstenberg verhelfen, der seit 1682 Bischof im nunmehr französischen Straßburg war, sich dort freilich nie sehn ließ. Der Papst hatte ihn zum Kardinal gemacht, verweigerte aber die Bestätigung, als Fürstenberg in Köln zum Koadjutor des alten Kurfürsten gewählt wurde.

Der Kurfürst starb im Sommer 1688. Nun wählte die eine Partei den Bruder Max Emanuels, die andere Fürstenberg.

Keiner hatte die erforderliche Mehrheit. Der Papst bestätigte im Sinn des Kaisers den Bayern, und Ludwig drohte der Verlust des erhofften Bundesgenossen. Das war der erste Grund, loszuschlagen. Den zweiten lieferte die Festsetzung der Kaiserlichen in Belgrad, den Vorwand die pfälzische Erbfolge.
Ludwig verlangte, obwohl Liselotte auf ihr Erbrecht verzichtet hatte, die weiblichen Lehen, mit denen Sitz und Stimme im Reichstag verknüpft war. In seinem Ultimatum vom 24. September erklärte er, mit einer Geldabfertigung zufrieden zu sein und gegen Schleifung Philippsburgs aus Freiburg abziehn zu wollen, ließ aber gleichzeitig seine Truppen unter Duras gegen Mannheim, Worms, Mainz, Bonn und Philippsburg marschieren.
Köln, in das sich Brandenburg warf, und Koblenz widerstanden. Bonn und Kaiserswerth lieferte Fürstenberg aus. Der Kaiser ächtete ihn und übertrug die Verwaltung der auf dem badischen Ufer liegenden Teile des Bistums Straßburg an Ludwig Wilhelm, der freilich geringe Einnahmen daraus zog, da diese Gebiete – Achern, Ettenheim – bald von den Franzosen besetzt wurden.
Der Dauphin legte sich vor Philippsburg. Vauban leitete die Belagerung und wandte zum erstenmal den von ihm erfundenen Prallschuß an. Die Festung ergab sich nach vier Wochen. Die Franzosen standen den ganzen Rhein entlang und sandten zur Eintreibung von Kontributionen Kolonnen bis in die Gegend von Ulm und Nürnberg aus. Mit diesen Summen wurden die Werke von Landau gebaut.
Noch war keine Kriegserklärung erfolgt. Wohl bestand die Augsburger Allianz, eine Gründung für den eintretenden Augenblick. Mehr aber hatte man nicht getan, aktive Vorbereitungen waren nicht getroffen worden. Das Heer, das längs des Rheins in Garnisonen hätte liegen müssen, fehlte. Den Kaiser banden die Angelegenheiten im Osten, der fränkische Kreis und die anderen Augsburger Verbündeten konnten es nicht im entferntesten mit den französischen Armeen aufnehmen. Die Hilfe kam von den norddeutschen Armierten, und diese Tatsache rechtfertigt die These, daß seit den Reunionen der Abwehrwille doch stärker geworden war. Jetzt, unter dem Eindruck des französischen Überfalls, raffte er sich auf.
Am 22. Oktober schlossen die braunschweigischen Staaten,

Brandenburg, Sachsen, Hessen-Kassel das Magdeburger Konzert und bewilligten 22000 Mann, die sich gegen Frankfurt in Bewegung setzten, statt daß sie dort gestanden hätten. Die erste Kriegserklärung, die Ludwigs an Wilhelm von Oranien, erfolgte Ende November, als Wilhelm, von den Puritanern gerufen, seine Flotte auslaufen ließ, um den Stuart zu stürzen und König von England zu werden. Ludwig machte eine religiöse Geste, als schütze er den katholischen Glauben, und der katholische Kaiser verhandelte mit dem protestantischen Angreifer. Leicht fiel es ihm nicht. Er forderte die Gutachten katholischer Theologen ein, die sein Gewissen entlasteten. In diesem Jahrzehnt setzte sich endgültig auch der Grundsatz durch, fortan die Religion aus dem Spiel der hohen Politik zu lassen.
Auf den Kaiser stürmten Ratschläge von allen Seiten ein. Für Fortsetzung des Türkenkrieges waren vor allem Venedig und Polen, nicht ganz so entschlossen der Papst. Den Frieden mit der Pforte und die Einheitsfront gegen Frankreich verlangten Spanien, Brandenburg und alle deutschen Fürsten oder Kreise, der Herzog von Lothringen, die Minister Leopolds, voran der Kanzler Graf Stratmann, ein ursprünglich bürgerlicher Jurist, ein Rheinländer, den Kaiserin Eleonore aus Düsseldorf mitgebracht hatte.
Der Konflikt, in den Leopold sich gestürzt sah, entbehrt nicht der Tiefe. Man konnte an seiner Stelle wohl über den Zwang, wählen zu müssen, stöhnen. Hätte er auf den spanischen Botschafter gehört, meinte er, so wäre noch nicht einmal Neuhäusel erobert worden. Jetzt sollte er auf Belgrad und Siebenbürgen verzichten, ohne die das wiedergewonnene Ungarn nicht zu halten war. Ein mystisches Gefühl vom kommenden Wachstum Österreichs erfüllte ihn, ein instinkthaftes Wissen, daß er auf dem rechten Wege sei. Die türkischen Gesandten saßen monatelang in Wien, und es wurde Frühjahr, bis der Abbruch eintrat.
An Weihnachten verließ der Gesandte Ludwigs Wien. Als die ersten Truppen der Magdeburger Verbündeten herannahten, zogen die Franzosen ihre Vorposten aus Franken und Schwaben, wobei sie Pforzheim in Brand steckten. Die Tatsache, daß Wilhlem von Oranien in England beschäftigt war, entlastete Ludwig XIV., und er beschloß sie zu benutzen, bevor seine Feinde sich zur großen Allianz zusammengefunden hät-

ten. Damals wurde in Versailles der grausame Entschluß gefaßt, Pfalz, Speyer und die beiden Baden in eine Öde zu verwandeln, worin es für ein Heer nichts mehr zu holen gab.
Die Praxis war nicht neu und auch nicht ausschließlich französisch, wohl aber die Methodik, das Ausmaß und die brutale Offenherzigkeit, mit denen man nun vorging. Als Louvois im letzten Krieg Hagenau und Weißenburg aus denselben taktischen Gründen bis auf die Kirche hatte niederbrennen lassen, war an die Kommandanten noch die Anweisung ergangen, so zu tun, als handelten sie nicht nach einem Befehl, sondern aus eigenem Ermessen. Jetzt verzichtete man auf den Schein: es sei alles so zu zerstören, daß die Kaiserlichen nirgends Quartier fänden und das Vorrücken gegen die noch nicht fertigen elsässischen Festungen erschwert werde. Wer sich auf den Trümmern wieder anzusiedeln wage, sei mit dem Tode zu bestrafen. Über Mannheim wollte einer den Pflug gehn lassen. Es kam nicht ganz so schlimm, aber das Elend war noch groß genug.
Was galten Untertanen? Der Befehl wurde so nüchtern wie irgendeine Anordnung zum Roden gegeben. Weder Louvois noch Ludwig bewegte ein Gefühl, und das ist es, was man dem damals schon fromm gewordenen König nicht verzeihen kann. Liselotte weinte und flehte umsonst. Der Glanz und die Kultur des Zeitalters hatten den Tiefstand des Dreißigjährigen Krieges längst hinter sich gelassen – die seelische Roheit der Befehlenden und Gehorchenden verdunkeln das Bild. Als sich in dem zum zweitenmal zerstörten Pforzheim die Bürger auf dem Marktplatz Mélac zu Füßen warfen, meinte er, in Paris habe der Teufel selber den Vorsitz im Kriegsrat. Der Zerstörungsbefehl betraf die Häuser, die Vorräte und die Ackersaaten: die Soldaten fügten noch die Grausamkeiten gegen die Menschen hinzu. Gar mancher hatte sie im eigenen Land während der Dragonaden, der Hugenottenbekämpfung, gelernt.
Nach Ablauf des Ultimatums begannen die Verwüstungen. Im Januar 1689 wurde die Bergstraße von Heidelberg bis Weinheim verheert. Überall lagen die Leichen von Getöteten und Erfrorenen. Die eigentliche Aktion setzte im März ein. Tessé nahm die Sprengungen am Heidelberger Schloß vor. In der Stadt drückte er ein Auge zu, als die mit nassem Heu angesteckten Häuser nicht recht brennen wollten. Louvois

geriet darüber in Zorn. Mannheim wurde zuerst auf Metall hin geplündert, dann reihenweise niedergerissen und angezündet.

Dann gingen die Franzosen vor den kaiserlichen und Reichstruppen, die sich vereinigten, aufs linke Ufer zurück. In Speyer erhielten die Bürger Befehl, ihre besten Sachen auf 400 bereitgestellte Wagen zu verladen, die Holzmöbel in den Dom zu schaffen. So konnte man auch den Dom zum Brennen bringen. Nur die Osthälfte blieb stehn, die toten Kaiser wurden aus ihren Särgen gezerrt, jene 400 Wagen geplündert. Die Stadt mußte zehn Jahre lang in Trümmern liegenbleiben, daher das Kammergericht nach Wetzlar kam. Worms brannte Ende Mai drei Tage. Dann war die Reihe an den Pfälzer Dörfern, dem Trierer Gebiet, der Haardt, im August an Baden-Durlach, Baden-Baden, der Ortenau.

Der Reichstag war endlich am 3. April so weit, daß er den Krieg erklären konnte. Am 12. Mai schloß Leopold das Bündnis mit den Niederlanden, dem England, Spanien, Schweden, Dänemark beitraten. Die Kämpfe gingen um die Wiedereroberung von Bonn und Mainz. Bonn ergab sich im Oktober dem Kurfürsten von Brandenburg. Vor Mainz befehligten Karl von Lothringen und Max Emanuel, der das Bündnis von 1683 mit dem Kaiser erneuerte: fünf Jahre lang je 400 000 Gulden, Anwartschaft auf die spanischen Niederlande, dafür jährliche Stellung von 8000 Mann. An französischen Gegenvorschlägen hatte es nicht gefehlt, sie waren auch erwogen worden.

Eugen stand bei Max Emanuel. Das schlechte Verhältnis zwischen diesem und Karl von Lothringen ist uns bekannt. Der Kurfürst von Brandenburg operierte für sich. Die 1686 versprochenen Subsidien hatte ihm der Kaiser nicht gezahlt. Nahm schon ein Reichsfürst ungern einen Unterbefehl an, so verlangte ein Kurfürst das Oberkommando zum mindesten für die Truppe, die er zuführte. Bereits in diesem Jahr 1689 hielten die deutschen Heere kaum noch notdürftig zusammen, obwohl sie eine Macht bildeten, die Ludwig zur Defensive zwang. Sein bester Feldherr, Luxembourg, befehligte in den spanischen Niederlanden.

Es ist so gut wie unmöglich, zu entscheiden, ob Karl von Lothringen, da er nicht Oberbefehlshaber war, mehr hätte erreichen können. Er lag vor Mainz fest, das erst im September fiel, und hinderte nicht, daß Duras, der wie sein Bruder, Marschall de Lorge, ein Neffe Turennes war, im August aus Philippsburg vorstieß und von Heidelberg bis Offenburg die Orte niederbrannte. Da mit den Türken kein Frieden zustande gekommen war, erinnerte sich der Kaiser der Kriegsexperienz Ludwig Wilhelms und übertrug dem Durchlauchtig-Hochgebohrenen Lieben Vetter und Fürst das Commando in capite über die im Königreich Hungarn operierende Armada: am 6. April 1689, nachdem er am 3. den Reichskrieg gegen Frankreich erklärt hatte.

Mehr als 24000 Mann standen nicht zur Verfügung für die Hauptarmee, 6000 sicherten Siebenbürgen. Als Ludwig Wilhelm am 9. Juni in Belgrad eintraf, fehlte es an Proviant, Zugvieh für Troß und Geschütze, Geld und Mannschaft. Überschwemmungen der Theiß verzögerten die Ankunft der Truppen bis in den Juli. Kriegführen heißt nicht nur Schlachten durch Klugheit des Kopfes und Ingenium gewinnen, es ist auch ein zäher Kampf mit der Materie – mit Sumpf und Regen, Vorspann und Ladungen Mehl, mit Ermüdung und Seuche, mit Kähnen, aus denen man Brücken baut, und mit Proviantmeistern, die sich verrechnen, wie es dem Markgrafen geschah.

Auf türkischer Seite kämpfte Thököly und nahm Orsova: der Hofkriegsrat schickte daraufhin Anweisungen, die Ludwig Wilhelm verwarf. Er stand mit dem Kaiser in dauernder schriftlicher Verbindung. Aus diesem klassischen Briefwechsel geht hervor, wie genau Leopold die Vorgänge und Klagen bis ins einzelne verfolgen und beantworten ließ und was Kriegführen im fernen Balkan bedeuten wollte. Beide schrieben Deutsch, ein lesbares einfaches Deutsch, da es hier um Wirklichkeiten ging. Ludwig Wilhelm setzte durch, daß man ihn fernerhin mit bindenden Vorschriften verschonte und ihm freie Hand ließ. Das war der erste Schritt zum Erfolg. Der zweite bestand darin, daß er kühn den heranrükkenden Türkenheeren entgegenmarschierte: dem Großwesir, dem Tatarenkhan und dem neuen Seraskier. Die Spahis des Khans zersprengte er am 29. August bei Grabova an der Morawa, die Verfolgung dauerte vier Stunden. Trotz der Erschöpfung der hier eingesetzten Truppen stellte sich Ludwig Wilhelm am nächsten Tag bei Batotschina dem Seraskier.

Es war eine Frühschlacht. Als die Morgennebel sich hoben,

standen die Heere einander in Schlachtordnung gegenüber: bei den Türken Fußvolk und Reiter in der Mitte, Reiterei auf den Flügeln – bei den Christen die Infanterie in geschlossener Masse, vor ihr das Geschütz hinter spanischen Reitern (Verhauen), hinter ihr die Kavallerie.
Die türkische Mitte sprengte heran, bald wälzten sich Pferde und Menschen vor den Verhauen. Drei Angriffe zerschellten. Nun ließen die Türken ihre Geschütze zwei Stunden lang spielen. Die Dinge gerieten in Fluß, als auf dem rechten Flügel der deutschen Reiter mit großem Lärm von Pauken und Trompeten die Ankunft einer Verstärkung vorgetäuscht wurde. Das führte den in allen Schlachtberichten wiederkehrenden Augenblick der Verwirrung und den alsbald einsetzenden Vorstoß herbei. Am Nachmittag konnte Ludwig Wilhelm Brücken schlagen und den weichenden Feind bis in die Nacht verfolgen lassen. Mit 400 Mann Verlust auf Seite der Sieger und 3000 auf der anderen – auch dieses Verhältnis kehrt stets wieder –, mit der Erbeutung von 108 Geschützen, dem Gepäck, dem Lager, 1000 Kamelen, 100 von Büffeln gezogenen Wagen, 500 Maultieren, allem Proviant und aller Munition, auch der Pauken und Roßschweife, endete der Tag.
Es war ein großer Sieg. Aber die Nachricht, daß im gleichen August daheim im Badischen alle Städtchen und Baden-Baden selbst in Flammen aufgegangen seien, war schon unterwegs.
Ludwig Wilhelm bewegten die Gefühle des Cortez. *Offensive et quasi desperate*, schrieb er über den nächsten Satz der klirrenden Symphonie. Wohl hatte man Proviant erbeutet, aber der Nachschub fehlte. Die Zenten Mehl und die Metzen Haber, die Jud Samuel Oppenheimer in Wien zusammenkaufte, schwammen auf der Donau. An der Morawa half es nichts.
Morawa aufwärts ziehend, langte man am 22. September vor Nissa an, dem heute serbischen Nisch, damals begann da Bulgarien. Alle Vorteile waren beim Pascha, der Ersatz für die Lücken aus Sofia erhalten hatte und das Gelände kannte; alle Nachteile beim Markgrafen, dem die Kenntnis der Umstände abging. Er mußte froh sein, wenn ihm ein Gefangener oder ein überlaufender Türke, der sich dann als Bayer von Ofen entpuppte, das gröbste verriet.
Der Pascha hatte sich, Nisch im Rücken, die Nissawa zur Linken, auf einem steilen Berg verschanzt, ohne aber diese

Befestigungen so auszuziehn, daß sie auch mit dem rechten Flügel die Nissawa erreicht hätten. Mit andern Worten, sie bildeten keinen Halb-, sondern nur einen Viertelkreis. So beschloß Ludwig Wilhelm, den Berg zu umgehn und den Feind im Rücken zu fassen. Es zeigte sich, daß der Berg viel länger und schroffer als angenommen war – zurück konnte man nicht, man mußte durch. Ludwig Wilhelm traf Verfügungen für den Fall des Todes, er wollte siegen oder sterben.
Der Pascha war kein Stratege oder glaubte, wenn er die stehenden Truppen überritten habe, seien die sich bewegenden in seiner Hand. Die Angriffe auf jene mißlangen, und zuletzt wurde er vom Umgehungskorps gefaßt. Er hatte nun die eigenen Verschanzungen oben im Rücken, den Fluß unten vor sich und wurde erdrückt. Die Janitscharen trieben die Spahis, indem sie auf sie feuerten, dreimal zum Angriff an; was nicht fiel, ertrank.
Unterführer waren Guido Starhemberg, Kommandant von Belgrad, Piccolomini, Veterani, der Herzog von Croy und die Türkengeißel Donat Heißler, der es vom Gemeinen zum Feldmarschalleutnant und Baron Heitersheim gebracht hatte, ein schneidiger Reiter nimmt jedes Hindernis. Mit 300 Mann Abgang wurde dem Türken einer von 10000 bereitet. Eine einzige alte Quelle berichtet, daß nach dieser Schlacht fremdländische Freiwillige den Markgrafen lebendig oder tot an den Feind verraten wollten; Belege finden sich nicht. Diesmal kam man mit den erbeuteten Vorräten länger aus, da die Stadt ein großes Magazin enthielt.
Piccolomini verfolgte die Fliehenden in Richtung Sofia. Sein Bericht machte Ludwig Wilhelm ›unterschiedliche Lust und Gedanken‹, mitten hinein in diese wohlhabende Landschaft zu gehn. Aber der Verstand hielt ihn ab, er gab das Kommando über Serbien Piccolomini und marschierte selbst nordwärts, um Widdin an der Donau zu besetzen. Die Festung ergab sich am 19. Oktober.
Sie deckte den Übergang nach der Walachei. Dasselbe tat weiter westlich Orsova, das Thököly geschleift hatte. Ludwig Wilhelm baute es wieder auf und verlangte nun vom Hospodar der Walachei Winterquartier. Der Einmarsch seiner frierenden Truppen und eine Demonstration durch siebenbürgische half nach. Der Hospodar bewilligte Quartier für zwölf Regimenter, Geld, Pferde und hielt wenig davon.

Piccolomini gelangte auf einem phantastischen Marsch mit nur 6000 Mann bis Pristina und Üsküb. Unter den Albanesen ging eine alte Sage: ein Fürst würde sie befreien, auf dessen Kamelen fremdartige Tiere säßen. So nahm Äneas Silvius Piccolomini aus Nisch Kamele, Affen und Papageien mit, um auf die richtige Weise in Pristina einzuziehn. Im pestverseuchten Üsküb fand er den Tod. Veterani ersetzte ihn.
Die Okkupationsgrenze verlief von Widdin über Pirot nach Pristina und Novibasar bis zur Herzegowina hin. Die christlichen Albanesen, Mazedonier, Bulgaren und Serben waren zum Aufstand bereit, wenn man sie genügend unterstützen wollte. In einem Feldzug von vier Monaten hatte Ludwig Wilhelm Gewaltiges zum Teil schon erreicht, zum Teil alle Möglichkeiten erschlossen. Um Sofia, Adrianopel, Bukarest anzugreifen und um das Eroberte, die Conquisten, wie man sich ausdrückte, zu sichern, war nichts als ein Heer von 100000 Mann nötig.
Nicht nur Eugen hatte von Alexander geträumt. Auch Ludwig Wilhelm gab sich nun gewiß Gedanken hin, die ihn vor und nach Konstantinopel hineinführten. Die Türken aus Europa verjagen, ein Reich größer als Deutschland erobern, seinen Namen in die Weltgeschichte einschreiben und sich belohnen lassen, wie es dem Sieger solchen Ausmaßes gebührte – eine Versuchung war es, in der ihn die Kreuzzugspartei in Wien bestärken würde.
Daß er seine Urteilsfähigkeit behielt und schon jetzt in den Briefen an den Kaiser den uferlosen Plänen entgegentrat, muß ihm zum höchsten Lobe angerechnet werden. Mit 30000 Mann eroberte man im besten Fall den Balkan, behauptete ihn aber unmöglich damit. Der Seraskier war erdrosselt worden, der Wesir abgesetzt, das Reichssiegel hatte Mustapha aus der Familie Köprülü übernommen, der Sohn jenes Reformators von 1656, kein gutes Omen.
Erst nach dem in lateinischer Sprache mit der Walachei abgeschlossenen Vertrag vom 28. November reiste Ludwig Wilhelm über Oberungarn nach Wien, von da wohl nach Augsburg ins römische Hoflager des Kaisers, der die Wahl seines Sohnes zum römischen König betrieb. Der Kaiser hielt den Lohn bereit: er hatte die Hand einer reichen jungen Herzogin zu vergeben und bot sie Ludwig Wilhelm an, der im fünfunddreißigsten Jahre stand.

2

Der letzte Herzog von Lauenburg – Sein Tod und der Erbfolgestreit – Die beiden Töchter – Der Andrang der Bewerber – Der Kaiser wählt Louis – Louis stellt sich in Schlackenwerth vor – Die Heirat mit Augusta – Eugen und die ältere Schwester – Die Atmosphäre von Schlackenwerth – Die Heirat der älteren Schwester

›Opportune Heiraten stiften ist allzeit ein so wichtig Geschäft gewesen als Battaglien zu gewinnen und anstoßend Lande mit dem Schwert zu aquiriren‹: dieser Aphorismus, den der Geist des Jahrhunderts selbst geprägt hat, möge über dem Folgenden stehn.

Graf von Askanien nannte sich zuerst Otto der Reiche, Vater Albrechts des Bären. Die Nachkommen regierten am längsten in Anhalt, nämlich bis 1918. Sechshundert Jahre früher erlosch der Mannesstamm in Brandenburg, ein Jahrhundert danach in Kursachsen und 1689 in Lauenburg.

Lauenburg, mit dem gleichnamigen Städtchen an der Elbe und der Hauptstadt Ratzeburg, war nicht groß. Drei Herzogtümer, Holstein, Mecklenburg, Lüneburg, zwei Freie Städte, Lübeck und Hamburg, überdies das Bistum Ratzeburg zwängten es ein. An der Elbmündung gehörte die Enklave Hadeln dazu.

Im Anfang des siebzehnten Jahrhunderts trat dort einer unter zwölf Prinzen zum katholischen Glauben über. Er war ein jüngerer Sohn und wollte Bischof in Osnabrück werden. Das gelang ihm nicht, und er nahm kaiserliche Dienste. Als nach der Schlacht am Weißen Berg das Strafgericht über die böhmischen Rebellen und Ketzer hereinbrach, erhielt er unter anderem die reiche Herrschaft Schlackenwerth bei Karlsbad. Er rundete diesen Besitz noch dadurch ab, daß er in dritter Ehe eine geborene Freiin von Lobkowitz, verwitwete Kolowrat heiratete.

Aus dieser Ehe stammte der jüngere Sohn, Julius Franz. Er war in Prag geboren und katholisch wie die Eltern. Der ältere Bruder wurde im protestantischen Bekenntnis seiner brandenburgischen Mutter erzogen und kam für ein kurzes Jahr auf den Thron. Dann, 1666, folgte ihm als Herzog Julius Franz, dem wir vor Philippsburg begegnet sind.

1668 heiratete er Hedwig Augusta, Tochter des Pfalzgrafen

und Herzogs Christian August zu Sulzbach. Beide Ehegatten schenkten dem Kloster Einsiedeln ihr Hochzeitsgewand. Das des Fürsten war mit Silber gewirkt und hatte einen Wert von 1000 Imperial; als Nachgeschenk folgten sechs silberne Leuchter im Gewicht von 152 Pfund. Die Fürstin fügte ihrem goldgewirkten Kleid den Brautring hinzu. Diese Geschenke geben einen Begriff vom Reichtum des Hauses[13]. Der berühmte Lustgarten in Schlackenwerth hatte den Vater des Herzogs 60000 Taler gekostet. Bemerkt sei noch, daß Julius Franz den Sachsenwald in dasselbe Dominium umwandelte, das Bismarck als Dotation annahm, während er den erneuerten Titel eines Herzogs von Lauenburg ablehnte.
Die Herzogin starb, als ihre beiden Mädchen annähernd zehn und sechs Jahre alt waren. Der Herzog, der meist auf den böhmischen Besitzungen lebte und von da oft an den Wiener Hof fuhr, geriet in die Netze einer Hofdame, Gräfin Polyxena von Werchowitz genannt, und übertrug ihr die Aufsicht über die mutterlosen Töchter. Die ältere, Anna Maria Franziska, kam ganz in die Gewalt der Gräfin, sah zu viel und litt Schaden an ihrem Charakter. Die jüngere, Franziska Sibylla Augusta[14], am 21. Januar 1675 zu Ratzeburg geboren, leistete Widerstand und haßte die Werchowitz. Viel gelernt haben die jungen Damen nicht; die ältere war ganz ungebildet.
Als der Herzog am 29. September 1689 zu Reichstadt in Böhmen noch nicht fünfzigjährig so jäh verschied, daß man wie üblich allerlei flüsterte, waren die Prinzessinnen nicht ganz neunzehn und fünfzehn alt. Augusta hatte einen Halt an der Religion. In Böhmen, wo sie aufwuchs, auch in Schlackenwerth selbst, arbeiteten die Piaristen, ein damals junger Orden, der sich der Erziehung widmete. Augusta hielt ihnen zeitlebens die Treue, wie allem, was aus ihrer Heimat kam und zu ihr gehörte.
Kaum war die Nachricht vom Tode des letzten Herzogs von Lauenburg nach Dresden gelangt, so schickte der Kurfürst einen Hofrat nach Ratzeburg, um die Ansprüche der albertinischen Wettiner zu vertreten. Der Herzog von Braunschweig-Celle war klüger, er sandte gleich eine Besatzungstruppe mit. Seinerseits berief er sich darauf, daß Lauenburg ein Allod seines Vorfahren Heinrichs des Löwen gewesen sei.

Dann meldeten sich die ernestinischen Wettiner, Dänemark, Brandenburg, Anhalt, Mecklenburg, Holstein-Gottorp, und alle verlangten ihren Anteil an der Beute, die beiden Mädchen aber das Recht zur weiblichen Erbfolge. Wenn Reichslehen erloschen, hatte das letzte Wort der Kaiser, der damit einen Bauern mehr auf sein Schachbrett bekam. Fünfundzwanzig Jahre lang dauerte der Erbfolgestreit. Es wurde viel geredet und geschrieben, mit Vorsicht – ›hoher Potentaten Rechte zu ergründen ist schwer, davon zu schreiben gefährlich‹, meinte einer der Berichterstatter. Endlich, 1716, bestätigte der Kaiser das Herzogtum dem Erben von Braunschweig-Celle, Georg von Hannover, König von England.
Die Schwestern sahn sich also auf das beschränkt, was Familienbesitz war, die böhmischen Güter. Ihr Großvater, der Herzog von Pfalz-Sulzbach aus dem Hause Neuburg, nahm sich ihrer Rechte an und hielt es für selbstverständlich, daß er die Vormundschaft führen werde. Bei der Testamentseröffnung stellte sich heraus, daß überdies Kaiser Leopold gebeten wurde, die Oberkuratel zu übernehmen. Leopold ordnete an, daß die Prinzessinnen, die nun teils in Reichstadt, teils in Schlackenwerth wohnten, als Aja oder wenigstens als Betreuerin die Fürstin von Sagan erhalten sollten – die Fürstin von Lobkowitz, Tante Ludwig Wilhelms von Baden. Die Fürstin beschloß, eine Ehe zu stiften.
Schon mit den Beileidsbriefen kamen die ersten Heiratsvorschläge an. Es wurde eine Art Run daraus. In dem Jahr, das verging, bis auch die zweite der Erbtöchter an den Mann gebracht war, traten an die zwanzig Bewerber auf. Der Herzog von Sulzbach, der sich zu alt fühlte, um selbst zu kommen – siebzig Meilen seynd kein Kinderspiel –, schrieb und erhielt in dieser Angelegenheit fast tausend Briefe. Nicht nur sandte er einen eigenen Beamten nach Böhmen, er setzte auch die Agenten an den Höfen in Bewegung. Sein Berichterstatter am kaiserlichen Hof war der Appellationsrat Freiherr von Bluhm; von ihm stammt der anfangs angezogene Aphorismus.
Am 6. November nannte Bluhm als Herren, die in Betracht kämen, den Kurprinzen von der Pfalz, den Prinzen Friedrich von Sachsen und den Fürsten von Liechtenstein. Aber am 29. ließ er wissen, der Kaiser habe zu erklären geruht, daß er die

ältere dem Markgrafen Louis von Baden, die jüngere dem allerdings erst fünfzehnjährigen Sohn des Fürsten von Salm zu destinieren gedenke.
Bald darauf berichtet Bluhm, der Markgraf von Baden – der Anfang Dezember vom Balkan in Augsburg eingetroffen war – habe ernstliche Absichten, und man spreche auch ›von dem Printzen de Saphoy, so in Kaiserlichen Diensten ist‹. Damit war Eugen gemeint. Der Herzog von Sulzbach erhielt einen Brief des Kaisers, er würde des Markgrafen Liebden die Satisfaktion, eine dieser Prinzessinnen zu erlangen, vor anderen gönnen. Nun schaltete sich auch Hermann, der verdüstert in Regensburg saß, ein. Er schickte seinen Kammerrat nach Sulzbach und sagte dem Herzog viel Schmeichelhaftes über sein altfürstliches, recht teutsch aufrecht Gemüth.
Gegen Weihnachten verlautete am Hof, der erwähnte Prinz von Sachsen, Friedrich – aus der Nebenlinie Weißenfels –, wolle heimlich nach Schlackenwerth kommen und durch eine Heirat die Ansprüche seines Hauses auf Lauenburg verstärken. Es gehe nicht an, eine der jungen Damen *ad manus acatholicas*, in unkatholische Hände, zu geben, auch sehe der Kaiser nicht gern, wenn sich eine kurfürstliche Familie aus dem Reich in seinen böhmischen Landen festsetze.
Der sächsische Prinz erschien tatsächlich in Schlackenwerth und gebärdete sich als Militär so draufgängerisch, daß man Angst hatte, er könne die Mädchen bei einer Spazierfahrt überfallen und eines ›heimblich wegpracticiren‹. Die Hofdame, Gräfin von Werchowitz, und ihr Bruder seien ein schlechter Schutz. Diese Gräfin betreffend herrschte eine einzige Meinung, in Sulzbach, in Wien, in Prag und auf den Gütern: sie mußte entfernt werden, weil sie die ältere Prinzessin, Anna Maria, in gefährlichen Auffassungen bestärkte, von denen die Widerspenstigkeit die geringste sein mochte. Die Mädchen wurden nach dem lobkowitzschen Raudnitz gebracht. Hier hatte einmal Cola di Rienzi eine Zeit der Haft zugebracht, in der Kirche Hus die Priesterweihe empfangen.
Anna Maria waren die meisten Feier nicht recht. Wenn sie schon verschachert wurde, sollte es ein König oder Kurfürst, nicht nur ein jüngerer Sohn sein. Liselotte von der Pfalz merkt ihre unfürstliche Genauigkeit an, die weniger der Sparsamkeit, als der Kleinlichkeit, dem Mißgönnen zu ent-

springen schien. Mag sein, daß die Werchowitz wirklich eine bedenkliche Hüterin für ein junges Mädchen war, das keine Illusionen hatte. Der Großvater in Sulzbach sorgte sich um die Moral und schickte seinen Bruder, Pfalzgraf Philipp, hin.
Es sei eine Vermessenheit, Prinzessinnen so *al incanto* zu verhandeln, ›hette ein klein Bordell darauß werden können‹, schrieb der Bruder mit altfürstlicher Ungeschminktheit an Bluhm. Dieser, Mephisto in der Perücke, erklärte in seiner lapidaren Art: ›Auf die Amouretten der Prinzessinnen Durchlaucht kommt es nicht an, sondern nur auf die Intentionen Kayserlicher Majestät, die *ad politicam* sich beziehn.‹
Von den beiden Schwestern war Augusta die harmonischere. Wenn die ältere über die Stränge geschlagen haben sollte, ließ es die jüngere beim Übermut bewenden. Man muß sie sich als eines der ganz naiven Mädchen denken, die dem Leben entgegenblühn. Noch mehr als im Standesstolz fand sie einen natürlichen Schutz im religiösen Gefühl.
Um die Werchowitz aus dem Wege zu schaffen, bot man ihr eine Abfindung von 30000 Gulden und eine Rente von 1200 an. Die Summe ist unwahrscheinlich, wenn man erfährt, daß die Barmitgift der zuerst heiratenden Prinzessin ebenfalls 30000 Gulden betrug.
Tatsache ist, daß die Gräfin 1708 durch ihren Mann, den Grafen Lützenau, 15000 Gulden forderte und die Gießener Juristenfakultät ein Gutachten ausstellte. Die Werchowitz erklärte, die beiden Mädchen seien nur deshalb Erbprinzessinnen geworden, weil der Herzog von Lauenburg ihretwegen nicht wieder geheiratet habe – mehr brauche sie nicht anzudeuten, die Gegenpartei wisse Bescheid.
In Augsburg hatte der Kaiser mit Ludwig Wilhelm gesprochen und dieser sein Einverständnis erklärt. Zunächst sollte die ältere Prinzessin verheiratet werden. Nachdem der Markgraf am 6. Januar 1690 in Prag eingetroffen war, um die Brautschau anzutreten, erhielt der Burggraf von Prag drei Handbriefl des Kaisers, die ihn mahnten, nicht zu zaudern, an die Kampagne des neuen Jahres und die Unentbehrlichkeit des Markgrafen zu denken: der Markgraf habe freie Wahl, aber die jüngere behalte man doch am liebsten dem Prinzen von Salm vor.
Der Burggraf gab Ludwig Wilhelm zu Ehren ein Fest und

berichtete, der Markgraf habe sich ›ganz verzagt‹ erwiesen, da ihm zu Ohren gekommen sei, daß den Prinzessinnen ›einige widrige Impressiones wegen seiner gemacht worden‹. Er müsse fürchten, die Damen möchten ihn nicht allzu liebreich tractiren, sondern verschiedene schwere Conditiones proponiren.

Worauf sich das bezog, ist nur der Vermutung zugänglich: vielleicht hatte man etwas von den Beziehungen zu den türkischen Damen gehört, über deren Ausmaß und Folgen wir mehr wissen müßten. Der Burggraf meinte, das werde sich von selbst regeln, der Freier müsse nur den ›treuen galant und amant agiren‹.

Am 10. Januar begegnete Ludwig Wilhelm in Schlackenwerth den Prinzessinnen. Anwesend waren der Pfalzgraf, die Fürstin von Sagan und der Bischof von Leitmeritz. Am 14., eine Woche vor ihrem Geburtstag und dem Eintritt ins sechzehnte Jahr, verlobte sich Augusta mit dem Markgrafen. Die Nachricht ging sogleich an den Kaiser. Leopold bedauerte, daß nun der junge Salm leer ausgehe. Komme für diesen nicht doch noch die ältere in Betracht, so sähe er am liebsten die Bewerbung Eugens von Savoyen.

Die Verlobten fanden aneinander Gefallen. Ihre Vertreter unterhandelten eifrig über den Ehevertrag und das sogenannte Inkolat, die Aufnahme Ludwig Wilhelms in die böhmischen Stände. Nach zwei Wochen begab er sich nach Augsburg, um am 26. der Krönung Josefs beizuwohnen. Der Großvater Augustas wechselte mit ihm Briefe über die Ansprüche der Prinzessinnen auf das Herzogtum. Zum mindesten müsse erreicht werden, daß Hadeln an sie falle, das Julius Franz ihnen ausdrücklich vermacht habe. In Leipzig untersuchte eine kaiserliche Kommission eben den Fall. Ludwig Wilhelm schickte seinen Kanzler Judendunck dorthin.

Wenn Ludwig Wilhelm sich Hoffnungen auf den Herzogshut machte, so waren sie aussichtslos. Sollte man einen Erbfolgekrieg entfesseln, um Braunschweig aus Lauenburg zu vertreiben? Braunschweig arbeitete damals schon auf die neunte, die hannoversche Kur hin und war in den Berechnungen des Kaisers ein stärkerer Faktor als der Markgraf von Baden. Aber auch ohne Lauenburg war Augusta das, was man heute eine Millionenerbin nennen würde.

Die Vertreter des Bräutigams und der Braut machten eine

Vermögensaufstellung, da nun Teilung eintreten mußte. Der Grundbestiz bestand außer Schloß und Herrschaft Schlakkenwerth in einer Reihe Güter, die im Nordwesten, im Süden, im Erzgebirge, an der Eger lagen. Die Schuldforderungen, zum Beispiel an den Wiener Hof in Höhe von 700 000 Gulden, standen auf dem Papier. Die Familienkleinodien waren beträchtlich.
Die ›verdrießliche Schump‹, wie der Kaiser die Werchowitz nannte, behauptete sich trotz der von ihm verfügten Verbannung noch immer in Schlackenwerth. Anna Maria hielt sie, aus Widerspruch, aus Hörigkeit. Sie erinnert, vom Temperament abgesehn, an Luisa von Carignano. Bericht des Hofrats Imhof an seinen Herrn nach Sulzbach: Sie gönnt der verlobten Schwester nichts. Als man neulich für diese einen neuen Nachtrock machen wollte, verursachte sie, daß man ein altes Kamisol des Herrn Vaters zerschnitt und den Nachtrock der Braut damit fütterte. Prinz Louis hat zwar für seine Braut Kleider in Paris bestellt, es ist aber unsicher, ob sie zum Grünen Donnerstag schon da sein werden.
Wegen der Pretiosen wird es noch einen harten Strauß geben. Die ältere Prinzeß ist so verblendet, daß sie der Werchowitz alles schenkt, was sich die nicht selber stiehlt. Sie hat ihr einen Rock überlassen, dessen Maschen mit Diamanten besetzt sind, 800 Gulden wert. Ein Scharmützel von Diamanten und ein kostbarer Smaragdring sind verschwunden. Wenn die Braut eine *tendresse* für den Verlobten verspüren läßt, deuten die beiden es als *lacheté* aus.
Pfalzgraf Philipp und der Bischof von Leitmeritz setzten die Barmitgift auf 30 000 Gulden fest. Denselben Betrag bewilligten die Unterhändler des Markgrafen. Als Pfand und Wittum verpfändeten sie die Herrschaft Mahlberg, die im Ehevertrag mit den Carignanos dieselbe Rolle gespielt hatte. Das übrige Vermögen, verlangten sie, solle jedem Teil als Eigentum verbleiben, doch dem Markgraf die Verwaltung zustehn.
Der letzten Bestimmung widersprach die Gegenpartei energisch. In zwölfter Stunde drohte ein Bruch. Der Bischof erklärte, er könne die Trauung nicht vornehmen. ›Seine *fermeté* brachte die Markgräflichen ins Wanken.‹ Augusta behielt die Verfügung über ihre Einkünfte, ließ aber in ihrer Verliebtheit wohl zunächst wenigstens die Zügel schleifen, da ihre

Schwester sich bald darüber aufhielt, daß der Schwager *publice* erklärt habe, vom Kapital wolle er nichts verzehren, danebens aber auch von den *revenues* nichts sparen.

Der Ehevertrag trägt das Datum des 27. März 1690. Die Trauung[15] fand um sieben Uhr abends in Raudnitz an der Elbe statt. Die in Paris bestellten Kleider waren nicht eingetroffen, doch ging es auch so. Der Markgraf hatte keinen Mantel an, auch keinen Kranz auf. Er trug einen samtnen Rock mit Knöpfen von Diamanten.

Beim Zug zur Kapelle gingen die geladenen Kavaliere dem Bräutigam voran, neben ihm als Vertreter des Kaisers Pfalzgraf Philipp und der Fürst von Sagan. Der alte Herzog war in Sulzbach geblieben, weil er fand, der Kaiser habe sich reichlich Zeit gelassen, um ihn zu seinem Commissarius beim Beilager zu ernennen. Von den heimatlosen Baden-Badenern war nur Prinzessin Anna gekommen.

Die Braut wurde von zwei saganschen Prinzen geführt. Zwei Prinzessinnen hielten ihr die Schleppe. Auf die Trauung folgte eine Tafel, dann der Ehrentanz bei Trompeten- und Zimbelklang. Auch Ludwig Wilhelm tanzte, es wird ausdrücklich erwähnt: er scheine völlig hergestellt zu sein, auch die Füße könnten mit, und er nehme an den gemeinsamen Mahlzeiten wieder teil. Demnach waren seine Beschwerden gichtischer Natur. Der letzte Feldzug hatte viel Nässe und Kälte gebracht.

Er war kein Jüngling mehr, am wenigsten in den Augen eines um zwanzig Jahre jüngeren Mädchens, wohl aber der berühmte Führer, der Türkenbesieger. Nach einer dreitägigen Bekanntschaft hatte sie sich mit ihm verlobt, weil es so der Stand, die Vormünder und Berater erwarteten. Es war schon viel, wenn sie eine gute, erste Sympathie empfand und ihre Fröhlichkeit behielt. Nach dem Zeugnis der Fürstin von Sagan war während der Brautzeit ihr Herz mit *contento*, ihr Kopf mit Liebeskonzepten gefüllt. An Gewandtheit fehlte es Louis wohl nicht. Weichheit und die Romantik des Herzens lagen dem Herrenmenschen und Grandseigneur vermutlich ferner.

Wir heute verstehn ja nicht, daß man die Mädchen so früh verheiratete und so schonungslos dem Gebärgeschäft zuführte. Das ist – neben dem Mangel an Bewegung und Körperpflege, der Trinklust der Männer und dem viel zu üppigen

Essen – einer der Gründe für das rasche Verblühn der Frauen und die große Sterblichkeit der Kinder. Verlor ein Fürst seine Frau, so fand man nichts dabei, wenn er nicht einmal die Anstandsfrist einhielt, sondern nach ein paar Monaten von neuem heiratete.

Auch Augusta heiratete zu jung. Zum mindesten die erste Schwangerschaft endete mit einer Frühgeburt, die erste Niederkunft erfolgte im vierten Jahr der Ehe. Das erste Kind lebte ein halbes Jahr, das zweite vier, das dritte sechs, das vierte drei Jahre. Das fünfte starb nach vier Monaten. Es folgten noch vier Kinder, im ganzen gebar sie neun. Nur drei erreichten das zehnte Jahr, eine Tochter und zwei Söhne. Die Tochter starb mit 22 im Kindbett. Die Söhne wurden 53 und 65 Jahre alt; Augusta selbst 58, Ludwig Wilhelm 52.

Vom Beilager wußte Freiherr von Bluhm zu melden, daß alles galant und wohl abgeloffen, der Bischof, daß es solenniter und lustig gewesen sei. Das Hauptmahl fand am nächsten Tage statt. Am Abend gab es eine von den Gästen gespielte Komödie, ein paar Tage später eine große, Corneilles ›Menteur‹. Die Werchowitz mußte endlich weichen.

Dank den Schwierigkeiten, die Anna Maria machte, stritten sich die Schwestern monatelang, welchen Teil der böhmischen Güter jede erhalten solle. Zuletzt verfuhr man nach einem alten deutschen Rechtssatz: der eine legt, der andere wählt. Anna Maria legte so, daß die mütterlichen Güter mit Reichstadt auf die eine, die väterlichen auf die andere kamen. Augusta wählte die väterlichen: Schlackenwerth und Theusing. Von jenem hingen zwei Güter ab, von diesem sieben. Zu Schlackenwerth gehörten: das Städtchen; die lauenburgische Begräbniskapelle, ein achteckiger Zentralbau mit Kuppel und Laterne; das große Schloß; ein berühmter Park mit einem Gartenhaus, das eben Christoph Dientzenhofer gebaut hatte.

Die Dientzenhofer sind eine Baumeisterfamilie, deren fünf Mitglieder in Prag, Fulda, Bamberg, Karlsbad, Wahlstatt, Walldürn Adelspaläste und Kirchen bauten. Unter Christoph Dientzenhofer arbeitete der Zimmermannsmeister Rohrer, dessen Sohn Michael Ludwig der badische Baumeister in der ersten Hälfte des achtzehnten Jahrhunderts wurde. Die böhmische Atmosphäre, in der Augusta aufgewachsen war, verdankt ihre Heiterkeit den Elementen des Religiösen und

Künstlerischen: sie werden die Persönlichkeit der Frau bestimmen.
Die Pläne, dem Markgrafen einen Ersatz für Baden zu verschaffen, ruhten nicht. Der Kaiser hatte dem Sohn des Großen Kurfürsten den Kreis Schwiebus um 300000 Gulden verpfändet und dafür das brandenburgische Bündnis erlangt. Er wollte den Kreis wieder einlösen, was auch 1695 geschah. Der Herzog von Sulzbach erhielt von anderer Seite einen Wink, wie durch verwickelte Tauschgeschäfte – die Schwestern hatten Forderungen an Brandenburg und Sachsen – Schwiebus zu erlangen und durch Gnade des Kaisers in ein Fürstentum zu verwandeln sei. Es wurde nichts daraus.
Nachdem Augusta versorgt war, meldeten sich neue Freier für Anna Maria. Ludwig Wilhelm hatte Eugen nicht zur Hochzeit geladen, weil er den Schein meiden wollte, als bevorzuge er ihn, der mit zwei Polen, einem Modena, einem Hannoveraner, einem Zeitzer, einem Braunschweiger auf der Liste stand. Aber als er vom kaiserlichen Hoflager in Augsburg am 15. April zu Augusta zurückkehrte, brachte er nun doch Eugen mit, den mehr als brüderlichen Freund, wie ein Turiner Agent sich ausdrückte.
Eugen empfand kein sonderliches *empressement*, Anna Maria keine sonderliche *inclination*. Der Prinz gefiel ihr äußerlich nicht, und zum regierenden Fürsten würde er es auch nicht bringen. In Deutschland konnten seine Kinder der Großmutter Mancini wegen nicht einmal Stiftsherrn werden. Andererseits war er Grande von Spanien, Ritter des Goldnen Vließes und Inhaber einer savoyischen Apanage von 10000 Gulden. Als der Kaiser Anna Maria noch eine Rente von 12000 Gulden aussetzen wollte, gab sie nach.
Aber dann kam Befehl aus Wien, die Bemühungen einzustellen, der Erbprinz von Salm sei vorzuziehn. Der Kaiser wünschte dem alten Salm, seinem Hofmeister und Ajo Josefs, zu Gefallen zu sein. Eugen reiste ab, ohne sich zuviel vergeben zu haben, blieb ledig und wurde zwar nicht der Schwager Ludwig Wilhelms, aber auch nicht der Gatte einer Frau, die nicht zu ihm gepaßt hätte.
Anna Maria wartete auf den pfälzischen Kurprinzen, der aber noch nicht wußte, ob er einer portugiesischen Infantin den Vorzug geben solle. Solange die Infantin Aussicht auf den Thron hatte, war sie erstrebenswert; als die Geburt eines

Kronprinzen dazwischenkam, nannte man sie eine Welsche. Auch Eugen wurde zu einem unteutschen Ausländer, nachdem der Kaiser den Gedanken an ihn hatte fallen lassen. Der Kurprinz wandte seine Augen nach Florenz, dafür warb einer seiner jüngeren Brüder um Anna Maria. Der Fürst von Salm trat für seinen Sohn zurück: mit dem Hause Pfalz könne und wolle er nicht in Wettbewerb treten, erklärte er, was den Rang, den Pfalz einnahm, beleuchtet. Anna Maria heiratete im Oktober den Pfälzer. Hat Haar auf die Zähn, ist nicht gut Kirschen mit ihr essen, meinte der Hofrat Imhof, nachdem sie seinen Kollegen geohrfeigt hatte. Ein ähnliches Gleichnis gebrauchte ihr zweiter Mann: sie sei eine Speise, die man nicht zwölf Monate im Jahr vertrage.

Ihr erster Gatte, der Bruder des Kurfürsten Johann Wilhelm von der Pfalz, ließ sie nach wenigen Jahren als Witwe mit einer Tochter zurück. Ihr Schwager, der die Tochter des Großherzogs von Toskana, Cosimos III., geheiratet hatte, suchte einen neuen Gefährten für sie und fand ihn im jüngeren Sohn Cosimos, Gian Gastone. 1697 wurde diese Ehe geschlossen, die zum Aussterben des Hauses Medici führte.

Denn Anna Maria setzte nie den Fuß nach Italien. Schon ein Jahr nach der Eheschließung flüchtete der junge Mann, der florentinische Bildung und Empfindsamkeit besaß, aus Reichstadt, wo er nach dem Willen einer ›ungebildeten, unschönen, herrschsüchtigen, übellaunischen, nur an Jagd, Pferden und dem niedrigsten Umgang Gefallen findenden Frau‹ wohnen sollte[16]. Sein Großvater mütterlicherseits war der Bruder Ludwigs XIII., Gaston von Orléans, gewesen; seine Mutter war die Schwester der Grande Mademoiselle, lebte von ihrem steifen Gatten getrennt und führte sich leichtsinnig auf. Gian Gastone kehrte nach Böhmen zurück, konnte aber Anna Maria nicht bewegen, ihn nach Florenz zu begleiten. Er prozessierte mit ihr um die Bezüge aus den Gütern und stürzte sich in Ausschweifungen. Der Kurfürst von der Pfalz, der Kaiser, der Papst, alles bot vergeblich Anna Maria Vermittlung an. Gian Gastone ging 1705 endgültig nach Florenz. 1711 starb sein Bruder, der Erbprinz, an der Lues. Um das Haus fortzupflanzen, hatte sein Onkel die Kardinalswürde abgelegt und geheiratet, seine Frau aber nicht zum Zusammenleben bewegen können, worauf er sich hinlegte und starb.

Das Haus Medici stand nun auf den zwei Augen Gian Gastones, der nach dem Tode seines Vaters von 1723–37 regierte: dann fiel Toskana, das als Reichslehen galt, an Lothringen und damit an Österreich. Anna Maria wurde also doch noch regierende Fürstin, nur hatte sie nichts davon. Sie starb 1741.

Als Eugen seine Brautschau abbrach, verließ auch Ludwig Wilhelm Raudnitz, um den Feldzug von 1690 vorzubereiten. Am 20. April schickte er dem Herzog nach Sulzbach ein Briefchen: der gnädige Herr Vatter könne leicht erraten, weshalb er, Louis, so wenig schreibe. Das Sprichwort sage, daß alle Neugeheirateten sechs Wochen lang nicht ganz ihrer mächtig seien. ›Sonst lebe ich mit meiner Augusta in großer Zufriedenheit.‹ Zwei Tage vor diesem Brief war der Herzog von Lothringen in Wels gestorben.

Augusta blieb in Schlackenwerth, mit dem sie verwachsen war, und entbehrte die neue Heimat, die Ludwig Wilhelm ihr nicht geben konnte, nicht zu sehr. Er aber mag sich hier vorgenommen haben, für sein in Baden-Baden ausgebranntes Schloß ein neues zu bauen, wenn je der Krieg auf dem Balkan und am Rhein ein Ende nehme.

3

Die Verwüstungen von 1689 und die deutsche Öffentlichkeit – Die Operationen der drei deutschen Heere am Rhein – Die Verwüstung der Markgrafschaft und Baden-Badens – Die Krönung Josefs zum römischen König in Augsburg – Der Tod Karls von Lothringen – Der östliche Kriegsschauplatz 1690 – Belgrad wieder türkisch – Louis vertreibt Thököly – Augusta als junge Frau und ihre Briefe nach Sulzbach

Ganz Europa sei gegen Ludwig XIV. erbittert, stellte Leibniz fest. Seit 1676 lebte er in Hannover als Rat der Herzöge von Braunschweig-Lüneburg: im Augenblick regierte Ernst August, der die Kur anstrebte. Leibniz, ein umfassender Geist, der an das Kulturideal der fortschreitenden Wissenschaft und des geklärten Christentums glaubte, schrieb gerade eine Geschichte des Hauses Welf, die ihn nach Wien führte. Er verfaßte damals Betrachtungen über den dem Reich erklärten Krieg und überreichte sie dem Hofkanzler. Pater Rettenbacher dichtete die Ode ›Deutschland unbesiegbar, wenn geeint‹. Pufendorf, wie Leibniz Sachse, erklärte, wer es mit dem Gallier halte, verrate sein Vaterland. In seiner Heidelberger Zeit hatte er als Monzambano in der Schrift ›De statu imperii Germanici‹ die Reichsverfassung ein Monstrum genannt, war als Historiograph nach Stockholm gegangen und lebte jetzt als Geheimer Rat in Berlin: die Nebenbuhler Hannover und Brandenburg hatten sich die stärksten Köpfe unter den sonst so unpolitischen Gelehrten gesichert. Wie tief die Verwüstungen am Rhein und am Neckar die Masse der deutschen Menschen erregten, beweist die Vielzahl der Flugschriften, die sich gegen den allerchistlichsten König und seine Mordbrennergenerale richteten.

Um den Bericht über die Kämpfe des Jahres 1689 wieder aufzunehmen, so waren die Franzosen am Oberrhein aufs linke Ufer zurückgegangen, als auf dem rechten Karl von Lothringen am Main, der Kurfürst von Sachsen am Neckar, Max Emanuel im Raume von Bruchsal ihre Truppen sammelten. Zusammengenommen war das eine stattliche Armee von vermutlich 60000 Mann, die sehr wohl geeignet gewesen wäre, zum Angriff vorzugehn, indem sie den Rhein überschritt, die Eroberung von Mainz und Philippsburg auf später verschob und den Feind ins Elsaß drängte.

Statt dessen legte man sich vor Mainz fest. Im vorigen Jahr war es mit unverantwortlicher Leichtfertigkeit aufgegeben worden, jetzt hypnotisierte es die Geister. Es ist unfaßbar, daß man in den zehn Friedensjahren diesen wichtigsten Rheinübergang nicht zu einer uneinnehmbaren Festung ausgebaut, nicht von Reichs wegen eine starke Besatzung hineingelegt hatte. Zu den vagen und ganz allgemeinen Vorstellungen, die diese Zeit betreffen, gehört die von der Schwäche des Reiches nach dem Dreißigjährigen Krieg. Man denkt an ein ausgemergeltes Gebilde, dem Menschen und Geld und Mut fehlen. Aber seither waren vierzig Jahre vergangen. In Wirklichkeit fehlte nur eines, die Einheit, die Unterordnung und der durchdachte Plan.

Nachdem Max Emanuel sein Heer gesammelt hatte, fiel ihm nichts Besseres ein, als ebenfalls nach Mainz zu ziehn. Er ließ 10000 Mann bei Stollhofen zurück, die Fort-Louis beobachten sollten, und vor Philippsburg eine Abteilung, die viel zu schwach war, um den Platz wirklich zu blockieren. Das Kommando über das Stollhofener Korps hatte der völlig unbrauchbare Serenyi. Wohl stand der Mann bei ihm, der das Zeug zum Feldherrn besaß, Eugen, aber er hatte nicht zu befehlen.

Kaum erfuhr Duras vom Abmarsch Max Emanuels, so ließ er die starke Besatzung von Philippsburg ausrücken, zersprengte die Blockadeabteilung und begann einen neuen Verwüstungszug. Serenyi folgte ihm, wagte ihn jedoch trotz der Vereinigung mit einem Korps, das der Bruder des Markgrafen von Baden-Durlach befehligte, nicht anzugreifen. Beide gingen hinter den Neckar zurück, und das Land zwischen Heidelberg und Offenburg lag wehrlos da, ein Opfer der deutschen Pfuscherei.

Nach der Verbrennung von Bruchsal wandte Duras sich gegen Durlach. Der Markgraf hatte seine Familie nach Basel gebracht. Ein paar hundert Mann bildeten die Besatzung – Munition war kaum vorhanden – unverständlich wie so viele Einzelheiten. Die Residenz wurde niedergebrannt, Pforzheim vollends zerstört. Der Widerstand des Durlacher Kommandanten erzürnte den französischen General; er ließ ihn und seine Soldaten in Ketten nach Straßburg schaffen. Städtchen, Dörfer, Schlösser, fast alles ging in Flammen auf.

Dann kam die Reihe an die Markgrafschaft Ludwig Wilhelms. Ettlingen, Rastatt, Steinbach, Kuppenheim, Bühl, die Rheindörfer brannten. Gernsbach am Ausgang des Murgtals wehrte sich dank der Tapferkeit eines Schweizer Offiziers namens Rudenz, der von Stollhofen her übers Gebirge zu Hilfe kam. Auf das über Gernsbach gelegene Schloß Eberstein brachte Maria Franziska, die Witwe des Onkels Ludwig Wilhelms, ihren tauben und nur lallenden Sohn, der damals, vor der Heirat des Markgrafen, der einzige Erbe und Nachfolger war. Auch die Räte flüchteten über den Berg ins Murgtal, das erst zwei Jahre später in die Hände der Franzosen fiel.

Maria Franziska hoffte auf Schonung für Baden-Baden. Der König hatte sie ihrem Bruder, dem Kardinal Wilhelm Egon von Fürstenberg, zugesagt. Sie ließ Duras daran erinnern und wandte sich auch an einen der französischen Generale, der ihr Vetter war, den Grafen von Auvergne. Duras erklärte, er wolle warten, bis sie einen Boten nach Paris geschickt und Antwort erhalten habe.

Die mutige Frau kehrte, ohne den Sohn, nach Baden-Baden zurück und fertigte den Boten mit den Briefen ab. Besatzung, Einwohner bis auf die Alten und Kranken, die Klosterfrauen waren in die Berge geflohn. Die Markgräfin harrte allein im Neuen Schlosse aus, während die ersten französischen Reiter die Vorräte untersuchten und einzelne Häuser plünderten. In den nächsten Tagen vermehrten sich die Truppen und die Ausschreitungen. Von Fort-Louis kamen fünfzehn Wagen, die aus dem Schloß das Weinlager und die Pomeranzen fortschleppten. Den Wein tranken die Soldaten, und die Bäume wurden nach Versailles gebracht. Die ›Fouragierer‹ durchsuchten Haus um Haus, das Heu und das Futter lag in allen Gassen. Es entstand ein Brand, die Offiziere ließen ihn löschen.

Vom Beichtvater der Markgräfin, dem Karmeliterpater Hippolyt, der mit zwei Kammerfrauen und einer Edeljungfrau bei ihr blieb, liegt ein Bericht über diese Tage vor. Er schrieb auch die Briefe, die an den König gingen. Als die Franzosen sich nach dem Erbprinzen erkundigten, brachte er ihn nach Forbach und kehrte zurück. Am 21. August traf Duras in der Stadt ein, ließ den Pater holen und eröffnete ihm, sei es die Antwort des Königs oder sein eigener Entschluß, Madame möge sich in Sicherheit bringen. Der französische Hof lasse keine Gnade walten, weil er über die beiden Markgrafen Hermann und Ludwig aufgebracht sei. Unter allen deutschen Prinzen setzten sie ihm den heftigsten Widerstand entgegen und hätten die Angebote, sich neutral zu verhalten, abgelehnt. Der Prinz von Conti, der Marschall von Villeroy und der Feldmarschall von Choiseul erklärten dasselbe.

Am 22. wurden die Befestigungen der Stadt niedergerissen. Am 23. ließ der Sohn Louvois' die ›Schallmeyer‹, Militärmusiker, vors Schloß kommen und vor den Ohren der Markgräfin aufspielen, als wolle er ihrer Trübsal spotten. Am 24., dem Bartholomäustag, begann morgens um sechs die Anzündung: des Schlosses, aus dem Maria Franziska floh, des Klosters zum Heiligen Grab, des Jesuitenkollegiums, der Stiftskirche, der Häuser. Die Glocken schmolzen, und die bresthaften Leute, die sich in die Kirche hatten bringen lassen, kamen um. Auch wurde das Sakrament auf dem Altar

verhöhnt. Die Generale klagten längst über die Zuchtlosigkeit, die in den besten Regimentern eingerissen war.
Wie Pater Hippolyt berichtet, war es ein klarer heiterer Tag, an dem zwischen der Sonne und der brennenden Stadt eine schwarze Rauchwolke hing. Am Abend standen nur noch die Vorstädte unversehrt. Auch sie fielen. Die Spitalkirche und das Kruzifix des Meisters Nikolas von Leyden entgingen der Zerstörung.
Vom Murgtal aus verhandelten in der Folge die Räte mit den Intendanten in Straßburg über die jährlichen Kriegssteuern und Lieferungen. Die Versorgung von Fort-Louis gehörte zu diesen Lasten. Aus dem erschöpften Land erhielt Ludwig Wilhelm so gut wie nichts. Sein Geldbedürfnis war groß. Die Grafschaft Eberstein hatte er an die Durlacher Linie, die Herrschaft Staufenberg an seinen Hofmarschall von Greiffen verpfändet. Der Kaiser, der in dem wiedereroberten Ungarn eine Reihe von Generalen mit Dotationen bedachte, war auch dem Feldherrn verpflichtet und wies ihm im März 1690 für fünf Jahre je 24 000 Gulden auf die Kasse des Landes Niederösterreich an. Es gab keine zentrale Finanzverwaltung, jedes Erbland hatte seine eigene, daher diese Zuteilung. Zum Vergleich: der Herzog von Lothringen hatte als Heerführer, Statthalter von Tirol und Schwager des Kaisers eine jährliche Einnahme von 120 000 Gulden.
Am 8. September ergab sich nach einem blutigen Sturme Mainz. Mit den Verwüstungen beschäftigt, die nachgerade auch von den französischen Offizieren als unwürdig empfunden wurden, hatte Duras den Befehl Louvois', der Festung zu Hilfe zu kommen, zu spät erhalten oder befolgt. An seine Stelle trat der Bruder, de Lorge. Die Besatzung erlangte für tapferes Verhalten freien Abzug, eine überflüssige Ritterlichkeit, die 5000 Mann freigab.
Der Herzog wandte sich nach Bonn, vor dem Friedrich von Brandenburg lag, und auch diese Festung fiel. Max Emanuel zog Freiburg zu, auf diesem Schauplatz ereignete sich nichts von Bedeutung. In Belgien gewann der Fürst von Waldeck eine Schlacht. Das Jahr schloß mit Erfolgen ab, die nicht durchgriffen. Dem Kaiser brachte es die Verwirklichung seines heißesten Wunsches, die Wahl seines Nachfolgers zu sichern.
Am 28. Juli reiste er mit der Kaiserin und dem Hofstaat nach

Augsburg ab, das diesmal an Stelle Frankfurts Krönungsstadt wurde; Frankfurt lag der Kriegszone zu nah. In Neuburg wohnte Leopold der Vermählung Anna Marias von der Pfalz mit dem Stellvertreter Karls II. von Spanien bei. Der alte Kurfürst hatte nun den Kaiser und zwei Könige, von Spanien und Portugal, zu Schwiegersöhnen. Am 31. August langte Leopold in Augsburg an.

Bis das Kurfürstenkollegium den Wahlakt begann, wurde es Mitte Dezember. Das Schleppende, das Schwerfällige ist von der Zeit untrennbar. Am 19. Januar 1690 wurde die Gattin Leopolds als Kaiserin gekrönt, am 26. der zwölfjährige Josef als römischer König. Im April, als Leopold wieder zu Hause war, starb Karl von Lothringen.

Wenn auch kein Feldherr ersten Ranges, so war er doch der beste unter denen des abgelaufenen Jahrzehnts, den einen Ludwig Wilhelm ausgenommen, der ihn an Entschlossenheit übertraf, freilich auch noch nicht seine Erfahrungen mit den eifersüchtigen Fürsten und den Hindernissen der lahmenden Organisation gemacht hatte. Karl starb, ohne sein Land wieder betreten zu haben. Das Schicksal Lothringens war durch die Nachbarschaft Frankreichs besiegelt. Karls Enkel vertauschte es gegen Toskana und wurde als Franz I. der Fortsetzer des im Mannesstamm aussterbenden Hauses Habsburg.

Was geschah im Jahre 1690 auf dem türkischen Kriegsschauplatz? Wir erinnern uns, wie weit Ludwig Wilhelm jahrs zuvor nach dem Sieg von Nissa die Militärlinie vorgelegt hatte: bis Pristina im Süden, bis Widdin im Osten. Seine Truppen überwinterten in der Walachei. Von vornherein hatte er sich gegen die Forderung, nach Sofia zu marschieren, gewandt. Im Dezember 1689 traf er in Augsburg ein, wo ihn der Heiratsvorschlag des Kaisers erreichte.

Zur gleichen Zeit wurde in Adrianopel Mustapha Köprülü zum Großwesir erhoben, der Retter, der alsbald seine Entschlußkraft einsetzte, bei Üsküb ein Heer zusammenzog und die vier Regimenter, die der dort kommandierende Herzog von Holstein gegen ihn schickte, vernichtete. Der Herzog überließ ihm sofort das ganze Gebiet von Pristina samt den Magazinen und ging auf Nisch zurück.

In Nisch hatte inzwischen an Stelle des hinweggerafften Piccolomini Veterani den Befehl übernommen. Er legte Festungen an, sandte Streifkolonnen bis Sofia aus, machte gute Beute und berichtete so zuversichtlich nach Wien, daß man dort wieder Hoffnung faßte und am 6. April 1690 an die Albanier und übrigen Balkanchristen ein Manifest richtete, das zum Heiligen Krieg aufrief. Der Patriarch von Ipek führte im Sommer an 40000 serbische Familien mit ihren Priestern und ihrer Habe nach Ungarn und Sirmien (Semlin). Sie hatten alle Freiheiten zugesichert erhalten.

Der dreiviertel Jahre dauernde Aufenthalt des Hofes in Augsburg, die Krönungen und Feierlichkeiten hatten außerordentliche Summen gekostet. Dazu mußten die Truppen am Rhein unterhalten werden. Für den türkischen Feldzug von 1690 mangelte es an Menschen und an Geld. Ludwig Wilhelm beurteilte die Aussichten völlig anders als Veterani und der Hof. Die Walachei verhielt sich feindlich, und als Tataren anrückten, zog sich Heißler im Januar nach Siebenbürgen zurück.

Ludwig Wilhelm setzte in einer Denkschrift auseinander, daß die Save-Donaulinie die gegebene Grenze sei, ja daß man auf Belgrad verzichten könne, wenn es geschleift werde und die Pforte Großwardein und Temesvar aufgebe. Sein Blick, durch Anschauung erworben, ist bewunderungswürdig. Als er kein Gehör fand, weigerte er sich, den Oberbefehl zu übernehmen. Es bestehe Gefahr, daß Siebenbürgen angegriffen und damit Ungarn bedroht werde.

Die Weigerung half nichts. Er wurde durch Hofratsdekret vom Mai 1690 zum Oberkommandierenden ernannt, verlangte eine genaue Instruktion, erhielt sie spät genug am 9. Juli und erfuhr, es sei seine Aufgabe, sich zwischen Belgrad und Nisch bei Jagodina zu sammeln, Nisch und Widdin um jeden Preis zu halten, nur im äußersten Fall auf Belgrad zurückzugehn. Von Siebenbürgen war keine Rede, obwohl Thököly es mit seinen Kuruzzen, Walachen und Tataren bedrohte. Apafi war gestorben, und der Wesir hatte Thököly Siebenbürgen versprochen.

Alles kam, wie von Ludwig Wilhelm vorausgesehn. Thököly rückte von der Walachei nach Norden gegen Kronstadt vor, schlug Heißler an der Grenze und nahm ihn gefangen. Die Tataren ergossen sich in das Land, das alle Schrecken erfuhr. Die Nachricht erreichte Ludwi Wilhelm, als er am 26. August in Jagodina eintraf.

Er ließ die Generale abstimmen. Sollte er den Wesir, der schon Nisch belagerte, dort angreifen oder ihn in Belgrad erwarten oder Siebenbürgen zur Hilfe eilen? Er wog ab, was für seine *reputation* und *glori* am vorteilhaftesten sei. Für Siebenbürgen war er nicht verantwortlich, aber er entschied sich doch dafür, überschritt die Donau bei Semendria und marschierte durch den Paß des Eisernen Tores auf Hermannstadt zu. Nisch war verloren. Guido Starhemberg übergab die Festung und erhielt freien Abzug. Widdin, Orsova fielen, der Wesir legte sich vor Belgrad. Ludwig Wilhelm rückte im Marostal vor, nahm am 3. Oktober Hermannstadt, blieb drei Tage, um ›den zusammengeklaubten Vorrat zu mahlen und zu verbacken‹, lebe er doch geradezu von der göttlichen Providenz, da Thököly alle Magazine verbrenne. In der Folge trieb er ihn von Stellung zu Stellung, von Lager zu Lager, bis zur moldauischen Grenze, und wollte eben zum Hauptschlag ausholen, als ihm ein Bote des Herzogs von Croy die Katastrophe von Belgrad meldete.
Der Herzog war am 8. August von Wien im belagerten Belgrad eingetroffen und hatte eine Besprechung mit dem Kommandanten Graf Aspremont, den er ersetzen sollte, als eine ungeheure Explosion erfolgte, die das Schloß, einen Teil des Walls und die halbe Stadt sprengte, drei Regimenter vernichtete und fünf andere den nachdrängenden Türken auslieferte. Sie wurden niedergemacht. Die beiden Herren sprangen aus dem Fenster und konnten sich auf einem Kahn retten. Aspremont, später vor ein Kriegsgericht gestellt, sah sich freigesprochen. Wahrscheinlich hatte der Oberingenieur, ein Kaniote, Verrat geübt.
An den Markgrafen schrieb Aspremont: ›Also hat Feuer, Luft, Wasser und Erde mich angegriffen und Gott doch noch conserviret ... ich habe meine ganze Equipage verloren, mein Tafelzeug, Silber, Geschmeid und Ringe von meiner Braut, so sie mir geschenkt; Geld, alle meine Handpferd, Kleider, vornehme Schriften und andere Mobilien zwischen 30 bis 40000 Gulden Werth ... Belgrad ist ärger als die Zerstörung Jerusalems.‹ Der zu beredte General wurde nie wieder angestellt.
Acht Regimenter waren nicht mehr. In Wien sah man schon den Wesir vor den Wällen, hieß er nicht wie der vom Jahre 83 Mustapha? Die einen oder andern rüsteten sich zur Flucht.

Der Markgraf wurde angewiesen, die in der Moldau stehenden Polen zur Hilfe zu rufen. Er erwiderte, daß er sie nicht vonnöten habe, die Sach sei schon wieder eingerichtet. In der Tat, nach dem Beschluß, auf Oberungarn zurückzugehn, hatte er den andern gefaßt, Thököly, der sich wieder vor Kronstadt zeigte, an der Vereinigung mit dem Wesir zu verhindern.

Er ließ die Infanterie und das Gepäck zurück, machte zwei Tage lang einen Gewaltritt mit der Kavallerie, überraschte Thököly und trieb ihn abermals in die Walachei zurück. Statt über die Donau zu gehn und Ludwig Wilhelm anzugreifen, zog der Wesir nach Esseg, belagerte Croy und Starhemberg, wurde bei einem Ausfall geschlagen und ging ins Winterquartier. In Siebenbürgen blieb Veterani, Ludwig Wilhelm reiste nach Wien, war schon in Oberungarn, erfuhr von einem neuen Einfall, kehrte um, raffte Truppen zusammen, legte die weite und verschneite Strecke bis Kronstadt in Eilmärschen zurück und konnte dem Kaiser am 1. Januar 1691 melden, daß Siebenbürgen nach wie vor frei sei. Dann begab er sich zu seiner Frau nach Böhmen. Der schonungslose Feldzug hatte seine Gesundheit angegriffen.

Das Urteil, daß der Kaiser es nur ihm verdankte, wenn dieses Jahr nicht mit einem Zusammenbruch, sondern mit der Erhaltung des Besitzes in den vom Markgrafen empfohlenen Grenzen endete, greift nicht zu hoch.

Als der Markgraf zu Beginn des Feldzuges von 1690 dem Grafen Kinsky, Kanzler der Krone Böhmen, seine Besorgnis anvertraute, gebrauchte dieser im Antwortbrief die seltsame Wendung: ›*... Votre Altesse doit par l'incorporel et l'esprit suppléer à tout ce qui manque de réel*‹ – was ihm materiell fehle, müsse er durch die Kraft des Unleiblichen und Geistigen ersetzen.

Solche Worte schreibt man nur dem geborenen Führer, zum mindesten nehmen sie nur in seinem Gemüt Inhalt und Leben an. Wer sich als Führer fühlt, wartet im Ablauf der Jahre auf das Gefährliche, in dem alles auf der Schneide steht, und wenn es kommt, stellt er sich ihm. Es kann den Untergang bringen, aber nicht das Schauspiel, daß er ausweicht. Die Kraft des Willens steigert sich zur Verwegenheit.

Im Kriegsrat von Jagodina widersprach keiner der Generale, unter denen Prinzen von Holstein und Hannover waren. Sie hielten sich vermutlich dem Rang nach für mehr als dieser

Markgraf ohne Land, aber ihm gegenüber kam das gar nicht in Betracht, daß sie zu jenen gehörten, für die es keine Unterordnung gab. Sie ließen sich mitreißen, und der Zug durchs Banat nach Siebenbürgen wurde nach Ludwig Wilhelms Ausdruck eher der einer Partei als einer Armee. Fast wallensteinisch ist das. Aber so wenig er denen in Wien erlaubte, sich ins Uferlose zu verlieren, so wenig sich selbst. In jedem einzelnen Augenblick kühn bis zur Herausforderung des Schicksals, übte er im ganzen ein erstaunliches Maß.

Zwei Jahre lang schob er den sonst in alles hineinredenden Kriegshofrat zur Seite und gab sich eigene Gesetze, um jedesmal am Ende des Feldzugs dem Kaiser als treuer Diener Rechenschaft abzulegen. Er konnte nicht aus den Beständen seines Landes dem Kaiser Jahr für Jahr 8000 Mann zuführen, mit denen sich ein Handel abschließen ließ. Auch wenn es ihm möglich gewesen wäre, hätte er vermutlich nicht geringere Treue geübt.

Wohl war er ein Verbraucher von Menschen, aber sich selbst schonte er am letzten, seine persönliche Tapferkeit war die eines jungen Soldaten, der kein Handgemenge scheut. In den Laufgräben von Ofen hatte er sich festgesetzt, um alles, was den Ingenieur ausmacht, zu lernen, so daß man ihm in Wien bedeutete, das sei doch Sache der Spezialisten. Im Unterschied zu Max Emanuel war er nicht nur ein schneidiger Angreifer, sondern ein Generalstäbler höchsten Rangs. Die Situationspläne und Karten, die er auf dem Marsch durchs Banat und während der Treibjagd auf Thököly anfertigte, beweisen gleich denen vieler anderer Gelegenheiten, wie wach und scharfsinnig seine Aufmerksamkeit war.

Den Winter also verbrachte Ludwig Wilhelm in Böhmen. Seine Frau erwartete ihr erstes Kind und war selbst noch eines, das wie Käthchen zu seinem Herrn aufsieht. Am 13. Februar 91 schrieb sie nach Sulzbach:

›Durchleuchtiger Herzog, gnädiger Großvater, Euer Gnaden gnädiges Schreiben hat mich unerhört erfreut. Indem ich daraus sehe, daß mein Herr und ich noch ein wenig in der gnad sein, bitt dabei Euer Gnaden vergeben mir, daß ich so lang mit meinem Schreiben hab aufgewart, denn ich ein Zeit her mich nicht recht wohl befunden, wie es jetzt auch nicht anders sein kann, sondern hoffe, daß ich es bald werde überstanden haben.

Wir haben zwar vermeint, daß ich hab sollen in dem vergangenen Monat niederkommen, haben aber jetzt gesehn, daß wir uns verrechnet und nicht anders hat sein können, als daß ich in diesem oder gewiß in Anfang des künftigen Monat werd niederkommen.
Betreffend meiner Schwester hab, firder daß [seitdem] sie von hir weg, kein Schreiben noch Gruß von ihr bekommen und zu Überfluß ihr oft geschrieben und sie gebeten um einen gewissen Stein, den sie hat, welchen mein Herr Vater selig zum Stillen der Schmerzen niederkommenden Weibern geliehen, welcher auch accepiert sein Effekt getan, mein Schwester mir nicht einmal geantwortet, sondern der Cavalier Marci geschrieben, daß sie ihn nicht bei sich hat, sondern er war zu Reichstadt. Euer Gnaden gedenken nur, ob das nicht ein unfreundliches Stück ist. Wenn ich ihn hätt und sie mich darum bät und müßt hundert und mehr Meilen darum schicken, wär ichs gewiß tun und nicht so unfreundlich, und wenns meine größte Feindin wär und bät mich um etwas solches, könnt ich ihr nicht abschlagen. Viel weniger einer Schwester, die ich gewiß liebe und nicht verlange, ihr mit meinem Wissen einen einzigen Verlust zu geben. Unterdessen muß ich Euer Gnaden gestehn, daß es mich unerhört schmerzt, wie ich ihr nie nicht kein Ursach geben. Ich muß Geduld haben und bin schon vergnügt, wenn mir Euer Gnaden nur gnädig seynd, denn ich nur verlang zu sterben. Euer G. gehorsamste Tochter und Dienerin Augusta.‹
Aus dem erwarteten Kinde wurde nichts. Man darf sie sich nicht als Norddeutsche aus der Hamburger Gegend vorstellen. Ein kleines böhmisches Mädchen jammert in seinen Mutterschaftsschmerzen nach dem Stein, der ganz sicher hilft. Sprache und Tonfall haben die böhmisch-deutsche Färbung. Sie ist noch ungeweckt und unselbständig. Für Ludwig Wilhelm, den Sechsunddreißigjährigen, der so viel erlebt hat und mit allen Gedanken beim nächsten Türkenzug ist, kann sie vorerst nicht mehr bedeuten als ein anvertrautes Spielzeug. Er reiste nach Wien, die Gicht plagte ihn. Bevor er zum Heer abging, traf er sich noch einmal mit Augusta, worüber sie am 26. Juni reizend an den Großvater schreibt:
›Ich hab nicht manquiren wollen, Euer Gnaden zu berichten, daß ich vor wenig Tagen meinen allerliebsten Herr hab gesehn, aber gar ein kurze Zeit, dieweilen ihro Majestät ihm

nur acht Tag in allem erlaubt hat. Also bin ich auf der Post den halben Weg gegangen [entgegengefahren], allwo er sich dorten eingefunden. Euer Gnaden können sich einbilden, mit was vor Freud ich bin hingangen, meinen Herrn vor seiner Campagne noch einmal zu sehn. Bin aber jetzt wieder in voriger Betrübnis, daß ich nicht hab bei ihm bleiben können. Gestehe es aber Euer Gnaden, daß ich ein solche Lieb vor ihm hab, die gewiß nicht größer sein kann, und kann Euer Gnaden nicht genug untertänigen Dank sagen, daß sie haben gnädigst erlauben wollen, daß wir einander haben, denn wenn ich nur bei ihm wäre, wäre ich das glückseligste Mensch auf der ganzen Welt.‹

Diese Briefe an Christian August von Sulzbach sind die einzige Quelle, aus der sich ein paar Aussagen über ihre Gefühle für den Markgrafen schöpfen lassen. Sie liegen im Münchner Geheimen Hausarchiv[17]. Spurlos verschwunden ist der Briefwechsel, den sie mit dem Gatten während der Kriegsjahre unterhalten haben muß. Nicht ewig blieb sie das Kind. Es mag ihr nicht leicht geworden sein, sich durchzusetzen.

4

Max Emanuel übernimmt das Kommando im Westen – Savoyen tritt der Großen Allianz bei – Louis' großer Feldzug von 1691 – Die Schlacht bei Szlankamen – Die Ernennung zum Generalleutnant – Die Belagerung von Großwardein – Der Feldzug 1692 – Augusta wartet in Raab – Das leopoldinische Diplom für Siebenbürgen – Sage und Legende um Szlankamen

Um auf dem westlichen Kriegsschauplatz eine Entscheidung herbeizuführen, suchte Leopold anfangs 1690 Wilhelm von Oranien zu einer Landung in Frankreich zu überreden. Aber Wilhelm war mit Irland beschäftigt. Jakob II., den Ludwig XIV. unterstützte, wurde dort im Sommer am Boynefluß geschlagen.

Den Verbündeten auf dem Festland nützte es nichts. In Flandern brachten Luxembourg und Boufflers dem Fürsten von Waldeck, den Holländern und Spaniern bei Fleurus eine Niederlage bei; die Brandenburger rückten zu spät an. Sogar die englisch-holländische Flotte unterlag, bei Beachy Head, der französischen.

Den Befehl über die Kaiserlichen erhielt, da Karl von Lothringen nicht mehr lebte, Max Emanuel. Der Kaiser schrieb ihm einen Angriff aufs Elsaß von Hüningen her vor. Der Ausgang der Schlacht von Fleurus nötigte den Kurfürsten, an die Mosel zu marschieren, und der Übergang des Dauphins über den Rhein, umzukehren. Die Heere verfehlten sich. Max Emanuel zog durchs Kinzigtal nach Villingen, in der Annahme, der Dauphin umgehe den Schwarzwald im Süden. Die Franzosen waren aber schon ins Oberelsaß zurückgekehrt.

1690 trat auch Savoyen der Großen Allianz bei. Viktor Amadeus II. hielt den Augenblick, wo er sich der französischen Bevormundung entziehn könne, für gekommen. Er war draufgängerisch wie sein Vetter Max Emanuel, aber weitaus verschlagener. Ludwig XIV. hatte ihn gezwungen, die Waldenser in Piemont so hart wie er selbst die Hugenotten zu verfolgen, und bei Kriegsausbruch drei Regimenter von ihm verlangt. Der Herzog wollte Pinerolo und Casale wiederhaben, ohne die er nicht mehr Herr in seinem Lande war.

Spanien und dem vom Kaiser gesandten Eugen gelang es, ihn auf die gemeinsame Seite zu ziehn. Holland und England bewilligten Subsidien, der Kaiser Regimenter, den Titel Königliche Hoheit und einige in Italien noch bestehende Reichslehen, so Millesimo. Für Titel und Lehen legte Viktor Amadeus 100 000 Dukaten auf den Tisch: Mirakelgeld, unerwartetes Geld, sagte man in Wien.

Brandenburg und Sachsen zogen mit deutlicher Unlust ins Feld. Die vielen Kriegserklärungen an Ludwig hatten zur Folge, daß die ausländischen Staaten im Reiche Truppen warben. Seit Jahren schon kämpften für Venedig deutsche Regimenter in Morea. Unter den Söldnern, die mit Wilhelm von Oranien nach England fuhren, waren viele deutsche, unter den holländischen Truppen auch. Sie mußten erneuert werden. Spanien, Savoyen, die anderen kamen hinzu. Sie alle schickten an die deutschen Höfe Unterhändler, die mit klingendem Gold bezahlten. Die Truppen wurden verliehn und verringerten ihre eigenen Kosten. Der Großen Allianz fehlte dasselbe wie dem Reichsgebilde, der einheitliche Wille, der den Eigennutz zurückdrängt.

Der Kaiser sandte mitten im Sommerfeldzug fünf Regimenter aus Schwaben dem Herzog von Savoyen zur Hilfe. Eugen sollte sie übernehmen, er wurde nun General. Trotz der Warnung Eugens wartete der Herzog die Ankunft dieser Regimenter nicht ab, stellte sich Catinat und wurde geschlagen. Eugen auf seinem Flügel bewahrte ihn vor der Vernichtung. Catinat verwüstete hierauf Piemont genau so barbarisch wie Duras und Mélac die Lande am Ober- und Mittelrhein.

Das Jahr 1690 schloß nicht erhebend ab. Gleich nach dem Tode Karls von Lothringen hatte Wilhelm von Oranien den Kaiser wissen lassen, er könne nichts Besseres tun, als den Oberbefehl am Rhein Louis von Baden zu übertragen. Wir wenden uns wieder dem Osten zu.

Thököly, in den Augen des Hofes ein Rebell, hatte diesseits und jenseits der siebenbürgischen Grenze Anhang im Volk, dem ja seine Kuruzzen entstammten. Das Wort soll eine Entstellung des deutschen ›Kreuzfahrer‹ sein. Die Kuruzzenlieder sind noch heute in Ungarn nicht vergessen. Die Grausamkeiten, Ächtungen und Katholisierungsversuche Caraffas hatten die Befürchtungen nicht beschwichtigt. Man mußte also damit rechnen, daß der Wesir alles daransetzen werde, um dem neu ernannten Fürsten zu Siebenbürgen zu verhelfen.

Früher als sonst, schon im Winter, begannen auf kaiserlicher Seite das Werbegeschäft und die Vorbereitungen. Dem erwähnten Vertrag mit Bayern folgte einer mit Brandenburg. In Ungarn wurden Briefe für Freikorps ausgestellt, vom westlichen Schauplatz Regimenter herangezogen. Den Oberbefehl erhielt Ludwig Wilhelm. Doch zwang ihn ein neuer schwerer Anfall seines Leidens vorerst, sich abwartend zu verhalten. Statt seiner sammelte bei Ofen Graf Souches die Armee. Die Brandenburger befehligte Graf Barfus, der schon bei Ofen dabeigewesen war und im vorigen Jahr Bonn genommen hatte.

Die Angaben über die beiderseitige Stärke schwanken wieder zwischen 120000 und 50000 für die Türken, zwischen 80000 und 33000 für die Kaiserlichen. Die Deckungsarmee in Siebenbürgen behielt Veterani. Ludwig XIV. war nun mit den Türken so gut wie verbündet, wenn die Hilfe auch nur in der Zusendung von 300 Ingenieuren und Artilleristen bestand, die ihre französischen Uniformen trugen. Aber seinen Einfluß spürten England und Holland. Er durchkreuzte ihre Bemühungen um den Frieden. Sie wünschten ihn nicht nur, um den Kaiser zu entlasten, sondern auch um ihres Handels willen.

Ende Juni begann Souches den Marsch gegen Esseg und die Drau. Mitte Juli traf Ludwig Wilhelm per posta ein und übernahm den Oberbefehl.

Er rückte am Südufer der Donau vor, besserte die Werke von Peterwardein aus, erreichte Szlankamen, das der Einmündung der Theiß gegenüberlag, wechselte Schüsse mit den ihn begleitenden türkischen Kanonenbooten, litt unter der Hitze, die den Bestand an Kranken in die Höhe trieb, vernahm, daß Thököly zum Wesir gestoßen sei und den gefangenen Heißler in einer Kutsche mit sich führe, erblickte im Save-Donauwinkel bei Semlin auf einer Anhöhe das von den französischen Offizieren wohlbefestigte Zeltlager des Wesirs und versuchte den Feind herauszulocken, indem er sich am ersten Tag ein Stück, am zweiten noch weiter zurückzog.

Aber erst am vierten, als er wieder bei Szlankamen stand, war der Pascha überzeugt, daß die Christenhunde sich fürchteten, und rückte nach, am 17. August. Nun hatte der Markgraf seinerseits eine Anhöhe bezogen, und das Angreifen oblag dem Feind.

Am Morgen des 18. gab es eine Überraschung. Während der Nacht hatte auf Anraten Thökölys, der ein guter Taktiker war, oder der Franzosen Köprülü den rechten Flügel des Markgrafen umgangen, einige Kilometer hinter ihm auf den Ausläufern des Hochplateaus sein Lager aufgeschlagen und es mit erstaunlicher Schnelligkeit verschanzt.

Ludwig Wilhelm mußte das Ganze kehrtmachen lassen, und damit war es natürlich nicht getan. Der 18. verging mit dem Nachrücken und der Umordnung. Der Feldherr hatte zu zeigen, daß er sich dem Gelände und der Stellung des Gegners anpassen konnte. Dadurch, daß die Türken den über der Donau liegenden Kozevaczberg besetzt hielten, schnitten sie dem Markgrafen die Verbindung mit Peterwardein ab, und eine herannahende Proviantkolonne geriet ahnungslos in sie hinein.

Das mache nichts, erklärte Ludwig Wilhelm, es steigere ihren Hochmut und verblende sie. Die Lage hatte Ähnlichkeit mit der vor Nissa. Wie damals dort, lief hier die türkische Schanzlinie vom Fluß über den Berghang in einem Bogen,

der zuletzt abbrach, ohne die Donau wieder zu erreichen. Darauf baute Ludwig Wilhelm seinen Plan.
Der linke Flügel, mit Fußvolk untermischte Reiterei, sollte die Lücke zu erreichen suchen und durch einen Angriff in den Rücken die Türken so beschäftigen, daß der rechte Flügel und die Mitte bei ihrer schweren Arbeit, dem Frontangriff entlastet wurden.
Den rechten Flügel der Kaiserlichen, wo Souches befehligte, deckte die Donau. Er bestand aus zwei Staffeln Infanterie und davor der massierten Artillerie, 90 Geschützen. Dahinter hielt in Reserve als dritte Staffel die Division des Herzogs von Holstein mit den ungarischen Husaren. Die Mitte begann mit den Brandenburgern unter Barfus. Das eigentliche Zentrum bildete das Korps Saurau. Anschließend, in der Ebene, hatten dreifach gestaffelt die Truppen des linken Flügels unter Dünewald ihren Platz. Hinter Holstein war das Gepäck untergebracht und beobachtete eine Batterie die auf der Donau kreuzende Flottille.
Auf der türkischen Seite standen die Janitscharen an den Schanzen, hinter 160 Geschützen, die andere Hälfte des Heeres außerhalb in der Ebene unter Thököly und dem Seraskier.
Am 19., drei Uhr nachmittags, gab ein Bombenwurf aus der Mitte das Zeichen zum Angriff. Die Artillerie des rechten Flügels fuhr bis auf 200 Schritt an die Schanzen heran, um sie sturmreif zu machen. Die Grenadiere Souches' sprangen in die Gräben, erklommen die Brustwehr und pflanzten bereits die ersten Fahnen auf, als eine Kugel Souches tötete. Unter schweren Verlusten mußten sie vor den Janitscharen weichen.
Ludwig Wilhelm, der auf diesem Flügel kommandierte, schickte die Division Holstein zur Hilfe. Es wurde zweimal gestürmt, Guido Starhemberg erhielt einen Pfeil in die Brust. Blutüberströmt führte er den dritten Angriff, der wieder scheiterte, die Verluste waren ungeheuer. Bei Semlin hatte der Markgraf nicht angreifen wollen, hier zwang ihn der Wesir, es doch zu tun.
Die Schlachtlinie mochte zwei bis drei Kilometer breit sein. Bote auf Bote ging zu Dünewald auf dem fernsten Flügel, dem die Hauptaufgabe zugedacht war – nichts geschah dort oben links, wo er einbrechen sollte. Der erste Einsatz war

verloren. Der zweite, der Kavalleriedivision Saurau zugedacht und nun von Ludwig Wilhelm selbst geführt, mißlang ebenfalls. In der Seite von Batteriefeuer gefaßt, in der Front vom Seraskier angepackt, begann die Division zu weichen, als Barfus eingriff und die Truppe wenigstens zum Stehn brachte. Geschützdonner auf der Donau verriet, daß auch die Schiffe aneinander geraten waren; die türkischen erwiesen sich als stärker.

Der Abend kam näher, der rechte Flügel war geschlagen, die Mitte erschüttert. Eine einzige Hoffnung blieb, der linke Flügel, von dem der verzweifelnde Feldherr noch immer nichts vernahm. Er gab das Kommando ab und sprengte hinüber. Mit einem Blick sah er das Hindernis, das hier alles zum Stocken gebracht hatte. Das Gelände war mit Gestrüpp und hohem hartem Gras bewachsen: das unter die Reiterei gemischte Fußvolk vermochte nicht Schritt zu halten, und die Angriffe der Reiterei zerschellten an der doppelten Phalanx des dichtgereihten türkischen Korps.

Nur Legende kann die Behauptung sein, der Markgraf habe Dünewald, der nicht gut mit ihm stand, heftige Vorwürfe wegen absichtlicher Verzögerung gemacht und dadurch um ein Haar die Niederlage der Türken in einen Sieg verwandelt. Die Darstellung Röders, die sich auf die Berichte Ludwig Wilhelms an den Kaiser stützt, erhärtet, daß bis zu diesem Augenblick von allem anderen als einer Niederlage der Türken geredet werden kann. Wenn es Vorwürfe gab, bezogen sie sich nicht auf Absichtlichkeit, die Dünewald nichts genützt hätte. Sein Leben hing wie das der übrigen davon ab, daß man siegte.

Ludwig Wilhelm befahl alsbald, das hemmende Fußvolk herauszuziehen und zurückzuschicken. Die Reiter erhielten den Befehl, im rechten Winkel und gestreckten Galopp zu schwenken. Die Reserve den, noch weiter nach links auszugreifen. Diese Kommandos brachten den Kern der Truppe in die rechte Flanke, die Reserve in den Rücken des schwerfälligen feindlichen Körpers. Die Anwesenheit des Führers im roten Wams mochte hüben und drüben ihre zusätzliche Wirkung tun.

Die türkischen Reihen gerieten ins Wanken, sie drängten ins Lager zurück. Ludwig Wilhelm ging nun endlich wie bei Nisch vor, brach dort, wo die Verschanzungen endeten, vom

Rücken in die Zeltstadt ein. Auf diese Nachricht griffen Mitte, Saurau und der Rest des Souchesschen Korps mit erneuter Kraft die Schanzen an. Die Verwirrung im türkischen Lager steigerte sich zur Panik, als der vergötterte Wesir Mustapha fiel. Der Rest war Abschlachten eines Heeres, das sich zwischen Donau und Verschanzungen eingeklemmt sah. Nur Spahiabteilungen konnten auf ihren Pferden durchbrechen.

Außer Köprülü fielen der Seraskier, der Janitscharenaga, der Lagerrichter, 18 Paschas, über 100 andere Führer. In keiner Schlacht erledigten sich so viele Lehen auf einmal, erzählen die türkischen Geschichtsschreiber. Verloren gingen die Fahne des Großwesirs, Grün mit Gold, die des Seraskiers, Rot mit Gold, fast jede der Paschas, die der Ägypter. Dazu 154 Kanonen, 10000 Zelte, 17000 Büffel, Pferde, Kamele und die 54 Kisten der Feldkasse; sie enthielten aber nur Kupfer.

Ludwig Wilhelm berichtete dem Kaiser, es sei die ›scherffste und blutigste Schlacht in diesem seculo‹ gewesen. Seine eigenen Verluste waren schwer. Unter den Toten befand sich auch Holstein, unter den vielen höheren Offizieren der letzte Zrinyi. Gab es doch ›keine Generalsperson, welche nicht ihr Gewehr zu lösen und zu fechten gezwungen wäre‹.

Liest man, daß von manchen Regimentern des rechten Flügels die Hälfte blieb, so wird nicht nur verständlich, weshalb der Markgraf den Sturm auf das befestigte Lager des an Zahl überlegenen Feindes hatte vermeiden wollen, sondern auch, daß er in den Ruf eines rücksichtslosen Verbrauchers kommen konnte. Unwillkürlich fragt man sich, welche Folgen am Oberrhein eine Entscheidungsschlacht dieses Ausmaßes gehabt hätte.

Die eroberten Fahnen gingen nach Wien. Die des Großwesirs schickte der Kaiser dem Papst, zwei der Gemahlin des Markgrafen: sie befinden sich heute mit vielen anderen seiner türkischen Trophäen im Karlsruher Schloß. Das Lob, das Louis in den Briefen an den Kaiser den Unterführern zollte, galt auch Dünewald. Er bat um Auszeichnungen für sie. Ihm selbst schickte Leopold die höchste und seltenste Ernennung, er machte ihn zum Generalleutnant. Der König von Spanien verlieh ihm das Goldene Vließ. Überall fanden Tedeums statt, das wirkungsvollste in Sankt Peter zu Rom. Markgraf

Hermann erlebte den Tag von Szlankamen noch. Einige Wochen später starb er. Das Generalat Raab, das nun frei wurde, erhielt Ludwig Wilhelm. Münzhändler, unter denen der bekannteste der Nürnberger Kleinert ist, ließen Denkmünzen schlagen.
Der Sultan schloß sich in den Harem ein, um zu trauern. Er zeigte Neigung zum Frieden, den der englische Gesandte eifrig betrieb. Der neue Großwesir Ali Pascha riet unter französischem Einfluß ab. Bald trafen neue Truppen in Belgrad ein. Wenn Ludwig Wilhelm sofort die Verfolgung aufgenommen hätte, wäre er in den Besitz der Stadt gekommen, die statt dessen bis 1717 türkisch bleiben sollte.
Wohl war es für die Besiegten eine Vernichtungsschlacht gewesen, doch für die Sieger eine der Erschöpfung. Drei Tage lang blieb das Heer liegen und ruhte aus. Zu den vielen Verwundeten des fürchterlichen Nahkampfs kamen die Kranken, die der Glut der Donauniederung zum Opfer fielen. Der Markgraf schob sie nach Esseg ab, aber es gab rasch wieder neue. Er konnte sich nicht auf Kämpfe um Belgrad einlassen. Er suchte eine leichtere Aufgabe und erinnerte sich, daß nördlich der Maros Großwardein und südlich Temesvar noch türkisch waren.
Er wählte Großwardein. Auf dem Zug durchs Banat zeigte die Truppe Neigung zur Lockerung der Zucht. Der Markgraf drohte jedem, der sein Glied verlasse, mit dem Generalprofoß und mit dem Abschneiden von Ohr oder Nase. Großwardein war stärker befestigt, als er geglaubt hatte. Es ergab sich erst im nächsten Jahr, an Heißler, der gegen Helene Zrinyi, Thökölys Frau, ausgetauscht worden war.
Wider seinen Willen hier ›moderat‹ geworden, ließ Ludwig Wilhelm vor Großwardein ein Blockadekorps zurück, führte die andern Truppen nach Oberungarn ins Quartier. Der Herzog von Croy hatte inzwischen das Land zwischen Drau und Save gesäubert. So schloß der Feldzug von 1691 mit dem Besitz von Siebenbürgen, Slawonien, Ungarn ab, ausgenommen ein paar Festungen.
Nach dem Sieg von Szlankamen schickte der König von England ein Glückwunschschreiben an Ludwig Wilhelm und wiederholte, was er dieses Jahr schon in zwei andern Briefen empfohlen hatte: der Markgraf möge darauf dringen, daß Friede mit der Pforte geschlossen werde, und dann den

Oberbefehl am Rhein übernehmen, dort komme man nicht voran. Der schwäbische Kreis, der 1691 unter einem Einfall der Franzosen gelitten hatte, verlangte das gleiche.
Der letzte Brief des Markgrafen aus dem Feld ist vom 6. Dezember. Ob er Weihnachten in Schlackenwerth zubrachte, wird aus dem Neujahrsbrief Augustas an den Großvater nicht ersichtlich; sie berichtet darin nur von der Anwesenheit der lobkowitzschen Verwandten und einen großen Brand im Schloß. Seit Juni hatte sie ihn nicht mehr gesehn, beim Großvater über ihre Einsamkeit geklagt, dann vom Ruhme des Gatten gehört.
Endlich am 29. Februar 92 traf sie in Wien ein. Zwar nahm sie der Hof in seine Obhut, aber sie ging wenig aus und sah nicht viele Leute bei sich, ›wegen ihrer nerrischen pretencionen, die man nicht khan zugeben‹ – woraus ganz die Auffassung des Gatten sprach, der immer fürchtete, man sehe ihn als Diener des Kaisers und nicht als Reichsfürst an. Als Ludwig Wilhelm Ende Juli zur Armee aufbrach, begleitete Augusta ihn bis Raab und wartete hier nun seine Rückkehr aus dem Feldzug ab, ein trübseliges Beginnen.
Der Kaiser hatte den Generalleutnant trotz der schwäbischen Vorstellungen nicht freigegeben. Da er nach Oberitalien, wo es um die savoyische Sache schlecht stand, Verstärkungen schicken mußte, verschaffte er sich durch Anwerbungen Ersatz, aus Braunschweig-Hannover, das die Kur anstrebte, aus Münster, Dänemark und Irland. Der weite Anmarsch dieser Truppen verzögerte den Beginn der Operationen.
Erst am 22. August erschien der Markgraf im Lager von Esseg. Zwar hatte sich Großwardein ergeben, aber im Lager war eine Massenerkrankung ausgebrochen, die auch ihn ergriff. Erst im September hatte er sein Heer zusammen, bei Peterwardein. Die Türken, die gegenüberlagen, wurden ebenfalls von der Krankheit heimgesucht, und auf beiden Seiten verschrieb man den Soldaten, um sie gesund zu halten, fleißige Arbeit an den Festungswerken und Verschanzungen.
Im Oktober schrieb Augusta aus Raab an den Großvater einen Brief, der verrät, wie unglücklich sie sich fühlte: ›... Fürchde, mein herr wirt sich darunden nicht Erhollen khenen und er doch nicht aus der campaigne will, bis die turqen sich reteriren thun. Wollde Gott, es wehr nur Einmahl fried, ich wünsch es mehr als alles andere, dan [denn] es gäb

mir hoffnung, das wiederumb aus diesen landen khem und Einmahl soe glicklich wehr, Euer G. [Gnaden] die hand zu khissen.‹

Der seltsame Feldzug endete im November; ohne daß die Türken sich aus ihrem Lager hätten locken lassen. Die Erinnerung an Szlankamen wirkte nach. Der Großwesir reiste zuerst ab, dann Ludwig Wilhelm, den ein kaiserlicher Kurier nach Wien rief, wo seine Frau wieder auf ihn wartete.

Es war sein Abschied vom ungarisch-türkischen Kriegsschauplatz. Er selbst wähnte, daß er bald wiederkehren werde.

Im Herbst hatte zuerst der schwäbische Kreis, dann auch der fränkische den Kaiser erneut und dringend gebeten, den Schutz des Oberrheins dem Markgrafen zu übertragen. Wilhelm von Oranien erklärte, in Ungarn komme es nur noch darauf an, den Frieden abzuwarten, das könne auch ein andrer General.

Zehn Jahre, die besten seines Lebens, hatte Ludwig Wilhelm im Kampf mit den Türken verbracht. Im letzten führte die von ihm befohlene und begonnene Belagerung von Großwardein zum Ziel, so daß von Ungarn nur Temesvar und damit das Banat fehlten. Drei endgültige Dinge verdankte ihm der Kaiser: die Eroberung Slawoniens, die Sicherung Siebenbürgens und die Lähmung der türkischen Kraft. Den Nachstoß führte einige Jahre später Eugen bei Zenta, aber die große geschichtliche Wendung erfolgte bei Szlankamen.

Siebenbürgen hatte sich vom Sultan nach der Einnahme Belgrads durch Max Emanuel gelöst, doch mußte erst noch Thököly wieder und wieder zurückgedrängt werden, bevor dieses Land, ohne das Ungarn schutzlos war, in den Besitz Habsburgs überging. Die Siege des Markgrafen entschieden auch über die Frage, ob Siebenbürgen weiterhin Fürstentum unter dem Sohn Apafis bleiben sollte: es wurde Kronland. Im Dezember 1691 erließ Leopold das nach ihm benannte Leopoldinische Diplom, das unter Anerkennung der Freiheiten einen kaiserlichen Gouverneur über den Landtag setzte. Siebenbürgen erhielt seine eigene Hofkanzlei in Wien gleich Böhmen und Ungarn.

Laut Mitteilung einer badischen Zeitschrift[18] rankten sich um den Sieg von Szlankamen die Sage und die Legende: ›Maria selbst, die Himmelskönigin, habe einen dichten Schneemantel über das Heer des Türkenlouis gebreitet, um seinen Angriff zu erleichtern. In hellen Scharen ziehn am Jahrestag der Schlacht, dem 19. August, die deutschen Bauern in Sirmien und in der Batschka trotz der Gluthitze des Hochsommers zur Wallfahrtskapelle Maria Schnee bei Peterwardein. Der Name des badischen Kriegshelden und die badischen Farben [Rot und Gelb] stehn dort unten in den höchsten Ehren. Sind es doch nicht zuletzt Söhne des [badischen] Oberlandes, die dort eine neue Heimat sich geschaffen haben. Die ›Schwaben‹ im Donautiefland wissen es, daß ohne die Heldentaten deutscher Heerführer und Soldaten kein Deutschtum im Banat und in der Batschka und andern Landstrichen des Südostens bestände. Aus dem Kriegstheater des Westens strömten die Flüchtlinge in die eroberten Gebiete, und rheinische Art und Mundart sind lebendig bis vor die Tore von Belgrad. Dort geht auch die Erzählung um, daß ein Bräuteschiff bei Pantschowa gelandet sei mit Frauen für die ausgedienten Soldaten des Markgrafen. Auf alle Fälle ist das lustige Lied von den ›schwäbisch-bayrischen Dirndln juchheirassa, die der Fährmann fahren soll‹, ein Lied der Auswanderungszeit.

DRITTER TEIL

1693–1707

FÜNFTER ABSCHNITT

1693–1694

1

Die Einführung der Assignationen – Die ›Dritte Partei‹ – Der Tod Louvois' – Der Kaiser bewilligt Hannover die Kurwürde – Die Verhaftung Schönings – Die Gefangennahme des Administrators – Max Emanuel, Statthalter in Belgien, er verliert Namur – Louis nimmt das Kommando im Westen an – Ruhmbegierde und Heimatsgefühl – Reichsfürstliches und deutsches Empfinden – Der Wiederaufbau von Wien

Man erinnert sich: als im Herbst 88 Ludwig XIV. losschlug, waren es die Teilnehmer des Magdeburger Konzerts, die sofort Truppen an den Rhein schickten, das Reich folgte erst im nächsten Jahr mit der Kriegserklärung nach. Die vier Fürsten unterhielten ein stehendes Heer, das Reich dagegen mußte die Kontingente bewilligen, ausrüsten und sammeln.

Damals hatten Braunschweig, Brandenburg, Sachsen und Hessen-Kassel unter dem Eindruck der Hugenottenverfolgungen und des vom Zaune gebrochenen Angriffs auf Philippsburg, Mainz, Bonn Gebrauch von ihrer Souveränität gemacht, indem sie aus eigenem, nicht aus Reichstagsbeschluß gegen den König von Frankreich marschierten. Es war einer der idealistischen Augenblicke, wo das eigene Interesse und das des Ganzen zusammenfallen. Deutschland unbesiegbar, wenn geeinigt, hatte jener Pater gedichtet, und in der Tat, es waren recht ansehnliche Heere ins Feld gerückt.

Wer zahlte ihren Sold, ihre Ausrüstung, ihren Unterhalt, ihr tägliches Obdach und ihre Winterquartiere? Man konnte doch nicht gut wie die französischen Generale Lebensmittel, Futter und Geld durch Streifkorps eintreiben lassen, man war ja in Freundesland. Unter Freunden nannte man diese Zwangsabgaben Kriegssteuern, leitete sie in eine gemeinsame Kasse und verteilte sie mit Hilfe eines Schlüssels.

Aber das war ein ungemein umständlicher Vorgang mit endlosen Schreibereien. So übertrug man diesmal den Armierten selbst die Steuererhebung und ermächtigte den Kaiser, ihnen die Gegenden zuzuweisen, wo sie diese ›Assignationen‹ von den ›Assignierten‹ einziehen konnten.
An Schreibereien fehlte es auch bei dieser Methode nicht, da es zwar wenige Empfänger, aber desto mehr Zahler gab und für jede dieser Zuteilungen ein Vertrag gemacht werden mußte. Ein schlauer Kopf hätte schon damals die Assignationen in richtige Assignate mit Zwangskurs verwandeln und damit das Papiergeld erfinden können.
Zu den Lasten gehörten auch die Quartiere, die man den Truppen der Armierten beim Durchzug oder im Winter zu gewähren hatte. Sachsen zum Beispiel bekam den Kreis Franken zugewiesen. Aber Franken kaufte sich lieber frei, indem es dem Kaiser Barzahlungen leistete. Worauf Sachsen mit Franken, dem Kaiser, dem Reichstag in einen Zank über Assignationen und Quartiergelder geriet.
Ein Heer, eine Steuer, ein Reich wären nötig gewesen, aber es gab sie nicht. Und Enthusiasmus, der nicht mit dem weniger edlen Zwang zusammengegeben wird, verfliegt bald. Die stattlichen Heere von 1689 hatten am Ende des Feldzugs nicht mehr erreicht, als daß sie glücklich vor der französischen Front aufmarschiert waren – vor der französischen Festung, wenn man ganz Frankreich als geschlossenes Festungssystem einschließlich des Glacis am Rhein auffaßt. Die Einnahme von Mainz, das man nie hätte aufgeben dürfen, ändert nichts an diesem Urteil.
So mußte wenigstens 1690 der Einbruch in die Festung erfolgen. Aber es war nun schon das dritte Jahr. Die Führer verstanden sich nicht, die Unzufriedenheit mit den Assignationen wuchs. Die Erfolge des Feldzuges standen in einem lächerlichen Verhältnis zu den Aufwendungen. Die Armierten rechneten sich aus, was zu guter Letzt bei dem Geschäft herausschauen werde. Ludwig XIV. sollte die Kosten zahlen, aber das tat er nur, wenn man ihn niederzwang. Wer glaubte noch, daß es gelingen würde?
Jetzt setzten auch die fremden Werbungen ein. Der Kaiser selbst trat ja Jahr um Jahr als Mieter auf, für seinen ungarischen Schauplatz, dann auch für den savoyischen, England für den belgischen, Holland für den gleichen und sich selbst,

Spanien für den in Savoyen und später den eigenen in Katalonien.
Ludwig XIV. seinerseits hielt sich den Deutschen gegenüber in der Defensive, und es hatte seinen Sinn: auch dieses Mal als guter Kenner der Zustände im Reich so lange zu warten, bis die Kriegsunlust die Reichsstände und schließlich auch die ganze Große Allianz reif für Sonderverhandlungen mache. Seine Feldherren schickten zwar nicht die Fahnen deutscher Paschas nach Paris, aber er erreichte auch so sein Ziel. Die Finanzen waren in Unordnung, doch hielten die Nerven immer noch ein Jahr länger als bei den Deutschen aus, und eben darauf kam es an.
Jeder sann darauf, seine Einnahmen zu vermehren. Brandenburg schloß im Herbst 1690 mit dem Gouverneur der spanischen Niederlande einen Vertrag, wonach es auf dem linken Rheinufer 20000 Mann stehn lassen mußte, zum Entgelt Subsidien von England, Holland und Spanien bezog. Die Folge war, daß es sich auf den belgischen Schauplatz beschränkte und am Mittel- oder Oberrhein ausschied. Daneben lieh es noch Regimenter nach Ungarn aus und schließlich auch nach Savoyen. ›Brandenburgs Kraft, zersplittert und zerrissen, war überall und nirgends.‹
Anno 1691 schied im Westen auch Max Emanuel aus. Er übernahm den Oberbefehl in Savoyen und führte 6000 Mann fort. So trat am Rhein nun Kursachsen in den Vordergrund. Aber obwohl ihm Süddeutschland assigniert worden war, hatte Johann Georg III. im vergangenen Winter seine Truppen nach Hause führen müssen, weil Schwaben und Franken lieber kaiserliche aufnahmen. Ein neuer Vertrag regelte endlich diese Frage. 300000 Gulden aus Franken und Frankfurt, Winterquartiere ohne Verpflegung für 6000 Mann wurden ihm zugesichert, dafür hatte er 1691 12000 Mann gestellt.
Schön; aber er zahlte drauf. Und da er den Krieg aus eigenen Stücken begonnen hatte, konnte er auch aus eigenen aufhören, zum mindesten neutral werden. Neutralität war eine andere Form des Geschäftes – des Kampfes ums Dasein, wenn es besser klingt. Schon die Androhung war es. Entdeckt hatten das Braunschweig, Münster und Schweden. Sie hörten alle dem zu, was die französischen Gesandten ihnen ins Ohr raunten, und bildeten die sogenannte Dritte Partei, die ihre

Eigensüchtigkeit hinter der Erklärung verbergen konnte, sie diene durch Herbeiführung des Friedens auch dem Reich.
Johann Georg ließ sich von General Schöning leiten, der aus brandenburgischen Diensten in sächsische getreten war. Die Gespräche, die nun auch er mit Frankreich führte, erklären, weshalb im Sommer 91 der Krieg am Rhein so lau geführt wurde, auf beiden Seiten. Lorge machte nur zwischenhinein einen kleinen Vorstoß nach Schwaben, um Vorräte und Kontributionen einzutreiben. Dann zog er rheinaufwärts, die Deutschen folgten ihm nach, und beide wichen dem Kampfe aus. Zuletzt wurde Johann Georg krank und starb. Schöning und Caprara standen wie Katz und Hund, es löste sich alles in das gewohnte Phänomen der Winterquartiere auf.
In Frankreich trat 1691 durch Tod Louvois' ab, der Ludwigs Jugendschwur, ohne Minister zu regieren, zu einem Meineid gemacht hatte. In Savoyen fiel Nizza. Nur Wilhelm von Oranien hatte Erfolg, er vertrieb Jakob gänzlich aus Irland und wurde dadurch für seine Person wenigstens frei: er konnte jetzt ein Kommando auf dem niederländischen Schauplatz übernehmen. Andrerseits hatte Ludwig eben dadurch, daß Jakob nichts mehr war, ein Lockmittel an der Hand, die Anerkennung Wilhelms. In politicis läuft alles darauf hinaus, erstens nach dem *Cui bono* zu fragen und zweitens die Antwort zu finden.
1692 machte Leopold einen Gegenzug, um die Dritte Partei matt zu setzen und Schöning nebst dem neuen Kurfürsten die Lust zum Anschluß zu nehmen. Er bewilligte Ernst August von Calenberg-Hannover mit ungewöhnlicher Raschheit des Entschlusses im März die Kurwürde, trotz des Aufruhrs, in den diese Erhöhung sämtliche Markgrafen, Herzöge und Fürsten im Reich auf Jahre hinaus versetzte. Wir sind Ernst August, seiner Frau, Sophie von der Pfalz, seiner unglücklichen Schwiegertochter Sophie Dorothea von Celle, seiner Enkelin Sophie Dorothea begegnet und haben erwähnt, daß seine Tochter Sophie Charlotte den Sohn des Großen Kurfürsten heiratete, daher Friedrich der Große von Vater- und Mutterseite dieselben Urgroßeltern hat.
Nach dem Erfolg Ernst Augusts stellte auch Johann Georg IV. von Sachsen seine Bedingungen. Sie waren so hoch, daß Leopold sie nicht annahm: das Oberkommando, Subsidien der Seemächte und als Pfand die Besetzung von

Erfurt. Der Kurfürst rief seine Truppen vom Rhein zurück, Leopold verhaftete Schöning, der gerade in Böhmen war, wegen Hochverrats, und steckte ihn in den Spielberg.
So schrumpften am Oberrhein die Armierten auf 7 Regimenter ein, die Kreistruppen dagegen stellten 18. In Schwaben war armiert nur der Herzog-Administrator, der Vormund des sechzehnjährigen Eberhard Ludwig (desselben, der als Herzog Ludwigsburg baute und in den Händen der Grävenitz war). Den Oberbefehl über die Kreistruppen hatte der fränkische Kreisgeneral, Markgraf von Bayreuth. Die mittelrheinische Armee führte der Landgraf von Hessen-Kassel. Als man über den Rhein rückte, gerieten die beiden Herren aneinander, denn wer sollte den ehrenvolleren rechten Flügel haben? Sie fanden den Ausweg, in den Tagesbefehlen die Worte Rechts und Links sorgsam zu meiden, worüber Villars, der in allen Zonen seine Erfahrungen sammelte, sich weidlich lustig machte.
Der Landgraf wünschte die Ebernburg, ehemals Sickingens Feste, zu belagern. Der Markgraf von Bayreuth wollte Schwaben vor einem Einfall Lorges schützen. Zuletzt tat er es auch, aber es war zu spät. Lorge überraschte im August den Administrator in der Nähe von Pforzheim, bei Ötisheim, und nahm ihn gefangen. Die Franzosen erhoben von Württemberg nicht nur die im Augenblick auferlegten Kontributionen, sondern auch alle seit 1689 ›rückständigen‹, eine halbe Million Livres. Sie verbrannten Durlach, Kalw, die Abtei Hirschau.
In Belgien war Ende 94 Max Emanuel Gouverneur geworden, aber Ludwig XIV. eroberte Namur. Der Oranier verlor im gleichen Jahre 92 die Schlacht von Steenkerken gegen Luxembourg, die Franzosen zur See die von La Hogue.
Einzelheiten ermüden, wenn man sie als solche zu sich nimmt. Auf ein Ganzes bezogen, sind sie nie langweilig. Die hier berichteten führen in einen Zustand ein, sie setzen das Bild zusammen, das die Unterschrift Reichskrieg oder auch Reichsverfassung trägt.
Als Ludwig Wilhelm im Novermber 1692 krank in Wien ankam, nahm er an einer Sitzung des Kabinetts teil. Er erklärte sich bereit, an den Rhein zu gehn, wenn man ihm 10000 Ungarn mitgebe. Der Kardinal für Ungarn erwiderte erregt, eine solche Aushebung bedeute die Auslieferung des Landes

an die Türken. Ludwig Wilhelm ermäßigte seine Forderung auf 3000 Mann. Schließlich war Ungarn nicht zuletzt durch ihn und deutsche Truppen befreit worden.

Im Januar 1693 fand eine neue Sitzung statt, mit dem Kreisobersten, Markgrafen von Bayreuth. Schickte man nach Schwaben nicht den Markgrafen, so stand zu befürchten, daß es sich mit Ludwig XIV. verglich und neutral wurde. Der König entließ eben, um das zu erreichen, den Administrator von Württemberg aus der Gefangenschaft. Der Gegenzug des Kaisers bestand darin, daß er den jungen Eberhard Ludwig volljährig erklärte und alle Beamte des alten Eides entband.

Ludwig Wilhelm nahm das Kommando an, behielt sich aber ausdrücklich die Rückkehr nach Ungarn vor. Die Rückkehr wurde ihm zugestanden, nicht die Mitnahme seines Quartiermeisters Haßlingen, der von Amts wegen Jahresberichte über die Feldzüge Ludwig Wilhelms verfaßt hat. Ebensowenig konnte der Generalleutnant den ersten Ingenieur des Kaisers und den besten Artilleriegeneral bekommen. Einem Kurfürsten sollte er nicht untergeordnet werden, diese Bedingung stellte er. Der Oberbefehl bezog sich auf die kaiserlichen Regimenter, auf die Kontingente des Reichsheers, vor allem auf die Truppen der Kreise Schwaben und Franken, die nun von ihm zu einem stehenden Heer geformt werden sollten.

Er gehörte nicht zu den Kurfürsten, was er bitter genug empfand. Die großen Herren konnten sich ein eigenes Heer leisten, der Markgraf im geteilten Baden nicht. Der Vorschlag der beiden Kreise barg Möglichkeiten in sich, aber auch wenn er durch sie ein Heer in die Hände bekam, war er schließlich doch nur Inhaber eines Postens, nicht eigener Herr. Der Vorschlag interessierte den soldatischen Fachmann, auch den Landesvater, weit weniger den ehrgeizigen Fürsten. Es zog ihn nicht sehr nach dem Westen. Mehrung des Ruhmes wartete dort kaum auf ihn. Und dem Ruhme war sein Denken in einem Maße unterstellt, daß *reputation* und *glori* für ihn dasselbe bedeuteten wie für den französischen Paten die Gloire. Ruhmbegierde war das Steuer seines Lebens. Der Ruhm, den er sich durch persönliche Leistung erwarb, sollte den Abstand, der ihn von den großen Landesherren trennte, ausgleichen.

In den populären Darstellungen seines Lebens entspringt der Entschluß, an den Rhein zu gehn, auf kürzestem Weg der Vaterlandsliebe, dem Gehorsam gegen den Kaiser, dem deutschen Empfinden und dem Heimatgefühl. Keiner dieser Tugenden, zum mindesten den drei ersten nicht, braucht widersprochen zu werden, doch vereinfacht der Idealismus gar zu sehr.

Am schwächsten ist es um das Heimatgefühl bestellt, diesen bürgerlich-intimen Begriff, der auf Fürsten, einen fast internationalen Stand, nicht angewandt werden kann. Wie jeder andere seinesgleichen wäre Ludwig Wilhelm überall hingegangen, wo man ihm ein größeres Herzogtum gegeben hätte. Der Trieb, den Rang des Hauses zu erhöhen, kam bei Fürsten vor den sentimentalischen Werten. Wenn man König von Polen werden konnte, zögerte man keinen Augenblick, in die Fremde überzusiedeln.

Auch Ludwig Wilhelm wird sich noch um die polnische Krone bewerben. Sein Nebenbuhler, August der Starke, erfüllte die unumgängliche Voraussetzung, die Annahme der katholischen Religion, und opferte die stimmungshafte Überlieferung seines Hauses, das der Vorkämpfer des Luthertums gewesen war. Der Herzog von Braunschweig hätte denselben Preis gezahlt, um Kurfürst von Hannover zu werden, und bot ihn tatsächlich an. Man muß also mit der idealistischen Betrachtung vorsichtig sein bei Menschen, die im Kampf um die Selbstbehauptung Realisten waren.

Die Schaffung einer größeren Markgrafschaft durch Erweiterung ließ sich nur schwer bewerkstelligen. Das nächste Nachbargebiet südlich von Bühl war die Ortenau, die zu den österreichischen Vorlanden gehörte. Der Verlust von Hagenau und des Sundgaus hatte diese Landschaft isoliert. Ludwig Wilhelm faßte sie als Entschädigung für seine Verluste ins Auge, aber der Kaiser erklärte, ein Mitglied seiner Familie dürfe er nicht berauben. Statt dessen machte er schon 1691 dem Markgrafen Aussicht auf den ehemaligen Besitz im Elsaß, darüber hinaus auf das ganze Elsaß einschließlich Straßburgs – nur mußte das alles erst erobert werden. Und weil diese Eroberung im Monde stand, bewilligte er seinem Feldherrn damals, für die Dauer des Krieges, jährlich 24000 Gulden, zahlbar an der Kasse Böhmen.

Ludwig Wilhelm war gewiß einer der Fürsten, die am

deutschesten empfanden, ja er ist vielleicht der einzige, der sich überhaupt nicht mit Ludwig XIV. einließ. Es sprachen immerhin persönliche Empfindungen mit. Nicht vorstellen darf man sich ihn als einen Militär späterer Zeiten, der nur den bedingungslosen Gehorsam gegen den obersten Kriegsherrn kennt. In erster Linie war er nicht dienender General, dem es um eine Lebensstellung zu tun ist, sondern Fürst, und es fiel ihm recht schwer, zu denken, daß andere das Rangverhältnis, in das er diese beiden Eigenschaften brachte, umkehren könnten.

Ein Kurfürst nahm kein Geld, er nahm Subsidien; der General aber, auch wenn er Fürst war, wurde mit Dienstbezügen entlohnt: um so bewußter betonte er sein Fürstentum, durch Auftreten, Ausgaben und eine Wachsamkeit, die sich kein Tüpfelchen von dem, was ihm zukam, abhandeln ließ. Nicht umsonst wählte man in Wien die Generale und hohen Würdenträger aus Italienern, Slawen, Ungarn, Wallonen, anderen Fremden: sie machten weniger Schwierigkeiten als die Reichsfürsten und ließen sich zu einem örtlichen Hofadel zusammenschweißen.

Zum Entschluß, das Kommando im Westen anzunehmen, mag auch Augusta beigetragen haben. Die Briefe, die sie aus Wien an den Großvater schrieb, zeigen, wie sehr sie hangte und bangte, ›ob man meinen Herrn ins Reich oder in Ungarn wird schicken. Wollte Gott, es wär das Reich‹ (16. Dezember 92).

Die meiste Zeit war sie allein gewesen, und in Wien fühlte sie sich nicht wohl. Sie gehe selten aus, schrieb sie nach Sulzbach, empfange auch wenig Besuch, die närrischen Prätentionen der Leute könne man nicht zugeben. Es war der ewige Streit darum, ob man den Feldherrn als Markgraf oder General behandeln müsse. So gefiel es ihm und seiner Frau nicht in Wien. Nur Deutsche verderben sich die Stimmung durch solche Schwierigkeiten.

Wien war, nachdem die Belagerung von 1683 es halb zerstört hatte, prächtig auferstanden. Die Wiederherstellung fiel in eine Zeit, in der man zu bauen verstand. Damals entstand das Zentrum mit dem Reiz seiner Gassen, Bürgerhäuser und Paläste. Wenige Jahre später wird Eugen sein Belvedere beginnen; er besaß außerdem ein Stadthaus.

2

Eine Denkmünze auf dem Wechsel des Kommandos – War es richtig, zu wechseln? – Louis widerspricht der hannoverschen Kur – Die Überreichung des Goldenen Vließes – Louis tritt dem Fürstenbund bei – Standort Günzburg – Die Schroffheit seines Charakters – Die Verhandlungen mit dem Kreistag in Ulm – Kulpis – Am Rhein erscheinen Husaren – Georg von Darmstadt, Palffy, Harsch – Der Organisator Louis

Auf dem östlichen Schauplatz war der Stern Ludwig Wilhelms so hoch gestiegen, daß nur noch ein, zwei Feldzüge nötig sein mochten, um das begonnene Werk zu Ende zu führen: bis zum Frieden, der die Eroberungen sicherte. Der Instinkt sagte ihm, daß er hier als auf seinem Rhodos ausharren müsse. Aber man handelt oft gegen den Instinkt, weil man auf einem anderen Feld für notwendig erachtet wird und der Lage nach keine durchgreifende Begründung für die Ablehnung findet[19].

Wer hätte widersprechen dürfen, wenn er erklärt hätte, im Osten diene er der deutschen Sache ebensogut wie im Westen? Doch da brachte nun der Oranier diesen Einwand auf, was in Ungarn noch zu tun sei, könne auch ein anderer übernehmen, der Markgraf gehöre an die französische Front, und wenn einer Ludwig XIV. niederzuwerfen vermöge, dann er. Der Einwand war schmeichelhaft, und er kam von jemand, den Ludwig Wilhelm hochschätzte. Aber wir, die alles Nachträgliche überblicken, können nur bedauern, daß der Markgraf den Osten zwei Jahre zu früh verlassen mußte.

Weil er es tat, verzögerte sich der Friede mit den Türken, und es bedurfte noch einmal einer Anstrengung und eines Sieges, die einem andern gutgeschrieben wurden, Eugen – vor allem wohl deshalb, weil Eugen zwanzig Jahre später abermals einen Türkenkrieg führte und Belgrad nahm. In der allgemeinen Vorstellung ist der Mann, der den Kaiser oder gar das Reich vom türkischen Alpdruck befreite, Eugen – eine auf Unkenntnis beruhende Auffassung. Eugen brachte den Türken 1697 bei, daß nach ein paar Jahren der Unenergie nun wieder, sozusagen, 1691, das Jahr von Szlankamen, sei.

Ludwig Wilhelm selber sah im Wechsel der Kommandos keinen Abbruch des Begonnenen, machte er doch den Vorbehalt der Rückkehr. Beim Abbruch hätte er vom Kaiser den Lohn erwarten dürfen, auf den ein siegreicher Feldherr Anspruch hat. So war es denn der Vorbehalt, der ihn darum brachte. Was hätte er verlangen können? Wenn nicht die Rückgabe des Herzogtums Lauenburg, so doch eine Entschädigung dafür, daß man es den Braunschweigern ließ, die Ortenau zum Beispiel, das Land um Kehl und Offenburg. Statt dessen ging der Kaiser auf einen Handel ein, der Lauenburg der Sache nach schon jetzt dem, der es besetzt hielt, sicherte. Er machte Ernst August zum Kurfürsten von Hannover, ohne das Fürstenkollegium befragt zu haben; die Kurfürsten hatten zugestimmt.

Ludwig Wilhelm weilte in Wien, als der hannoversche Gesandte im Dezember 92 mit dem Kurhut belehnt wurde. Die Abmachung selbst war schon im März erfolgt, und die Verstimmung darüber hatte den Markgrafen ins Feld begleitet. Seine Kritiker wollten in ihr die Erklärung für die lahmen Operationen dieses Fiebersommers finden: er habe vorführen wollen, wie unentbehrlich er sei.

Er stand durchaus nicht allein. Der Kaiser erlebte die unangenehme Überraschung, daß eine ganze Anzahl von Reichsständen in Erregung geriet und die Angelegenheit politische Folgen zu zeitigen drohte. Da Böhmen seine Kurrechte nicht mehr ausübte, gab es bis jetzt fünf katholische Kurfürsten, Mainz, Trier, Köln, Pfalz, Bayern, und zwei protestantische, Sachsen und Brandenburg. Durch den Zutritt Hannovers erhöhte sich die Zahl der protestantischen auf drei. Das war aber nicht der einzige Grund zum Widerspruch. Der Kaiser habe eigenmächtig gehandelt und die Reichsverfassung geändert.

Bereits im Februar 93 überreichte eine Reihe von Fürsten eine Nichtigkeitserklärung. Weder der Reichshofrat in Wien noch das Kammergericht in Wetzlar noch der kaiserliche Kommissarius in Regensburg nahm das Schriftstück an. Unter diese Erklärung hatte Ludwig Wilhelm seinen Namen setzen lassen. Dem Verein oder Bund, den die Fürsten schlossen, war er noch nicht beigetreten. Ihn dazu zu bewegen, ihn davon abzuhalten, machten nun auf der einen Seite die Protestierenden, auf der anderen die kaiserlichen Vertreter Anstrengungen. Es bestand Gefahr, daß jene sich an Ludwig XIV. wand-

ten, den einen der Garanten des Westfälischen Friedens und der Fürstenrechte.
Ludwig Wilhelm hatte am 13. Februar mit seiner Gattin Wien verlassen, um für ein paar Wochen Aufenthalt in Böhmen zu nehmen. Er reiste mit fürstlichem Aufwand und Gefolge. An Standesbewußtsein stand Augusta ihm nicht nach. Im ersten bei Wien gelegenen Dorf wurde haltgemacht. Hier empfing unter großem Prunk Ludwig Wilhelm aus der Hand Eugens das Goldene Vließ, das der König von Spanien ihm nach Szlankamen verliehen hatte.
An der seltsamen Wahl eines Dorfes war die Kaiserin schuld. Sie hatte Ludwig Wilhelm nicht dasselbe Zeremoniell bewilligen wollen, das bei der Überreichung des Vließes an ihren Bruder, den Pfalzgrafen, beachtet worden war, und Ludwig Wilhelm darauf bestanden. So erfolgte die Verleihung auf der Reise und nicht ohne Demonstration vor den Toren von Wien.
Im März brach der Markgraf mit Augusta auf, um die Besprechungen mit den Franken und Schwaben abzuhalten. Zuerst wurde der Großvater Augustas in Sulzbach besucht. Sulzbach liegt im Fränkischen Jura und war damals selbständiges wittelsbachsches Herzogtum. Dann begaben sich die Gatten nach Nürnberg, dem Tagungsort des fränkischen Kreiskonvents.
Die Verstimmung zwischen dem Hof und dem Markgrafen nahm zu, als er in Nürnberg ungeachtet aller Vorstellungen mit Bamberg und Eichstätt den Beitritt zum Fürstenbund verabredete und durch den Freiherrn von Greiffen vollziehen ließ. Greiffen war schon sein Hofmeister gewesen; seither stand er als Präsident der Hofkammer, Hofmarschall und Vertreter beim Kaiser in seinen Diensten.
Von Nürnberg begab sich der Markgraf mit Augusta nach Günzburg, das näher bei Ulm als bei Augsburg an der Donau liegt. Hier wohnte er während der Wintermonate der nächsten Jahre in der kaiserlichen Burg. In Günzburg erfuhr er nun durch Greiffen, der wieder in Wien war, der Kurfürst von Sachsen habe sich in einem Brief an den Kaiser darüber verwundert, daß Baden und Salm als ›verpflichtete und salarierte Diener‹ der neuen Kur widersprechen dürften. Auch einer der Wiener Minister warnte, der Hof werde seine Haltung schwerlich vergessen, wenn man sich auch noch zu-

rückhalte, da er gebraucht werde. Der Kaiser selber wandte sich an ihn.
Ludwig Wilhelm schickte dem Minister eine schroffe Antwort. Er warf knappe Sätze hin: die Beamten des Hauses Österreich seien für Reichssachen nicht anzuerkennen, Drohungen bei ihm, dem Markgrafen, am wenigsten angebracht; ihn leite nur Ehre und Pflicht: ›geringer als geboren‹ mache er sich nicht. Der Kaiser nahm die Erwiderung so übel wie seine Beamten auf. Die Partei Baden, nie sehr groß, schrumpfte noch mehr ein.
Wer hatte recht? Nach seiner eigenen festen Überzeugung der Markgraf, der an der ›Libertät‹ der Reichsfürsten um so weniger rütteln ließ, als sie sich bei ihm mit seinem innersten Wesen, der Selbstbewußtheit, verband. Aber diese Auffassung, die nicht mit sich handeln ließ, stand im Widerspruch zu seiner Einsicht, daß Änderungen der Reichsverfassung notwendig seien. Er selbst strebte ja Reformen militärischer Natur an, hatte sich ihretwegen den Kreisen zur Verfügung gestellt.
Man konnte nicht ewig bei den mittelalterlichen sieben Kurfürsten stehnbleiben, hatte auch schon im Dreißigjährigen Krieg Bayern hinzugenommen. Der Eintritt Hannovers hatte zur Folge, daß sowohl Sachsen als Brandenburg ihrerseits auf eine Erhöhung bedacht waren. Der Kurfürst von Sachsen wurde König von Polen und der von Brandenburg König in Preußen, zuletzt von Preußen. Die anderen Fürsten waren nicht weniger ehrgeizig, nur konnte man sie nicht gut alle eine Stufe hinaufsetzen, und deshalb widersprachen sie so heftig; Ludwig Wilhelm eingeschlossen, dem es nicht gelang, die Enge des Platzes, auf den er gestellt war, zu sprengen.
Was hatte der Beitritt zum Fürstenbund mit der Ehre zu tun? Ehre hieß in diesem und manch anderem Fall für den Markgrafen der Entschluß, nicht mehr abzugehn von dem, was *er* als richtig festgesetzt hatte. Man überlegt nicht immer genau, wenn man einen Protest mit vielen andern unterschreibt. Deshalb muß man sich nachträglich prüfen, ob nicht vielleicht doch ein Affekt mitgesprochen hat – eine Verärgerung etwa, die Unlust, ausgerechnet denen zur Standeserhöhung zu verhelfen, die ihn um Lauenburg gebracht hatten, den Braunschweigern. Die Frage, ob die Errichtung der neunten

Kur der Zustimmung der Fürsten bedürfe, ließ sich überhaupt nicht in der ethischen Sphäre entscheiden, nur in der rechtlichen und staatlichen. Die Ehre Ludwig Wilhelms wäre nicht geringer gewesen, wenn er sich dem Kaiser, mit dem ihn Jahre gemeinsamen Erlebens verbanden, in einem kritischen Augenblick willfährig erwiesen hätte.
Er besaß das, was so vielen Menschen in hervorragender Stellung abgeht, im reichsten Maß: Charakterstärke. Aber er setzte sie zu früh ein, wo sie sich nicht lohnte, weil es noch gar nicht um moralische Dinge ging, und so begegnet sie uns in der problematischeren Form der Unbeugsamkeit, die halsstarrig, eigensinnig, ungeschmeidig macht. Vor allem verengert sie die Spannweite und den Spielraum des Seelischen.
Den Gegnern der neunten Kur genügte der Fürstenbund nicht. Ihre Führer waren Dänemark, das wegen Lauenburgs Hannover haßte, der Bischof von Münster und ein in Wolfenbüttel regierender Braunschweiger. Sie schlossen ein Schutzbündnis. Diesem wenigstens trat Ludwig Wilhelm nicht bei. Er ließ in Wien sagen, als Markgraf habe er die Sache der Fürsten ergreifen müssen, als Generalleutnant stehe er fest zum Kaiser. Die Einführung Hannovers in das Kurfürstenkollegium erfolgte übrigens erst 1708.
Auch der Kurfürst von Sachsen einigte sich mit dem Kaiser und erhielt, wenn auch nicht Erfurt, so doch seine anderen Forderungen zugestanden, dazu die Erhöhung seiner Geliebten oder Mätresse zur Reichsgräfin von Rochlitz. Da er Subsidien von 400 000 Talern bezog, verzichtete er auf die Forderungen an den schwäbischen und fränkischen Kreis, und das kam Ludwig Wilhelm zugute. Die Kreise hatten ihn verlangt, sie brachten ihm Vertrauen entgegen, und er seinerseits war nun in seinem Element, dem Organisieren.
An allem fehlte es, an Artillerie, Brückentrain, Magazinen, Zufuhrwesen. Von Günzburg aus verhandelte er mit den schwäbischen Ständen, die im nahen Ulm ihren Kreistag abhielten. Die Stände Konstanz und Württemberg hatten ihn eingerufen. Im Vertreter Württembergs fand er einen einsichtigen Mann. Es war Johann Georg Kulpis, vierzig Jahre alt, ein geborener Hesse, Jurist und Publizist. Kulpis hatte sich an dem von Pufendorf aufgeworfenen Streit, ob das Reich überhaupt noch existiere, mit der Feder beteiligt, von 1683 bis 86 in Straßburg als Professor gewirkt, dann einen

Ruf nach Stuttgart als Oberrat und Kirchenrat angenommen.
Die Kreisbeschlüsse, Rezesse genannt, bestimmten, daß die Kreise ihre Verfügungsfreiheit zurückgewännen, wenn Ludwig Wilhelm das Kommando niederlege. Damit wurde ihm eine Fessel geschmiedet, die auch der Kaiser schwer lösen konnte. Denn es bestand immer die Gefahr, daß die von den französischen Heeren bedrohten Kreise, wenn es nicht mehr anders ging, Frieden mit Ludwig XIV. machten. Hinzu kam sein eigener Charakter: der nun einmal übernommenen Aufgabe keinen Pardon zu geben. Er übernahm sie mit Haut und Haar, mit allen Einzelheiten.
Er verfügte im Feldzug von 1693 zunächst über schwäbische, fränkische und kaiserliche Regimenter. Vier bayrische kamen hinzu, sie hielten die Postierungen auf dem Schwarzwald. Bayern hätte noch mehr Truppen stellen können, ließ sie aber unbeschäftigt zu Hause stehn, einerseits, weil es sie an Venedig vermieten wollte, andrerseits, weil Streit mit den Kreisen wegen der Verpflegung entstand.
Eines der katholischen unter den schwäbischen Regimentern führte der Schweizer Würz von Rudenz, der 1689 Gernsbach gerettet hatte. Gernsbach war inzwischen freilich auch besetzt worden. Die markgräfliche Regierung befand sich seither meist in Rottenburg am Neckar. Zu den fränkischen Regimentern zählten zwei in Sold genommene würzburgische und vier gothaische, die Graf Wartensleben befehligte, ein Mann, der in ganz Europa herumzog, überall Dienste nahm und wieder aufbrach, bis er in Berlin Fuß faßte und eines der drei W oder Weh Preußens wurde, die den ersten König beherrschten.
Die kaiserlichen Truppen setzten sich aus den beiden Husarenregimentern Kolonitsch und Palffy, einem Schweizerregiment unter Oberst Bürkli, einem sächsischen Mietsregiment und einem von den oberösterreichischen Ständen unterhaltenen zusammen. Die drei letztgenannten taten meist Garnisondienst von Konstanz bis zu den vier Waldstädten Säckingen, Laufenburg, Rheinfelden und Waldshut.
Man sieht, in welchem Raum der Generalleutnant sich bewegte: der Rhein von Konstanz bis Basel, derselbe von Basel bis Mainz, der Main und eine von Lindau nordwärts gezogene Linie umgrenzen ihn. Hier also wollte Ludwig Wilhelm

ein zunächst von den Kreisen Schwaben und Franken bestrittenes Reichsheer ins Leben rufen. Er hoffte, dieses Vorbild werde auf das übrige Reich übergreifen, auf den bayrischen und oberrheinischen Kreis, dann auf die anderen.
Der Kaiser schickte überallhin Gesandte. Aber die Antworten wichen aus. Ludwig Wilhelm erreichte mit den Truppen, die für die Feldoperationen zur Verfügung standen, kaum die Hälfte derer, die Lorge gegen ihn führte. Er verhandelte, um wenigstens die nächsten Armierten zu erfassen, mit Kurmainz und Hessen-Darmstadt. Dieses schickte den Prinzen Georg, der elf Jahre danach den Engländern durch einen Handstreich die Festung Gibraltar gewann. Über diesen Verhandlungen verlor man das, was im Krieg so wichtig wie das Geld ist: die Zeit, den Augenblick.
Der Palffy, der eines der Husarenregimenter führte, war derselbe, der Jahrzehnte später Maria Theresia große Dienste leistete, als es darum ging, daß Ungarn die weibliche Nachfolge anerkannte. Husaren waren für den Westen neu. Sie taten Aufklärungsdienst und beunruhigten den Feind, der sie alsbald nachahmte, indem er zunächst ihre Deserteure zusammenstellte. Diesseits des Rheines waren sie dem Bauern verhaßt, da sie ihn ausplünderten. Insbesondere nahmen sie ihm die Pferde fort. Um ihren Sold stand es schlecht, statt ›schmuck‹ waren sie abgerissen und kniffen massenhaft nach Ungarn aus. Dorthin schickte man auch die französischen Überläufer, während die Franzosen wiederum die deutschen nach Katalonien abschoben, wo Ludwig XIV. nun auch den König von Spanien direkt angriff. Deserteure waren willkommen, sie trugen Nachrichten zu.
Als Quartiermeister hatte der Markgraf einen Elsässer, Harsch, der schon mit den Venetianern in Griechenland gewesen war. Nach dem Frieden bereiste Harsch Persien. Dann nahm er Dienste beim Kaiser und verteidigte 1713 Freiburg aufs tapferste. Als Quartiermeister führte er, wie früher Haßlingen, das Lagertagebuch.
Unendliche Mühe machten die Fragen der Verpflegung und Ausrüstung. Schlachtvieh brauchte man nur für die Offiziere zu besorgen, der gemeine Mann bekam nie Fleisch zu sehn, wenigstens kein legitimes. Die Vorräte wurden von schwäbischen, fränkischen und kaiserlichen Magazinen getrennt verabreicht, obwohl sie oft im gleichen Orte lagen. Zahlun-

gen erfolgten aus drei getrennten Kassen. Die ungarische Hofkammer hatte dem Generalleutnant 300000 Gulden bewilligt – er kam nicht im geringsten aus. Der Hofkammer stand Kardinal Kolonitsch vor, der sich auf den fiskalischen Standpunkt des Sparens und Verweigerns stellte. Er hatte seine Verdienste um den Aufbau Ungarns, dessen Geldbedürfnis ungeheuer war. Als Ludwig Wilhelm für das darniederliegende Fuhrwesen 500 ungarische Ochsen verlangte, erhielt er keinen einzigen. Die Streitigkeiten rissen nicht ab.
Nach Schwaben schickte der Kardinal Einzelkommissare, die freihändig Getreide aufkauften, während der Markgraf mit Großlieferanten arbeitete, die nicht gleich wankten, wenn sie Kredit geben mußten. Der bedeutendste war der alte Samuel Oppenheim, der aus Heidelberg stammte, der Hoffaktor in Wien. Den österreichischen Kredit verkörperte er; bei seinem Tod brach eine Panik aus.
Der Generalleutnant lud sich zu allen andern Sorgen noch die um diese Einzelheiten auf. Der Schreibereien und Tagesbefehle, der politischen, kaufmännischen, militärischen Verhandlungen war kein Ende. Er erließ Ordnungen, worin er sich um das Beten kümmerte und alle Sünden des Soldaten behandelte, das Gotteslästern, Brennen, Schänden, Plündern und ›andere gegen Himmel schreiende Laster‹. Er erstattete dem Kaiser Bericht, wechselte Briefe mit dem Oranier, mit Herzögen, Grafen, Bischöfen, dem Prinzen Eugen und Augusta, mit den Ständen und Armierten – das begann schon in Günzburg, verdichtete sich dann im verschanzten Lager bei Heilbronn, das einem Epiker Stoff gäbe wie das Wallensteins dem Dramatiker. ›Die Gesandten der großen und kleinen Herrn gingen bei ihm aus und ein.‹
Es war eine Schule der Diplomatie und Geduld, doppelt schwer für einen raschen, ungeduldigen, zugreifenden Mann. Wenn er nicht aus der Haut fährt, könnte es sein, daß er zermürbt wird.
Seltsam genug: mit den demokratisch aufgespaltenen süddeutschen Kreisen – der schwäbische wimmelte von freien Städten – versuchte er, der absolutistisch dachte, ein einheitliches Heer zu schaffen. Als Reichsfürst ließ er sich nicht das geringste seiner Vorrechte abhandeln – als Feldherr mußte er die Vielheit seiner Standesgenossen verwünschen und, statt zu diktieren, den guten Willen, das gemeinsame deutsche

Interesse anrufen. Er besaß eine friderizianische oder napoleonische Ader, aber nicht die Macht dessen, dem alles gehorcht. Die Paradoxie wird sichtbar, daß der Absolutismus dem Absolutismus im Wege stand, nämlich der vielfältige dem einen.

Wenn es in der neueren deutschen Geschichte einen Versuch gab, durch die Zusammenfassung kleiner bodenständiger Willigkeiten zur großen Reichsreform zu kommen, dann damals. Aber Ludwig Wilhelm hätte Wallenstein und ein Empörer sein müssen, um die Idee durchzusetzen. Und das verwehrte ihm nicht nur sein legitimistisches, sondern auch sein durch und durch rationales, undämonisches Denken. Das Irrationale wehte ihn nur in den ungarischen Jahren an, als er, fern dem wirklichen, dem hemmenden Europa, ins Verwegene stürmte.

3

Das Lager von Heilbronn – Heidersdorf übergibt Heidelberg, die Zerstörung von 1693 – Kriegsgericht über Heidersdorf – Lorge greift bei Heilbronn an und zieht sich zurück – Die Verwüstungen in Schwaben

Am zufriedensten war der Generalleutnant mit den Kreisregimentern, die zehn Jahre Krieg, zum Teil unter ihm in Ungarn, hinter sich hatten. Sie wenigstens erhielten den Sold von ihren Ständen und kämpften mit dem Bewußtsein, die Heimat zu schützen. Die ausgeliehenen Truppen der Armierten dagegen waren meist recht froh, wenn sie so spät wie möglich ins Feld und so früh wie möglich aus ihm rückten.

Aber diese Kreistruppe genügte nicht. Die Sorgen des Feldherrn waren nicht gering. So früh er sich in Bewegung setzte, es bestand Gefahr, daß Lorge ihm zuvorkomme, was auch geschah. Am 18. Mai brach Ludwig Wilhelm von Esslingen nach Heilbronn auf, dem Angelpunkt aller Operationen dieses Jahres. Augusta begleitete ihn, nun achtzehn Jahre alt. Später nahm sie Aufenthalt in Schwäbisch-Hall[20].

Stadt und Lager Heilbronn wurden befestigt. Ludwig Wilhelm wartete noch auf Verstärkung, verhandelte auch mit Darmstadt und Mainz, als Lorge, auf Philippsburg gestützt,

schon mit dem Ausmarsch begann. Am 20. kam Nachricht, daß er Chamilly mit einem Korps gegen Heidelberg schicke und Mélac ihn decke. Der Markgraf forderte den Platzkommandanten, den fränkischen Feldmarschalleutnant Heidersdorf, aufs bestimmteste auf, sich zu halten und diesen Befehl den Offizieren vorzulesen. Heidersdorf tat nicht einmal das.
Die Wahl Heidersdorfs fiel nicht Ludwig Wilhelm zur Last. Sie war im vergangenen Herbst getroffen worden, als man Postierungen gegen die Franzosen einrichtete, die Herrn der Rheinebene von Basel bis Philippsburg waren. Heidersdorf versagte vollständig. Er hatte Angst vor dem Schießen, was nicht hinderte, daß er hoch gestiegen war. Sein Schlendrian ging so weit, daß er erst am 15. ins Hauptquartier meldete, Heidelberg sei nicht genügend bestückt.
Er sah das von ihm verschuldete Elend kommen und schaffte seine Möbel fort. Auch verlangte er immer wieder Urlaub, da er kränklich sei. Er machte Geschäfte mit waffenfähigen Bürgern, denen er Pässe gab. Wenn das Grücht wahr war, stand er in Beziehungen zur Frau des Rabbiners Süßkind Oppenheimer und setzte mit ihr den als Jud Süß bekannten Finanzberater Karl Alexanders von Württemberg in die Welt.
Am 19. rückten die Franzosen vor die Stadt, mit einem starken Heer, dem 1200 Mann Garnison und höchstens 800 Bürger und Studenten gegenüberstanden, dazu 400 Mann eines fränkischen Regimentes, das herbeieilte, während das in Darmstadt liegende nicht ohne Befehl des Landesherrn handeln wollte, der in Stuttgart war. Eine neue Anordnung des Generalleutnants befahl, auf kein Angebot des Feindes einzugehn, die Stadt bis zum äußersten zu halten und, wenn man sich aufs Schloß zurückziehn müsse, den Proviant in ihr zu zerstören.
Aber Heidersdorf räumte am 22. ohne Gegenwehr die Stadt, in der eine Panik ausbrach und alles in die Heilig-Geist-Kirche oder hinauf ins Schloß drängte. Die Soldaten, Franzosen und Iren, steckten die Häuser an und plünderten die Flüchtlinge in der Kirche bis auf den nackten Körper aus. Schon brannte auch hier der Dachstuhl, als ein französischer Seelsorger die Öffnung der Türen durchsetzte.
Erst an diesem Tag wurde Heidelberg vollständig zerstört.

Auf dem Schloß pferchten sich Tausende in den Gewölben unter den schon 89 ausgebrannten Sälen zusammen. Das Mehl hätte drei Tage für die Besatzung gereicht. Vier Geschütze gab es, Heidersdorf hatte alle in der Stadt zurückgelassen. Das Muster von einem Kommandanten erhielt freien Abzug, offenbar fürchtete man auf französischer Seite einen Überfall des Markgrafen.
Die Besatzung marschierte nach Heilbronn. Heidersdorf wurde vor den Augen der mitgehenden französischen Eskorte verhaftet. Am 30. trat das Kriegsgericht zusammen, das alle Chargen vom General bis zum Gemeinen umfaßte. Es verurteilte Heidersdorf zum Tode. Der Kaiser bestätigte den Spruch. Aber der Deutschorden, dem Heidersdorf angehörte, bildete aus den im Heer befindlichen Komturen und Rittern ein eigenes Gericht, das auf Ausstoßung erkannte und ihm das Ordenskreuz vom Halse reißen ließ.
Darüber verging einige Zeit, die Heidersdorf und seine Angehörigen dazu benutzten, um Ludwig Wilhelm, Augusta und den Deutschmeister um Gnade anzuflehn. Der Brief Heidersdorfs an den Deutschmeister beginnt: ›Hochwürdigster, Durchlauchtigster Gnädigster Fürst, Obrister und Herr Herr. In tiefster meiner Unglückseligkeit, in welche aus menschlicher Blödigkeit versetzt worden, werfe zu Euer hochfürstlichen Durchlaucht Füßen mich demütigst nieder, allerschmerzlichst und herzbrechend beseufzend, daß ...‹ und so weiter. Mit diesem Gewinsel erreichte er, daß ihm die Hinrichtung, aber nicht die schmachvolle Ausstoßung geschenkt wurde.
Am 20. fand sie vor den Augen des ganzen Heeres statt. Heidersdorf traf in einem Wagen aus Heilbronn ein, den er alsbald mit dem Schinderkarren vertauschen mußte. Man führte ihn von einem Flügel zum andern, dann in die Mitte, wo ihn 200 Reiter einschlossen. Nachdem das Todesurteil verlesen war, legte der Scharfrichter Hand an ihn. Nun erst ward die Begnadigung mitgeteilt. Der Henker zerbrach den Degen auf den Knien des Feldmarschalleutnants und schlug ihm die Stücke dreimal ums Gesicht. Dann setzte er Heidersdorf wieder auf den Karren, brachte ihn zur Neckarbrücke und jagte ihn davon mit dem Verbot, je wieder die Kreise oder kaiserliches Gebiet zu betreten.
Als einige Jahre später die Familie sich an den Markgrafen mit

der Bitte wandte, er möge die Verbannung aufheben, erwiderte er, es sei ihm unverständlich, wie man durch diesen Schritt das Andenken an einen Mann auffrische, der sich schwerlich noch unter Menschen zeigen möchte. Heidersdorf lebte noch lange in einem westfälischen Kloster.
Die Zerstörung von Heidelberg, bei der nur wenige Bauten wie der ›Ritter‹ stehnblieben, und der Widerhall, den sie in den ihm anvertrauten Ländern hervorrief, mußten den Generalleutnant so schwer wie eine verlorene Schlacht bedrücken. Es ergab sich auch nicht die Möglichkeit, sie durch einen Sieg vergessen zu machen.
Zwar wagte Lorge, der gegen Heilbronn vorrückte, keinen Angriff auf die feste Stellung, aber Ludwig Wilhelm auch keine auf den viel stärkeren Gegner. Lorge wandte sich zur Bergstraße, um Frankfurt zu berennen, wich vor den Sachsen und Hessen auf Heidelberg aus, stieß abermals gegen den Generalleutnant vor und schickte dabei Streifkorps, die Stuttgart und das Land bis zum Schwarzwald hin in Schrekken versetzten.
Im August erhielt er Verstärkung durch den Dauphin und Boufflers, ging oberhalb von Heilbronn über den Neckar, wagte auch diesmal nicht, eine Entscheidung anzubieten, gab die Verstärkungen wieder nach Flandern und Savoyen ab und zog sich im Oktober ins Winterquartier zurück.
Was hatte Ludwig Wilhelm erreicht? Nicht gar so wenig, wenn man die Befehle liest, die Ludwig XIV. Lorge schickte. Er verlangte den Sieg über den Markgrafen und die Einnahme von Heilbronn: dann war Süddeutschland wehrlos, die sogenannte Dritte Partei würde aufleben und den Kaiser zum Frieden drängen. Aus diesem Grund hatte der König seinem Marschall den Dauphin gesandt. Aber der Neffe Turennes war ein Zauderer.
Betrachten wir die Einzelheiten. Ludwig Wilhelm litt Mangel an Reiterei. Er ließ den Kurfürsten von Sachsen um 3000 Pferde und Mann bitten, dann werde er über den Neckar gehn und Lorge zurückwerfen. Der Kurfürst erwiderte, wenn er sie abgebe, fehlten sie ihm selbst. Hätten die Sachsen sich schon im Mai mit Ludwig Wilhelm vereinigt, so wäre es nicht zum Fall von Heidelberg gekommen. Doch der Kurfürst verlangte den Oberbefehl, der kaiserliche Unterhändler redete ihm vergebens zu. So traten die Sachsen und die Kas-

seler zunächst als Mainarmee selbständig auf, abgesehn davon, daß sie nicht vor Juni aufbrachen.
Nach dem Unglück zog der Markgraf das Regiment Würz aus dem Kinzigtal heran, und endlich sandte auch Bayern das von den Venetianern nicht abgenommene Regiment Zacco. Viel bedeuteten diese bescheidenen Kräfte nicht gegenüber den 70 Bataillonen und 205 Schwadronen, die nach dem Eintreffen des Dauphins im Kraichgau standen. Der König hatte geschickt, was nur aufzutreiben war, an 80000 Mann mit einer Vielzahl von Marschällen und Generalen. Ludwig Wilhelm erwog den Rückzug auf Ulm, der ganz Schwaben preisgegeben hätte. So beschloß er, den Angriff auf Heilbronn abzuwarten.
Nun endlich verstand sich Kursachsen zur Vereinigung, gegen die Zusage, daß wenigstens seine Generale und Offiziere rangmäßig den kaiserlichen vorangingen. Als dank den Anstrengungen Wartenslebens und des Kaisers auch darauf verzichtet war, konnten die Heere zusammenkommen; den vornehmen rechten Flügel erhielt der Kurfürst zugesagt. Ob er im Ernstfall die Befehle des Generalleutnants angenommen hätte, bleibe dahingestellt.
Mit den Sachsen, Kasselern und Brandenburgern zählte das deutsche Heer 54 Bataillone und 130 Schwadronen. Drei Führer und regierende Fürsten waren im Heilbronner Lager anwesend, dazu 37 Generale der verschiedensten Altersklassen. Sie alle zogen mit großem Gefolge ein, der Kurfürst ließ seine Rochlitz nachkommen.
Es bleibt zu verwundern, daß die so viel stärkere französische Armee, deren Lager sich stundenweit erstreckte, an einem einzigen Tage, dem 2. August, angreifend vorging. Die deutsche Front, zwischen Sontheim rechts und Talheim links aufgestellt, schaute nach Lauffen. Die Franzosen standen ihr nicht gegenüber, sondern links von Talheim in der Seite. Der deutsche linke Flügel bog parallel zu ihnen nach rückwärts ab. Die Stellung war trefflich gewählt. Die Verschanzungen, die sie fast im Kreise umgaben, so daß nur die Rückzugslinie nach Heilbronn und der Ausfallweg nach Lauffen freiblieben, erregten die Bewunderung Villars.
Am Morgen des 2. August ging der Dauphin an Lauffen vorbei auf Sontheim vor, fand die Stelle ungeeignet und rückte nun gegen den linken deutschen Flügel, um beim Schellhof

einen tiefen Geländeeinschnitt, starke Redouten und Batterien vorzufinden. Hier arbeiteten die Franzosen den ganzen Tag mit Faschinen, um die Geschütze einzubaun. Das war alles. Am Abend bezogen sie wieder die Ausgangsstellung. Aus der im voraus angekündigten Niederlage der Deutschen war nichts geworden.

Es hätte ihnen schlimm ergehn können, wenn in ihrem Rükken der Bauernkrieg ausgebrochen wäre, zu dem der Markgraf den Herzog von Württemberg und die Kreisstände aufgefordert hatte. Jetzt sei die Stunde der Entscheidung gekommen, jetzt müsse man allen Landleuten Waffen in die Hand geben, schrieb er an den Herzog. Der Herzog, der sich den bis Göppingen, Bamberg und Tübingen streifenden Franzosen ausgeliefert sah, mußte die ›Schnapphahnen‹ auffordern, sich ruhig zu verhalten.

Zu allem Unglück wurde der Markgraf krank, daher eine Gelegenheit, die unverhofft von der Natur geboten wurde, ungenützt blieb. Als am Abend des 10. ein Unwetter bei Freund und Feind die Zelte niederfegte und im Lager des Dauphins Brand ausbrach, erwarteten die Franzosen den Angriff des Gegners. Weder der Kurfürst von Sachsen noch der Landgraf von Hessen unternahmen etwas. Drei Tage später störten sie auch nicht den Rückzug des Feindes über den Neckar.

Der Herzog von Württemberg erklärte den Franzosen umsonst, er nehme nur als Reichsfürst am Kriege teil. Er hatte seine Truppen dem Kreis überlassen und mußte nun 400000 Taler zahlen, auch jährlich 100000 nach Philippsburg zusagen. 14 Geiseln wurden mitgenommen und starben zum Teil elend in den Kasematten von Metz. Württemberg, Baden, die Neckargegend waren völlig von den Fouragemachern beider Seiten ausgekämmt. Die Kreistruppen und der Markgraf kamen, nachdem die anderen in die Quartiere abmarschiert waren, noch nicht zur Ruhe und hieben Tausende von Franzosen nieder. Sie mußten das Kinzigtal decken. Die Husaren taten sich hervor.

Endlich gab es auch da Ruhe. Das Jahr war reich gewesen an Einäscherungen, Brandschatzungen, Verheerungen der Ruhr, Märschen hin und her, Eitelkeiten der Fürsten und Leiden des Volks.

Das Ergebnis des Jahres 1693 läßt sich in den Satz zusammen-

fassen, daß Ludwig XIV. eine Heeresmacht ausschickte, die für jene Zeit außerordentlich war, und daß die ihr gestellte Aufgabe, das schwäbische Tor zu sprengen, mißlang. Der Torwächter behauptete seinen Platz – dessen Wahl die Sicherheit seines Blicks belegt.
Um beim Gleichnis zu bleiben, so war Heilbronn das innere Tor. Das äußere wäre Pforzheim gewesen. Man kann fragen, weshalb er das befestigte Lager nicht an dieser Stelle anlegte und damit auch die Streifzüge bis über Stuttgart hinaus unterband. Die Antwort ist einfach. Wenn er Pforzheim wählte, mußte er ein zweites Heer im Raume Heilbronn aufstellen, um die Überflügelung vom unteren Neckar oder vom Main her zu verhüten. Das setzte dreierlei voraus: daß genügend Truppen zur Verfügung standen, daß sie von Anbeginn an da waren und daß sich seine Befehlsgewalt auf alle erstreckte.
Keine dieser Bedingungen traf zu. Sie stellten drei Hindernisse dar, die sich seinem Willen entzogen. Wohl war er das, wofür ihn der Oranier ansah, der Mann, der an den Rhein gehörte. Aber man mußte ihm auch die Mittel geben. Als die Heere bei Heilbronn einander so nahe gegenüberstanden, daß der Markgraf den Dauphin mit bloßem Auge erkannte, hielten der Kurfürst von Sachsen und der Landgraf von Kassel mit ihren Korps ihn eher ab, anzugreifen, falls er sich diesen Gedanken durch den Kopf gehn ließ, als daß sie ihn dazu ermutigten. Denn er kannte nicht den Gefechtswert dieser Truppen, deren Führer keine erfahrene Soldaten, sondern weiter nichts als Fürsten im Generalsrock waren. Ihm gehorchte nur die Infanterie in der Mitte, die Kavallerie und die Flügel folgten jenen – unmöglich, daß er, des Gehorsams nicht gewiß, das Risiko gewagt hätte.
Lorge stand ihm an Energie und taktischem Können nach. Hätte Ludwig Wilhelm nur annähernd über eine so starke und geübte Armee wie der Marschall verfügt, so wäre das Schicksal der französischen besiegelt gewesen, damit auch das Straßburgs und des Elsasses.
Die Völker und ihre Historiker behandeln die Abschnitte der nationalen Geschichte recht unterschiedlich. Einige werden durch unaufhörliche Bearbeitung ins hellste Licht gerückt; andere vernachlässigt man, obwohl sie nicht weniger bedeutsam für die innere Reichsgeschichte sind. So auch der Feld-

zug von 1693. Alles Kranke und Passive im Wesen des Reiches, der ganze chronische Schaden wurde dadurch, daß ein entschlossener Mann diesen Körper plötzlich zu einer Anstrengung zwang, akut und sichtbar.
Die mittel- und norddeutschen Truppen, die am Feldzug von 1693 teilnahmen, waren nur gemietet. Die Opfer nahmen auf sich die beiden Kreise, der Kaiser und der Markgraf. Man darf darin den letzten Versuch sehn, die Erneuerung des Reiches von Süddeutschland ausgehn zu lassen. Er kam zu spät. Bereits wuchsen in Norddeutschland die großen Staaten heran, die das Schwergewicht verlagerten. Und Bayern fehlte in diesem süddeutschen Verband.
Max Emanuel bereitete schon seine Verständigung mit Ludwig XIV. vor. Er hoffte für seinen Sohn auf die Nachfolge in Spanien; den belgischen Teil der Erbschaft verwaltete er im voraus als Statthalter. Der Verzicht seiner Gemahlin, der Tochter Leopolds, besagte nicht mehr als alle Verzichte. Sie hatte ihn, Max Emanuel nicht zur Liebe, in ihrem Testament erneuert. Sie starb Ende 92 an der Geburt dieses Sohnes, und Max Emanuel nahm keine Rücksicht auf den Kaiser mehr. 94 heiratete er eine Tochter Sobieskis.

4

Louis weist preußische Züge auf – Er reist im Winter auf 94 über Brüssel nach London – Sein Begleiter Karl Wilhelm von Durlach – Die Rückkehr nach Günzburg – Der Tod des Kurfürsten von Sachsen und der Rochlitz, Friedrich August wird Kurfürst – Schwaben überträgt Louis den Oberbefehl auf Lebenszeit – Die Zusammensetzung des schwäbischen Kreises – Louis fällt im August 94 ins Elsaß ein – Die Sachsen lassen ihn im Stich, er geht über den Rhein zurück – Er besucht das zerstörte Baden-Baden – Kinsky wird mächtig – Der Fürstenkongreß in Frankfurt – Erste Niederkunft Augustas

Man mußte damit rechnen, daß 1694 die Franzosen trotz der Erschöpfung, die sich auch bei ihnen zeigte, mit derselben Heeresmacht den Durchbruch nach Schwaben versuchen würden. War Südwestdeutschland völlig ausgeplündert und der Kaiser am Ende seiner geldlichen Kraft, so hatte Frank-

reich eine Mißernte in Getreide und Wein gehabt, derart, daß der Hunger des Pariser Volkes mit Freibrot gestillt werden mußte. Zum erstenmal konnte Ludwig XIV. seinen Soldaten die Löhne nicht zahlen und die Uniformen nicht erneuern. Gleichwohl, wenn es darauf ankam, die äußersten Anstrengungen zu machen, gelang es ihm noch eher als den Deutschen. Seine Soldaten standen schon am Rhein, als sie ihre Rückstände erhielten, doch so weit sind wir noch nicht.
Das, was Ludwig Wilhelm geleistet hatte, sahn in Schwaben alle diejenigen nicht, die von den Franzosen mißhandelt worden waren. Die Stände hatten einen klareren Blick. Auf den Generalleutnant konnten die Kreise nicht verzichten. In Wien wünschte man ihn in diesem Jahre noch sehnsüchtig zurück.
Sein Nachfolger in Ungarn, Croy, hatte trotz eines ansehnlichen und teuren Heeres vergeblich versucht, Belgrad wiederzuerobern, und sich auf das noch von Ludwig Wilhelm neu befestigte Peterwardein zurückgezogen. Wilhelm von Oranien hatte die Gesandten seiner beiden Länder angewiesen, alles zu versuchen, damit die Pforte Frieden schließe, und nur das Gegenteil erreicht. Ludwig XIV., der die türkische Seele und ihren Hochmut besser kannte, brauchte nur zu erklären, das Friedensbedürfnis entspringe der Schwäche. Man trat in das letzte Stadium des europäischen Krieges ein, die Ermattung, was praktisch nur hieß, daß man sich auf die äußersten Anstrengungen des Gegners gefaßt machen mußte.
Der Markgraf dachte von sich selber aus nicht mehr an den Osten. Hatte schon Croy, der kein Neuling war, versagt, so gab es im Westen weit und breit niemand, der ihn, Ludwig Wilhelm, ersetzen konnte. Abgesehn davon, er hatte sich zu tief eingelassen, auch innerlich. Geborener Organisator, der er war, kamen ihm immer neue Ideen, Einführung des Flinten- statt des Luntenschlosses, Vereinheitlichung des Kalibers, Zusammenfassung der besten Mannschaften zu Grenadierkompagnien, Heranholung der letzten Reserven in Form eines Ausschuß genannten Landwehraufgebots und Ausbildung ihrer Führer dadurch, daß man sie als überschüssige Offiziere in die normale Truppe nahm.
Seine Art weist Züge auf, die wir heute preußisch nennen würden. Seine Religion, seine Überlieferungen und die Er-

eignisse von 1683 hatten ihn dem Kaiser zugeführt. Man könnte ihn sich ebensogut und vielleicht besser in Norddeutschland vorstellen. Seine Straffheit und seine Neigung zur Selbstbestimmung machen ihn zum reinen Gegenteil des Kaisers, der dem inneren Wesen nach eine tief katholische Natur war, die das Tun als zweifelhaft empfand und an die Abhängigkeit von der Gnade glaubte.

Als er Ende November 93 endlich Postierungen und Winterquartiere in Ordnung wußte, war immer noch nicht die Zeit gekommen, um sich zu seiner Frau nach Günzburg zu begeben. Der Feldzug des nächsten Jahres wollte politisch und geldlich vorbereitet sein. Aus einem Brief, den aus Paris der im Reich geächtete Kardinal von Fürstenberg an Anna von Baden nach Böhmen schrieb, erfahren wir, daß die Ehe des Markgrafen noch immer kinderlos war. Der Kardinal fügte, was heute undenkbar wäre, hinzu, er hoffe, daß der Himmel doch noch seinen Segen geben und ›der Winter einige gute Wirkhung haben werde, darzu die Faßnachtsfeste und divertissements vileicht vorträglich sein möchten‹.

Nicht zuletzt hatte der Oranier Ludwig Wilhelm an den Rhein gebracht – so mußte er auch das übrige tun und in die Kasse greifen, denn die des Kaisers war leer und in die Schwabens hatten die Franzosen tief gegriffen. Leer waren die Magazine, nachdem Feind und Freund die Vorräte verzehrt hatten. Das Getreide, mit dem das Land die Eidgenossenschaft versorgte, durfte man nicht sperren, denn der Schweiz oblag seit alten Zeiten der Schutz der Waldstädte und von Konstanz. Im übrigen war sie das Loch, durch das trotz der gegen Frankreich gerichteten Kontinentalsperre französische Waren ins Reich gelangten. Die Reichsstadt Lindau verdiente recht gut daran.

Der Markgraf versprach sich viel von persönlichen Verhandlungen mit König Wilhelm, der ihn so sehr schätzte, und trat die Reise nach London an. Der Kurfürst der Pfalz wohnte, da Heidelberg zerstört war, wieder in Düsseldorf. Er überraschte Ludwig Wilhelm durch die Willigkeit, mit der er Truppen versprach. Max Emanuel in Brüssel sagte weder ja noch nein. Der Besucher konnte den Versailler Hofstil, der europäisch geworden war, fast an der Quelle studieren.

Der Ratspensionär Heinsius stellte vier holländische Kriegsschiffe. Ein Handstreich der französischen Flotte war nicht ausgeschlossen. Als Ludwig Wilhelm an Bord ging, sagte er zum Erbprinzen von Baden-Durlach, der ihn begleitete, Markgrafen gebe es in der Familie nicht mehr viele, zwei wollten sie heute daran wagen.

Der Bruderzwist im Hause Zähringen war beigelegt. Durlach und Baden-Baden verkehrten freundlich miteinander und faßten eine Erbregelung ins Auge; Ludwig Wilhelm war ja vorerst kinderlos. Karl Wilhelm von Durlach hatte das Exil seiner Eltern in Basel dazu benutzt, um in Lausanne und Genf zu studieren. Im Augenblick besuchte er die Hochschule von Utrecht. Er war erst vierzehn Jahre alt. In Holland lernte er die Leidenschaft für Tulpen kennen. Er hatte noch andere, für die Alchimie, für die Jagd und vor allem für Frauen. Aus der Vereinigung der beiden letzten entstand zwanzig Jahre später die Keimzelle der Stadt Karlsruhe, ein Jagdschlößchen, ein Turm im Wald mit vielen Kämmerchen, worin er sein Gefolge von Mädchen unterbrachte, er steckte sie in Husaren- und Pandurenuniformen.

Als die Kriegsschiffe die Themse hinauffuhren, feuerte der Tower sechzig Schüsse Salut. Hof, Parlament und Lords erwiesen dem berühmten Gast hohe Ehren. Am Dreikönigstag alten Stils fand im Kensingtonpalast ein Galaabend statt. Opern, Stiergefechte, Jagden im Forst von Windsor folgten. Ludwig Wilhelm blieb bis zum 24. Februar.

Die Lage wurde besprochen. Stoff gab es mehr als genug. Den Herzog von Savoyen hatte man im Verdacht, daß er zur französischen Seite zurückkehre. Er versicherte das Gegenteil, und der Oranier ließ es sich viel Geld und Truppen kosten, ihn zu stützen. Er hätte diese Mittel besser dem Markgrafen zugewandt. Am eifrigsten wurde das Friedensangebot Ludwigs XIV. besprochen, der die Vermittlung Schwedens angerufen und dem Reichstag in Regensburg seine Bedingungen genannt hatte.

Er erbot sich, die Regelung der spanischen Erbfolge einem Schiedsgereicht zu übergeben, Belgien Max Emanuel zu lassen und auf den Besitzstand des Nymeger Friedens zurückzugehn, wenn man ihm Straßburg zugestehe. Wenn auch dieses Angebot dem Wunsche entsprach, die Allianz an den Verhandlungstisch zu bekommen und einen Keil in sie zu treiben, so ging es doch recht weit. Leopold hätte es nicht so schroff ablehnen dürfen.

Der Kaiser berief sich auf die Abmachungen, die bei Abschluß der Großen Allianz getroffen worden waren. Danach mußten Holland und England ihm zum spanischen Erbe verhelfen, wenn Karl II. ohne legitime Nachkommen starb. Und in den Bündnissen der Reichsfürsten war vielfach vom Besitzstand von 1648 die Rede gewesen. Seit 1648 hatte Frankreich Spanien vor allem die Freigrafschaft fortgenommen. Sie und manche andere Perle der spanischen Krone würde ein Schiedsgericht jedenfalls Ludwig XIV. zugesprochen haben. Karl II. regte sich darüber auf, daß die Mächte die Beute verteilten, während er noch lebte und selbst seine Erben bestimmen konnte. Lieber wolle er bis zum letzten Atemzug kämpfen, erklärte er, und Leopold, der ein starkes Gefühl für das gegebene Wort hatte, stellte sich neben ihn. War er auch kein tatkräftiger Mann, so besaß er doch die Zähigkeit aller Fürsten, die grundsätzlich auf keinen Anspruch verzichteten. Er hoffte, daß sein zweiter Sohn, Karl, die spanische Erbschaft antreten werde.
Ludwig Wilhelm schnitt die Frage der Subsidien für die Kreise Franken und Schwaben an. Der König legte ihm nahe, ihn nicht in die unangenehme Lage dessen, der ablehnen muß, zu bringen. Eben hatte das Parlament die Verstärkung von Heer und Flotte bewilligt und die Subsidienverteilung festgesetzt. Mit neuen Forderungen mochte Wilhelm nicht kommen. Seine Stellung als Ausländer war heikel, und das Parlament verübelte ihm die Weigerung, die Ämterbill zu unterschreiben.
In England war alles anders als auf dem Festland. Die *Declaration of rights* von 1689 setzte fest, daß der König ohne das Parlament keine Steuern und Lasten anordnen konnte. Er besaß also auch kein stehendes Heer, sondern mußte das Parlament einberufen, sooft er neue Truppen brauchte. Gerade unter Wilhelm von Oranien endete der Streit zwischen Krone und besitzenden Ständen mit dem Siege dieser.
Wilhelm hatte keine Kinder. Auch ihn beschäftigte die Frage der Nachfolge. Die Königin starb im folgenden Jahr. Die Ehe ihrer Schwester Anna mit einem dänischen Prinzen hatte ebenfalls kinderlos geendet. Maria und Anna stammten aus der reformierten Ehe Jakobs II. Der Sohn aus der zweiten katholischen war zum untergeschobenen Kind erklärt worden.

Mit kostbaren Geschenken, einem Ehrendegen, zwölf Rassepferden, einem Teegeschirr aus Gold und Meuten kehrte der Markgraf zurück. In Wien lief das Gerücht, er bringe zwei Millionen Gulden mit, aber als seine Berichte aus Günzburg eintrafen, waren sie ein einziger Ruf nach dem Geld, das dem Generalleutnant fehlte.
Seit Herbst hatte er nichts mehr erhalten. Soldaten, Offiziere, er selbst warteten auf Sold und Bezüge. Wenn er nicht in seine eigene Tasche griff, konnte nicht einmal ein Kurier nach Wien abgehn, weil das Reitgeld fehlte. Der neue Präsident der Hofkammer, Breuner, wies wohl ein paar hunderttausend Gulden an, doch standen sie vorerst auf dem Papier. Die Magazine wurden nicht nachgefüllt, weil niemand die Transporte bezahlte. Der Markgraf mußte erst erklären, er wolle sein Tafelsilber verpfänden. Schließlich wurden 800 Wagen mit Zugvieh bewilligt, sollten am ersten Mai am Rhein sein und brachen im August aus Eger auf.
Der Kurfürst der Pfalz, Johann Wilhelm, hatte Verständnis gezeigt. Es hielt sogar ein paar Monate an, und pfälzische Gesandte unterstützten den Markgrafen bei den Verhandlungen in Berlin, Wien und Münster. Für dieses eine Mal sei darüber noch berichtet, nichts kann aufschlußreicher sein.
Berlin richtete sich nach Wilhelm von Oranien. Als Geldgeber bestimmte er, daß die brandenburgischen Regimenter nach den Niederlanden zu gehn hätten, da es den Anschein gewann, daß Frankreich seine Hauptmacht dorthin werfen werde. Ein anderes Korps wurde nach Savoyen geschickt.
Münster bewilligte nur 3000 Mann, die überdies den Main nicht überschreiten sollten. Wolfenbüttel und sein Bruder Celle vermieteten den größeren Teil an Holland. Ludwig Wilhelm erhielt nur das Reichskontingent, das keine Eile zeigte. Max Emanuel zog alle Bayern aus Ungarn und Savoyen, um sie auf spanische Rechnung Belgien zuzuführen.
Blieb Ludwig Wilhelms stärkste Hoffnung, Kursachsen. Der Kurfürst verlangte, daß vorher Schöning freigelassen werde. Als der Kaiser endlich nachgab, starben an den Blattern zuerst die Gräfin Rochlitz, dann der Kurfürst, der nicht von ihr gewichen war. Sein Bruder und Nachfolger Friedrich August, der Starke genannt, ließ die Gräfin ausgraben, der Geschmeide entkleiden und zwischen den Gräbern des ge-

meinen Volkes bestatten. Die Mutter wurde der Zauberei angeklagt.
Der Thronwechsel verzögerte den Vertrag. Gegen 400000 Taler versprach Friedrich August, 12000 Mann zu stellen. Die Schwierigkeiten wegen des Oberbefehls erledigten sich dadurch, daß Graf Reuß das Kommando übernahm. Als er Mitte August eintraf, machte Dresden neue. Sie betrafen die Ernährung der Sachsen und die Forderung, Ludwig Wilhelm dürfe ohne Zuziehung des Generals keine Operationen ausführen. Werde das nicht zugestanden, so seien die Truppen nicht an den Feind heranzuführen.
Wien schlug die Vermehrung der Mannschaftsbestände bis auf ein ungarisches Regiment ab. Der Abzug der Bayern wirkte sich aus. Man errechnete einen Fehlbetrag von drei Millionen Gulden. Wenn die Forderungen des Generalleutnants bewilligt wurden, stieg er auf vier.
Stand auch das Endergebnis aller dieser Verhandlungen noch nicht fest, als die schwäbischen Stände im Mai ihren Kreistag abhielten, so ließ es sich doch voraussehen. Nur die Kreistruppen hatte der Generalleutnant in der Hand, auf die Armierten war kein Verlaß: so mußte man sie selbst armieren, zum System des sogenannten *Miles perpetuus* übergehn. In den engeren Verhandlungen zu Günzburg setzte der Markgraf, der Kulpis auf seiner Seite hatte, auseinander, wie er sich das neue Gebilde dachte. Die beiden Kreise sollten sich zu einer Art militärischer und diplomatischer Einheit zusammenschließen und ein Friedensheer unterhalten.
Schwaben übertrug Ludwig Wilhelm sofort den Oberbefehl auf alle Zeiten. Franken verpflichtete sich nur für die Dauer des Krieges. Der Begriff des engeren Zusammenschlusses warf eine Reihe schwieriger Fragen auf, die man verschob. Staatsrechtlich war nichts dagegen einzuwenden, daß die Vielheit der kleinen schwäbischen Souveränitäten sich ein gemeinsames Heer halten wollte und einem der Mitglieder den Oberbefehl übertrug. Daß es gleich auf Lebenszeit geschah, mußte Eifersüchteleien und auch Bedenken erwekken.
In Wien war man nicht entzückt. Mit wem hatte man es diesmal zu tun, dem Generalleutnant oder dem Markgrafen? Aus dem oberrheinischen Kreis, an den er sich mit Anschlußvorschlägen wandte, kamen alles in allem nur Absagen. Der

stärkste Armierte in ihm war Kassel. Kassel stellte sich völlig gegen den Plan.
Ludwig Wilhelm hatte sich nun ganz dem schwäbischen Kreis verschrieben. Angesichts seiner Tüchtigkeit liegt es nahe, die Parallele zum Großen Kurfürsten zu ziehn. Als Feldherr kam er ihm nahe, als Organisator übertraf er ihn eher, als daß er hinter ihm geblieben wäre. An Verschlagenheit und Wendigkeit konnte er sich nicht mit ihm messen. Aber selbst wenn er diese Eigenschaften besessen hätte, würden sie ihm nichts genützt haben. Um aufzusteigen, müssen die geschichtsbildenden Mächte Raum und Zeit günstig sein. Sie lächelten dem Osten und Norden zu, nicht der Südwestecke des Reiches, wo sich ein Ausgleich der Kräfte herausgebildet hatte und ohne revolutionären Eingriff nicht mehr ändern ließ.
Das Nebeneinander im schwäbischen Kreis setzte sich zusammen aus dem Herzogtum Württemberg, den beiden badischen Markgrafschaften, den Fürstentümern Hohenzollern, Fürstenberg, Öttingen, Auersperg, Schwarzenberg, Liechtenstein, den Hochstiften Augsburg und Konstanz, 4 gefürsteten Abteien, 21 anderen, 25 Grafschaften und Herrschaften, 31 Reichsstädten (Augsburg, Ulm).
Ludwig XIV. hatte aussprengen lassen, er werde selber Mainz belagern, richtete aber den Hauptstoß wieder gegen die Niederlande und schickte an den Rhein Lorge, mit 50000 Mann. Ludwig Wilhelm übernahm seine 30000 im Juni und war entschlossen, den Feind nicht wieder nach Schwaben hereinzulassen. So marschierte er ihm entgegen und erwartete ihn bei Eppingen, halbwegs zwischen Heilbronn und Durlach.
Lorge wich nach Heidelberg aus; Villars, jetzt Gouverneur von Freiburg, war bei ihm. Der Markgraf rückte in die Rheinebene vor, der Marschall nahm auch bei Wiesloch die Schlacht nicht an. Die Beweglichkeit des Markgrafen war ihm so lästig, daß er bei Philippsburg über den Rhein zurückging und seine Truppen wie eine weidende Herde in die fruchtbaren Gefilde des Nahegaus führte.
Wären die norddeutschen Truppen schon dagewesen, so hätte der Markgraf Philippsburg belagern können. Er begann wenigstens Mannheim neu zu befestigen, gab die Arbeit aber Ende Juli auf, weil Kassel die für die Garnison

notwendigen Truppen verweigerte, indem es die leidige Oberkommandofrage vorschob. Man kann von diesem Augenblick an die Verbitterung des Markgrafen datieren.
Als im August Reuß mit den Sachsen eintraf, beschloß Ludwig Wilhelm, über den Rhein zu gehn und das Elsaß ebenso auszufouragieren, wie Lorge es mit der Landschaft zwischen Mannheim und Koblenz tat. Der Kurfürst befahl den 12000 Sachsen den Rückzug nach Eppingen: Reuß habe sich entgegen den Anweisungen zu weit von den Magazinen entfernt. So also ging es im alten Reiche zu. Der Markgraf überschritt gleichwohl den Rhein am 15. September und verhandelte mit Reuß, damit der ihm folge.
Er stand nun im Aufmarschraum der Franzosen, die sich Jahr um Jahr zwischen Landau, Philippsburg und Fort Louis sammelten. Wäre die Armee des Landgrafen von Kassel, die am Main blieb, und die der Sachsen, die sich an die Magazine klammerte, bei ihm gewesen, so hätte er sich ins Elsaß wagen und den nachdrückenden Lorge erwarten können. Ein Sieg, und er legte sich vor Straßburg, wo die Garnison aus ganzen tausend Mann bestand, zudem die Zünfte noch längst nicht französisch dachten.
Statt dessen mußte er sich darauf beschränken, mitzunehmen, was zu haben war. Nun kam einmal an ihn die Reihe, Streifkorps auszuschicken, die Vorrat, Vieh und Kontribution eintrieben. 300 Husaren unter Esterhazy bewirkten, daß die Dörfer sich leerten, alles flüchtete auf Straßburg zu. Andere Reiter folgten, die Beute war groß. Niemand hielt strengere Mannszucht als der Markgraf; für diesmal sah er durch die Finger. Als aber ein Oberst Brumath niederbrannte, gab er ihm Arrest.
Am 16. endlich erklärte Reuß sich bereit, die ›Konjunktion‹ zu vollziehn, unter der Bedingung, daß seine Truppen aus den kaiserlichen Magazinen ernährt würden und daß er sich sofort entfernen dürfe, wenn irgend etwas mangle. Für den Markgrafen sagte der Freiherr von Forstner zu, aber die Sachsen marschierten rechtsrheinisch ebenso langsam, wie linksrheinisch die Franzosen nun schnell. Forstner, Württemberger und Protestant, war fortan für den Markgrafen tätig, der ihn zum Kammerjunker und Geheimrat ernannte.
Die Sachsen überschritten den Rhein erst am 22. Der Mark-

graf konnte ohne sie die zwischen Lauterberg und Bergzabern für eine Schlacht ausgesuchte Stellung nicht halten. Am 22. griff der Marschall bereits seine Vortruppen an und drängte sie zurück. Der Markgraf ließ in der Frühe des 23. den Bienwald durch Verhaue sperren, am Nachmittag begann er sein Heer über den Rhein zu führen und beendete den Rückzug am 24. ohne jeden Verlust. Die von Fort Louis antreibenden Brandschiffe konnte man ins Altwasser leiten.
Das schmähliche Verhalten der Sachsen, an dem nicht Reuß, sondern der Kurfürst schuld war, erregte überall Aufsehn. Man hielt Schöning für den Anstifter: er habe sich am Kaiser rächen wollen. Der Kurfürst verteidigte ihn, die Anweisung an Reuß sei vor der Rückkehr Schönings aus der Gefangenschaft erfolgt. Der Markgraf erwiderte unter anderem, er habe, wie oft, seinen Leuten Brot und Hafer wieder abnehmen lassen, nur um sich von dem unaufhörlichen Lamentieren der Sachsen zu befreien.
Die Streitereien mit den Sachsen gingen weiter. Da die beiden Kreise ihnen die Winterquartiere abschlugen, verließen sie den Kriegsschauplatz, um nicht wiederzukehren. Der Markgraf besuchte das zerstörte Baden-Baden und nahm das Mittagsmahl im Schloß. Augusta begleitete ihn nicht, sie hatte ihn vor dem Rheinübergang in Göppingen gesehen. Das Neue Schloß war 1689 ausgebrannt, aber das Mauerwerk in ziemlichem Umfang stehngeblieben. In den Dienergebäuden wohnte ein Hausmeister mit zwei Knechten, der Hofküfer lagerte in den Kellern den Weinzehnt. In die Stadt waren viele Einwohner der Umgegend geflüchtet, mit ihren Schweinen, Kälbern, Geißen; ins Schloß desgleichen: ob damit das Alte oder Neue gemeint ist, steht dahin[21].
In Freiburg wollte ein bei den Franzosen dienender Deutscher die Kaiserlichen einlassen, ein gefangener Schwabe verriet ihn und wurde später hingerichtet. Ludwig Wilhelm zog in die Winterquartiere Böhmen, Vorderösterreich und, unter Verletzung des Vorrechts der Ritterschaftlichen, auch diese ein. Auf die Proteste verlangte der Kaiser, diese Truppen müßten nach Schwaben verlegt werden. Erbitterung, wohin man hörte; am bittersten die Erfahrungen, die der Generalleutnant mit Kassel und Sachsen gemacht hatte. Vom Kaiser waren weder Geld noch Truppen gekommen.
In Wien starb in diesem Jahr 94 der Hofkanzler Stratmann.

Sein Nachfolger war eine Null. Der mächtigste Mann wurde der Kanzler für Böhmen, Kinsky – keine Erleichterung für Ludwig Wilhelm. Der unglückliche gegen die hannoversche Kur gerichtete Fürstenbund regte sich weiterhin in diesem Sommer, und die Gegner des Markgrafen sagten, er wolle ihm durch das Abkommen mit Schwaben ein Heer verschaffen. Der Kaiser ordnete eine Untersuchung an, ob Ludwig Wilhelm gegen die Reichsverfassung gehandelt habe.
Diese Untersuchung schlief ein. Aber als der Markgraf auf einen Kongreß, den die Fürsten im Januar 95 in Frankfurt abhielten, seinen Geheimrat, den Freiherrn von Plittersdorf, schickte und ihn die Beschlüsse unterschreiben ließ, nahm der Kaiser es so übel, daß die Gefühle sich von neuem trübten. Die Fürsten verlangten die Zurücknahme der Kur und beschlossen ein bewaffnetes ›Defensionskonzert‹. Das Fatalste an dieser Sache war, daß im Hintergrund des Bundes Ludwig XIV. stand.
Plittersdorf, neben Greiffen der wichtigste Gehilfe des Markgrafen, war der Sohn des kaiserlichen Residenten in Rom, den Ludwig Wilhelm einst dort auf seiner Kavaliersreise getroffen hatte. Als Leiter der badischen Verwaltung hielt sich der jüngere Plittersdorf meist in Rottenburg auf.
In Günzburg kam Ende November, offenbar etwas zu früh, Augusta mit ihrem ersten Kind, einem Sohne, nieder. Die Patenstelle übernahmen der Kaiser, die Kaiserin und der König von England. In Wien lud Greiffen zu einem Festmahl, bei dem so viel getrunken wurde, daß man den Feldzeugmeister Börner und den brandenburgischen Gesandten Danckelmann ›in die gutss hat tragen müssen‹.
Über Günzburg sagt M. Merian: ›Die Zimmer in dem Schloß allhie sind nicht sonders schön, hat aber ein lustig Badstuben und einen stattlichen Saal. Es ligt die Statt bergicht und gegen der Thonaw wärts in zimlicher Höhe, und gibt es wegen der Durchreysenden von Augspurg auff Ulm gute Gastherbergen.‹ Man sieht auch am Rand der Stadtmauer einen Eckpark in französischem Stil und eine Stechbahn.
Der Erstgeborene lebte nicht lang. Er war schon gestorben, als im Mai 95 der vom Markgrafen nach Einsiedeln eilends geschickte Priester anlangte, der ein in Silber getriebenes Votivkind brachte und hundert Messen zu lesen bat.

SECHSTER ABSCHNITT

1695–1699

I

Friedensverhandlungen unter der Hand – Der Tod Luxembourgs – Friedrich August übernimmt das Kommando in Ungarn – Louis drängt Joyeuse über den Rhein – König Wilhelm nimmt Namur – Louis in Wildbad – Die Eppinger Linien – Friedrich August bewährt sich nicht in Ungarn – Eugen nimmt Casale – Louis und Augusta in Wien – Louis beurteilt seine Aussichten im Westen zu optimistisch

Die Friedensbesprechungen gingen während des Jahres 94 weiter. Mit dem König von England verhandelte Ludwig XIV. unter der Hand. Auf Lothringen wollte er nicht verzichten; der Herzog sollte aus der spanischen Erbschaft mit Neapel und Sizilien entschädigt werden. Die außerelsässischen Reunionen gab er daran. Sogar mit Straßburg lockte er. Zum Ausgleich waren ja Philippsburg und Freiburg in seiner Hand.

Wilhelm unterrichtete den Kaiser von der Tatsache dieser Verhandlungen. Der Kaiser seinerseits leugnete die Besprechungen, die weniger direkt Kinsky in Steckborn durch Seilern hatte pflegen lassen, oder er stritt ab, offiziell etwas davon zu wissen. Von diesem Augenblick an wurde Wilhelm mißtrauisch, was in die Absichten Ludwigs paßte. Als Vermittler zwischen Wien und Versailles bot sich auch der Schwager des Kaisers, Kurfürst Johann Wilhelm von der Pfalz, an. Er meinte, wenn man den Oranier fallen lasse und dem von Ludwig XIV. unterstützten Jakob II. zum englischen Thron verhelfe, fahre man besser und fördere die katholische Sache. Dabei hatte ihm erst vor einem Jahr Ludwig Heidelberg und die Pfalz zerstört.

Auf dem italienischen Kriegsschauplatz spielte der Herzog von Savoyen seine Doppelrolle virtuos. Alles, was die Verbündeten planten und taten, verriet er an Catinat. Er ließ Eugen ruhig ein Fort erobern, es konnte ja nichts schaden.

Eugen hätte beinahe schon in diesem Jahr den Oberbefehl in Ungarn erhalten. Schließlich übernahm ihn der alte und kranke Caprara, der sich in Peterwardein einschließen ließ. Die Türken zogen wieder ab, nicht zuletzt, weil das Gerücht ging, Ludwig Wilhelm rücke heran. In Katalonien hatten die Franzosen Erfolge. In den Niederlanden zerwarfen sich Wilhelm und Max Emanuel. Auf dem Meer gab es Küstenbeschießungen und die Störung der Blockade durch die Kaperschiffe Jean Barts.

In den ersten Tagen von 1695 verlor Ludwig XIV. seinen besten Feldherrn, den Marschall Luxembourg, mit dem Ludwig Wilhelm nie die Waffen gekreuzt hatte. In Deutschland wurde ein Flugblatt gedruckt, das genau die Punkte des von Luxembourg mit dem Teufel geschlossenen Paktes zu nennen wußte. An seine Stelle trat der Herzog von Villeroy; Lorge, der Herzog von Quentin war, übernahm wieder den Oberrhein. Der König schrieb das defensive Verhalten vor.

Auf deutscher Seite wollte Friedrich August von Sachsen ein großes Heer am Mittelrhein aufstellen und es selbst führen. Dem Markgrafen billigte er das Kommando über seine schwäbische Armee zu, es sei denn, daß man sich vereinige. Er war ehrgeizig und jung. Ludwig Wilhelm erwiderte dem Kaiser, er werde sofort zurücktreten. Starhemberg fand, er hätte die Ablehnung des sächsischen Vorschlags besser durch die Kreise abgeben lassen, die Wirkung wäre die gleiche, aber nicht so schroff gewesen.

Der Markgraf war im März selbst in Wien. Der Kaiser suchte einen Ausweg und wollte den Kurfürsten nach Belgien schicken. Das lehnte wiederum König Wilhelm ab. Er kannte diese deutschen Rangstreitigkeiten, die so weit gingen, daß sogar in den Lagern hannoversche Truppen, weil sie jetzt kurfürstlich seien, bessere Plätze als gewöhnliche fürstliche verlangten und geistlich fürstliche hinter den weltlich fürstlichen zurückstehn mußten.

Wilhelm machte einen anderen Vorschlag, der angenommen wurde. Friedrich August erhielt den Oberbefehl in Ungarn und behielt die für den Krieg gegen Frankreich gezahlten Subsidien, obwohl die Seemächte mit der Türkei Frieden hatten.

Der Markgraf verlangte in Wien ein Heer von 60000 Mann,

um Philippsburg zu erobern. Er bekam nicht einmal das zugebilligte Heiduckenregiment zu sehn, oder doch erst im nächsten Jahre. Der Kaiser blieb den Kreisen Riesensummen schuldig. Da die Sachsen nach Ungarn gingen, erschienen münstersche Truppen am Main. Der Markgraf schickte Unterhändler nach Berlin, Stockholm, Kopenhagen, ohne einen Erfolg zu erzielen. Im Mai starb der kleine Erbprinz, der Vater lag in Günzburg krank an der Gicht. Wiederhergestellt, übernahm er am 6. Juni den Befehl über seine 20000 Mann. Am 5. war Lorge mit ebensovielen über den Rhein gegangen.

Wenn der Landgraf von Kassel beim Heer erscheine, werde er den Oberbefehl niederlegen, hatte der Markgraf erklärt, der sich ans Vorjahr erinnerte. Dem Vertreter Wilhelms beim Generalleutnant, Graf Friese, gelang es nach vielen Bemühungen, den Landgrafen zu bestimmen, daß er selbst zu Hause blieb und doch seine Truppen schickte. Friese schloß sich fortan dem Markgrafen aufs engste an.

Der Markgraf rückte gegen Lorge vor, der bei Bretten im Kraichgau lagerte. Von einem Überläufer erfuhr man, daß der Marschall krank sei. Der Markgraf bot ihm seinen Arzt und gesicherte Pflege an. Der Schwiegersohn des Marschalls, der Herzog von Saint-Simon, der bei der Armee war, berichtet darüber. Das Angebot wurde nicht angenommen, den Befehl übernahm Joyeuse. Als die kassel-münsterschen Truppen eintrafen, war das deutsche Heer stärker, in langwierigen Operationen drängte es die Franzosen bei Mannheim über den Rhein zurück.

Inzwischen hatte in Belgien König Wilhelm Namur, die stärkste Festung Europas, eingeschlossen. König Ludwig beorderte Joyeusesche Regimenter dorthin, und König Wilhelm bat darauf den Markgrafen um Abgabe von Truppen. Es ist schwer verständlich, daß der Markgraf dem Verlangen des Oraniers so bereitwillig nachkam. Da der Abmarsch der französischen Regimenter Joyeuse schwächte, hätte Ludwig Wilhelm ihn um so leichter angreifen können. König Wilhelm gegenüber zeigte er eine bei ihm ungewohnte Fügsamkeit.

Freilich, alle deutschen Armierten tanzten nach einem Wort oder Blick des Engländers, der ihre Heere mietete und Subsidien zahlte. Ihn vor den Kopf stoßen, hieß, die deutschen

Hilfskorps, die Ludwig Wilhelm brauchte, aufs Spiel setzen.
In Namur ließ Boufflers am 1. September die Schamade, das Signal für Unterhandlungsbereitschaft, schlagen. Der Markgraf aber und der Rest der Franzosen fühlten sich zu schwach, um einen Gang zu wagen. Ludwig Wilhelm konnte sich auf zwei Wochen mit Augusta in Wildbad treffen und Bäder gegen seine Gicht nehmen. Lorge erlitt einen Schlaganfall und zog sich ins Privatleben zurück.
Friedensgefühle lagen in der Luft, ritterliche Empfindungen kehrten zurück. Aus dem französischen Lager vor Mainz ritt ein Offizier an den Wall und lud Palffy, der unermüdlich seine Husaren ausschickte, zu einer Zusammenkunft mit zwei französischen Prinzen ein. Man traf sich auf freiem Felde, machte einander Komplimente, und der Prinz von Bouillon steckte dem Ungarn beim Abschied seinen goldnen Tabaksbeutel in den Rock.
Fortan, bis zum Friedensschluß, standen die Kriegshandlungen unter dem Zeichen der befestigten Linien. Für die Postierungen blieben nicht genug Truppen übrig, und der Markgraf verlegte den Schauplatz von der Linie Pforzheim-Durlach in den Raum Mainz-Ebernburg-Landau. Er errichtete also künstliche Sperren, indem er die bereits bestehenden Linien auf dem Schwarzwald durch die sogenannten Eppinger Linien bis an den Neckar fortsetzte. Er wollte dadurch Kräfte für den Angriff freibekommen.
Die Linien bestanden zum Teil aus Erdwällen, zum Teil aus Verhauen; von Zeit zu Zeit kam eine Redoute. Die Arbeiten führten unter der Leitung des Markgrafen von Durlach und Harschs Kreistruppen aus. Die dazu gehörenden Orte wie Pforzheim, Sinsheim, Eppingen erhielten starke Garnisonen, Neckargemünd die endlich im nächsten Frühjahr eintreffenden Heiducken.
In Savoyen nahm in diesem Jahre 95 Eugen den Franzosen Casale, ohne zu wissen, daß er einer Komödie diente. Der Herzog hatte mit Ludwig XIV. Belagerung, Übergabe und Schleifung verabredet. Eugen widersetzte sich vergebens. Der Herzog wartete nun nur noch auf das Angebot, es mit Pinerolo ebenso zu machen: dann wollte er offen übergehn.
Im Osten säbelten die Türken Veterani mit seinem Korps

nieder, ohne daß Friedrich August von Sachsen es verhindern konnte. Der Sultan begnügte sich mit diesem Erfolg und kehrte heim. Der Kurfürst, der einen Troß von Damen mit sich führte, war kein Feldherr, und durch sein Auftreten hatte er sich bei den Truppen unbeliebt gemacht. Der Kaiser kehrte zu dem alten Plan zurück, ihm das Kommando am Rhein und Ludwig Wilhelm das in Ungarn zu geben.

Er lud den Markgrafen nach Wien ein, im Januar 1696. Augusta begleitete den Gatten. Zum Fasching kam auch Friedrich August. Kinsky, der den Kaiser das Vertrauen des Oraniers kostete, legte dem Markgrafen jedes Hinternis in den Weg, verweigerte ihm als General den Vortritt vor den Ministern und zog weder ihn noch Eugen zu den Sitzungen. Leopold überlegte, ob man nicht das Kommando in Ungarn zwischen Friedrich August und Ludwig Wilhelm teilen könne.

Wie Pater Aviano ihm einmal schrieb, sündigte er nicht *commissis,* sondern *omissis*, nicht durch das, was er tat, sondern das, was er nicht tat. Obwohl er den Markgrafen hatte kommen lassen, um mit den Türken aufzuräumen, griff er nicht durch. Er wollte die sächsischen Regimenter behalten, und die Schwaben, einschließlich des Herzogs Eberhard Ludwig und seiner Mutter, wollten ihren Feldherrn wieder haben. Sie setzten alles in Bewegung, damit er zurückkehre, dachten sogar daran, eine Gesandtschaft zu schicken.

Nochmals bot sich Ludwig Wilhelm die Möglichkeit, sein Werk im Osten zu vollenden und den Ruhm des Türkenbezwingers davonzutragen. Die sächsischen Truppen unter ihm – damit nahm er Belgrad und diktierte den Frieden. Nur, er konnte sie nicht ohne den Kurfürsten bekommen. Da der Kaiser diesen Zwiespalt nicht für ihn löste, gab er dem Drängen der Schwaben nach, mit denen ihn ein Treueverhältnis verband.

Er wählte nicht als Jüngling, sondern als Mann. Mit seinen fast einundvierzig lag das nahe, und es ist nichts anderes dagegen zu sagen, als daß das Ehrenwerte und das Kühne, Bedenkenlose verschiedene Dinge sind. Wer zu denen gehört, die in Ländern, Heeren, Festungen und Schlachten denken wie andere in Warenballen, Prozeßakten und Verwaltungsfragen, kommt auch in reiferen Jahren noch in die Lage, daß er jünglingshaft wählen muß.

In den fünf Jahren seit Szlankamen hatte sich eine Änderung in ihm vollzogen. Er war älter, reifer, gewissenhafter geworden – alles Tugenden, die sich aus einem zunehmenden Verantwortungsgefühl nährten, zugleich auch wohl aus dem Empfinden eines Körpers, den die im Osten so früh erworbene Krankheit mahnte, Vorsicht zu üben. Vor fünf Jahren, als er am Kreuzweg stand, war es eine Schicksalsstunde mit allem Widerstreit der inneren Stimmen gewesen: Jetzt mochte es ihm gar nicht unlieb sein, daß die Umstände, voran die Unentschlossenheit des Kaisers, ihm den Wechsel ersparten.

Wenn die Tätigkeit im Westen auch nicht seinen Ruhm gesteigert hatte, so war ihm doch ein Ansehn zugewachsen, das ihn zum bekanntesten Deutschen machte. Er wußte so gut wie einer, daß im Reich nicht der Kaiser, sondern der König von England den Ausschlag gab, daß der Oranier den europäischen Krieg nicht mit deutschen Augen sah und daß er selbst für Wilhelm nur eine unter vielen Schachfiguren war. Trotzdem, man konnte ihm das Verdienst, die französische Rheinarmee gelähmt zu haben, nicht nehmen, und wer gelähmt ist, der kann vollends mattgesetzt werden.

Der Kaiser mochte ihm versichert haben, daß er unter keinen Umständen Frieden schließen werde, bevor nicht die gerechten Forderungen seines Neffen von Lothringen zugestanden und für das Reich Straßburg gesichert seien. Jeden Tag konnte auch die Nachricht vom Tode Karls II. von Spanien eintreffen: dann mußten die Verbündeten, glaubte der loyal denkende Kaiser, ihr Versprechen einlösen und Ludwig XIV. zum Verzicht zwingen – dann brauchte Leopold ihn, Ludwig Wilhelm, doch noch am Rhein.

Nur so kann man sich den Optimismus des Generalleutnants erklären. Er war der bekannteste Mann im deutschen Lager – aber hatte er in der deutschen Politik so viel zu sagen, wie er wohl annahm? War er überhaupt Politiker? Da gingen die Diplomaten Frankreichs, Englands, Hollands immer eifriger ans Werk, und er selbst vertrat die Kriegspartei, in einer Welt, die des Krieges müde wurde.

Jedenfalls, er empfahl dem Kaiser für den türkischen Feldzug Eugen und reiste über Böhmen nach Schwaben zurück. Eugen kam noch nicht zu diesem Auftrag. Unter Friedrich August übernahmen Caprara und Heißler Kommandos. Der

Kurfürst von Sachsen schlug an der Bega eine unentschiedene Schlacht, in der nun auch Heißler den Tod fand. Die alten Haudegen der Türkenzeit endeten nicht im Bett.
Geld hatte Ludwig Wilhelm nicht aus Wien mitgebracht. Gleichwohl verstärkte er die schwere Artillerie und baute in Heilbronn, in Mainz und im Kinzigtal drei bewegliche Brükken für den geplanten Rheinübergang. Schwaben und Franken traten der Großen Allianz bei und unterhielten eigene Gesandte, so im Haag. Ludwig Wilhelm hatte sie mitgerissen, sie wenigstens sahn die Lage mit seinen Augen an.
Ihre größte Sorge war, daß die Friedensverhandlungen dem Reich und vor allem ihnen das zur Sicherheit unentbehrliche Straßburg nehmen könnten. Kulpis wurde in diesem Sinn bei Heinsius vorstellig. Friese eilte unermüdlich zwischen König Wilhelm und dem Markgrafen hin und her. Die Freundschaft mit Friese und Kulpis trug den Feldherrn, dessen Fähigkeit, tüchtige Mitarbeiter um sich zu sammeln, außer Frage steht. Sie alle hofften, daß die schwäbisch-fränkische Heeresreform auf die andern Kreise übergreifen werde. In der Tat, sie erreichten, daß für Dezember ein Kongreß in Frankfurt anberaumt ward.

2

Der Feldzug im Westen 1796 – Louis steht am Speyerbach, geht nach dem Mißerfolg Thüngens über den Rhein zurück – Ludwig XIV. bietet Straßburg an – Savoyen geht zu Frankreich über – Der Vorkongreß im Haag – Das Memorandum Louis' über Straßburg – Die Kreisgesandten im Haag – Der Gedanke des Miles perpetuus scheint zu siegen – Die von Mainz einberufene Frankfurter Tagung – Louis plant ein Generalgouvernement am Rhein

Der Feldzug begann im Mai, als der neue französische Befehlshaber, Choiseul, den Rhein überschritt, an der gewohnten Eingangspforte Philippsburg. Sein Heer war dem deutschen weit überlegen: die Verschanzungen hielten ihn auf. Hinter diesen Linien hob ein eifriges Arbeiten an. Der junge Herzog von Württemberg rückte mit dem zweiten Aufgebot, dem Ausschuß, ein. Freischärler, Heiducken, Husaren taten den Franzosen großen Abbruch, und der unermüdlich organisierende Markgraf war in seinem Element. Choiseul wurde im weiteren Verlauf über den Rhein hinübermanövriert.

Die Hauptarmee warf Ludwig XIV. nach Flandern, daher König Wilhelm den Landgrafen von Kassel anwies, mit der Mainarmee an die Maas zu rücken. Ludwig Wilhelm gewann den König für den Plan, den Hauptschlag am Oberrhein zu führen. Die Mainarmee marschierte zurück, nur ging darüber Zeit verloren. Die Absicht des Markgrafen, bei Mainz aufs linke Ufer zu gehn, wurde von seinem Kammerdiener an die Franzosen verraten.

Endlich im September vereinigten sich der Markgraf und der Landgraf bei Dürkheim, und mit der in Heilbronn gebauten Brücke zog der mainzsche General Thüngen stromaufwärts, um bei Straßburg den Rheinübergang zu erzwingen. Am 9. standen sich die Heere schlachtbereit am Speyerbach gegenüber. Ein paar Wochen zuvor war Augusta in Günzburg mit ihrem zweiten Kind, einer Tochter, niedergekommen.

Der Markgraf wartete nur noch auf die Nachricht, daß Thüngen im Elsaß und im Rücken der Franzosen sehe. Am 1. Oktober traf der Bote ein: der Übergang war mißlungen, die Gouverneure von Breisach und Hüningen hatten sogar die Bauern aufgeboten. Darauf lösten sich der Markgraf und der Landgraf vom Feind und gingen bei Worms über den Rhein zurück, in die Winterquartiere. Damit war die letzte Gelegenheit, sich im Elsaß festzusetzen, verpaßt.

Schon im März kam ein französischer Unterhändler nach dem Haag, während ebenso insgeheim der französische Gesandte bei der Republik Venedig in Padua Besprechungen mit einem Vertreter Kinskys abhielt. So weit hatte Ludwig XIV. die Verbündeten jetzt, sie hielten nicht zusammen. Er machte König Wilhelm Angebote, die erstaunlich weitgingen. Die Absicht war, die Seemächte zu gewinnen und dann, am Verhandlungstisch, die Angebote, soweit sie nicht diese Mächte betrafen, zurückzuschrauben.

So schlug er also vor, den Status von Münster und Nymegen zu Grund zu legen, Straßburg im Zustand von 1681 auszuliefern – die Stadt war seither gewaltig befestigt worden –, die nichtelsässischen Reunionen zurückzugeben, über Lothringen und die elsässischen Reunionen auf dem Kongreß zu ver-

handeln und Wilhelm beim Abschluß des Friedens anzuerkennen.
Vauban fand, in einem Brief an Racine, dieses Angebot unbegreiflich. Der Markgraf legte in einer Denkschrift den Wert Straßburgs dar: für Deutschland sei es die Gewähr des Friedens, für Frankreich die offenstehende Kriegspforte. König Wilhelm hatte dem Kaiser die Vorschläge übermittelt. Der Kaiser verlangte Straßburg im gegenwärtigen Zustand und die elsässischen Reichsstädte. Die Wiederherstellung Lothringens solle schon in den Präliminarien zugesagt werden, die Regelung der spanischen Erbfolge Gegenstand der Friedensverhandlungen sein.
In Wien war man verblendet. Man sah nicht die Gefahr, die jeder Allianz droht: daß der Unnachgiebige an die Wand gedrückt werden wird. Straßburg war zu haben – darauf mußte man den König von Frankfreich festlegen, und den von England auch, indem man seinem Wunsch, den Kongreß einberufen zu lassen, nachgab, überhaupt alles tat, um die Verbindung mit ihm nicht zu lockern. Als Wilhelm und Heinsius Anfang September offiziell den Eintritt in die Friedensverhandlungen vorschlugen, ließ Kinsky sich Zeit.
Da trat im Oktober Savoyen aus der Allianz aus und zu Frankreich über. Das schwächte die Lage Spaniens und Österreichs. Ludwig XIV. half nach. Er stellte die Anerkennung Wilhelms in Frage und ließ das englische Parlament ruhig 5 Millionen Pfund für neue Rüstungen bewilligen. Dann gab er Versicherungen ab, und Wilhelm ernannte im Januar 97 die Gesandten für den Kongreß.
Frankreich konnte seine Truppen aus Savoyen ziehn und die am Rhein, in Belgien und Katalonien verstärken. Gewiß wurden auch auf seiten der Verbündeten Regimenter frei, englische, brandenburgische und kaiserliche. Aber diplomatisch gesehn hatte die Allianz eine Niederlage erlitten, und jetzt sprach die französische Diplomatie. Sie war sicher, daß England und Holland auf dem Frieden bestanden.
Die kaiserlichen Truppen zogen durch Graubünden und venetianisches Gebiet in die Erblande ab. Die vier brandenburgischen Regimenter übernahm für den Winter auf Drängen Ludwig Wilhelms der fränkische Kreis, die sechs englischen der schwäbische. An Reibereien fehlte es nicht, aber der Markgraf verfolgte zäh sein Ziel. Daß Friede wurde, stand

bei ihm nicht fest; daß man weiter arbeiten müsse, wohl. Er löste die Pfalz aus der Abhängigkeit von Kassel und postierte pfälzische Truppen an der Bergstraße. Auch Mainz hielt dank Thüngen zu ihm.
Im Sommer fand im Haag ein Vorkongreß der Verbündeten statt, der von Heinsius Mitteilung über die Verhandlungen mit Frankreich erwartete. Kulpis frohlockte. Zum erstenmal träten die beiden Kreise mit Kronen und Republiken gleichberechtigt auf. Zu Hause in Stuttgart, in seinem Wirkungskreis, und auch noch in Ulm auf den Kreistagen war er ein tüchtiger Mann. Aber die europäische Politik verwechselte er mit der schwäbischen. Die Einfachheit der Auffassung spielte ihm einen Streich, wie dem Markgrafen auch.
Kulpis legte dem Kongreß das von Ludwig Wilhelm verfaßte Memorandum über Straßburg vor. Alle stimmten zu, daß Straßburg zurückzugeben sei, England, Brandenburg, Hannover, Köln. Die Entscheidung lag bei Heinsius, hinter dem Wilhelm stand.
Die zielbewußte Arbeit Ludwig Wilhelms hatte allem Anschein nach einen Erfolg gebracht. Wenn die Kreise mitreden konnten, war es sein Verdienst. Wenn seit 1694 das Land hinter dem Neckar nicht mehr verheert wurde, desgleichen. Wenn die französische Armee sich einer gut geleiteten, vorzüglich manövrierenden und gelegentlich zum Angriff vorgehenden deutschen gegenüber sah und das Gesetz des Verhaltens von ihr empfing, nicht minder. Kurzum, daß überhaupt das Reich Straßburg zurückfordern konnte, verdankte es nur ihm.
Ein geschickterer Staatsmann als Kinsky hätte diese Grundlage behaupten können. Straßburg inmitten eines französisch verbleibenden Unterelsasses besaß freilich geringeren Wert. Unter diesem Gesichtspunkte war es schon richtig, auch die Reichsstädte im Elsaß zu verlangen. Wollte man reinen Tisch schaffen, so hätte man den vollständigen Abzug der Franzosen aus dem Elsaß erreichen müssen, eine nicht durchzusetzende Forderung. Blieb Straßburg so, wie man es haben konnte, als freie Stadt und Rheinübergang.
Dem Memorandum des Markgrafen folgte ein Brief des Kurfürsten von Brandenburg an den Kaiser, eine energische Mahnung, nicht auf Straßburg zu verzichten.[22] Verfasser war jedenfalls jener Straßburger Ratskonsulent Stösser von

Lilienfeld, mit dem Ludwig Wilhelm Anno 1678 das Abenteuer bei Offenburg gehabt hatte. Stösser war jetzt brandenburgischer Geheimrat und magdeburgischer Gesandter beim Haager Kongreß. Er gab in diesem Jahr das ›Sendschreiben eines guten Freunds aus dem Elsaß an einen guten Freund bey dem Reichs-Tag zu Regenspurg‹ heraus, worin er Neues über die Geschichte der Kapitulation von 1681 erzählte.

Die Kreisgesandten hatten den Aufenthalt im Haag dazu benutzt, um für die neue Idee, die Selbstbewaffnung, zu werben, mündlich, durch Memoranden und eine von Kulpis verfaßte Schrift über ›Armir- und Associirung‹. Die Erfolge des schwäbisch-fränkischen Versuches begannen Eindruck zu machen.

Mit jedem Jahre nahm im Lager des Generalleutnants die Zahl der jungen Prinzen oder Adligen zu, die als Freiwillige bei ihm das Kriegshandwerk lernen wollten. Sie spürten, daß er etwas wollte, und wurden seine beste Propaganda. Die kleineren Stände und die bürgerlichen Politiker der Reichsstädte sahn in ihm ihren Mann. Wenn auch auf die Kulpissche Schrift eine heftige Erwiderung aus welfischen Kreisen erfolgte, so zeigten doch sogar die meisten Armierten eine freundliche Haltung.

Die Hochspannung und die Erregung des Nationalgefühls, die den nahenden Frieden begleiteten, taten ein übriges. In ganz Deutschland redete man vom Markgrafen. Er wußte es, empfand sich als Mittelpunkt und war optimistisch.

Im oberrheinischen Kreis erwärmten sich vor allem der Bischof von Worms und der Vertreter von Simmern, der Kurfürst der Pfalz, der an sich dem kurrheinischen Kreis angehörte. Sie verabredeten eine Union, die auf den westfälischen Kreis Westerwald übergriff. Zum nicht geringen Zorn des Landgrafen von Kassel, der seinen ebenfalls abfallenden General, den Grafen von Nassau-Weilburg, aus dem Heere stieß, übernahm der in Düsseldorf residierende Pfälzer die Leitung der Union.

Auch Mainz, auch Bayern sahn die Notwendigkeit des *Miles perpetuus* ein, sogar Brandenburg, obwohl Kreisheer und Fürstenheer einander ausschlossen, es sei denn, daß ein Staat wie Brandenburg eingewilligt hätte, seine Truppen zu Kreissoldaten zu machen. Ebenso unvereinbar waren Reichsheer und Verleihung an fremde Mächte. Ausgesprochener Gegner

war im Augenblick nur Hannover, das überall Widersacher gegen seine Kurwürde witterte; mürrischer Zuschauer der Kaiser, ohne den sich dieser Akt der Selbsthilfe vollzog.
Ludwig Wilhelm sah die Früchte reifen, als der Kurfürst von Mainz – wieder ein Schönborn, Lothar Franz – als Reichskanzler am 2. November die sechs vorderen Kreise auf den 5. Dezember zu einer Tagung zusammenrief. Im Vaterland der Rangstreitigkeiten hätten Schwaben und Franken nicht das Präsidium übernehmen können. Wie vorsichtig man sein mußte, zeigte sich, als Schwaben dem Markgrafen die Würde eines kommandierenden Generalfeldmarschalls zuerkannte und die Protestanten unzufrieden waren, weil die schwäbische Generalität nun fünf Katholiken und nur zwei Protestanten zähle. Der Herzog von Württemberg ernannte rasch einen Generalwachtmeister, so waren es drei Protestanten. Schwaben verlieh dem Führer auch ein Infanterieregiment.
Zur Frankfurter Tagung schickten alle Eingeladenen Vertreter, den Erzbischof von Salzburg ausgenommen. Die erste Frage, *quaestio an*, wurde bejaht. Nicht so einfach war die zweite, *quaestio quomodo*, das Wie. Man einigte sich auf ein Friedensheer von 40000 Mann, auf einen Kriegsfuß von 60000. Die dritte Frage betraf den Oberbefehl. Im Frieden sollten die Kreise die Führer ernennen, im Krieg der Markgraf befehligen. Im Krieg konnte heißen: in diesem Krieg oder *ad dies vitae*, solang Ludwig Wilhelm lebte. Bayern, Brandenburg und Pfalz bestanden auf der Dauer für diesen Krieg.
Das war nicht eben viel angesichts der Tatsache, daß der Friede vor der Tür stand. Der kaiserliche Gesandte oder Beobachter, Hohenlohe, meinte zwar persönlich, wer ein so heilsames Werk verhindere, müsse ein Narr oder Verräter sein, aber der Kaiser selbst erklärte, die Kreise müßten ihm eine Anzahl von Namen vorschlagen, unter denen er den Oberkommandierenden auswählen wolle, doch komme das jetzt nicht in Betracht, er werde den Markgrafen ernennen.
Bei der Unterzeichnung des Protokolls verlangte Bayern den Vortritt vor Franken, weil zum fränkischen Kreis kein Kurfürst gehöre. Die für Bayern bestimmte Stelle auf dem Papier blieb leer. Man verabredete einen neuen Kongreß, der die Operationen für 1697 besprechen sollte, und lud die noch fehlenden Kreise ein: die beiden sächsischen, den burgundi-

schen und den österreichischen, deren ausschreibende Fürsten der König von Spanien und der Kaiser waren. Traten sie hinzu, dann war das neue Reichsheer zwar noch nicht geschaffen, aber der Verwirklichung näher gerückt.

Man muß die Zähigkeit Ludwig Wilhelms bewundern. Der Feldzug von 1696 hatte nicht zur Belagerung Philippsburgs, nicht zum Brückenschlagen, nicht zum Einmarsch ins Elsaß geführt. So plante er das alles für 1697. In die Bewunderung mischt sich eine kritische Empfindung. So absolut kann nur ein Mensch sein, der bereit ist, bis zum Ende zu gehn, sogar bis dorthin, wo der Eigenwille ihn aus der Wirklichkeit herausführt. Er baut, ein Damm bricht, und die Gewässer wälzen sich heran, er baut trotzdem weiter. Das ist Verbissenheit. Wiederum, die rein idealistische Deutung, er habe solange ausgeharrt, bis der Kaiser den Befehl gab, aufzuhören, versagt. Sie nimmt selbstlose Unterordnung, Ausschaltung des eigenen Ichs an – bei einem Mann, der sich seinem Dämon unterstellt. Wohl dient er damit dem allgemeinen Nutzen, denn er schützt das Land. Aber was er nicht selbst festsetzt, das würde er nie anerkennen.

Man darf ihn nicht in einen Gegensatz zu den andern deutschen Fürsten bringen, die alle, ohne Ausnahme, nach Erweiterung der Macht, Erhöhung des Rangs, Zunahme der Geltung streben – große Veränderungen gehn in diesem Zeitalter unter den Olympischen vor, die Halbgötter drängen nach. Auch der Markgraf von Baden-Baden hat seinen Entschluß gefaßt. Er weiß nun, weshalb er nicht im Osten blieb. Selbst nach dem größten Sieg wäre er aus dem Türkenkrieg doch nur als Kaisers Feldherr zurückgekehrt, der sich daheim im kleinen Baden-Baden zur Ruhe setzen muß.

Das ist es, Baden allein genügt ihm nicht. Es muß etwas Größeres sein, das nicht nur eine Beschäftigung auf Dauer bringt, sondern ihm auch zu diesem Machtgefühl verhilft, dem er, gewöhnt an das Königreich des Lagers, nicht mehr entsagen mag. Wirken, befehlen, Neues schaffen – diese drei zusammen weben einen Plan. Möglich ist zweierlei.

Entweder verhilft er dem Reich tatsächlich zum einheitlichen Bereitschaftsheer, das er führen und organisieren wird, indem er Garnisonen einrichtet, Festungen baut, Geschützwesen, Offiziersnachwuchs und die ergänzende Miliz auf die Höhe bringt. Oder er faßt um den schwäbischen Kern, der ihm das Kommando bereits auf Lebzeiten übertragen hat, die nächstgelegenen Kreise zusammen zu einem militärisch durchformten Generalat, wie er dergleichen in Rumpfungarn, dann in Siebenbürgen sah – zu einer Art Generalgouvernement Süd-West, in dem sein eigenes Ländchen liegt, daher er darin residieren und in einem neu zu bauenden Schloß empfangen kann. Unter Umständen läßt sich diese Würde vererben, dauernd an die kleine Krone Baden-Baden knüpfen, und in jedem Fall vermehrt er so den Klang und den Ruhm seines Hauses, einen höheren Gesichtspunkt gibt es nicht. Auf Kosten der deutschen Nachbarn kann er sich nicht vergrößern, wohl aber werden, was es noch nicht gibt: ein legitimer Wallenstein.

Sein Sinnen und Träumen, sein Tun und Wagen wird bestimmt durch die gegebene Grundtatsache, die er nicht zu ändern vermag: als Reichsfürst kann er nicht höher steigen, weil seinem Land die Größe fehlt. Ein Herzogtum oder gar Kurfürstentum läßt sich nicht daraus machen, es sei denn, daß er das Elsaß erobert. Die Hoffnung auf Straßburg ist ihm so teuer, daß er die paarmal, als der Feind ihm gegenübersteht, kein Szlankamen wagt, denn eine Niederlage bedeutet den Untergang.

Vielleicht wird er, wenn die Reichsarmee auf 60-, 80-, 100000 Mann erhöht worden ist, doch noch dieses Straßburg nehmen.

3

Louis verstärkt die Linien – Hungernde Heiducken – Die zweite Frankfurter Tagung im Mai 97 – König Wilhelm entzieht Louis Truppen für Flandern – Louis und Choiseul beobachten sich zwischen Murg und Stollhofen – Louis nimmt die Ebernburg und erhält die Nachricht vom Friedensschluß – Die nutzlosen Verhandlungen um Straßburg – Der religiöse Gegensatz ist wieder da, die Ryswyker Klausel – Ludwig XIV. lehnt ab, aus Fort-Louis ein Taufgeschenk zu machen

Mochten die Diplomaten verhandeln, der Markgraf bereitete die Unternehmungen von 1697 so zäh wie jemals vor. Er versah die Verschanzungslinien im Kraichgau mit Geschütz, rasierte den pfälzischen Ort Bretten, der vor der Front lag, und baute auch längs des Mains Redouten. Die Postierungstruppen hungerten, der Kaiser schickte den Heiducken und Husaren keinen Sold. In Neckargemünd erbrachen sie die Bürgerhäuser und gingen, trotzdem die Tore stark bewacht wurden, in Scharen durch. Dabei war das Brot nach einer glänzenden Ernte so billig wie noch nie.
Die Scham überkomme ihn beim Anblick dieser Leute ohne Kleider und Schuhe, schrieb der Markgraf an den Kaiser. Wo man einen abgegriffenen Menschen betteln sehe, sage man, es sei ein kaiserlicher Soldat. Trostlos waren die Geldverhältnisse in Wien, wohin er im Februar 97 gerufen wurde. Für Proviant und Pulver verwies ihn der Kaiser auf die sechs Kreise, die sich ja in Frankfurt selbständig gemacht hätten. Als er im April abreiste, hatte er nichts erreicht, als daß zehn kaiserliche Regimenter, die noch in Italien standen, für den Rhein bestimmt wurden. Aber der Reichsheergedanke machte erstaunliche Fortschritte, wenn man die Zustimmungen schon für die Tat nahm. Der venetianische Gesandte berichtete nach Hause, über den Eifer und die Eintracht der Deutschen könne man sich nicht genug verwundern, seit Menschengedenken sei so etwas nicht gesehn worden.
Der unermüdliche Graf Friese und der schwäbische Gesandte trugen König Wilhelm und Heinsius den Vorschlag vor, in diesem Jahr 97 sämtliche deutsche Streitkräfte in der einen Hand des Markgrafen zu vereinen und ihm die englischen

Subsidien zukommen zu lassen. Mit der ersten Anregung hatten sie Erfolg, mit der zweiten nur einen teilweisen. Schwaben nahm wieder musterhaft für seine Truppen die nötigen Opfer auf sich. Um die Führer bei guter Laune zu erhalten, wurde fleißig befördert, hier und ringsum. Generalfeldmarschall konnte man in Würzburg und Mainz, in Düsseldorf und Trier und Gotha, bei jedem Armierten, nun auch in den Kreisen werden.

Am 21. Mai trat der Frankfurter Kongreß abermals zusammen. Wenn das Wunder vom Dezember anhielt, konnte die neue Reichsarmee noch in diesen Feldzug eingreifen. Brandenburg schickte Stösser von Lilienfeld und zeigte sich nach wie vor willig. Für Schwaben kam Kulpis, für den Kaiser der Leibnizzögling Boyneburg. Gerade er brachte die größte Enttäuschung. Der Kaiser habe in all den Jahren mehr als die 24000 Mann gestellt, die man jetzt von ihm als österreichisches Kontingent verlange, und behalte sich den Eintritt vor, wenn die Assoziation tatsächlich zustandekomme. Celle und Salzburg waren offen gegen sie, Kassel, Bayern, Sachsen der Sache nach.

Kulpis ging voll Sorgen nach dem Haag, um an den Friedensverhandlungen teilzunehmen. Brandenburg schlug vor, den Kongreß zu verlängern. Es wurde auch bis in den August verhandelt; was man beschloß oder nicht beschloß, kam weder für die Operationen noch für die Friedensverhandlungen in Betracht. Und als Ludwig XIV. den Hauptstoß gegen Flandern richtete, zog König Wilhelm die Truppen von Celle, Kassel, Münster, Holstein an sich, die er hatte dem Markgrafen überlassen wollen.

›Vergessen waren alle Pflichten gegen das Reich, alle die Reden über gegenseitige Hilfe und Assoziation, winkten doch in den Niederlanden das Gold der Seemächte und die wohlgefüllten Magazine‹, urteilt Schulte mit begreiflicher Bitterkeit und überschätzt die Entschlußfreiheit der Fürsten, die nicht erst jetzt Geld nahmen. Die Maßregel war, unter Verbündeten, an sich richtig, da sie den am stärksten bedrohten Punkt sicherte. Wahr ist, daß die Seemächte die wichtigste deutsche Forderung preisgaben, nachdem sie ihre eigenen durchgesetzt hatten, und dies wiederum gewiß nicht ohne Schuld Kinskys, der nicht nur die Dinge zu lange hatte treiben lassen, sondern auch dadurch belastet war, daß er die

Forderungen Spaniens und Lothringens zu seinen eigenen machte.
Ludwig Wilhelm blieben außer den Kreistruppen die vom Kaiser geschickten Regimenter, die aus Savoyen übernommenen englischen, die von England bezahlten brandenburgischen gleicher Herkunft, dazu kurpfälzische und bayrische. Er war durchaus nicht schwach. Aber nach dem Zusammenbruch der Frankfurter Verhandlungen, auf die er so große Hoffnungen gesetzt hatte, und angesichts des Mangels an Geld und Munition verging ihm vorerst die Lust. Er blieb bis in den Juni in Augsburg bei Augusta, die ihr drittes Kind trug. In diesem Sommer fiel auch schon die Entscheidung über seine Bewerbung um die polnische Krone, die durch den Tod Sobieskis erledigt war.
Der Feldzug spielte sich in nächster Nähe Baden-Badens ab. Choiseul besetzte eine Stellung auf der Linie Rastatt-Kuppenheim-Murg, die uneinnehmbar war, zog sich aber vor dem Markgrafen gegen Stollhofen zurück. Da Ludwig Wilhelm durchs Murgtal über die Höhen Dragoner und Husaren unter Vaubonne – einem jener Franzosen, die auf kaiserlicher Seite den Türkenkrieg mitgemacht hatten – in die Täler schickte, die hinter der französischen Stellung mündeten, sah der Schwarzwald Reitergefechte, Überfälle und Handstreiche. Es regnete so stark, daß die Ebene sich in einen Morast verwandelte. Zu fouragieren gab es nichts mehr, selbst die Obstbäume waren umgehauen.
Die Franzosen gingen über den Rhein zurück und zogen von Straßburg hinab nach Neustadt. Der Markgraf ließ Deckung zurück und wartete an der Nahe darauf, daß König Wilhelm seinen Vorschlag annehme, gemeinsam in Flandern eine Offensive zu wagen. Der König hielt ihn hin und sagte im September ab. Ludwig Wilhelm schloß die Ebernburg ein, Choiseul konnte sie nicht retten. Am 27. September ließ der Kommandant Schamade schlagen, und genau in diesem Augenblick kam ein ›Expresser‹ aus dem Haag mit Briefen an. Der Markgraf ahnte, was sie enthielten, öffnete sie noch nicht, sondern ließ die Übergabe der Burg aufsetzen und unterschreiben. Die Briefe enthielten die Nachricht, daß die Seemächte und Spanien mit Frankreich Frieden, der Kaiser einen Waffenstillstand geschlossen hatten.
Der Waffenstillstand ging am 1. November in den Frieden

über. Die brandenburgischen, englischen, bayrischen, kaiserlichen Regimenter rückten ab, aus den Niederlanden die heimziehenden an: die verzweifelten Pfälzer weigerten sich, allen diesen Truppen Quartier zu geben. Die Truppen wiederum waren ausgehungert, krank und zerlumpt. Es gab Kämpfe, und zum Überfluß bezogen die Franzosen in der Eifel, an der Nahe, in der hinteren Pfalz noch ein letztes Mal Winterquartier. In diesem Krieg hatte der größte Teil Deutschlands nicht unter dem Feind gelitten, der Südwesten und die Rheinlande um so mehr, am meisten die Pfalz.

Was war durch so viele Leiden erreicht worden? Die Pfalz mußte die Erbansprüche der Orléans durch eine Jahresrente von 100000 Livres ablösen. Landau, Straßburg und das ganze Elsaß blieben französisch. Ludwig XIV. gab Freiburg, Breisach, Philippsburg und Kehl an den Kaiser zurück, Luxemburg und Belgien (nach dem Stand von Nymegen) an Spanien, Lothringen (nach dem Stand von 1670) an den jungen Herzog. Wie in Nymegen wurde der Kardinal von Fürstenberg wieder in seine Rechte eingesetzt, eine Maßregel, die Ludwig Wilhelm insofern billigte, als er verlangte, genau so müßten die, die durch die Jahre alles geopfert hätten, entschädigt werden. Aber keines der verwüsteten deutschen Länder erhielt den geringsten Schadenersatz. Der Oranier bekam Orange wieder, und Ludwig erkannte ihn als König von England an, ließ also Jakob II. fallen.

Um Straßburg wurde dieser Krieg geführt, und Straßburg kehrte nicht ans Reich zurück, trotzdem Ludwig in den ersten Zeiten der Verhandlungen bereit gewesen war, es im Zustand von 1681 oder gar im augenblicklichen abzutreten. Er hatte Freiburg, Kehl, Breisach und Philippsburg dagegen ausgespielt, das war seine Stärke. Dem Führer der österreichischen Unterhändler, Vizekanzler Graf Kaunitz, half seine Gewandtheit nichts, dem ihm beigegebenen Juristen, Freiherrn von Seilern – Sohn eines Heidelberger Handwerkers und Konvertit –, weder sein Wissen noch seine Verschlagenheit.

Die im Mai eröffneten Verhandlungen zogen sich hin, weil die Franzosen auf ihre letzte Trumpfkarte warteten, den Fall von Barcelona. Inzwischen verhandelten König Wilhelm und Heinsius unter der Hand allein weiter. Sie erhielten zugestanden, was sie brauchten – Holland einen guten Zolltarif

und Zulassung seiner Heringe auf dem französischen Markt. Am 11. August fiel Barcelona: der spanische Hof wies seine Gesandten an, Frieden um jeden Preis zu schließen.
So waren der Kaiser und das Reich isoliert. Ludwig XIV. stellte ein Ultimatum zum 20. September, und unter den Reichsfürsten brach der alte religiöse Zwiespalt noch einmal aus. Die katholischen fanden sich leichter damit ab, daß Straßburg französisch blieb, denn das Münster blieb damit katholisch. Als die Seemächte und Spanien am 20. spät in der Nacht unterschrieben hatten, setzte Ludwig dem Kaiser eine neue Frist, den 1. November.
In letzter Minute trat er mit einer Klausel hervor, wonach in den zurückzugebenden Reunionen katholisch zu bleiben habe, was inzwischen katholisch geworden sei. Diese gänzlich unerwartete Zusatzbestimmung veranlaßte Kurfürst Johann Wilhelm von der Pfalz dadurch, daß er sich hinter Ludwig XIV. steckte, um zu bewirken, daß in seinem Land der von den Franzosen während der Besetzung eingeführte katholische Status erhalten werde. Ludwig XIV. griff den Gedanken auf und dehnte ihn auf die Reunionen aus. In der Nacht zum 30. Oktober wurde die Forderung zugestellt. Heinsius und die Protestanten tobten, aber die Kaiserlichen unterzeichneten am nächsten Tag den Frieden samt der Klausel, die die Pfalz jahrzehntelang nicht zur Ruhe kommen ließ, die protestantische Vormacht Preußen auf den Plan rief und während der ersten Hälfte des nächsten Jahrhunderts die religiöse Kluft wieder aufriß: sie warf geradezu den Toleranzgedanken zurück.
Der Margraf hatte verschiedentlich einzugreifen versucht, um Straßburg zu retten, was nicht in seiner Macht lag. Die Schwaben wehrten sich tapfer, zusammen mit den Franken. Kulpis übersetzte französische Anmerkungen des Markgrafen zum Thema Straßburg ins Deutsche und verteilte sie im Haag unter dem Titel ›Vorschlag eines deutschen Patrioten‹. Er und andere brave deutsche Räte erörterten, ob das Reich oder die Verbündeten die Kosten für die Niederreißung der Straßburger Wälle zahlen sollten und wer dort in Garnison gelegt werden könne. Die Franzosen bewilligten ihnen ein paar Besprechungen in dieser Sache und spotteten bei andern über Leute, die vom Status von 1673 redeten, während hier 1697 gelte.

Am 1. September erklärten sie kategorisch, Rückgabe von Straßburg komme nicht in Betracht, man gebe dafür Barcelona zurück – womit die Spanier gewonnen waren. Die Verquickung der Besprechungen mit Religionsfragen hatte zur Folge, daß die Schwaben und Protestanten Verrat des Kaisers und seiner Jesuiten witterten – die Jesuiten seien froh, ihr Straßburger Collegium zu behalten. Alte Wunden brachen auf. Es war, als sei man fünfzig Jahre zurückgeworfen. Der in Ryswyk – einem Schlößchen beim Haag – unterzeichnete Friede ist ein Spiegel, aus dem das noch immer kranke, schwächliche, unharmonische Gesicht des Reiches entgegenschaut.

Als feststand, daß Straßburg nicht mehr zu haben sei, erklärte Ludwig Wilhelm als der Realist, der er in militärischen Dingen war, man müsse zu erreichen suchen, daß Fort-Louis geschleift und Landau zurückgegeben werde. Dann könne man Straßburg durch eine Gegenfeste Kehl oder Stollhofen in Schach halten. Zur Ehre König Wilhelms ist zu sagen, daß er nach dem französischen Nein vom 1. September immerhin überlegte, ob der Krieg sich fortsetzen lasse. Amsterdam gab den Ausschlag, es verlangte Frieden. Etwas zugespitzt könnte man behaupten, die Rückkehr Straßburgs in das eine Mal an Barcelona, das andere Mal an Amsterdam gescheitert: jedenfalls wurde der Beweis geführt, wie gefährlich Koalitionen für den sind, der sich nicht die Führung sichert.

Es ward noch unendlich viel geredet, gereist, geschrieben. Fort-Louis auf der Rheininsel blieb französisch und Festung, nur die auf das rechte Rheinufer übergreifenden Werke sollten geschleift werden. Die beiden Kreise nahmen einen letzten Anlauf, sie baten den französischen König, dem von Fort-Louis am meisten bedrohten Markgrafen eine Freude zu bereiten, da ihm eben – am 30. September in Augsburg – ein Erbprinz geboren sei. Dieser sentimentale Versuch, Festungen zum Gegenstand von Taufgeschenken zu machen, war recht überflüssig.

Vom Besitz des Bistums Straßburg blieben nur die rechtsrheinischen Ämter Ettenheim und Oberkirch im Reichsverband. Auf sie richtete Ludwig Wilhelm sein Augenmerk, wie schon immer auf die Ortenau. Um Kehl bat er bereits während der Haager Verhandlungen die kaiserliche Gesandtschaft. Einen Ersatz für die erlittenen Schäden zu erhalten, schien ihm eine

gerechte Forderung zu sein. Er mußte die zerstörten Orte wiederherstellen und ließ sich auch schon den Gedanken an eine neue Residenz durch den Kopf gehn.
Baden-Baden lag abseits, das mochte unter Umständen einen Schutz bedeuten. Aber das Plateau, auf dem das Neue Schloß stand, war beschränkt, weder für einen Park noch für die Häuser der Hofleute, der Beamten, der Verwaltung bot es Platz. Man hätte dort in einem veralteten Gebäude gewohnt, und es war ein neuer Stil aufgekommen, mit einem Corps de logis und Seitenflügeln, der unbegrenztes ebenes Gelände verlangte. Plittersdorf erhielt Anweisung, in Brüssel Aufrisse moderner Stadtanlagen zu besorgen und Umfrage nach einem geeigneten Architekten zu halten.
Fast wäre das Geld Augustas, für das sich nun in der Heimat so gute Verwendung fand, in das polnische Abenteuer gesteckt worden.

4

Der Tod Sobieskis – Louis und Conti 1697 Kandidaten in Polen – Louis will die böhmischen Güter verpfänden – Die Wahlebene bei Warschau – Friedrich August wird katholisch und bewirbt sich – Der Wahlakt – Eugen wird Oberbefehlshaber im Osten – Die Schlacht von Zenta – Die Friedensverhandlungen in Karlowitz – Die österreichische Gesamtmonarchie

Im Juni 1696 starb Sobieski. Frankreich und der Kaiser hatten das gleiche Interesse daran, auf dem polnischen Thron einen ihnen genehmen Mann zu sehen. Jakob, der Sohn des Nationalhelden, war so unbeliebt im Lande, daß niemand etwas von ihm wissen wollte. Auch der französische Gesandte, Abbé Polignac – dessen Antikensammlung Friedrich der Große kaufte –, ließ ihn fallen, trotz seiner persönlichen Beziehungen zur Mutter, der französischen Marquise.
Die Eifersucht der polnischen Magnaten führte zu einer Verabredung, die sie alle ausschloß. Lubomirski eröffnete Polignac, nur zwei Bewerber kämen in Betracht, Prinz Conti und Markgraf Louis von Baden. Der eine empfahl sich durch seinen Reichtum, der andere durch seinen Ruhm, die Unabhängigkeit des Charakters und die soldatischen Fähigkeiten.

Seit 1683 war Polen in Podolien nicht weitergekommen: wenn jemand es den Türken wiederabnehmen konnte, dann der Sieger von Szlankamen.
Selbst Ludwig XIV. erkannte an, daß das ein nahliegender Vorschlag sei. Eine Zeitlang dachte er an Jakob II., den der König Wilhelm opfern mußte. Dann entschied er sich für François Louis de Conti, den Neffen des Großen Condé, obwohl der Prinz bei ihm in Ungnade war, seitdem er als Freiwilliger auf kaiserlicher Seite gegen die Türken gekämpft hatte.
Der Kaiser setzte sich nicht für den Markgrafen ein. Er wollte zunächst einmal zusehn, welche Aussichten einer seiner pfälzischen Schwäger oder der junge Lothringer hätte. Der Markgraf hielt sich anfangs zurück. Allen möglichen Leuten in Polen um den Bart gehn, lag ihm nicht, und es gab wenig Dinge in der Welt, die so viel Geld kosteten, wie König von Polen zu werden. Dänemark war für ihn, Schweden nicht, unter den römischen Kardinälen hatte er einen Gönner. Aber einen Entschluß faßte er erst, als Friedrich von Brandenburg seinen Oberpräsidenten Danckelmann anwies, sich der badischen Sache energisch anzunehmen.
Der Kurfürst wollte in Warschau keinen Franzosen haben, dachte auch schon an die nahende Auseinandersetzung zwischen Zar Peter und Schweden. Dort kam im April 97 der fünfzehnjährige Karl XII. auf den Thron, und es ist ein reizvoller Gedanke, sich Ludwig Wilhelm als dritte Größe in dem historischen Kampf der beiden andern vorzustellen.
Der Enthusiast Friese bot wieder seine Vermittlung an und versprach die Beihilfe König Wilhelms. Wichtiger war, daß die größten Magnaten in Litauen, die Sapiehas, sich für den Markgrafen erklärten. Auch die Lubomirski, Radziwil und Potocki zeigten Willigkeit, sie erkundigten sich offen nach den Geldmitteln, Polignac dagegen war bei allen polnischen Damen Hahn im Korb. Er sagte im Namen Contis und Ludwigs XIV., als sei Frankreich das Land Ophir, alles zu, was man verlangte, 10 Millionen polnisch gleich 6 Millionen Livres nur für den rückständigen Sold der Armeen, die Bezahlung der Schulden an Brandenburg und auch, daß Conti noch rasch den Türken die Festung Kaminiec abnehmen werde.
Er verteilte auch schon Bargeld mit vollen Händen. Das Haupt der französischen Partei, der Primas von Polen, erhielt

ein Diamantenkreuz, 60 000 Taler und eine Abtei in Frankreich. Ludwig XIV. legte dem freigebigen Abbé Zügel an. Weder mochte er mit den Türken Krieg anfangen, noch solche Summen opfern. Er strich die Zusagen zusammen.
Der Markgraf wollte 200 000 Gulden auswerfen, aber erst nach der Wahl zahlen. Selbst dieser Betrag ließ sich schwer auftreiben. Sein und Augustas Haushalt kostete gewaltige Summen, da sie das halbe Jahr getrennt lebten; die Gehälter, die er vom Kaiser bezog, waren zum großen Teil Forderungen. Er wandte sich an seinen Bankier. Oppenheimer erklärte, er gebe eine Million von denen ab, die der Kaiser ihm selber schulde.
Vertreter des Markgrafen in Warschau war ein savoyischer Abbé, Graf Gonzel, der verlangte, er solle Briefe an die Großen, die Geistlichen, den Senat, die Adligen schreiben, wozu Ludwig Wilhelm sich nicht verstand. Der Kurfürst von Brandenburg hatte seinen Hof sogar nach Königsberg verlegt, um den Unterhändlern näher zu sein. Die gegnerischen Kreise verbreiteten das Gerücht, der Markgraf habe ihm Westpreußen versprochen. Es war nicht unbekannt, daß der Kurfürst König werden wollte.
Wie Verschwörer verkehrten die Magnaten mit dem brandenburgischen Gesandten, der so eifrig den Badener vertrat. Zur Nachtzeit kam man vermummt an geheimen Orten zusammen; die französische Partei hielt es nicht anders. Der Markgraf steigerte sein Aufgebot auf 400 000 Gulden – nicht genug, erklärte man, die 400 000 und 10 Millionen polnisch dazu. Der Brief mit diesen Bedingungen wurde glücklich über die Grenze gebracht, ausnahmsweise nicht von einem Mönch oder Juden, sondern vom Bruder Gonzels.
Um die 400 000 Gulden aufzutreiben, ließ sich der Markgraf von seinem Bankier an von Schmettau in Breslau verweisen und schickte einen Vertreter des Augsburger Hauses Bertermann mit: die Herren sollten gegen Verpfändung der böhmischen Besitzungen Augustas den Betrag vorstrecken. Schmettau bedauerte und verwies seinerseits an Krauth in Berlin, den brandenburgischen Generaleinnehmer. Krauth lehnte ab, im Mai 97. Ein neuer Kandidat trat auf, Fürst Odescalchi aus Rom. Seine Gesandten kamen wie die heiligen drei Könige gezogen, irgendwo im Norden war ein Stern aufgegangen, sogar Geld wollten sie verteilen. Sie tra-

fen ein verwickeltes Abkommen mit der badischen Partei für den Fall daß und wenn. Kinsky in Wien kam auf Jakob Sobieski zurück. Er haßte Brandenburg und mochte von seinem Kandidaten Louis schon aus diesem Grund nichts wissen. Der kommende Gegensatz zwischen Österreich und Preußen machte sich zum erstenmal stärker fühlbar, bei dieser Königswahl.

Am 15. Mai 97 versammelte sich der Reichstag auf der Wahlebene von Wola bei Warschau. Der Senat, die Bischöfe, die Würdenträger, die Ritterschaft, die Woiwoden lagerten in Zelten. Jeder war von seiner Leibschar begleitet; man sah herrliche Pferde, fremdartige Waffen, Prunk und Verschwendung. Der Großfeldherr von Litauen zog mit 4000 Mann ein. Der Nuntius zelebrierte die Eröffnungsmesse, alsbald begann das Hadern und Feilschen. Allein über der Einigung auf einen Wahlmarschall verging ein halber Monat, während dessen die Großen offene Tafel hielten und alles Drum und Dran das Lager in einen Jahrmarkt verwandelte. Mancher der Adligen, der durch seine eine Stimme alles verhindern konnte, kam barfuß daher, und wer kein Roß besaß, schulterte eine Sense.

Dann kam die Sensation: eine neue Meldung für das Rennen, in letzter Minute.

Im Februar traf in Rom der kursächsische Generalleutnant Rose ein und eröffnete dem französischen Vertreter, Friedrich August sei bereit, einen Freundschaftsvertrag mit Ludwig XIV. zu machen – es war noch Krieg –, wenn der König seine Bewerbung um die polnische Krone unterstütze. Für den Papst brachte der General ein anderes unterschriebenes Blanko mit: sein Herr wolle übertreten, falls er mit Hilfe der Kurie in Warschau gewählt werde.

Rose ging nach dem Haag und machte beim französischen Friedensunterhändler neue Angebote. Er werde seine Truppen aus Ungarn zurückziehn und den Kaiser, wenn der Friede scheitere, in Böhmen angreifen. Die Skrupellosigkeit Friedrich Augusts, der dem *Corpus Evangelicorum* vorsaß, ist ein Gegenstück zu der der Braunschweiger zur Zeit der Olbreuse – Friedrich August selbst ist eine Wiederholung der Brüder Georg Wilhelm und Ernst August, im Lebensstil, in den Weiberaffären, in der Gottesähnlichkeit eines absoluten Fürsten.

Ludwig XIV. sah nicht ein, weshalb er Conti fallen lassen sollte; er lehnte ab. Friedrich August versuchte es nun in Wien, wenn nicht beim Kaiser, so doch bei Kinsky, den die Vorteile blenden mußten – nicht nur die augenblicklichen, sondern auch die dauernden. Ein katholisches Sachsen geriet in einen natürlichen Gegensatz zu Brandenburg und würde sich an Österreich anlehnen, es lag dann schützend zwischen Wien und Berlin. Nebenbei verzichtete der Kurfürst auf den Oberbefehl in Ungarn, und man konnte ihn endlich dem Prinzen Eugen übergeben.
In Wien fand Friedrich August auch den Mann, der seine Sache in Polen betreiben konnte, seinen eigenen Obersten Flemming, der eben dorthin reisen wollte. Flemming gründete in der Tat in Polen insgeheim eine sächsische Partei, indem er durch einen weitläufigen Verwandten, den Kastellan Przebendowski, insgeheim mit den Anhängern Contis verhandelte und die größten Versprechungen machte.
Ende Mai berichtete er dem Kurfürsten in Baden bei Wien. Friedrich August, der sich in Ungarn nicht als Stratege bewährt hatte, entwickelte ungeahnte Fähigkeiten. Er trat in Baden über, wovon nur wenige erfuhren, machte in kürzester Zeit große Geldmittel flüssig mit Hilfe von ›Juden und Jesuiten‹, trat seinen Anspruch auf das Herzogtum Lauenburg an Hannover ab, das einen Teil sofort zahlen mußte, und beorderte in die Lausitz ein Heer, über das man sich den Kopf zerbrach. In Wirklichkeit sollten diese Truppen der Entschlußkraft des polnischen Reichstages nachhelfen, wenn der Augenblick gekommen war, und vorerst unterstützten sie in Wien die Aufforderung, an die geschuldeten Subsidien zu denken – in Polen siegte, wer eine halbe Stunde länger als die andern gemünztes Gold in der Hand hielt, wenn sie zur Tasche fuhr.
Am 26. und 27. Juni fand dort der eigentliche Wahlakt statt, der Schlußakt einer amüsanten und phantastischen Komödie. Flemming war so klug gewesen, Fühlung mit Polignac zu suchen. Fiel Conti durch, so konnte Sachsen als der Kandidat gelten, der Frankreich am genehmsten sei. Baden hatte nur noch als Versöhnungskandidat Aussicht, wenn man sich auf den dritten Mann einigen mußte.
Am 26. wogte der Kampf zwischen den Anhängern Contis und Friedrich Augusts. Das Hauptargument gegen Friedrich

August war, sein Übertritt sei nicht erwiesen, in Polen könne kein Protestant König werden. Gegen Mittag ritt Przebendowski durch die Woiwodschaften und erklärte, der Nuntius bestätige den Übertritt. Die Woiwodschaften standen sich in zwei Reihen gegenüber: schon wollte man aufeinander losgehn. Die Anhänger Sachsens wuchsen. Es muß ein fürchterliches Geschrei und Gefeilsche gewesen sein. Die Nacht kam, es war Sommer, die Parteien wichen nicht. Flemming hatte am Abend eine neue Sendung Geld erhalten, den Contisten war ihres ausgegangen. Flemming ließ an die ärmeren Edelleute Branntwein und je einen Taler austeilen. Die Franzosen arbeiteten mit lateinisch geschriebenen Zetteln, die Sachsen mit polnischen, die 200 Jesuitenschüler übersetzt hatten.
Am 27. ging Sapieha zu Sachsen über, als letzter der vier Feldherrn. Die Armee war genommen, der Rest der contistischen Magnaten schlug nun Baden vor. Um ein Ende zu machen, verstand sich der Kardinalprimas zu einem Gewaltstreich. Um 6 Uhr abends stieg er zu Pferd, rief Conti aus und ritt mit ungefähr einem Drittel des Adels in die Stadt, um im Johannisdom das Tedeum anzustimmen.
Aber das Tedeum mußte herkömmlich auf dem Wahlfeld selbst gesungen werden. Der Vizeprimas benutzte diesen Fehler und die Abwesenheit des Kardinals, um seinerseits Friedrich August auszurufen, nachdem er auf die dreimalige Frage ein einstimmiges Ja erhalten hatte. Wer war nun König, der vom Primas oder der vom Vizeprimas Ausgerufene? Die Antwort gab Friedrich August, der seit zwei Tagen in Breslau wartete. Er marschierte sofort ein, ließ Flemming die Wahlkapitulation beschwören und wandte sich nach Krakau. Hier wurde er am 15. September gekrönt, obwohl ein Gegenreichstag nochmals Conti wählte. Conti war nicht da. Einige Monate zu spät machte er sich endlich auf den Weg und warf Ende September auf der Reede von Danzig Anker. Danzig verschloß ihm die Tore, der Adel empörte sich nicht, wie er gehofft hatte. Als Friedrich August mit ein paar tausend Reitern erschien, stach die kleine französische Flotte mit dem Prinzen wieder in See. Europa spottete, Ludwig XIV. machte ein langes Gesicht, Brandenburg war über den sächsischen Vorsprung nicht entzückt, aber für die brutale Ungnade, in die Danckelmann fiel, hätte diese Unzufriedenheit nicht gereicht.

Friedrich August hatte Hasard gespielt und gewonnen. Es war ein Wagnis gewesen, überzutreten, bevor der Erfolg diesen Schritt rechtfertigte. Er war Kavalier genug, um sein Versprechen zu halten und den Untertanen die Anwendung des famosen Grundsatzes, daß sie der Religion des Fürsten folgen müßten, zu ersparen. Als in Dresden der Dankgottesdienst stattfand, sang die Gemeinde das Lutherlied, und es geschah nichts. Religiöse Fragen bewegten den Kavalier Friedrich August nicht. Höchstens verspürte er den Zusammenhang, der zwischen der sichtbaren Pracht der alten Kirche und der Neigung des absoluten Zeitalters zum Auftreten besteht. Seine Gattin blieb protestantisch und lebte fortan getrennt.
Sachsen weigerte sich noch auf lange hinaus, den Vorsitz im *Corpus Evangelicorum* abzugeben. Im Kurfürstenkollegium vermehrten sich die katholischen Stimmen auf 6 unter 7, da Böhmens Stimme ruhte und die Hannovers noch nicht anerkannt war (beide traten 1708 hinzu). Ludwig XIV. hatte sich nicht genug eingesetzt, ein Zeichen, wie erschöpft seine Kassen waren. Er verlor dadurch einen Bundesgenossen, der im spanischen Erbfolgekrieg viel Schlimmes in den deutschen Ostgebieten hätte anrichten können.
Als Generalleutnant des Kaisers mußte Ludwig Wilhelm im August dieses Jahres bei Bruchsal sein Heer antreten lassen, um zu Ehren des neuen Königs von Polen drei Salven aus allen Geschützen und Gewehren zu feuern. Die Franzosen hatten das schon einen Monat vorher bei Rastatt getan. Die Bereitwilligkeit wird auf beiden Seiten die gleiche gewesen sein, aber für diese Fälle gibt es die Haltung.
Obwohl Friedrich August im türkischen Feldzug von 1696 keinen Erfolg davongetragen hatte, verlangte er doch für 1697 wieder den Oberbefehl und beschloß nochmals sein Glück mit Belgrad zu versuchen. Caprara wollte man ihm nicht mehr beigeben. So empfahl der Präsident des Hofkriegsrats, Rüdiger Starhemberg, Kaiser Leopold den Prinzen Eugen, dem er ein klassisch gewordenes Zeugnis ausstellte: ›Ich weiß keinen, der mehr Verstand, Experienz, Applikation und Eifer hätte, ein generoses und uninteressiertes Gemüt, auch die Liebe und Respekt bei der Miliz ... er hat in Italien kommandiert, die Armada jederzeit in großer Einigkeit, Respekt und Gehorsam erhalten, welcher dagegen

bei der Armada in Ungarn ganz zerfallen, weswegen wohl nötig, derselben einen solchen vorzustellen, der ihn wieder einzuführen weiß, von allen Offizieren beliebt, die alle, und sonderlich die vornehmeren, dem Prinzen soviel geneigt, als sie dem andern (Sachsen) abgeneigt sind.‹
Als Friedrich August König von Polen geworden war, legte er das Kommando in Ungarn nieder. Am 5. Juli übernahm es Eugen, unter schwierigen Verhältnissen. In Oberungarn entstand unter den Weinbauern von Tokaj ein Aufstand, den Vaudémont niederschlug. Eugen fehlte alles, Geld, Mehl, Futter, Holz, Nachschub, Magazine. Er marschierte trotzdem, dreimal, bis er den Sultan da hatte, wo er ihn haben wollte: beim Übergang über die Theiß begriffen. Die Reiterei war schon auf dem linken Ufer, das Fußvolk und die Geschütze noch im umwallten Brückenkopf, als Eugen am 11. September angriff. Die im engen Raum zusammengedrängten Türken wurden niedergemacht oder ertranken. Nur ein paar Stunden dauerte diese Schlacht bei Zenta, die den Geist von Szlankamen erneuerte: es genügte, der Sultan nahm im folgenden Januar die Vermittlung des englischen Gesandten an.
Eugen hatte Belgrad und Temesvar nehmen wollen. Der Plan scheiterte an der ›Miseria‹, dem Fehlen der Transportmittel. Er verschob ihn aufs nächste Jahr, aber 1698 brachte den Frieden. Leicht fiel er nicht, da die Bundesgenossen, Polen und Rußland, befriedigt sein wollten. Polen verlangte Kaminiec, das noch immer nicht erobert war, und Zar Peter Kertsch, den Schlüssel zum Asowschen Meer, wo die neue russische Flotte entstand. Peter reiste von Holland, wo er das Zimmern lernte, nach Wien, zum Entsetzen des Kaisers, der nicht wußte, wie er die Kosten des Empfanges bestreiten sollte. Der Aufstand der Strelitzen, den er gründlich und fürchterlich austilgte, rief ihn nach Moskau zurück. Im Oktober trafen die Friedensunterhändler aus aller Welt in dem zerstörten Dörfchen Karlowitz in der Nähe von Peterwardein ein und wohnten in Zelten. Im Januar 99 wurde noch immer verhandelt, die Venetianer begehrten zuviel. Endlich am 26. Januar unterschrieb man, punkt dreiviertel zwölf, auf Verlangen des türkischen Gesandten, der die Konstellation ausgerechnet hatte.
Polen erhielt Podolien mit Kaminiec, der Kaiser Siebenbür-

gen, Ungarn mit Ausnahme des Temesvarer Banats, Kroatien und Slawonien. Thököly verschwand endgültig, der Sultan verbannte ihn nach Kleinasien, wo er nach einigen Jahren starb. Zweihundert Jahre später kehrten seine Gebeine nach Ungarn zurück. Die Türkei stieg ab, Österreich auf. Vor fünfzehn Jahren hatten die Türken noch Wien berannt. Auch Polens Schwäche wurde blitzhaft beleuchtet. Was Friedrich August im kleinen unternahm, als er einrückte, das konnten das nächstemal die Nachbarn im großen tun und das anarchische Land aufteilen.
In Karlowitz hatte man für die Unterhandlungen ein Holzhaus gebaut und die Räume des Schlößchens Ryswyk wiederholt: ein Gleichnis dafür, daß beide Friedensschlüsse zusammengehören. Ohne die leidige spanische Erbfolgefrage hätte das neue Europa schon jetzt darangehn können, sich einzurichten und auszubauen. Denn es war da, fünfzig Jahre nach dem Westfälischen Frieden.
Frankreich hatte die Hegemonie über den Kontinent nicht erreicht, ihn aber gezwungen, seine Methode aufzunehmen. Die kulturelle Nachahmung begleitet nur die politische. Das Reich freilich konnte nicht eine Einheit in straffer Hand werden, wohl aber die Teile, sofern sie nicht geistlich oder zu klein waren. Sachsen, Brandenburg, Hannover, Bayern, das Herzogtum Württemberg, Hessen-Kassel und im Osten nun das aus den Erblanden, Böhmen, Mähren, Schlesien, Ungarn, Siebenbürgen, Slawonien, Kroatien zusammengesetzte Österreich. Die Kaiserlande waren auch ohne den italienischen und belgischen Zuwachs, den sie im Erbfolgekrieg erfuhren, stark genug, um Frankreich das Gleichgewicht zu halten.
Zu den Kleingebieten gehörte nach dem Gesetz von Raum und Geschichte die Markgrafschaft Ludwig Wilhelms. Er versuchte, das Elsaß mit Straßburg und Landau, die Ortenau, die rechtsrheinischen Besitzungen des Bistums Straßburg hinzuzugewinnen. Es mißlang, das ist die Tragödie im Leben dieses Mannes, den die stärkste Triebkraft der Zeit, der Ehrgeiz, bewegte.

5

Louis bekommt Kehl – Er wird Gouverneur der vier Rheinfestungen – Der Miles perpetuus kann nicht sterben und nicht leben – Louis besichtigt Philippsburg – König Wilhelm gibt kein Geld für Kehl – Louis beginnt in Rastatt zu bauen – Villars sondiert Louis in Wildbad – Louis siedelt im Mai 99 nach Schlackenwerth über – Er ist verbittert – Er legt den Posten als Gouverneur der vier Festungen nieder

Wie einstmals sein Onkel Hermann hatte der Markgraf immer einen Plan zur Hand, der auf Größeres zielte. Er wollte Kehl zu einem Platz ersten Ranges machen, mit Freiburg, Breisach und Philippsburg in einem Befestigungssystem zusammenfassen, das den Franzosen jede Lust nahm, sich auf die rechte Seite des Oberrheins zu wagen. Breisach sollte mit 5000 Mann und 120 Geschützen belegt werden. Philippsburg mit ungefähr ebensoviel, Kehl mit der Hälfte. In Freiburg und Breisach hatte der Landesherr von Vorderösterreich, der Kaiser, für Garnison und Artillerie zu sorgen, im speyerischen Philippsburg und in Kehl das Reich, denn diese beiden waren Reichsfestungen. Dann gab es noch die Linien, die von Rheinfelden bei Basel bis Neckargemünd reichten und nur von wenigen Straßen durchbrochen wurden.

Der Plan war durch die Lage gegeben, vernünftig durch und durch. Auch der Kaiser hatte das größte Interesse daran, daß das Reich nicht entwaffnet war, wenn der Kampf um die spanische Erbschaft begann. Er beauftragte schon Ende 97 den Markgrafen, die beiden Reichsfestungen zu übernehmen, instand zu setzen und Vorschläge für den Ausbau zu machen. Da die Frage der Assoziationen, der Reichsheerreform, auf der zweiten Frankfurter Beratung nicht erledigt worden war, kam sie vor den Reichstag, und das Kurfürstenkollegium setzte auch, im März 98, die Friedensstärke des Reichsheeres mit 80000, die Kriegsstärke mit 120000 Mann an.

Am eifrigsten vertrat den Assoziationsgedanken Schönborn, der Kurfürst von Mainz. Er nahm in veränderter Form die Rheinbundbestrebungen des ersten Schönborn wieder auf und verdrängte Kulpis, der sowieso ausgespielt hatte, weil die Schwaben ihm nicht verziehn, daß sein Name unter der

Ryswyker Religionsklausel stand. Kulpis starb im September 98.
So hatten die Pläne und Maßregeln ein recht gutes Aussehn. Schwaben ließ auf energisches Verlangen des Markgrafen 6000 Mann unter den Waffen und nahm daraus, bis zur endgültigen Regelung durch das Reich, die Besatzungstruppen für Kehl, Freiburg und Breisach, um den Kaiser zu entlasten, noch war im Osten der Friede nicht geschlossen. Um dem Markgrafen wenigstens einen kleinen Ersatz für die erlittenen Schäden zu gewähren, sprach sich der Reichstag Ende 98 dahin aus, daß Kehl, unter Vorbehalt des Besatzungsrechtes, ihm zu überlassen sei. Der Kaiser bestätigte den Beschluß im März 99, worauf Kehl dem Hause Baden-Baden als Mannes-lehen abgetreten wurde. Ludwig Wilhelm mußte freie Religionsübung zusagen, was für ihn selbstverständlich war, während Augusta eine eifernde Ader besaß.
Ludwig Wilhelm konnte sich nun, wenn er wollte, als Gouverneur der vier Grenzfestungen betrachten. Als Generalleutnant des Kaisers hatte er Anspruch auf jedes Oberkommando, das zum mindesten am Rhein vergeben wurde, und im schwäbischen Kreis desgleichen für den Kriegsfall. Das also war erreicht, und darauf mußte er weiterbauen, um entweder Reichsheergeneral oder Gouverneur eines südwestdeutschen Grenzbezirks zu werden. Das Schlußkapitel des Assoziationsgedankens hebt nun an.
Bedenklich stimmte, daß es Ludwig Wilhelm nur unter großer Mühe gelungen war, die Auflösung des schwäbischen Heeres zu verhindern. Die Kriegsmüdigkeit, die Friedenssehnsucht der Reichsstädte, der vielen schwäbischen Prälaten, des Bischofs von Konstanz hatten ihm zu schaffen gemacht. Um nicht die 3000 Mann der württembergischen Haustruppen miternähren zu müssen, hatte der Kreis darauf bestanden, sie dem Herzog zurückzugeben, der nun Steuern bei seinen eigenen Landständen ausschrieb. Auch jene Kreistruppen, die unter den Waffen bleiben sollten, waren erst dann von 4000 auf 6000 erhöht worden, als der Markgraf und der Herzog erklärten, sie seien gezwungen, mit Ludwig XIV. einen Vertrag auf Neutralität im nächsten Krieg zu schließen, das heißt, Schwaben dem Einmarsch der Franzosen preiszugeben.
Die Zurückweisung der herzoglichen Truppen machte einen

schlechten Eindruck bei den anderen Armierten; das also konnte dabei herauskommen, wenn man sich mit den Kreisen einließ. Des weiteren: wohl behielt Schwaben 6000 Mann Friedenstruppen bei, aber es vereinigte sie nicht in Garnisonen, sondern ›dislozierte‹ sie. Wenn in einer Kompanie ein Dutzend Soldaten einem Dutzend kleiner Stände angehörten, so schickte man nun jeden von diesen zwölf nach seinem Heimatort, wo er mit anderen Genossen aus anderen Bataillonen oder Regimentern eine Zwerggarnison bildete, daher das Bataillonsbüro eine Tätigkeit entfalten mußte, die sich von Montfort am Bodensee bis Ulm erstrecken mochte, um nicht gleich den extremsten Fall Augsburg-Freudenstadt anzunehmen. Und bei der Reiterei entließ man die Gemeinen ohne Pferde. Mit andern Worten, man richtete sich gründlich auf den Frieden ein, und wenn Krieg ausbrach, verging wie Anno 93 die kostbare Zeit mit dem Zusammenziehn. Was trieb zum Beispiel die Handvoll Leute, die der Abt von Gengenbach nun zurückerhielt? Beschäftigten sie sich wie Soldaten oder lungerten sie herum? Wenn sie nicht für ein halbes Jahr nach Kehl kamen, wo alle sechs Monate gewechselt wurde, dürfte ihr Alltag nicht sehr militärisch verlaufen sein. Im besten Fall waren sie nun Stadtsoldaten, die Torwache hielten – wo sind wir denn, am Ende bereits im achtzehnten Jahrhundert, bei Roßbach und seiner Reichsarmee?
Der Markgraf hatte umsonst die Beibehaltung der Regimentskadern statt der von Kompagnien verlangt. Es war schon viel, daß man nicht auch die Offiziere in die Heimat entließ. Im Frieden hatte er nichts zu sagen. Durfte denn das, was übrigblieb, überhaupt noch als stehendes Heer bezeichnet werden gleich denen, die sich die armierten Fürsten hielten? Die Entscheidung war gefallen, nicht die Kreise, sondern die Armierten haben die Zukunft für sich.
Wohl bot nun der Kaiser an, der Assoziation beizutreten, immer in Hinblick auf den kommenden spanischen Konflikt[30], aber schon beanspruchte Mainz das Recht, die Tagungen der Reichskreise nach Mainz einzuberufen. Im Auftrag des Kaisers verhandelte Ludwig Wilhelm mit dem Erzkanzler und suchte ihm klarzumachen, daß die Einberufung Sache des Kaisers sei. Da Schönborn das nicht einsah, ließ man in Wien die ganze Assoziation fallen und griff auf das alte Mittel zurück, Bündnisse mit den Armierten zu schließen.

Auch Philippsburg erhielt, da ja kein eigentliches, wenigstens kein greifbares Reichsheer vorhanden war, eine Besatzung aus den drei Nachbarkreisen, Schwaben, Franken, Oberrhein. In der Hauptsache rückte ein kaiserliches Regiment unter dem Mainzer Generalfeldmarschall Thüngen ein und fand die Festung in einem fürchterlichen Zustand, nicht nur weil die Franzosen die Kasernen mit Mist und menschlichem Unrat unbewohnbar gemacht hatten, sondern weil die ganze Festung heruntergewirtschaftet worden war.
Der Markgraf nahm den Platz in Augenschein, diktierte im Mai 99 zu Regensburg seinen Bericht und fügte ihm die Voranschläge hinzu, die auf seinen Befehl Thüngen und der Stückhauptmann verfaßt hatten. Es ist an alles gedacht, an bombensichere Schlafräume, Brauhäuser, Grundwasserpumpen, Schilderhäuser, Brotmühlen. Ludwig Wilhelm ist einer der größten Organisatoren, die Deutschland besessen hat. In andere Verhältnisse gestellt, in eine andere Zeit geboren, hätte er Außerordentliches leisten können.
Die Voranschläge sind ungemein interessant, weil sie bis ins einzelne aufzählen, was der gemeine Mann in einer Garnison verzehrte, welches Personal zu einer Festung gehörte und welche Entlohnung sie bezogen. 6000 Mann verbrauchten im Jahr für 168000 Gulden Wein, für 3000 Käse, für je 400 Grütze, Gerste, Hirse, Linsen, Erbsen usw. Ein Obrist der Dragoner bezog monatlich 200 Gulden, ein Hauptmann 80, ein Gemeiner 9, die Pferdeportion eingerechnet. Palisaden, Roststämme, Faschinen, alles stand als Forderung in den Schriftstücken, die der Markgraf dem Reichstag einreichte. Aber mehr als 2500 Mann kamen nicht nach Philippsburg, und getan wurde so gut wie nichts. Thüngen verlangte ein paar Jahre später ein Gehalt als Kommandant. Bis dahin hatte er nur das gehabt, was die Festung als solche sozusagen in Naturalien abwarf: Fische aus den Gräben, Gras vom Glacis, Krappanpflanzungen auf den Wällen.
Auch der Ausbau von Kehl blieb ein Traum. Gegen Kriegsende hatte König Wilhelm dem Markgrafen versprochen, für den Bau einer Rheinfeste eine Million zu geben. Der Markgraf erinnerte ihn daran, indem er seinen Quartiermeister nach England schickte. Aber Harsch kam mit leeren Händen zurück, genauer mit einem höflichen Brief, der gute Wünsche und allerlei Ratschläge enthielt. Der Markgraf schrieb

darauf: *Quod peto, da, Cai, non peto consilium* – gib, worum ich bitte, Cajus, nicht bitte ich um Rat. Er brachte öfter lateinische Zitate an, und sie waren immer treffend.

Jahrzehnte lang hatte er auf Wilhelm von Oranien geschworen. Jetzt erkannte er die Wahrheit: auf die Seemächte war kein Verlaß. Wenn er überlegte, was ihm für alle Mühen, alle Siege im Osten, alle Leistungen im Westen, für alle Leiden seines Landes zugefallen war, ergaben sich das Stückchen Boden, auf dem Kehl stand, und 50000 Gulden, die ihm von den beiden Kreisen bei Kriegsende als Ehrengeschenk gegeben wurden. Wohl hatte der Kaiser gar manchesmal in seine Schatulle gegriffen, aber dieses Geld war längst verzehrt. Der Kaiser hatte ihn während der polnischen Königswahl nicht unterstützt. Wenn er verbittern wollte, so fehlte es nicht an Anhaltspunkten: er brauchte nur an Lauenburg zu denken.

Ludwig XIV. ließ sich genau über die Beziehungen des Markgrafen zum Kaiser berichten. Als Villars im Juli 98 als sein Gesandter nach Wien reiste, wies er ihn an, Fühler auszustrecken: vielleicht könne man den Feldherrn gewinnen, indem man ihm die Rang- oder Machterhöhung in Aussicht stelle, die ihm in Wien verweigert werde. Villars, der den eigensinnigen, aber ehrlichen und reinlichen Charakter Ludwig Wilhelms kannte, war von vornherein überzeugt, daß der Markgraf ungeachtet der gelegentlichen Drohungen unzugänglich sei. Er besuchte ihn im Wildbad, hörte, wie einst in Ungarn, seine Klagen an und reiste weiter. Als 1700 der Markgraf seinen Hofkammerrat nach Paris schickte, um das Amt Beinheim zurückzufordern und an das den Eltern versprochene Hochzeitsgeschenk zu erinnern, erwiderte Ludwig XIV., der Markgraf möge sich zuerst besser mit ihm stellen. Der wolfenbüttelsche Gesandte riet, man solle Ludwig Wilhelm bestechen; der Wiener Hof erfahre davon, aber auch er zweifelte nicht an der Treue des Generalleutnants.

Um zur Festungsangelegenheit zurückzukehren, so verbiß sich der seltsame Mann in eine Aufgabe, von der man nicht sagen kann, sie sei ihm im Westen gestellt worden, sondern nur, er habe es geglaubt. Er besaß den Charakter einer Dogge. Trotz Eugens Sieg bei Zenta von 97 hätte Ludwig Wilhelm im nächsten Jahr den ungarischen Oberbefehl haben können, die Friedensverhandlungen von Karlowitz begannen erst im Oktober. Eugen galt für zu stürmisch. Er selbst in seiner Uneigennützigkeit erklärte, er wünsche nichts mehr, als daß der Markgraf komme, von dem er dann noch lernen könne. Ludwig Wilhelm erwiderte, einem Befehl des Kaisers werde er gehorchen, andernfalls am Rhein bleiben, um die Festungen einzurichten. Es war allerdings der Augenblick, wo alles sich noch gut anzulassen schien und die Franzosen die abgetretenen Festungen entgegen den Abmachungen noch nicht verlassen hatten. Die Räumung von Breisach gar zogen sie bis April 1700 hinaus, sie trennten sich schwer vom Ruhekissen des Heiligen Römischen Reichs.

Er lieferte dem Kaiser aus Ettlingen ein Gutachten zur Frage, was von den Türken zu verlangen sei. Nach dem Frieden von Karlowitz überlegte man in Wien, ob nicht Ludwig Wilhelm zu berufen wäre, um die neuen Grenzen abzustecken und in Ungarn die militärische Verfassung einzurichten. Das war Ende Mai 99, als schon deutlich geworden war, daß im Reich und vom Reich nichts mehr zu erwarten sei. Ludwig Wilhelm verlangte jetzt das offizielle Oberkommando über Kehl, Philippsburg, Breisach, Freiburg, Konstanz und die vier zu Vorderösterreich gehörenden Waldstädte, das heißt über alle Festungen am Oberrhein. Der Kaiser wollte nicht. Tirol und Vorderösterreich sollten an seinen Sohn Karl kommen, wenn ihm die Nachfolge in Spanien mißlang, und er fürchtete, die Überlassung an den Markgrafen könne zu einem dauernden Zustand führen.

Die Freunde Ludwig Wilhelms rieten ihm, nach Wien zu gehn und seine Wünsche beim Kaiser selbst zu vertreten, zu denen auch Geldforderungen gehörten. Der Bau des Rastatter Schlosses hatte begonnen und forderte gewaltige Summen. Augusta hatte von ihrem Vater her eine alte Forderung an den Kaiser in Höhe von 700000 Gulden. Ein Teil wurde endlich überwiesen, der Rest sollte durch Zuwendung von ungarischen Gütern getilgt werden, was nicht geschah.

Kaunitz, nunmehr Reichsvizekanzler und nach dem Tode Kinskys der einflußreichste Mann in Wien, der sonst gut mit dem Markgrafen stand, meinte zu Greiffen, sein Herr müsse sich mehr einschränken, er lebe wie ein König. Ludwig Wilhelm verlangte auch im Frieden die Kriegsgage als Generalleutnant. In Wien rechnete man ihm nach, er habe den Kaiser in neun Jahren eine Million gekostet. Er hielt sich bald in Baden-Baden, bald in Augsburg, bald in Ettlingen auf, im

Mai 99 siedelte er nach Schlackenwerth über. Hier spitzte sich sein Verhältnis zum Kaiser zu. Den Rat, nach Wien zu gehn, befolgte er nicht. Er wollte sein Recht, die Erbitterung war da.
Er rechnete sich aus, daß der Kaiser gegen Ludwig XIV. nicht aufkommen könne, wohl aber Baden wieder alles Elend zu sehn bekomme. Lieber wollte er auf seine Würden verzichten und sich mit dem König von Frankreich einigen. Salm, Kaunitz, Starhemberg waren über diese Mitteilung, die Greiffen aus Schlackenwerth erhielt und weitergab, entsetzt. Der Kaiser rührte sich nicht, worauf Ludwig Wilhelm dem Grafen Harrach Vater, dem bisherigen Gesandten in Madrid, der Oberhofmeister geworden war, schrieb, alle Kurfürsten hätten sich vergrößert und bereichert, er aber zugrunde gerichtet, Land und Leute abbrennen lassen, Mores brauche man ihn nicht zu lehren, Baden komme immer zu spät (Brief vom 29. August 99).
Im November bat er den Hofkriegsrat, ihn des Kommandos über die kaiserlichen Festungen zu entheben. Leopold gab keine Antwort. Das war seine Art, ein Nein zu vermeiden, wenn er nicht ja sagen mochte. Man kann daraus eher schließen, daß er dem Markgrafen seine Zuneigung bewahrte, als daß die Unlust, sich zu entscheiden, nun krankhafte Formen angenommen habe. Die Kisten unerledigter Akten, die in seinen Zimmern standen, seien nicht geleugnet, aber in den Grundfragen blieb er zäh. Dem Sohn Ernst Augusts von Hannover, der 98 gestorben war, hatte er die Kur bestätigt, und nun heiratete der junge König Josef die Nichte Ernst Augusts, eine der Töchter seines katholischen Vorgängers. Ludwig Wilhelm ließ sich auf der Hochzeit in Wien nicht sehn.

6

Der Widerstand gegen die hannoversche Kur, der Fürstentag in Goslar – Louis befiehlt den Bau eines größeren Schlosses in Rastatt, das zugleich Festung werden soll – Der Kaiser mißbilligt den Beitritt Louis' zu den Goslarer Entschlüssen, Louis reicht seine Entlassung ein – Rossi stellt das Neue Schloß wieder her und hat das gesamte Bauwesen in der Hand – Der Zuzug böhmischer Handwerker nach Rastatt – Der Bau von Rastatt

Die Kurfürsten gaben den Widerstand gegen das neue Mitglied auf, die Fürsten nicht. Ihr Führer war nun der völlig französisch denkende Herzog von Wolfenbüttel, der im Herbst 98 ein Bündnis mit Ludwig XIV. schloß und für seine Truppen einen französischen General kommen ließ. Ein Jahr später lud er zu einer Fürstenversammlung nach Goslar ein, die sich mit der Kur, aber auch mit einer für nicht minder wichtig gehaltenen Frage beschäftigen sollte: ob man es hinnehmen könne, daß der Kaiser den fürstlichen Gesandten nicht mehr erlauben wolle, sechsspännig und bis in den innersten Hof der Burg einzufahren.

Der Markgraf beschickte die Goslarer Tagung, die im Januar stattfand. Um diese Zeit, Ende 1699 oder Anfang 1700, ließ er plötzlich Rossi von Rastatt nach Schlackenwerth kommen. Das Kommando über die Festungen hatte er niedergelegt und konnte sich vorstellen, wie es ohne ihn in Kehl bald aussehn mochte. Die Markgrafschaft mußte geschützt werden: er wollte dieses Sperrfort selbst bauen.

Der weitere Gedankengang lag nah. Eben entstand in Rastatt eine Stadt und ein Schlößchen – man brauchte die beiden Pläne nur zu einem zusammenzufassen. Je länger er ihn überlegte, desto vernünftiger fand er ihn. Wählte er Stollhofen, so konnten die Franzosen aus Fort-Louis noch immer ins Herz der Markgrafschaft einfallen. Stießen sie auf Rastatt, so war ihnen der Weg nach Baden-Baden, dem Murgtal und Ettlingen verlegt.

So entstand wohl der Entschluß, Rastatt zur Residenz zu machen und das fast schon fertige Schlößchen zu einem Schloß zu erweitern. Wurde er belagert, dann saß er auf Gedeih und Verderb in dem selbstgesponnenen Netz. Aber wo auch die Residenz gebaut wurde, gefährdet war sie bei der Kleinheit des Landes überall. Und im nächsten Krieg würde er sich neutral erklären: nicht seine Schuld. Gemahnt, entworfen und angeboten hatte er genug.[23]

Eine Festung von damals hatte mit ihren vier regelmäßigen Stadtteilen und den dreieckigen Bastionen die Gestalt eines ausgeformten Kristalls, eines Spitzengebildes aus Stein. So nahm sich nun auch Rastatt auf den neu entworfenen Plänen aus. Die Bastionen griffen an der dem Rhein zugekehrten Seite über die Murg. Noch im gleichen Jahre 1700 berichtete ein französischer Baumeister, der sich die Arbeiten ansah, nach Durlach, daß dieser Brückenkopf fertig sei.

Das Corps de logis erhielt statt zweier Stockwerke drei und wurde nun mit den Seitenflügeln verbunden, wodurch ein geschlossener Ehrenhof nach fanzösischem Vorbild entstand. Zwar verwuchsen die Seitenflügel und der Mittelbau dort, wo sie sich berührten, nicht organisch, sondern berührten sich eben, aber der Gesamteindruck übermittelt jene beglückende Empfindung, die anzeigt, daß der Sinn für Rhythmik und der für mathematische Klarheit sich befriedigt fühlen. Links und rechts der Hofflügel kamen Ställe, Remisen, Bedientengebäude hinzu, die Gartenflügel griffen tiefer in den Raum hinaus. ›Die Steigerung der Massen brachte die neue Bedeutung des Bauwerks als Residenz eines absoluten Reichsfürsten nachdrücklich zum Bewußtsein. Es ist im besten Sinn des Wortes Organisation der baulichen Massen.‹

Im Jahre 1700 besserten sich die Aussichten des Markgrafen auf den Besitz des Herzogtums Lauenburg. Der Nordische Krieg drohte auszubrechen, in dem Dänemark und Polen sich mit Zar Peter gegen Karl XII. von Schweden verbündeten. Dänemark versprach, die badischen Ansprüche zu unterstützen, gegen Hannover, das für Schweden war. Dänemark blieb freilich nicht lange in der Koalition, da Karl Kopenhagen einschloß und England einen Druck ausübte.

Der Kaiser wies die Goslarer Fürsten ab, worauf sie sich im August an den Garanten Frankreich wandten. Der Markgraf hatte den Aufruf der Garanten unterzeichnet, sogar erklärt, wenn alle andern zurückträten, werde er es allein tun. Jetzt vertrat Villars diese Sache in Wien und Chamois in Regensburg.

Der Kaiser gab die Zurückhaltung auf und ließ Ludwig Wilhelm sein Mißfallen ausdrücken, worauf der Markgraf seinen

Abschied als Generalleutnant einreichte, im Oktober. Salm gab ihm den Rat, Böhmen zu verlassen, damit er nicht wie einst Schöning gefangengenommen werde. Der Markgraf antwortete mit dem Horazschen *Integer vitae scelerisque purus.* Das Entlassungsgesuch erregte an allen Höfen ungeheures Aufsehen. Kaunitz ließ noch ein Wort fallen, man könne die Besitzungen Augustas beschlagnahmen, wußte aber sehr wohl, daß König Josef für den Feldherrn schwärmte, und Josef hatte nun etwas in Wien zu sagen.
Kaunitz selber war kein Feind Ludwig Wilhelms. Überdies mußte er sich fragen, wen der Kaiser ins Feld schicken könne, wenn es wieder so weit sei. Man hatte Eugen von Savoyen, dem die große Erfahrung fehlte, und Markgraf Louis, der sie besaß – der Markgraf war unentbehrlich.
Salm hatte den richtigen Rat gegeben, als er Ludwig Wilhelm beschwor, nach Wien zu kommen. Überblickt man die Geschichte der Beziehungen, so wird man finden, daß es nicht angeht, alle Schuld auf den Undank des Hauses Österreich zu schieben. Ludwig Wilhelm bekam Lauenburg nicht, mit diesem Objekt machte der Kaiser große Politik: er sah besser als der Markgraf, daß Hannover eine Tatsache war, die zu leugnen wenig Blick verriet. Aber der Markgraf würde ohne Zweifel manches erreicht haben, wenn er mehr Geschmeidigkeit besessen und seine Sache selber geführt hätte.
Warum hielt er sich mit seiner Frau nicht öfter in Wien auf, erwies dem alten Herrn die Ehrfurcht auch dadurch, daß er sich an seinem Hofe zeigte? Hofton, Aufwand, Repräsentation waren ihm durchaus nicht verhaßt. Er entzog sich ihnen nicht, weil sie ihn abstießen, sondern weil er schroff, selbstbewußt, ungeduldig war und sich nicht einordnen konnte.
Ohne Zweifel, man ging nicht auf seine die oberrheinischen Festungen betreffenden Wünsche ein, und es war ein unverantwortlicher Mißgriff, daß die Kaiserin ihren Günstling Arco zum Kommandanten von Breisach machen konnte. Aber ebenso wahr ist, daß Ludwig Wilhelm ohne diplomatische Vorarbeit seine Forderungen stellte, wie man einen Pistolenschuß abgibt, und dann in kategorischer Haltung darauf wartete, daß sie angenommen würden.
Augusta eignete sich zu willig seine Sehweise an. Man darf es zum mindesten annehmen, wenn man an ihren späteren Groll gegen Habsburg denkt. Die Zeugnisse fehlen. Sie war

1699 erst vierundzwanzig alt. Unbestimmbare Überlieferungen wollen wissen, daß es zwischen den Ehegatten Verstimmungen gab, daß die im Anfang so nachgiebige junge Frau es nicht leicht hatte, ihre Persönlichkeit durchzusetzen.

Ob sie darunter litt, daß sie, Schlackenwerth ausgenommen, durch die Jahre an fremden Orten, Günzburg, Augsburg, Nürnberg, leben mußte, wissen wir nicht. Eine Mutterschaft folgte der andern. In Schlackenwerth wurde 1699 eine Tochter geboren, die drei Jahre lebte, in Nürnberg 1701 eine andere, die im gleichen Jahre starb. Sie kam in diesen Jahren noch nicht zu sich selbst. Daß es auf deutsche Art etwas wie ein Versailles gab, in Wien, eine Kaiserstadt mit Oper, Geselligkeit, dem Atem der großen Welt und dem Hauch der fremden, das erlebte sie nicht. Die beiden bewegten sich am Rand, indem sie alles taten, um selbst Mittelpunkt zu sein: im kleinen Königreich Theusing-Schlackenwerth.

Wie Augusta sich im Jahr der Königswahl zur Verpfändung ihrer Besitzungen stellte, ist ebenfalls nicht bekannt. Die Aussicht, Königin zu werden, dürfte sie gelockt haben. In Warschau befolgte der Markgraf dieselbe, seinem innersten Wesen entspringende Haltung wie in Wien: er zeigte sich nicht, war zu stolz, um andere zu umschmeicheln. Daher es wahrscheinlich ist, daß er, selbst wenn die Bankiers die Güter beliehen hätten, gegen Friedrich August unterlegen wäre – das Schloß in Rastatt hätte er dann nicht bauen können.

Als Rastatt 1689 zerstört wurde, war es ein Flecken, ein Kirchdorf, dem eine gewisse Bedeutung als Stapelort zukam. Elsässischer Wein ging ins Murgtal, und aus dem Murgtal kam das Holz. Ringsum war markgräflicher Forst, noch von Eduard Fortunat stammte ein Hof mit Gärten und Kellereien, der als Schloß bezeichnet wurde und wohl nicht zuletzt dem Jagdvergnügen diente. Auch Ludwig Wilhelm wollte zunächst nur ein Jagdschloß haben. Er ließ den Forst, der von Kuppenheim bis Bühl reichte, als Wildpark umzäunen.

Die Frage, ob man schon wieder in der Markgrafschaft residieren könne, war schwer zu beantworten. Die politische Lage lud nicht dazu ein, vielleicht gab es wieder Krieg. Am Neuen Schloß in Baden-Baden ließ Ludwig Wilhelm nur die notwendigsten Arbeiten vornehmen und ein paar Räume für gelegentliche Aufenthalte einrichten. Wenn er in der Gegend war, wohnte er zu Ettlingen in einem gemieteten Haus.

Augustas Wohnsitz blieb noch auf Jahre hinaus Schlackenwerth. Die Ausmalungen, wie die junge Frau, nach dem Frieden von Ryswyk, nun endlich in Baden-Baden eine Heimat fand und unverzüglich an Ort und Stelle das Amt der Landesmutter übernahm, sind aus der Luft gegriffen.
Auch Maria Franziska kehrte nicht zurück. Fern waren die Zeiten, wo sie Zwerge sammelte. Das Leid vertiefte ihre Frömmigkeit. Sie wohnte mit dem Sohn, der nur lallen konnte, auf Lobositz in Böhmen. Von dort verfolgte sie den Aufbau des Klosters zum Heiligen Grab, den drei aus Rottweil zurückkehrende Frauen begannen. Der Schlußstein im Portal trägt noch heute die Zahl 1698. Oft war kein Geld da, und einmal kam der Baumeister Rossi mit zwanzig Gesellen, hob das Dach ab und versetzte die Frauen in Angst. Am 1. September 1700 konnte in der Klosterkirche die erste Messe gelesen werden. Maria Franziska starb im März 1702 und wurde in der Stiftskirche von Baden-Baden neben Leopold Wilhelm beigesetzt.
Dieser Baumeister Rossi war Domenico Egidio Rossi, dem der Markgraf den Bau des Jagdschlößchens in Rastatt, eines andern in Scheibenhardt, die Wiederherstellung des Neuen Schlosses in Baden-Baden und die Leitung des gesamten Bauwesens der Markgrafschaft übertrug. Rossi stammte aus Fano bei Ancona. 1683 ist er in Prag nachweisbar, wo ihm auf dem Hradschin der Bau des Czernischen Palastes übertragen war, 1693 in Wien. Der Markgraf wurde mit ihm entweder in Böhmen oder in Wien bekannt. In Wien bauten der Kaiser, der Adel, die Bürger, die Kirche eine ganze Stadt, in Böhmen zum mindesten der Adel seine Paläste. Augusta wuchs in dieser seligen Barockluft auf, Ludwig Wilhelm trat durch die Heirat in sie ein.
Schon 1697 ließ er Handwerker aus Schlackenwerth und Theusing nach Rastatt kommen, eine Übung, die durch die Jahre fortgesetzt wurde und eine Menge böhmischer Familien an die Murg brachte. Unter den ersten Zuzüglern war der Müller, Brettschneider, Zimmermann Rohrer, der den Markgrafen auf seinen Inspektionsreisen als Sachverständiger für Festungstechnik begleitete.
So mochte auch Rossi durch irgendeine Beziehung zu Böhmen ins badische Land gekommen sein. Ludwig Wilhelm stattete ihn mit ziemlichen Vollmachten aus, ohne die der

Ausländer unter den Kleinbürgern von Rastatt und den widerstrebenden Beamten sich nicht hätte halten können. Zusammenstöße gab es genug. Er klagte über den Hauptmann, der das Eisenwerk in Gaggenau im Murgtal leitete und ihm minderwertiges Material lieferte, über die mehr als tausend Bauern, die drei bis viermal in der Woche mit ihren Gespannen und ihren Armen Frondienst leisten sollten, aber nur zweimal kamen.
In Gaggenau wurde eine Marmormühle, bei Rastatt eine Ziegelbrennerei, bei Frauenalb eine Glashütte eingerichtet. Rossi trieb die Arbeiter wie ein Aufseher des Pharao an. Ende 98 ist schon von Fußböden und Kaminen die Rede. Erhöhte Steuern, Vorauszahlungen, Strafgelder schafften die Mittel herbei. Mit dem Schlößchen sollte auch der Ort neu aufgebaut werden, die Häuser ein vorgeschriebenes Modell befolgen.
Die Vorderfront des zweistöckigen Corps de logis, des Mittelstücks mit den Wohnräumen, schaute zur Stadt und weiterhin zum Rheine hin, dort, wo in einer Entfernung von etwa zwölf Kilometer Fort-Louis auf der Insel lag, die im Frieden nicht zurückgegeben worden war. Ob das der Hauptgrund für diese Orientierung gewesen ist, bleibe dahingestellt. Die Tatsache, daß die Hinterfront mit dem Garten aufs Gebirge ging und den schönsten Ausblick in eine stille Weite bot, erklärt die Wahl der Himmelsrichtung aufs natürlichste. Der Stil entsprach dem, den Palladio bei Villen anwandte und der von Italien nach Wien gedrungen war.
Ein Jahr später wandte sich Rossi schon der Inneneinrichtung und den Tapeten zu, als der Markgraf ihn Anfang 1700 nach Schlackenwerth berief. Eine Notiz Rossis berichtet über das, was dort vor sich ging. Er schrieb auf die Skizze des Corps de logis: ›Das hier abgebildete Projekt wurde von mir zur Jagdbequemlichkeit des Fürsten begonnen. Aber da Sachverständige das Gelände für eine Festung geeignet fanden, entschloß man sich, es von Grund auf abzureißen.‹
Schon im Januar erhielt der Bauschreiber in Rastatt von Rossi die Mitteilung, daß die Fronämter zu neuem Eifer anzutreiben seien, da der Bau erweitert werden müsse. Der Markgraf wollte nun Rastatt zur Festung machen, mitten hinein seine Residenz verlegen und ein größeres Schloß bauen, obwohl der Ausbruch des spanischen Erbfolgekriegs vor der Tür

stand – gerade deswegen. Er getraute sich, den Franzosen einen neuen Einfall zu verwehren. Mit der Festung entstehe die Stadt, und es gehe in einem hin, mit beiden organisch die Residenz zu verbinden, für die nach den neuen Ideen, nach französischem Vorbild nur ebenes Gelände mit allen Möglichkeiten des Ausblicks und der Parkgestaltung in Betracht komme: das mochte der Gedankengang des Markgrafen sein.

SIEBENTER ABSCHNITT

1699–1707

I

Der letzte Habsburger in Spanien – Die Seemächte einigen sich über seinen Kopf hinweg mit Frankreich 1698 – Der Tod des Kurprinzen von Bayern – Der zweite Vertrag der Seemächte und Frankreichs – Der Tod des Königs 1700 – Ludwig XIV. macht seinen Enkel zum König von Spanien – Karl XII. von Schweden – Die Verständigung des Kaisers mit Brandenburg, der Kurfürst wird König in Preußen

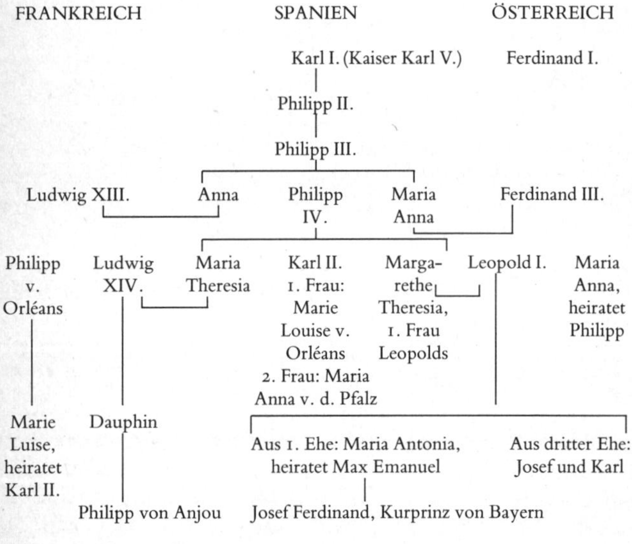

Seit der Abdankung Karls V. gab es im Gesamthaus Habsburg zwei Majorate, das spanische und österreichische. Die spanische Linie betrachtete sich als Primogenitur. Als 1615 Anna von Spanien die Gattin Ludwigs XIII. von Frankreich

wurde, verzichtete sie auf ihr Nachfolgerecht. Das Pariser Parlament trug den Verzicht ein, die Cortes gaben ihm Gesetzeskraft.
Dasselbe wiederholte sich 1660 bei der Heirat Maria Theresias mit Ludwig XIV. Doch stand im Ehevertrag eine Vorbehaltsklausel für den Fall, daß die Mitgift nicht bis zu einem bestimmten Termin ausgezahlt sei. Der Termin verstrich, und Ludwig XIV. gab der Klausel eine Deutung, als werde nun auch der Nachfolgeverzicht hinfällig.
Es war ein Vorwand. Denn wenn er Rechte geltend machen wollte, mußte er warten, bis der Erbfall eintrat. Der junge Leopold, der 1666 die Schwester der französischen Königin heiratete, beging die Dummheit, sich mit Ludwig XIV. zu vergleichen. Nach diesem geheimen Teilungsvertrag von 68 sollte Leopold Spanien, Westindien, Mailand, Sardinien usw. erhalten, Ludwig aber Belgien, die Freigrafschaft, die Philippinen, Neapel-Sizilien und anderes mehr. Wohl trat Leopold in der Folge den großen Allianzen gegen Frankreich bei, aber Ludwig hatte die Bestätigung, daß die Verzichte seiner Mutter und Frau erledigt seien.
In Spanien kam 1665 mit vier Jahren der letzte, dekadente Habsburger, Karl II., auf den Thron, der Schwager Ludwigs XIV. und seit 66 auch Leopolds I. In Madrid wechselten die französische und die österreichische Partei. Die französische erreichte, daß der König 1679 Marie Luise heiratete, die Tochter aus der ersten Ehe des Herzogs von Orléans, der in zweiter Liselotte von der Pfalz nahm. Da Marie Luise zugleich die Nichte Ludwigs XIV. war, so hatte dieser einen Anspruch mehr neben dem, den er für seinen Sohn, den Dauphin und Neffen Karls II., erhob.
Gleichgeordnet diesem Neffen war die Nichte Karls II., Maria Antonia, Tochter Kaiser Leopolds. Sie heiratete 1685 Max Emanuel von Bayern. So standen sich als Anwärter der Dauphin und die Kurfürstin von Bayern gegenüber. Dem Dauphin wurde, 1683, ein Sohn, Philipp von Anjou, geboren, dem Kurfürsten zweimal ein Knabe – der eine wie der andere starb sofort. Kam er doch noch zu einem Sohn, so hielten sich in diesem seltsamen, konsequent durchgeführten Parallelismus von spanischen Heiraten der Prinz von Anjou und der von Bayern das Gleichgewicht, wenn auch nicht nach österreichischer Auffassung, so doch nach spanischer.

Was die österreichische betraf, so trat mit Leopolds Sohn aus der dritten Ehe mit Eleonora von Pfalz-Neuburg ein neuer Anwärter auf. Dieser Sohn, Josef, wurde 1678 geboren. Als Maria Antonia Max Emanuel heiratete, ließ der Vater sie den Nachfolgeverzicht zugunsten Josefs unterschreiben. 1685 kam noch Josefs Bruder aus gleicher Ehe, Karl, auf die Welt. Ihm gedachte fortan der Kaiser die spanische Erbschaft zu, und es hätte sich die Brüderteilung von 1556 wiederholt. Nur Belgien sollte an Max Emanuel fallen, vorausgesetzt, daß Karl II. zustimmte.
Aber Madrid war nicht damit einverstanden, daß der Kaiser eigenmächtig die Söhne aus der späteren Ehe zu Erben ernannte – welcher Weigerung Ludwig XIV. nachhalf. Karl II. heiratete nach dem Tod der Orléans selber eine Pfalz-Neuburg, Maria Anna, die Schwester der Kaiserin, 1690. Die Frage, die die Höfe in Atem hielt, war nun: bekommt der König von dieser Frau den Erben, der die Auseinandersetzung überflüssig macht?
Seit 92 saß Max Emanuel als Gouverneur in Brüssel mit spanischem Einverständnis. Seine Frau, ein unscheinbares Geschöpf, wartete in Wien ihre Niederkunft ab. Endlich gebar sie den ersehnten Kurprinzen, Josef Ferdinand, der juristisch der echte Erbe Kars II. war, trotz des Verzichtes seiner Mutter, der Spanien selbst nicht band. Als sie zwei Monate danach ihr freudloses Leben endete, erneuerte sie aus Abneigung gegen den Gatten und seine Weiberwirtschaft den alten Verzicht in ihrem Testament.
Es standen sich nun gegenüber als französischer Kandidat der Sohn des Dauphins, Philipp von Anjou, als bayrisch-spanischer der Kurprinz Josef Ferdinand, als österreichischer Leopolds Sohn Karl, zu dessen Gunsten auch Max Emanuels Frau verzichtet hatte. Die franzosenfeindliche Partei in Madrid erkannte diese private Übertragung von Rechten so wenig wie die bei ihrer Heirat ausgesprochene an.
Die Schwangerschaften der Königin endeten mit Mißerfolgen. Sie entschied sich als eine Pfalz-Neuburg für den Sohn der Schwester, Karl. Das deutsche Gefolge, das sie mitgebracht hatte, gab den anderen Parteien am Hof an Bestechlichkeit nichts nach. Sie selbst machte sich durch ihren Stolz verhaßt. Eines Tages im September 96 erkrankte der König schwer, und auch sie war bettlägerig. Furchtbarer Tumult

entstand im Palast, der Kronrat trat in einer Nacht dreimal zusammen, der König hatte noch kein Testament gemacht.

Die der Königin feindliche Partei überredete ihn, den bayrischen Kurprinzen als Erben einzusetzen. Als Maria Anna wieder gesund war, bearbeitete sie Karl II. so lange, bis er das Testament zerriß, ohne den Kronrat zu unterrichten. Im Juni 97 schrieb er an Leopold, sein Nachfolger solle Erzherzog Karl werden. Gleichzeitig mit dieser spanischen Komödie spielte sich in einer andern Ecke Europas die polnische ab.

Die Streichung seines Sohnes trieb Max Emanuel ins französische Lager, man mußte einen Vergleich anstreben. Dieser Ansicht war auch Wilhelm von England. So schlossen die Seemächte über den Kopf des Erblassers hinweg mit Frankreich im Herbst 98 einen Vertrag, der festsetzte: für Bayern Spanien mit den Kolonien und Belgien; für den Kaiser Mailand; für den Dauphin oder seinen Sohn den Rest der spanischen Besitzungen in Italien, vor allem Neapel-Sizilien. Die Abmachung sollte geheim bleiben, nur an den Kaiser gehn. Aber sie blieb nicht geheim und erreichte den armen kranken Mann in Madrid.

Wenn er auch nicht mehr die Kraft zum Leben und zum Zeugen besaß, so traf es ihn doch tief, daß man die Habe verteilte, bevor der Hausherr hinausgetragen wurde. Der Kaiser, der sich nicht an der Verschwörung beteiligt hatte, durfte erwarten, daß König Karl nun erst recht an Erzherzog Karl festhalte. Aber der Erzherzog stand ihm gefühlsmäßig nicht so nah wie der bayrische Enkel seiner leiblichen Schwester. Die Willensschwachen finden, wenn sie sich entscheiden müssen, oft einen Halt an den inneren Stimmen – Leopold am Gottesgnadentum und an der mystischen Kaiserwürde, Karl II. am Blut. Er verlas im Kronrat ein Testament, das wieder Josef Ferdinand als Gesamterben und die Königin als Regentin einsetzte.

Doch nun ereignete sich wie in Polen eine Sensation. Im Februar 99 starb das Kurkind von Bayern, in Brüssel, wohin der Vater es geholt hatte. Was nun? Ludwig XIV. sah ein, daß er unmöglich allen Verzichten zum Trotz das ganze Erbe verlangen könne. Auch er war inzwischen sechzig geworden, und das Kriegsfeuer brannte nicht mehr in ihm. Er machte einen vernünftigen Vorschlag, den König Wilhelm annahm:

für Erzherzog Karl Spanien und die Kolonien; für Anjou Neapel, Sizilien, Mailand; für Max Emanuel Belgien.
Mailand, erläuterte er, sei das Bindeglied zwischen den habsburgischen Ländern im Osten und denen im Westen, daher dürfe es bei einer endgültigen Regelung keinem zufallen. Daran scheiterte der Vorschlag, der den Appell an die Waffen unnötig gemacht hätte. Mailand sei für Österreich unentbehrlich, erwiderte Leopold. Er verhandelte nicht, die innere Stimme gebot ihm, auf dem Alles oder Nichts zu bestehn.
Im März 1700 ratifizierten Frankreich und die Seemächte ihren zweiten Teilungsvertrag, der vorsah, daß Mailand auch an den Herzog von Lothringen und Lothringen dafür an Frankreich fallen könne. Da Ludwig XIV. sich nicht mehr ausschalten ließ, hatte Leopold ja und amen sagen müssen. Nahmen nicht die neuen Gebiete im Osten alle friedlichen Kräfte in Anspruch, genügte nicht Spanien mit dem Kolonialreich für den jüngeren Sohn, hielt Frankreich nicht schon Truppen an der spanischen Grenze einmarschbereit? Den klügsten aller Vorschläge machte Kaunitz: Spanien dem Anjou zu geben, selber Mailand, Neapel, Sizilien zu nehmen und Truppen zu sammeln, die diese Länder sofort besetzen würden. Statt dessen gab man keinen Fußbreit nach und hatte doch kaum 40000 Mann zur Verfügung.
Zwar protestierte Karl II. auch gegen den zweiten Teilungsvertrag. Aber Ludwig XIV., der nun, von England und Holland gedeckt, festen Boden unter den Füßen hatte, gewann große Teile der spanischen Nation. Die Logik der Tatsachen, nicht zuletzt der an der Grenze stehenden Truppen, sprach für ihn. Wenn er einmarschierte, tat er es gewiß nicht für den Erzherzog, sondern für den Prinzen von Anjou, und das bedeutete den Krieg. Warum dann nicht gleich Anjou, dem Lande erwuchs kein Schaden daraus, im Gegenteil.
Als Karl II. sich im Herbst 1700 zum Sterben legte, trugen die Parteien den letzten Waffengang an seinem Lager aus. Die Königin, der Beichtvater, der kaiserliche Gesandte Harrach Sohn suchten ihm eine Erklärung zugunsten des Erzherzogs abzuringen – der Kardinalerzbischof von Toledo trug die Wünsche des Rats von Kastilien vor und hielt ein Testament bereit, das Philipp von Anjou zum Erben der Gesamtmonarchie machte. Am 3. Oktober setzte Karl II. sein *Yo el Rey* darunter. Um die feindlichen Häuser auszusöhnen, sprach er

in diesem Dokument den Wunsch aus, der Herzog von Anjou möge eine der Kaisertöchter heiraten.
Der Kranke dämmerte noch ein paar Wochen dahin. Er starb am ersten November. Die Nachricht brauchte sieben Tage, um nach Paris zu gelangen. Ludwig XIV. hatte, fast wider Erwarten, den letzten Schachzug gewonnen und konnte den mit den Seemächten geschlossenen Vertrag durchstreichen. Er ließ Anjou alsbald in Versailles zum König ausrufen. Im Februar 1701 zog der Herzog in Madrid ein, jubelnd empfangen. Die Königinwitwe entließ den Rest ihrer deutschen Umgebung und zog sich nach Toledo zurück. Unter den Deutschen, die abreisten, war auch Prinz Georg von Hessen-Darmstadt, bisher Vizekönig von Aragonien.
Es war anders gekommen, als die Verträge vorgesehn hatten. Über dem Westen Europas hing wieder die Kriegswolke und war nicht die einzige am Horizont. Im Frühjahr 1700 fiel Friedrich August von Sachsen, jetzt August von Polen, in Livland ein, verbündet mit Rußland und Dänemark gegen Schweden. Zar Peter wollte ›ein Fenster nach Europa‹ brechen. Die Küstenländer der Ostsee, die Schweden gehörten, hinderten ihn daran. Die Seemächte griffen ein und zwangen das schon halb eroberte Dänemark bereits im August, Frieden mit Schweden zu schließen. Die Gefahr, daß der Krieg auf Holstein und Norddeutschland übergreife, war gebannt: der Krieg ging in entfernteren Gegenden weiter. Der Stern Karls XII. stieg auf und war ein Komet, der nach zwanzig Jahren erlosch. Vorerst schlug der junge König den Zaren bei Narwa. 8000 Schweden schlugen fünfmal soviel Russen, und Peter hatte noch alles zu lernen. August belagerte vergebens Riga. Er war beschäftigt, und das kam dem Kaiser zugut, denn August hatte Ludwig XIV. Truppen zuführen wollen.
Von den norddeutschen Armierten stand Hannover auf kaiserlicher Seite dank der Kur und der Heirat König Josefs mit der hannoverschen Prinzessin. In dieser Sache hatte Leopold Blick bewiesen, seinem Generalleutnant zum Trotz. Denn nun, 1701, erhielt Sophie von Hannover durch Parlamentsbeschluß für sich und ihre Erben die Aussicht auf den englischen Thron, zwischen dem und ihr nur noch ihre Schwägerin Anna stand: die anderen Mitglieder der Familie Stuart waren katholisch und sahen sich ausgeschlossen.

Ohne das letzte Testament Karls von Spanien wäre König Wilhelm Gegner des Kaisers gewesen, jetzt näherten sie sich wieder. Nach ein paar Jahren, in denen er sich einer musterhaften Mäßigung befleißigt hatte, beschwor Ludwig XIV. von neuem die Gefahr der französischen Hegemonie herauf, die Wilhelm weder als Engländer noch als Holländer hinnehmen konnte.

Um in Norddeutschland, dem Raum der großen Armierten, völlig vor Überraschungen gesichert zu sein, bedurfte der Kaiser nur noch einer Verständigung mit Brandenburg. Seit 1660 unterstand das Herzogtum Preußen (Ostpreußen) nicht mehr der polnischen Lehnshoheit. 1694 erkannte der Kaiser den Kurfürsten als souveränen Herzog von Preußen an, erfuhr auch schon von der Absicht, die herzogliche Würde in die königliche zu verwandeln, ging aber auch dann nicht darauf ein, als verschiedene Jesuitenpatres sich in die Verhandlungen einschoben, in der Hoffnung, diesen letzten protestantischen Kurfürsten wie den sächsischen der alten Kirche zuzuführen.

Erst als die Seemächte und Frankreich in Wien ihren Teilungsvertrag von 1700 bekannt gaben, änderte der Kaiser seine Haltung. So rasch wie im Falle Hannover entschloß er sich zur Zustimmung, bereits im Juli. Die Unterzeichnung erfolgte am 16. November 1700. Der neue König sollte gegen Frankreich 8000 Mann auf eigene Kosten stellen und eine Kriegssubsidie von 150000 Talern beziehen. Auf kirchliche Zugeständnisse, einen öffentlichen katholischen Gottesdienst in Berlin, ließ sich Friedrich I. nicht ein, die Patres hatten *pour le roi de Prusse* gearbeitet.

Der Kurfürst vollzog die Krönung so schnell wie möglich. In Königsberg setzte er sich die Krone am 18. Januar 1701 selbst auf. Das Herzogtum Preußen gehörte nicht zum Reich, der Kaiser verlieh die Würde nicht, er erkannte sie nur an. Da Westpreußen polnisch war, nannte Friedrich sich König in Preußen.

2

Der Kaiser beginnt den Krieg zunächst allein – England folgt 1702 – Anna wird Königin und macht John Churchill zum Herzog von Marlborough – Max Emanuel und sein Bruder von Köln verbünden sich mit Ludwig XIV. – Der Kaiser ruft Louis nach Wien – Louis und Eugen bei Villars, Unterschied der Naturen – Louis stellt Bedingungen für die Übernahme des Oberbefehls am Rhein: jährlich 200000 Gulden und Belehnung mit der Ortenau – Das Märchen vom Undank des Kaisers

Die Nachricht vom Tode Karls II. langte in Wien am 18. November an, achtzehn Tage später, als es heute der Fall wäre. Zwei Tage vorher war der Vertrag mit Preußen unterzeichnet worden: der Bündnisfall trat sofort ein.

Der Gewaltstreich Ludwigs XIV. rechtfertigte nachträglich die Weigerung des Kaisers, sich dem Abkommen der Seemächte und Frankreichs Anno 1700 anzuschließen. Er konnte nun sagen, daß der König von vornherein die Absicht gehabt habe, seine Verbündeten zu betrügen. Der Beweis für diese Behauptung ließ sich nicht führen. Wenn der Kaiser und die drei andern Mächte zu Madrid in Einigkeit, als Vertreter des europäischen Konzerts, ein ihren Abmachungen entsprechendes Testament verlangt hätten, so wäre es von Karl II. zu haben gewesen.

Als die Lage sich so überraschend zugunsten Anjous änderte, verlor Ludwig XIV. die Besinnung. Der alte Wagemut kam über ihn, ja er steigerte sich zum Rausch. Er konnte nicht der Versuchung widerstehn, durch die Krönung Philipps V. eine Tatsache zu schaffen, die England vielleicht annehmen würde. Hatte doch das Parlament nach dem Frieden von Ryswyk die Truppen herabgesetzt. Wurde der Kaiser durch den Reichstag, diese Vertretung von genau hundert Egoismen, gehemmt, so König Wilhelm durch den strikten Grundsatz, keine Politik gegen das Parlament zu machen.

So groß die Entrüstung in London oder bei den Kaufherren von Amsterdam war, so hatten sie doch wenig Lust, schon wieder einen dieser unabsehbaren und das Geld verschlingenden Koalitionskriege zu führen. Kriegseifer zeigten vorerst nur die Whigs, unter denen John Churchill eine Rolle spielte. Aber sie waren nicht an der Macht. Wilhelm erklärte dem kaiserlichen Gesandten, es bleibe seinem Herrn nichts übrig, als den Krieg vorläufig allein zu beginnen, sei es in Italien, sei es am Oberrhein, und zu warten, bis auch England und Holland sich entschlössen.

Ludwig XIV. mußte noch eine Reihe Herausforderungen begehen, bis es so weit war. Ein neues England war in der Regierungszeit des Oraniers entstanden. Weder an Mißtrauen noch an Krisen hatte es gefehlt. Viel Behutsamkeit und Geduld auf beiden Seiten war nötig gewesen. Ludwig XIV. kannte diesen Nachbarn noch nicht. Er verletzte seine beiden tiefsten Lebensgefühle: den Machtwillen des Handelsvolkes und den Stolz.

Entgegen einer der Bestimmungen im Testamente Karls, auf das er sich bezog, bestätigte Ludwig in einem Patent Philipp von Anjou als dem Sohn des Dauphins auch die Nachfolge in Frankreich. Trat diese Zusammenlegung ein, so gab es keine größere Kolonialmacht als die vereinigte französisch-spanische. Im September 1701 starb in Saint-Germain Jakob II., der seit Ryswyk nur noch ein von Frankreich abgelehnter Prätendent gewesen war. Sein Sohn war duch die Bill von 1701 wie alle katholischen Stuarts von der englischen Thronfolge ausgeschlossen worden. Diesen Knaben erkannte Ludwig nun als König von England an.

Eine größere Schmach konnte er König Wilhelm nicht antun, nicht dem Willen des englischen Volkes selbst. Das ganze Land flammte auf. Die diplomatischen Beziehungen wurden abgebrochen, und schon im Januar 1702 erklärte sich das Parlament für den Krieg. Es nahm einen Zusatzartikel an, wonach kein Friede geschlossen werden dürfe, bevor Krone und Volk nicht Genugtuung für die Beleidigung erhalten hätten.

Diesen Zusatzartikel mußte der Kaiser unterschreiben, um die Allianz zu erhalten. Sein Legitimismus sträubte sich dagegen, daß Jakobs II. Sohn als *praetensus Walliae princeps*, angeblicher Prinz von Wales, bezeichnet wurde. Aber es stand mehr als eine noble Empfindung auf dem Spiel. Am 18. April 1702 erklärten England, Holland und der Kaiser den Krieg an Frankreich und Spanien.

Die Dinge lagen diesmal anders als vor fünfzehn Jahren. Nun ging es aufs Ganze, auf den Austrag, denn es ging nicht um deutsche Streitereien mit dem Nachbarn in Versailles, son-

dern um England selbst. Dasselbe sagten sich die Kapitalisten von Amsterdam. Seit Ryswyk hatten sie um der Sicherung willen und als Verbündete Max Emanuels das Besatzungsrecht in einigen Grenzfesten Belgiens, und Ludwig XIV. überrannte diese ›Barriere‹ so rasch wie die spanische Grenze. Die Seemächte garantierten dem Kaiser nicht Spanien, sondern nur Mailand, Neapel, Sizilien und Belgien. Damit fand er sich ab. Mit einem Male war die Kaunitzsche Orientierung da: Italien als Flankendeckung Österreichs, mit dem Hintergedanken, Belgien gegen Bayern auszutauschen. Schon waren in Oberitalien von Eugen Siege erfochten worden, bei Carpi im Juli und bei Chiari im September 1701, nach einem schneidigen Alpenübergang. Allerdings hatten dort die Franzosen das Bündnis mit Savoyen erneuert und durch die Heirat einer Tochter des Herzogs mit Philipp von Anjou bekräftigt.
König Wilhelm erlebte die Kriegserklärung vom 18. April 1702 nicht mehr, er starb am 19. März. Auf dem Thron folgte ihm seine Schwägerin Anna Stuart, die mit einem dänischen Prinzen verheiratet war. Sie hatte bisher dreizehn Kinder geboren, von denen nur eines das erste Jahr überstand, und auch das war schon tot.
Wilhelm hatte noch den Führer für die flandrischen Truppen ernannt, John Churchill, den Königin Anna sofort zum Herzog von Marlborough erhob. 1650 geboren, erlernte Churchill das Kriegshandwerk auf dem Festland, unter Turenne. Jakob II. machte den jungen Offizier, dessen Schwester Arabella seine Geliebte war und ihm den Herzog von Berwick gebar, zum General und Lord. Seine Frau, Sarah Jennings, war Ehrendame, Vertraute und Ratgeberin Annas. Als diese den Thron bestieg, erreichte der Einfluß des Paares den Höhepunkt.
Der dritte im Bund war ein Finanzpolitiker, der nun Lordschatzmeister und Leiter der auswärtigen Angelegenheiten wurde, Sidney Godolphin. Alle drei gehörten den Whigs an, der volkstümlicheren der beiden Aristokraten- und Plutokratenparteien. Sie hatten die Presbyterianer gegen die Katholiken geführt und in der glorreichen Revolution von 1688 die Machtstellung des Parlaments geschaffen.
Marlborough brachte die Whigs in die Regierung, obwohl Anna eher den Tories zuneigte. Nur England konnte seines-

gleichen erzeugen, einen Soldaten, der Politiker war und eine Partei hinter sich hatte, einen großen Herren, dem die Geldmisere, die Proviantschwierigkeiten, die Zänkereien über den Rang, die ganzen deutschen Jämmerlichkeiten so fremd waren wie Louis von Baden vertraut.
Der Kaiser war ganz vom Gedanken des stehenden Reichsheeres abgekommen und zum System der Einzelbündnisse mit den Armierten zurückgekehrt. In Norddeutschland hatte er den im Osten beschäftigten Kurfürsten von Sachsen nicht zu fürchten. Preußen und Hannover kamen ihm mit Truppen zur Hilfe, Hannover entwaffnete sogar den frankreichfreundlichen Wolfenbüttler. Pfalz, Mainz, Trier, Kassel, Würzburg wiesen die Vorschläge Ludwigs XIV. zurück. Anders rechneten Max Emanuel von Bayern und sein Bruder, Josef Clemens von Köln und Lüttich.
Niemand war der spanischen Gesamterbschaft so nah gewesen wie Max Emanuel zu Lebzeiten seines Sohns – jetzt garantierten die Verbündeten dem Kaiser sogar Belgien. Wohl unterhandelte er, aber nachdem er als erster den Anjou anerkannt und den Franzosen die Barrierefestungen geöffnet hatte. Er unterhandelte nach beiden Seiten. Ludwig XIV. versprach ihm gegen 25 000 Mann Subsidien die Rheinpfalz, Pfalz-Neuburg und die Königskrone, ein Vorgänger Napoleons, Josef Clemens schloß im Februar, Max Emanuel im April mit Ludwig XIV. ab, der im Herbst Lüttich, Neuß, Bonn, Kaiserswerth besetzte. Da Frankreich nun Spanien vertrat, ließ es seine Truppen als burgundische Kreisvölker einmarschieren. Das juristische Mäntelchen fehlte seinem König nie.
Max Emanuel ließ es darauf ankommen, daß Bayern leicht in schwere Bedrängnis geraten konnte. Die Landstände stellten es ihm auch vor. Er rechnete damit, daß Ludwig XIV. zuletzt doch siegen werde. Vom schwäbischen und fränkischen Kreise, seinen Nachbarn, nahm er an, daß sie neutral bleiben würden, und hatte Grund dazu.
Daher schlug, als am 18. November 1700 in Wien die Nachricht vom Tode Karls II. eintraf, König Josef seinem Vater sofort vor, den Markgrafen von Baden kommen zu lassen. Aber der Markgraf erwiderte die Einladung Salms mit einer Absage. Erst mußte der Kaiser selbst im Dezember ein ›Handbriefl‹ schreiben. Der Generalleutnant, der seinen Ab-

schied eingereicht hatte, erschien nun im Januar. Er glaubte nicht an den Krieg, und wenn es ihn doch gab, nicht an den Sieg. Es sei lächerlich, den Anjou mit Waffengewalt vertreiben zu wollen.

Über den Kaiser war mit der Entscheidung die Ruhe gekommen, jener christliche Fatalismus, der sich nicht stoisch wie der orientalische, sondern vertrauend in der Hand Gottes fühlt. Neben ihm der junge König, unternehmend, antreibend, glühend – endlich vernahm man eine neue Sprache in Österreich. Auch die Stadt, auch die Generale und Minister, oder doch ein großer Teil, waren dafür, daß man handeln müsse. Allen voran Eugen.

Es wird nicht erzählt, ob Josef, der unter dem berühmten Markgrafen kämpfen wollte, enttäuscht war, als er ihn bei den Abratern und Ungläubigen fand. Aber Villars, der nun bald aus dem Gesandten der Armeeführer werden wird, berichtet, daß er in diesen Tagen die beiden Generale des Kaisers bei sich zu Tisch sah. Sokratisch warf er, nachdem die Gäste gesättigt waren, die Frage auf, ob es weise sei, sich auch dann auf einen Kampf einzulassen, wenn die Umstände ungünstig seien, die Zeit für den Feind arbeite und man Gefahr laufe, zuletzt erdrückt zu werden.

Der Markgraf erwiderte bedächtig: wenn man einen Krieg anfange, müsse man sich gut vorsehn, nichts sei so gefährlich, wie ohne Lebensmittel an Bord zu gehen. Sein Vetter von Savoyen war ganz andrer Meinung: nicht auf einen Kampf, auf einen ganzen Krieg müsse man sich einlassen, seien die Umstände noch so mißlich.

Der Markgraf stand damals im fünfundvierzigsten Jahr, Eugen war acht Jahre jünger, also schon selbst kein Jüngling mehr. Aber auch acht Jahre später besaß er das Feuer, und viel länger noch. An sich ist die Antwort Ludwig Wilhelms die richtigere, und die Eugens brauchte nur die wirksamere zu sein. Aber hier entspringt die eine so gut der Natur wie die andere – bei dem Älteren der inzwischen erworbenen zweiten, beim Jüngeren der, die er sich erhalten hatte und auch nie verlor. Wie sehr hatte sich Ludwig Wilhelm in acht, in zehn Jahren verändert. Vor acht Jahren war Ende 92 gewesen, als man ihn anging, das Kommando im Osten mit dem im Westen zu tauschen. Vor zehn Jahren hatte er sich aufgemacht, um ein Ehemann zu werden.

Eugen war unverheiratet, beschäftigte sich mit dem, was ihn ansprach, sammelte, sah Gäste, ein freier Mann und überzeugt, daß so leben müsse, wer Schlachten gewinnen will. Er hatte die zu ihm passende Lebensform gewählt und fühlte sich harmonisch. Er war nicht Reichsfürst, ihn quälte nicht der Gedanke, daß sein kleines und ungünstig gelegenes Land ihn nicht loslasse. Nichts hatte er, als Fremder war er nach Wien gekommen, und wenn man es ihn durch Jahre hatte spüren lassen, so war er nun doch heimisch geworden, hatte Erfolge, seine Freundlichkeit und Uneigennützigkeit dagegen gesetzt.

Hätte man sie gefragt, was einen Menschen im Innersten antreibe, so würden sie beide dieselbe Antwort gegeben haben: der Ruhm. Und doch wäre ein Unterschied gewesen. Wer zu den Genialen gehört, der fühlt, wie unwirklich im letzten alles Tun und Begehren ist. Es hindert ihn nicht, sich der Tat und dem Ehrgeiz hinzugeben, aber es bewahrt ihn auch davor, sich je daran zu klammern. Gewinnt er, so ist es gut; verliert er, so hat er den Einsatz gewagt. In seinen großen Augenblicken weht von Eugen her das Geheimnis derer, die völlig einsam sind – so von Friedrich von Preußen.

Genialisch hatte auch Louis von Baden gefühlt, in jenen ungarischen Tagen, als er mit einem Stoßgebet die Augen schloß, angriff und siegte. Seither war er bewußt ein Rechnender geworden, der sich der Methode, dem Organisieren zuwandte. Während der rheinischen Feldzüge gab es mehr als einmal eine Gelegenheit, ein westliches Szlankamen zu wagen. Aber er ging über den Rhein zurück, weil Reuß mit den Sachsen ausfiel, und zuletzt, weil er die Sache der Schwaben übernommen hatte, die selber rechneten, selber nüchterne, um den Besitz besorgte Bürger waren und ihn für den Ausgang verantwortlich machten, wie Eugen nie seiner besoldeten Soldateska verantwortlich war. Auch die armierten Fürsten kannten nicht diese Verantwortlichkeit: hatten sie Unglück, so verloren sie im schlimmsten Fall ihr Land, und das war ein ehrliches Risiko, das nur sie anging, der anvertraute Untertan galt nichts.

Was Ludwig Wilhelm dagegen übernahm, war ein Treuhänderamt, das in Wirklichkeit nicht ein Kreis, sondern nur eine ganze geeinte Nation übertragen kann. Die Tragödie dieses Mannes besteht darin, daß er mit einer großen Aufgabe allem

Vermuten nach selbst groß geworden wäre, die beschränkte dagegen samt ihren beschränkten Mitteln ihn zu einem neuen Montecuccoli, einem vorsichtigen Zauderer machte.

Eugen brachte die Zukunft den Aufstieg und den Siegeslauf, der seinen Namen den Späteren überliefert hat – dem Markgrafen das vorzeitige Finale, sieben Jahre der Bitterkeit und den Ausgang in ein unverdientes Vergessen. Noch aber kannte er den zweiten Unbekümmerten, den zweiten Unverantwortlichen, den zweiten Liebling Fortunas nicht, der sich mit Eugen vereinte und Louis den Ruhm entwand – den herzoglichen Kavalier aus England, der hochmütig und geschmeidig den Ruf der Bestechlichkeit nicht scheute und sich nie um eines Grundsatzes willen so versteift hätte, wie Ludwig Wilhelm nun wieder in Wien tat.

Der Kaiser verlangte, daß er seine Haltung in der Kurfrage ändere, zum mindesten schweige. Der Markgraf erwiderte, zu einer Änderung sei kein Anlaß, vielmehr die Aussicht auf den englischen Thron ein neuer Grund, um Hannover den Verzicht nahezulegen. Als letzter Reichsfürst, kurz vor seinem Tode, erkannte er die Kurwürde Hannovers an.

Der Kaiser ließ also diesen Punkt fallen, verhandelte dafür in Briefen, die nach Böhmen gingen, über den Oberbefehl am Rhein, die Entschädigungen und die Gnadenbeweise. Im April 1701 sagte er außer 300000 rückständigen Gulden die Aufhebung des Sequesters im lauenburgischen Lande Hadeln zu, die Belehnung mit der Landvogtei Ortenau, den Ersatz der Schäden, die die Markgrafschaft künftig erleiden könnte, und die Erhöhung der Gage als Oberkommandierender[24]. Im Mai erteilte er ihm eine Generalvollmacht, mit den Kurfürsten und Reichsständen zu traktieren und zu schließen, im Februar 03 zog er Gage und Entschädigungsgelder zusammen auf die ungemein hohe Summe von jährlich 200000 Gulden.

3

Louis baut die Bühler Linien aus – Max Emanuel überfällt Ulm – Louis liefert Villars das Treffen bei Friedlingen – Louis nimmt Landau – Josef ist zugegen, sein Aufzug – Der Feldzug 1703 – Villars greift die Bühler Linien vergeblich an – Marschiert aber durchs Kinzigtal und vereinigt sich mit Max Emanuel – Max Emanuel erobert Tirol, wird durch einen Aufstand vertrieben – Louis erreicht Augsburg vor den Verbündeten – Styrum und Leopold von Dessau werden von Villars bei Höchstädt geschlagen – Louis läßt Arco, der Breisach übergeben hat, zum Tod verurteilen – Louis operiert gegen Marsin in der Gegend Schaffhausen – Landau wieder französisch

Es ist zu erinnern, daß die Seemächte und der Kaiser erst im April 1702 den Krieg erklärten. Der Generalleutnant hatte ein Jahr Zeit, um die Lücke zu schließen, die im Wiener Bündnissystem noch bestand. Schwaben und zum größten Teile Franken wollten sich neutral verhalten. Daß in Italien Mailand, Mantua, oder worum sonst der Kaiser stritt, und im Norden Belgien oder Luxemburg noch Reichslehen waren, berührte sie nicht. Half man nicht nach, so konnte es geschehen, daß sie den Franzosen gestatteten, durchzumarschieren, und Max Emanuel der Entschluß zum Abfall erleichtert wurde.

So war es die erste Aufgabe des mit Vollmacht ausgerüsteten Generalleutnants, sie wenigstens zu einer bewaffneten, den Eindringling abweisenden Neutralität zu bewegen. Schwaben ließ sich überreden, schließlich folgte auch Franken. Der schwäbische Kreis richtete ein Lager bei Offenburg, der fränkische bei Heilbronn ein, dazu die Österreicher bei Freiburg. Die Nördlinger Allianz der andern Kreise vom März 1702 bereitete den Eintritt aller Kreise mit Ausnahme des bayrischen in die europäische Allianz vor.

Den letzten Schritt tat im November 1702 der Reichstag, der in Wirklichkeit ein Reichsständetag war, indem er Beschlüsse über den Reichskrieg und die Reichskriegsverfassung faßte. Er setzte den Kriegsfuß auf 120000 Mann fest und übertrug das Kommando Ludwig Wilhelm. Das Wichtigste freilich, die Festsetzung eines neuen Friedensfußes, blieb unerledigt, bis zum Ende des alten Reiches: ›Das Reichsheer hat eine feste und klare rechtliche Grundlage niemals erhalten.‹

Ludwig Wilhelm hatte sein Ziel erreicht, durch Reichstagbeschluß war er Führer des Reichsheeres geworden. Anfang 1704 erhielt er auch den Titel eines Reichsfeldmarschalls, zusammen mit seinem Vertreter, dem Markgrafen von Bayreuth. Aber war das wirklich die Erfüllung? Die guten Regimenter der Armierten gehörten nicht zu diesem Reichsheer, einer Summe von 275 Kontingenten. Garnisonen, Festungen, der Friedensdrill und die sogenannte Dislozierung nach der Rückkehr aus dem Felde waren Fragen, die nicht beantwortet wurden. Im Grunde hatte man eine Verabredung für diesen einen Fall und für die Dauer dieses einen Krieges getroffen, und damit war das Äußerste erreicht, was bei einem Gebilde zu erlangen war, das armierte, assoziierte und kontingentierte Truppen nebeneinander zeitigte.
Mehr als 20000 Mann befehligte Ludwig Wilhelm nur im ersten Jahr, die 120000 standen auf dem Papier. Mit hundert Kontingentskanzleien hatte er zu tun, mit einer Armee von Pedanten und Intriganten, wie er selber schrieb: er sei mehr Advokat als Feldherr. Wenn ein Kontingentsgeneral ihm den Gehorsam verweigerte, tat er gut, ein Auge zuzudrücken, wie sich zeigte, als er den Holländer Goor in Arrest steckte. Die Subsidien für die Armierten verschlangen alles Geld, das der Kaiser auftreiben konnte, auch Eugen in Oberitalien spürte es.
Daß er selbst nur defensiv vorgehen dürfe, erkannte Ludwig Wilhelm von Anfang an und sprach es aus. Er hatte eine Aufgabe angestrebt und sie erhalten: nun rieb sie ihn auf. Sein historischer Beitrag zur deutschen Geschichte, ohne Berücksichtigung der Türkenkriege, besteht darin, daß er sichtbar gemacht hat, wohin die Entwicklung gehen mußte: vom Reichsheer, das sich noch nicht verwirklichen ließ, zum Eigenheer der großen Landesfürsten, das schließlich doch im Reichsheer der geeinten Nation mündete. So ist der Beweis, den er führte, nicht nur negativ und der der Armierten nicht rein positiv. Er war kein Dialektiker und kein ideologischer Mensch; die Gründe, die ihn zum Gegner der Armierten machten, entsprangen dem Zeitgebundenen, dem Ehrgeiz dessen, der nicht unter den großen Fürsten stand, demselben Egoismus, der jene mit dem Bewußtsein füllte, daß Gott und der Erfolg auf ihrer Seite sei. Gleichwohl darf der Geschichtsschreiber, der auszugleichen hat, von ihm sagen, daß er, auf

lange Sicht gesehen, den richtigen Ausgangspunkt bezogen habe.

Die ersten Verhandlungen führte der Markgraf von Regensburg und Nürnberg aus. Im Sommer begab er sich an den Oberrhein, um die vier Festungen instand zu setzen und das System der Linien auszubauen. Die auf dem Schwarzwald waren fast zerfallen. Er zog neue: von Tuttlingen über Stokkart zum Überlingersee; am Speyerbach; im Kinzigtal bis Kehl; längs des Rheins von Stollhofen bis Hügelsheim, wohin heute die Baden-Badener zum Spargelessen gehen, und die Querverbindung über Bühl ins Bühlertal hinauf. In der Ebene unterbrachen sumpfige Wälder die Folge von Wällen, Gräben und Redouten; auch Schleusen gab es, durch die das Wasser zweier Bäche gestaut und zu Überschwemmungen benutzt werden konnte. Der schwache Punkt in diesem Verteidigungssystem waren die Übergänge in den hintersten Tälern, die nicht genügend besetzt und gesperrt wurden, wie sich 1703 erweisen sollte.

Diese Linien waren das Rückgrat des defensiven Verhaltens. Wenn er eine Offensive wagen wollte, konnte es nur aus dem Raum um Germersheim geschehen, in Richtung Landau und Weißenburg. Bei König Wilhelm, der noch lebte, erneuerte er den Versuch, Geld für eine Festung zu erlangen, diesmal für seine eigene in Rastatt, und hatte so wenig Erfolg wie früher.

Die Kriegsoperationen begannen 1702, auf Drängen des Kaisers mit einem energischen Einsatz: Rheinübergang bei Speyer, Vorstoß gegen die Lauter, Trennung der französischen Truppen in Landau von denen im Elsaß, Belagerung von Landau. Nomineller Oberbefehlshaber war König Josef. Für ihn brauchte der Kaiser, wie ehedem Ludwig für den Dauphin, eine Waffentat, der der Sohn beiwohnen konnte. So erschien Josef vor Landau und war zugegen, als sich die Besatzung gegen freien Abzug ergab, am 9. September.[25]

Nun wäre der Einmarsch ins Elsaß an der Reihe gewesen. Da kam die Nachricht, daß am 8. Max Emanuel die feste Reichsstadt Ulm überfallen hatte. Der schlimmen Nachricht folgte die zweite, Villars bereite bei Hüningen den Rheinübergang vor, um sich mit dem Kurfürsten zu vereinigen und gegen Wien zu marschieren. Ludwig Wilhelm, der schon in der Gegend Hagenau stand, übergab Bayreuth das Kom-

mando, ging aufs rechte Ufer zurück und eilte an die bedrohte Stelle.
Beim Schloß Friedlingen drängte er die Franzosen auf den Rheinübergang zurück, aber seine Reiterei war geschlagen worden, und so wich er in eine neue Stellung aus, in der Villars ihn nicht angriff, vielmehr bezog er Winterquartier im Elsaß. Die Vereinigung mit Max Emanuel war vereitelt. In Paris trug das Gefecht Villars ein Tedeum und den Marschallstab ein.
Was soll man dazu sagen, daß der römische König vor Landau mit einem Gefolge von 232 Hofleuten und Dienern erschien, die Königin mit einem von 170; daß dieser Aufzug in 14 Kaleschen und 63 Chaisen reiste, daß auf jeder Station 206 Pferde gestellt werden mußten? Die Zahl der Pferde war noch bescheiden gegen die 520, die wenige Jahre später die Poststationen in Hannover zu liefern hatten, als die dem preußischen Kronprinzen vermählte Sophie Dorothea sich nach Berlin begab und der junge Ehemann ihr mit 350 Pferden entgegenfuhr, so daß auf brandenburgischem Gebiet 870 Pferde vereinigt wurden.
Ludwig Wilhelm, der Not litt, nahm dem König kurz entschlossen einen Teil der Tiere weg, um seine Geschütze zu bespannen. Dann kam das Jahr 1703, das für ihn als Feldherrn, für Augusta als Mutter gleich schlimm war. Immer wieder hatte sie sich mit ihren Bitten um Kindersegen und Kinderleben an die Muttergottes von Einsiedeln gewandt. In dem einen Jahr 1700 starben ihr zwei Kinder. Zwischen 1701 und 1705 ging dreimal ein silberner Prinz mit kostbaren Gewändern dorthin, 1700 das Röcklein und Käpplein des dreijährigen Knaben: aus dem weißen Silberstück wurden Kleid und Schleier gemacht und an Fronleichnam dem Gnadenbild umgelegt. Gleichwohl starb das Kind im März 1703 zu Schlackenwerth, so daß von den bisher geborenen sechs Kindern nur der Erbprinz von 1702 am Leben war.
Augusta ging mit dem siebenten schwanger, und um dem Gatten näher zu sein, verlegte sie für zwei Jahre ihren Wohnsitz nach Aschaffenburg. Aber der Markgraf war bis in den Mai in den Bühler Linien, nachher in Augsburg, zuletzt in Leutkirchen so sehr beschäftigt, daß er erst an Weihnachten nach Aschaffenburg gekommen zu sein scheint. Ungewiß ist, ob die erste Wallfahrt Augustas nach Einsiedeln in diesem

Jahre oder nicht schon vorher stattfand.[26] Gegen 1703 spricht ihr körperlicher Zustand.

Als die Niederkunft nahte, machte sie, am letzten August, ihr Testament, unter gelehrtem Beistand. Universalerbe ist der Markgraf; seine Wiederverheiratung wird vorgesehen; das böhmische Majorat darf an niemand fallen, der zum Zölibat verpflichtet ist; sie wünscht in Baden-Baden neben Ludwig Wilhelm beigesetzt zu werden oder, wenn er auf einem fernen Schlachtfeld bleibt, in Schlackenwerth bei ihren Eltern. Die Niederkunft erfolgte wenige Tage nachher. Das Kind war ein Sohn, der 1709 starb.

1703 also fand sich Ludwig Wilhelm nach Abzug der kaiserlichen Regimenter allein mit seinen kaum mehr als 10000 Mann, denen Magazine, Remonten, Schuhe, alles fehlte. Der kurpfälzische Graf Leiningen schrieb an Eugen, er habe Ihro Durchlaucht den Herrn Generalleutnant niemals so *consternirt* gesehn als anjetzo, weil man Dieselben *abandoniret.* Die Kontingente, die auf Verlangen der Reichsstände im Winter über ganz Süddeutschland verstreut worden waren, hatten die Stellungen noch nicht bezogen, als Villars schon im Februar bei Straßburg über den Rhein ging, mit mindestens 30000 Mann die Linien angriff und den Markgrafen hinter die Bühler Linien drängte.

Es hätte noch alles gut ausgehn können, da er nach der Eroberung von Kehl seine Truppen zur Erholung ins Elsaß zurückführte. Aber Ende März schrieb Ludwig Wilhelm an den Kaiser einen Verzweiflungsbrief: ›Es ist zum Erbarmen, daß aus Mangel der Anstalten, so nit gemacht worden, alles zugrundgehn muß ... *Sic volo, sic jubeo,* Allergnädigster Herr, ist das einzige Mittel, welches Euer Kaiserlichen Majestät Sachen redressieren kann. Denn wenn Dero Armee in Italien sowohl als hier länger hilflos gelassen werden sollte, so sorge ich, es dürfte auch nit mehr in E. K. M. Macht stehn, den üblen Consequentien dieses übel geführten Kriegs vorzukommen.‹

In Paris mißbilligte der König den Respekt seines Feldherrn vor den Bühler Linien, und der Marschall griff sie mit zwei Heeren von neuem an. Das Heer des Generalleutnants zählte nun dank holländischem Zuzug 16000 Mann, die Franzosen aber das Dreifache. Innerhalb einer Woche machte Villars fünf Versuche, die abgeschlagen wurden. Den Panzer des

Markgrafen traf ein Herzschuß, der Eindruck ist noch auf der Kette des Goldenen Vließes zu sehn. Wieder schrieb der Markgraf aus Bühl nach Wien, er könne und dürfe sich nicht aus den Linien bewegen, weil ihm zur Nachführung von Proviant und Fourage alles fehle. Josef antwortete, er tue nichts anderes, als den Kaiser anzutreiben, habe aber noch nicht einen Heller freibekommen; die ganze Ursache allen Unglücks seien ›unsre zwei Herren Präsidenten‹.
Rüdiger Starhemberg war gestorben und hatte einen unfähigen Nachfolger erhalten. Es gelang Josef schließlich, zu erreichen, daß Eugen den Hofkriegsrat und Gundacker Starhemberg, ein Stiefbruder Rüdigers, die Hofkammer, das Finanzwesen, übernahm. Aber das geschah erst im Sommer 1703, und vorher rückte Villars, der vor Bühl ein Korps zurückließ, durchs Kinzigtal gegen die gefürchteten Schwarzwaldpässe vor. Bei Hornberg oder Triberg hätten nach Villars selbst fünfzig Stämme genügt, um ein Heer aufzuhalten. Hier war offenbar nicht genug geschehen. Villars konnte sich in Tuttlingen mit Max Emanuel vereinigen.
Villars wollte auf Wien marschieren, dasselbe Ziel hatte Vendôme, der aus Italien gegen Tirol vordrang. Aber Tirol beanspruchte Max Emanuel selber. Er setzte durch, daß Villars ihm an der Donau den Rücken deckte, während er in Tirol einfiel. Sein Ziel war ein Staat, der Bayern, Tirol und Mailand umfaßte. Nordtirol wurde mühelos gewonnen. Aber jenseits des Brenner kam Vendôme nicht weiter als bis Trient: der Landsturm, die Bauern hielten ihn auf, ihr Führer war Martin Stertzinger. Er kehrte im September um. Inzwischen hatten sich auch in Nordtirol die Schützen, die Bergwerksknappen, das ganze Volk erhoben, drängten den Kurfürsten aus dem Land, verwüsteten sein eigenes bis gegen München. Nur Kufstein blieb ihm.
Als das Bühler Korps der Franzosen zur Belagerung von Breisach abzog, nahm Ludwig Wilhelm Postpferde nach Göppingen und sammelte Truppen, um Villars anzugreifen. Noch einmal gab er sein Bestes und Äußerstes her. In Gewaltmärschen erreichte er Augsburg am gleichen Tag, als der aus Tirol zurückkehrende Kurfürst und der Marschall sich vereinigten. Der Kurfürst schickte der Stadt die Aufforderung, sich zu ergeben, aber der Markgraf hatte sie schon besetzt. Es gelang ihm sogar, die Verbindung des Kurfürsten

mit Bayern zu durchschneiden, und seine Streifkorps requirierten bis München hin. Er hielt, auf Augsburg gestützt, die Gegner fest.
Kurfürst und Marschall gerieten aneinander, der Markgraf konnte Max Emanuel bereits auffordern, zu kapitulieren, als Villars bei Höchstädt den kaiserlichen Feldmarschall Styrum, der mit brandenburgischen Truppen zum Generalleutnant stoßen sollte, überfiel und schlug, im September. Anfangs dieses Monats hatte der von der Kaiserin empfohlene Arco Breisach schimpflich an Tallard übergeben. Es wiederholte sich der Fall Heidersdorf, auch Arco handelte gegen die genaueste Anweisung, daß er die Festung bis zum letzten zu verteidigen habe. Diesmal kannte der Generalleutnant kein Erbarmen. Er ließ Arco nach Bregenz bringen, vom Kriegsgericht zum Tod verurteilen und auf dem Markt hinrichten.
Villars wurde ersetzt, der Markgraf, um den Oberrhein besorgt, operierte gegen den Nachfolger Marsin in der Gegend Schaffhausen. Der in Augsburg zurückgelassene Kommandant mußte sich Max Emanuel ergeben, der dann Regensburg und im Januar Passau nahm. Auch Landau fiel an Tallard. Als der Winter kam, standen Franzosen und Bayern zwischen Iller und Inn, der Markgraf beherrschte das Gebiet zwischen Donau, Bodensee und Oberrhein, aber wenn man ihn allein ließ, konnte er die Aufgabe nicht länger bewältigen. Seine Hoffnung setzte er nun auf Eugen.

2

Eugens Erfolge in Italien seit 1701 – Alles fehlt, er geht Ende 1702 nach Wien, um selbst nach dem Rechten zu sehn – Louis wird der Erbprinz geboren – Der Aufstand Rakoczys 1703 – Eugen übernimmt den Hofkriegsrat – Leopold macht Erzherzog Karl zum König von Spanien – Eugen gewinnt Marlborough für gemeinsames Operieren – Louis kann 1704 Tallard nicht aufhalten – Marlborough, Eugen, Louis treffen sich in Großheppach

In Italien traten 1701 auf die französische Seite der Herzog von Savoyen; der spanische Gouverneur von Mailand, Vaudémont Vater; der Papst und eine Unterweltfigur auf dem Thron, der Herzog von Mantua. Venedig blieb neutral. Unter diesen Verhältnissen übernahm Eugen den Oberbefehl. Unterbefehlshaber oder, wie man beim Wesen des Prinzen wohl sagen darf, Waffengefährten waren die Franzosen Commercy und Vaudémont Sohn, die Deutschen Guido Starhemberg, Fürst Liechtenstein und jener einfach geborene Börner, der die österreichische Artillerie zur besten gemacht hatte.

Catinat hielt die Pässe besetzt, vor allem die Chiusa im Etschtal, und glaubte sich sicher vor Überraschungen aus Tirol. Eugen ließ im Alpengebiet nördlich von Vincenza von Bauern und Soldaten die Bergpfade gangbar machen und bewerkstelligte einen der berühmtesten Alpenübergänge auf Wegen, die bis dahin nicht einmal einen Karren gesehen hatten. Jede Kanone beanspruchte ein Dutzend Ochsen, oft war der Pfad keine drei Meter breit. Kein Verräter fand sich unter der Bevölkerung, Eugen erreichte unangefochten Arcole.

Catinat wurde, nachdem Eugen ihn bei Carpi besiegt hatte, durch Villeroy ersetzt. Bei Chiari stand Eugen dem Chef seines Hauses, dem Herzog, gegenüber und schlug ihn. Am Ende des Jahres 1701 blieben Ludwig XIV. vom Herzogtum Mantua die beiden Festungen Mantua und Goito. Die Erfolge Eugens wirkten auf die große Politik, auf die noch zögernden Seemächte zurück.

Das Jahr 1702 begann mit einem Überfall auf Cremona, wobei ein unterirdischer Kanal eine Rolle spielte. Villeroy hatte gerade noch Zeit, aus dem Bett zu springen und sich in die Kleider zu werfen. Die Kaiserlichen waren schon in der Stadt, nahmen ihn gefangen und schafften ihn fort, die Festung war im Augenblick nicht zu halten. Zum Nachfolger ernannte Ludwig XIV. den Herzog Louis von Vendôme, den Urenkel Heinrichs IV. und der Gabriële d'Estrées, den Sohn Mercoeurs und Laura Mancinis, der ältesten der Nichten, einen Mann von Gaben, der aber als ausgemachter Wüstling lebte.

Dieser leibliche Vetter Eugens war tüchtig, und Eugen litt wie der andere Vetter von Baden an allem Not. Der neue Hofkriegsratspräsident Mannsfeld schwieg auf seine Briefe und Vorstellungen. Eugen schickte Palffy nach Wien, um zu erreichen, daß König Josef die italienische Armee besuchte; er hoffte, dann besser versorgt zu werden. Aber Josef ging nach Landau, um sich im Reich zu zeigen.

Vendôme gelang es, die Verbindung mit dem belagerten Mantua herzustellen. Eugen versuchte auf ihn einen Überfall im Stil von Cremona, der mißlang. Nun traf auch Philipp von Anjou ein, der die Spanier bereits zu enttäuschen begann. Zu fromm, um Mätressen zu halten, ließ er sich von anderen Frauen beherrschen: von seiner Amme, die nach Paris zurückgeschickt werden mußte, von seiner savoyischen Gattin, die noch ein Kind war, von deren Oberhofmeisterin Orsini, die mit der Maintenon Briefe wechselte und Aussicht hatte, die wahre Regentin von Spanien zu werden.

Bei Crostolo überfiel Vendôme drei Regimenter und vernichtete sie. Eugen berichtete dem Kaiser, es werde alles kommen, wie er vorausgesagt habe, er sei zu schwach und müsse sich in der Verteidigung halten. Es war der Sommer, in dem man Ludwig Wilhelm um Josefs willen bevorzugte. Im August lieferte Eugen bei Luzzara eine Schlacht, in der sich er, Vendôme, Commercy, Starhemberg, der Fürst von Liechtenstein durch die Todesverachtung auszeichneten, mit der sie am Handgemenge teilnahmen. Commercy fiel. Die Kaiserlichen behaupteten das Schlachtfeld, nach alter Regel waren sie die Sieger. Aber im Lager Eugens trieben Hunger, Seuchen, Soldlosigkeit die Soldaten massenhaft zur Fahnenflucht.

Philipp V. reiste ab, die Heere gingen in die Winterquartiere, und Eugen fuhr nach Wien, um selbst nach dem Rechten zu sehn, was der Markgraf unterließ, sei es aus Starrheit, sei es, weil er fürs nächste Jahr den Angriff Villars sehr früh erwartete. Seine Briefe vom Dezember und Januar sind aus Rastatt datiert. Es ist anzunehmen, daß Augusta diesen Winter in der Gegend verbrachte, vermutlich in Ettlingen. Hier hatte sie im Juni 1702 dem Kinde das Leben gegeben, das der Nachfolger des Vaters wurde, Ludwig Georg Simpert.[27]

Aber auch Eugen mußte an seiner Front auf den Angriff eines gefährlichen Gegners gefaßt sein und übergab trotzdem das Kommando einem Stellvertreter. Er hatte erkannt, daß alles auf dem Spiele stand: die ganze kaiserliche Sache und das Schicksal jedes einzelnen Führers, der für sie focht. Und aus dieser Erkenntnis zog er den Entschluß, in Wien nicht zu wanken und zu weichen, bis er sich Gehör verschafft habe. Warum tat Ludwig Wilhelm nicht wie er?

Nach dem Tode Rüdiger Starhembergs wäre der Markgraf,

der die höchste militärische Charge bekleidete, der berufenste Nachfolger des Hofkriegsratspräsidenten gewesen. Starhemberg starb am 4. Januar 1701, zu der Zeit, als der Kaiser auf Veranlassung Josefs den Markgrafen aus Schlackenwerth berief, um sich mit ihm auszusöhnen. Es war der Augenblick, wo Ludwig Wilhelm seine Bedingungen stellen konnte und auch stellte – große Bedingungen, die Freigabe des Landes Hadeln, die Belehnung mit der Ortenau, das Gehalt von 200000 Gulden und die Zurückzahlung von rückständigen 300000 Gulden, von der man nicht recht weiß, ob sie tatsächlich erfolgte. Er hätte ebensogut das Präsidium des Hofkriegsrates in die Hand bekommen und damit, geborener Organisator, der er war, sein stärkstes Talent zur Entfaltung bringen können.
Aber es paßte ihm nicht, einen Beamtenposten zu übernehmen, der seinem Rang als Reichsfürst im Wege stand, während Eugen diese Bedenken nicht kannte. So ließ sich Ludwig Wilhelm eine Gelegenheit entgehn, die ihn ins Herz der Dinge, statt an ihren Rand versetzt hätte, wo er sich doch nie an dem ihm zukommenden Platz empfand. Er zog es vor, in Rastatt der Erste zu sein, statt in Wien mit Ministern und Gesandten über Vortritt und Rang zu streiten.
Was er also unterließ, darum bemühte sich Eugen. Der Gedanke, daß man ihm, dem Ausländer, das Recht absprechen könne, wie Herakles bei Augias aufzutreten, beunruhigte den Prinzen nicht: er wollte nur die Sache. Er fand einen Staat, der keinen Kredit mehr hatte. Oppenheimer löste Wechsel, die Ludwig Wilhelm vom Kaiser erhielt, nicht ein. Steuerwesen und Handel lagen so tief danieder, wie man sich vorstellen mag. Das Unglück des Gemeinwesens war weniger die Korruption als die Trägheit und Unenergie. Der Kaiser führte ein musterhaftes Familienleben; die Mätressenwirtschaft der französischen Prinzen war ihm verhaßt, und den letzten Vorschlag Karls II., die beiden Häuser durch eine Heirat zu verbinden, wies er entrüstet ab.
Der Konferenzrat, der nur wenige Teilnehmer umfaßte, war ein schwerfälliger Apparat. Gewissenhaft wurde jedem Teilnehmer das Aktenmaterial einer Frage zugestellt, worauf Wochen und Monate vergingen, bis so dringende Dinge wie die Bitte eines Geschäftsträgers um eine sofortige Instruktion oder die eines Generals um Geld, Proviant und Truppen sich

erledigten. Den Vorsitz führte Harrach Vater; Freund und Liebling des Kaisers, ordnete er sich zu leicht unter. Salm besaß Temperament, der Vizekanzler für die Reichsangelegenheiten Kaunitz Verstand, und beide hatten Ludwig Wilhelm oft genug nahegelegt, selbst zu kommen. Die ärgsten Klagen betrafen die Vorstände der Verwaltungsbehörden, den Hofkanzler Bucelini, der wie Salm Flame war, den Präsidenten des Hofkriegsrats, Graf Mannsfeld-Fürst Fondi, und den Präsidenten der Hofkammer, des Finanzwesens, Graf Salaburg.

Eugen begann einen zähen Feldzug, der zunächst keinen Erfolg zu zeitigen schien. Er vertauschte den Degen mit der Feder und dem mündlichen [sic!] Wort. Denkschrift auf Denkschrift über den Zustand der Heere und die zu treffenden Maßregeln wurden dem Kaiser und den Ministern zugestellt. Bei der Umgestaltung der Finanzen müsse man anfangen: selbst Salaburg und Mannsfeld sahen das ein und – taten nichts. Der Kaiser hatte ein paar gute Gedanken über die Orientierung seiner auswärtigen und Hauspolitik, die er unbeirrt verfolgte, aber ins Einzelne des Alltags zu gehen, zu organisieren und zu reformieren, dazu war er nicht imstand. Österreich fehlte es nicht an Selbstbehauptungskräften, wohl aber jene nüchterne Lust, dem Schlendrian wie ein kleinbürgerlicher Hausvater zu Leibe zu gehn, die für den Zuchtmeister Preußens, Friedrich Wilhelm, so charakteristisch ist.

Eugen legte den Finger auf die Wunde, Ludwig Wilhelm bat den Kaiser, sich aufzuraffen und *sic volo, sic jubeo* zu sagen – aber erst mußte eine neue Gefahr das Haus Habsburg bedrohen, bevor endlich etwas geschah. In Oberungarn erhoben sich 1703 wieder die Bauern. Den Führer fanden sie im Stiefsohn Thökölys, dem Fürsten Rakoczy, der schon 1700 mit Villars verhandelt hatte und aus der über ihn verhängten Schutzhaft nach Polen geflohen war. Im Juni erließ er sein Manifest *Recrudescunt vulnera inclytae gentis Hungariae*, worin er die Sonderrechte und die Glaubensfreiheit von neuem verlangte. Hinter ihm standen als die treibenden Kräfte Bercsenyi und Karolyi. Andere Magnaten fielen ab, einer nach dem anderen. Sie rechneten sich aus, daß der Kaiser nicht im Westen, Süden und Osten gleichzeitig Krieg führen könne und verloren sei. Für ihn war es eine bittere Erfahrung. Palffy blieb treu.

Rakoczys Ziel war, Fürst von Siebenbürgen zu werden. An der Pforte kam eine kriegslustige Partei auf. Jetzt handelte endlich der Kaiser. Er brachte Mannsfeld und Salaburg anderswo unter. Eugen erhielt das Präsidium des Hofkriegsrats, Gundacker Starhemberg das der Hofkammer. Der Jubel in den Armeen bewies die Beliebtheit, die Eugen besaß. Auch darin ist ein Unterschied zwischen dem Markgrafen und ihm.
Ludwig Wilhelm verdankte es Eugen, daß ihm ein holländisches Korps geschickt wurde. Der Aufstand der Ungarn war daran schuld, daß nicht mehr für ihn geschah. Eugen mußte den Befehl an dieser neuen Front übernehmen. 1683 schien wiederzukehren, die Aufständischen hausten wie die Türken in Niederösterreich und Mähren. Ofen lag noch in Trümmern, die Garnisonen waren schwach, und den Komitaten, die treu blieben, durften keine Kontributionen auferlegt werden. Durch freiwillige Zeichnungen brachte man die notdürftigsten Summen auf. Josef wandte sich an den Adel, die Beamten, die Korporationen; die Universität stellte 80 Pferde, und Eugen bat, noch etwas dazuzulegen für Sattelzeug und Pistolen.
Inzwischen hatte Max Emanuel Augsburg und Passau genommen. Franzosen und Bayern standen am Inn. Sie bedrohten Böhmen und Oberösterreich, sie bedrohten Ludwig Wilhelm. Eugen kehrte nach Wien zurück. Nur noch ein Mann konnte helfen, Marlborough, der die englischen und holländischen Truppen befehligte und sich in diesem Jahr 1703 weiter vorgearbeitet hatte, indem er Bonn, Huy, Geldern und Limburg eroberte. Wie es in Wien stand, beleuchtet ein Brief, den Eugen im Oktober an seinen Stellvertreter in Italien, Guido Starhemberg, schrieb: Wenn die Existenz der ganzen Monarchie davon abhinge, daß in der Eile 50000 Gulden oder weniger zur Verfügung ständen, so müßte man es geschehn lassen und könnte das Unglück nicht aufhalten.
Doch hatte das Jahr den Verbündeten außer den Fortschritten Marlboroughs noch andere Erfolge gebracht. Im Mai trat Portugal, dessen wirtschaftliche Abhängigkeit von England damals begann, der Allianz bei. Eine der Bestimmungen erwies sich in der Folge als verhängnisvoll: der Friede dürfe erst geschlossen werden, wenn der Prinz von Anjou den spanischen Boden verlassen habe. Diese Bestimmung sollte das

Reich Straßburg kosten. Der Kaiser sagte zu, seinen jüngsten Sohn, Erzherzog Karl, nach Lissabon zu schicken, von wo aus die Operationen beginnen sollten.

Leopold ließ den jungen Menschen schweren Herzens ziehn. Wenn Josef, der bisher nur Töchter hatte, starb, so stand das Haus auf den zwei Augen Karls [sic!] (wie es auch kam, Karl ist der Vater Maria Theresias). Der Kaiser erklärte ihn zum König von Spanien, und Karl III. nahm Abschied vom Vater, den er nicht mehr sah.

Der Herzog von Savoyen, der sich von den Franzosen geringschätzig behandelt fühlte, ging zu den Verbündeten über, was ihn ungefähr sein ganzes Land kostete. Aber er besaß eine Spürnase und irrte sich nicht; das Jahr der Entscheidung, 1704, sollte es zeigen.

Eugen hatte sein Genius beraten, als er ihn antrieb, nach Wien zu gehn. In Jahresfrist war er der Mann geworden, nach dem alles rief, auf den alle hofften. Sein Ruhm, der bereits Europa füllte, gründete sich auf Zenta, den Alpenübergang, den Streich von Cremona und die andern Siege. Marlborough bewunderte ihn, und Ludwig XIV. bereute in Stunden ohnmächtigen Zorns seine Blindheit. Eugen entwarf den Feldzugsplan.

In Ungarn hatte sich Heister, in Siebenbürgen Rabutin, in Oberitalien Guido Starhemberg und der mit ihm vereinigte Herzog abwehrend zu verhalten. Das Hauptziel war, Marsin und Max Emanuel, die zwischen Iller und Inn standen, aus Deutschland zu vertreiben. Das ließ sich nur erreichen, wenn Marlborough auf die Offensive in Flandern verzichtete und an die Donau marschierte. Der Schwung dieses Gedankens verlangte Großzügigkeit des Verständnisses. Mancher hätte ihn abgelehnt, nur weil er von einem andern kam. Marlborough nimmt nicht nur Wellington, sondern auch Byron vorweg. Wenn er den Kaiser rettet, wird Europa zuschauen.

Marlborough also sagte zu, die Holländer aber nicht. Sie hatten vielmehr dem Markgrafen mitgeteilt, daß sie ihre Truppen vom Oberrhein zurückziehen wollten. Marlborough gewann den Ratspensionär Heinsius, und schließlich gaben die Generalstaaten nach. Blieb noch die schwierige Frage zu erledigen, wer den Oberbefehl führen sollte, wenn Marlborough und Ludwig Wilhelm sich vereinigten. Eugen für seine Person unterstellte sich ohne weiteres dem Generalleutnant, der übrigens selber seine Anwesenheit verlangt, auch Pläne geschmiedet, aber von Holland auf die Bitte um Unterstützung jene abschlägige Antwort erhalten hatte.

Lange bevor Marlborough erwartet werden konnte, zog Tallard im Elsaß Rekruten und Versorgungskolonnen für Marsin zusammen. Max Emanuel und Marsin marschierten ihnen in Richtung Donaueschingen entgegen. Die Aufgabe, diesen Plan zu verhindern, überstieg die schwachen Kräfte Ludwig Wilhelms.

Die Darstellungen sind noch heute getrübt durch Empfindlichkeiten. Der Undank des Hauses Österreich spielt eine Rolle: man habe Ludwig Wilhelm im Stich gelassen. Was den Undank betrifft, so läßt sich die Beschuldigung nach den Zugeständnissen, die der Kaiser 1701 machte, nicht aufrechterhalten. Und davon, daß man den Markgrafen im Stich ließ, kann keine Rede sein. Wir haben gesehen, wie die Dinge standen. Nicht vom Kaiser oder von Eugen wurde Ludwig Wilhelm im Stich gelassen, wohl aber vom Reich.

Seitdem der Regensburger Kriegsfuß festgesetzt war, half kein Anruf der Freiwilligkeit, der gemeinsamen Sache. Man *mußte* nun Kontingente stellen und tat es unwillig genug. Die meisten drückten sich, es kam nicht der zehnte Teil ein, und dann verspätet. Eugen schrieb: ›Wenn keiner die Hand anlegen will, so mag man's bleiben lassen, denn allein kann ich auch nit helfen. Am meisten wundern mich unsere Herren Landständ ... wollen keinen Unterhalt geben und gleichwohlen bedecket und geschützet sein. In allem diesem möcht ich endlich wissen, ob der Kaiser gar nicht remedieren wollen. Kein Geld, kein Volk, kein Magazin, kein Munition, keine Anstalt, kein Ernst, kein Eifer, kein Sorg und doch gleichwohl Krieg führen, triumphieren und Kron und Szepter samt Land und Leut gewinnen wollen, das seind Contradictoria, die ich nit mehr auseinanderklauben kann.‹

Die Armierten, die dem Kaiser ganze Heere schickten, hatten keine Zeit für das Reichsheer. Eine schöne Ausnahme machten Mainz und Pfalz. Unter ihrer Bürgschaft schloß der Markgraf mit Holland eine Anleihe von 250000 Speziestalern ab. In Regensburg rechnete man ihm Mannschaftsbestände vor, die er einfach nicht hatte. Da nicht feststand, wo Tallard 1704 den Rhein überschreiten werde, verteilte er seine gerin-

gen Streitkräfte, an die Stockacher Linien, an die Bühler, nach Rottweil und Villingen. Die Entscheidung wartete er in Aschaffenburg ab.
Tallard wählte Breisach, umging ungehindert die Verschanzungen des Dreisamtals, zog dicht an Villingen vorbei, lieferte vor Donaueschingen Marsin die Rekruten ab und kehrte zum Rhein zurück, während Max Emanuel den übernommenen Wagenzug und die Rekruten nach Ulm brachte. Der Markgraf konnte es nicht verhindern, wagte jedenfalls bei Stockach nicht anzugreifen, es fand dort nur eine Kanonade statt. In Wien verdächtigten ihn seine Kritiker, für einen Augenblick wurde auch der Kaiser mißtrauisch.
Das Wort von dem zu alten oder zu kranken Feldherrn fiel. Einem Mann, der sein Werk noch nicht unter Dach gebracht hat, kann nichts Schlimmeres zustoßen. Der Umstand, daß Thüngen, der das Bühler Korps befehligte, den Franzosen nicht ins Dreisamtal folgte, erklärte sich dadurch, daß der Markgraf ihn sofort nach Rottweil zu seiner eigenen Verstärkung heranzog, daher niemand Tallard entgegentrat, als er so überraschend nach dem Elsaß zurückmarschierte, um neue Truppen zu holen. Eugen verteidigte den Markgrafen.
Seit Februar 1704 stand Ludwig Wilhelm mit Marlborough in Verbindung. Nachdem Königin Anna die Erlaubnis gegeben hatte, begann der Herzog mit seinen Engländern, Holländern, Deutschen und Dänen den Marsch von der Maas. Villeroy folgte ihm beobachtend und glaubte, er werde sich gegen Coigny wenden, der die Mosel deckte.
Überraschend bog Marlborough zum Main ab, überschritt ihn am 29. Mai bei Kostheim und erreichte in Gewaltmärschen die Geislinger Steige. Über Voralberg reisend, traf Eugen im Lager Ludwig Wilhelms bei Ehingen ein. Dann eilte er Marlborough entgegen, um ihn zu begrüßen. Die Begegnung fand am 10. Juni statt. Nach dem Zeugnis Liselottes war der Herzog ›einer der schönsten Männer, die man mit Augen zu sehn vermag‹. Eugen berichtete enthusiastisch an den Kaiser, daß er sich sofort mit ihm verstanden habe. Er war wirklich ohne Neid. Das Selbstbewußtsein des Engländers, hinter dem die Macht seines Landes stand, störte ihn nicht, und Marlborough konnte von bezaubernder Verbindlichkeit sein.
Ohne Zweifel bereitete Eugen ihn darauf vor, daß es mit dem

Markgrafen Schwierigkeiten in der Frage des Oberbefehls geben werde. Am 13. trafen die drei Führer in Großheppach unter einem Baum des Gasthofes zum Lamm zusammen. So bereitwillig wie dem Prinzen dürfte Marlborough dem Markgrafen nicht entgegengetreten sein. Ludwig Wilhelm hatte sich in jenem holländischen General Goor, den er jahrszuvor mit Arrest bestrafte, einen Feind gemacht, der von den Verdächtigungen wußte und sie weitergab.
Was den Oberbefehl betraf, so fand man die Verlegenheitslösung, Marlborough und Louis von Baden einen Tag um den andern abwechseln zu lassen. Angesichts dieser Tatsache mag etwas Wahres an der Behauptung sein, Marlborough habe gewünscht, daß der Markgraf den Oberbefehl am Rhein behalte und Eugen mit ihm, Marlborough, gegen Max Emanuel operiere, Ludwig Wilhelm aber darauf bestanden, als erster General des Kaisers wählen zu dürfen, wohin er gehen wolle, und das Kommando am Rhein Eugen zugeschoben. Wie dem auch sei, der Ehrgeiz, am entscheidenden Schlag beteiligt zu sein, ist verständlich. Die weitere Entwicklung führte gleichwohl dazu, daß diese Beteiligung Eugen zufiel.

5

Marlborough und Louis stürmen den Schellenberg – Das Lager von Friedberg – Gegenseitige Antipathie – Louis rückt vor Ingolstadt – Marlborough und Eugen vernichten im August 1704 das französisch-bayrische Heer bei Höchstädt – Die Geburt der Tochter – Louis erobert Landau zurück – Die Besetzung Bayerns – Der Tod Leopolds 1705 – Der Feldzug von 1705 – Marlborough besucht den kranken Louis in Rastatt – Louis marschiert auf Trier, geht aber zur Kur nach Schwalbach – Die Verdächtigungen – Marlborough gibt die Mitarbeit auf

Zunächst begab sich der Prinz nach Rastatt. Villeroy stand nun in der Pfalz, Tallard im Elsaß. Gegen sie stellte er seine Armee zusammen. Die Hofkellerei in Baden-Baden erhielt vom Markgrafen Befehl, den Prinzen wohl mit Wein zu versorgen und auch den dort noch lagernden Burgunder nicht zu schonen.

Der Markgraf führte sein eigenes Heer an die Stuttgart-Ulmer Straße und vereinigte sich mit Marlborough. Max Emanuel und Marsin standen in einem verschanzten Lager bei Dillingen. Als der Gegner den Übergang bei Donauwörth anstrebte, sandte der Kurfürst den Grafen Arco mit 8000, nach anderen mit 10000 Mann, nach dem bereits verschanzten Schellenberg, der Donauwörth deckte. Ludwig Wilhelm liebte die Erstürmung von Lagern nicht. So wartete der Herzog einen Tag ab, an dem er das Kommando hatte. Am 2. Juli 1704 befahl er, vorzugehen.
Die Bayern schlugen den ersten Frontangriff der Holländer ab. Erst als Ludwig Wilhelm auf dem linken Flügel mit kaiserlichen und Reichstruppen in die Verschanzungen eindrang, gelang der zweite. Arco zog sich über die Donau zurück, der Eingang nach Bayern war geöffnet. Marlborough verschwieg in seinen Berichten nach England den Anteil des Markgrafen am Sieg. Er zählte ihn nur unter den Verwundeten auf. Der Generalleutnant hatte einen Schuß in den Schenkel erhalten, der an sich nicht bedenklich war. Aber die Wunde heilte schlecht und führte zum Siechtum des auch sonst nicht gesunden, vielleicht zuckerkranken Mannes.
Max Emanuel verschanzte sich bei Augsburg. Gegenüber, auf dem andern Ufer des Lech, bei Friedberg, bezogen Marlborough und Ludwig Wilhelm ihr Lager. Hier weilte auch der kaiserliche Gesandte, Wratislaw. Seit längerem versuchte Friedrich von Preußen, Max Emanuel aus dem französischen Bündnis zu lösen. Jetzt wurden diese Verhandlungen wieder aufgenommen.
Max Emanuel, der durch die Niederlage Arcos verstört war und in Tränen ausbrach, wenn er an seine schönen Regimenter dachte, zog die Besprechungen hinaus, weil Tallard im Anrücken war. Um nachzuhelfen, ohne ihn jedoch zu sehr zu reizen, legten die Verbündeten ihrerseits ›zwischen der Iller und Amber außer des Churfürsten *particular* Lusthäusern fast alles in die Aschen‹, laut Bericht des Markgrafen an den Kaiser. Das Niederbrennen der eigenen Schlösser hätte den Landesherrn in Harnisch bringen können, man hielt sich an die Untertanen, die ihm mit ihren Klagen die Ohren füllen sollten.
Es wirkt unerfreulich, wenn man liest, daß der Markgraf den Streifkorps einige Fachleute mitgibt, ›also daß durch Plünde-

rung, Flammen und Contributionen in Bayern in wenig Zeit nicht viel übrig bleiben dörffte‹. Der ganze Brief – vom 3. August – ist unerfreulich. Der kranke Feldherr betont seinen Eifer; er hofft, daß er ›sich in Nichts *difficil* erwißen‹, damit ›die gute *intelligence* erhalten‹ und ihm ›nicht etwa die Schuld einiger Versäumbnus Dero Diensten auf den Halß geladen werden möge‹.

Er fühlte sich bedroht, wenn nicht halbwegs verdrängt. Der Engländer bleibt unangreifbar für ihn, Eugen ist jünger, im Anstieg begriffen. Er aber steht plötzlich auf der absteigenden Seite, ohne daß er hätte sagen können, wie es gekommen war. Hatte er nicht immer sein Bestes gegeben? Bedrückte und bittere Gedanken bohrten nun in ihm. Es blieb ihm nicht verborgen, daß Marlborough den Sieg am Schellenberg allein für sich in Anspruch nahm. Von vollendeter Höflichkeit im persönlichen Umgang, ließ sich der Engländer doch ganz anders aus, wenn er mit andern sprach oder nach Hause berichtete. Sie mochten sich nicht, sie konnten sich nicht leiden. Wem geschah Unrecht? Nur ihm, Louis. Darüber vermochte er nicht hinwegzusehen, hatte es nie vermocht. Es war ihm nicht wie Eugen gegeben, der Gefahr des Bewußtmachens aus dem Weg zu gehen. Er arbeitete heraus, benannte, und dabei blieb er dann.

Die Krankheitstage im Lager von Friedberg, die er durch Ungeduld erschwerte, kommen einem Einschnitt gleich. Bis dahin schroff, aber in seiner Selbstsicherheit auch unkleinlich, offen, mag er einen Wandel erlebt haben, der das Urteil eines modernen Geschichtsschreibers verständlich macht: es wird von dem ›launischen und stets verdroßnen Badener‹ gesprochen.[28]

Eugen in Rastatt bildete sein Heer aus brandenburgischen, pfälzischen, dänischen Truppen und aus oberrheinischen und westfälischen Kreisvölkern. Die Preußen kommandierte Leopold von Anhalt-Dessau, der schon in der unglücklichen Schlacht bei Höchstädt seine Leute in der Hand behalten hatte. Beliebt, leicht zu behandeln war er nicht, zumal wenn er sich unterordnen sollte. Es ging Eugen wie Ludwig Wilhelm. Er wußte nicht, wo Tallard über den Rhein gehen werde, und mußte das Ufer von Stollhofen bis Mannheim besetzen. Als die Franzosen gleich mit zwei Heeren übergingen und ein drittes gegenüber Stollhofen aufstellten, war

Eugen zu schwach, um Widerstand zu leisten. Villeroy legte sich bei Offenburg in den Weg, und Tallard wiederholte seinen Zug durch die Engtäler, die nach Villingen führen. Am 3. August stellte er westlich vor Augsburg die Verbindung mit Marsin und Max Emanuel her.
Eugen ließ, um Villeroy bei Offenburg festzuhalten, sein halbes Heer bei Stollhofen zurück und marschierte mit dem Rest im Schwarzwald und nachher an der Donau parallel zu Tallard. Am 3. August erreichte er Dillingen an der Donau, nordwestlich von Augsburg.
Er verstand nicht, daß die beiden Feldherren nach dem Sieg vom 2. Juli weder Augsburg noch München angriffen, auch nicht die Vereinigung Tallards mit Max Emanuel verhindert hatten. In einem merkwürdigen Brief, den er am 31. Juli, das heißt von unterwegs, an den Kaiser schrieb, sprach nun sogar er davon, daß ›die intentiones nit seyn mögten, als wie sie sollten, so er aber nit glauben wolle‹. Das war der Verdacht, den sein Freund Wratislaw gegen Ludwig Wilhelm hegte. Aber der Markgraf hatte mit Wissen und Willen des Kaisers mit dem Kurfürsten verhandelt. Offenbar wußte Eugen nicht genügend über die Friedensbemühungen Bescheid.
Doch die Gereiztheit gegen den Markgrafen läßt sich jetzt auch bei ihm erkennen. Er drängte auf Taten, noch waren Ingolstadt und Ulm in der Hand der Feinde. Marlborough mag ihm erklärt haben, die Anwesenheit des Markgrafen, der tägliche Wechsel des Kommandos lähme ihn, der Generalleutnant sei für nichts Durchgreifendes zu haben.
Sobald Tallard Fühlung mit den Bayern hatte, brach Max Emanuel das Verhandeln mit den Gegnern ab – die Operationen begannen. Ihr Lager sperrte ihm den Weg nach München. Auf die Gefahr hin, daß er nach dort abmarschieren oder den zwischen Dillingen und Höchstädt stehenden Eugen angreifen werde, brachen Marlborough und Ludwig Wilhelm am 4. August auf und rückten nordöstlich gegen die Paar vor, näher auf Ingolstadt.
Eugen kam zur Beratung herüber. Daß Ingolstadt zu belagern sei, darüber war man sich einig. Nur, wer sollte es tun? Marlborough verlangte nach einer Entscheidungsschlacht. Dazu war er von Flandern hergezogen, auf eine langwierige Sache konnte er sich nicht einlassen, in gewissem Sinn stand sein Ruhm auf dem Spiel. Daß er nicht den Markgrafen, son-

dern Eugen, der ebenso tatendurstig wie er war, zum Partner haben wollte, ist klar. Als den gegebenen Mann für die Belagerung sah er den Markgrafen an. Und Eugen auch, der ohne Zweifel gleichfalls den Wunsch hatte, mit dem Herzog allein zu sein. Zeigen durfte er es nicht. Er erbot sich sogar, nach Ingolstadt zu gehen, aus Klugheit, aus Höflichkeit, wie man will. Alles sprach dafür, daß der Markgraf Ingolstadt wählte: er war noch nicht hergestellt und konnte sein Bein vor einer Festung mehr schonen als im Feld; der Herzog würde wieder seinen Kommandotag abwarten und daraus das Recht ableiten, den Anteil des Mitfeldherrn zu verkleinern; kurzum, er hatte wenig Lust.[29]

So rückte er in der Tat am 9. mit 20000 Mann nach Ingolstadt ab, und Eugen kehrte in sein Lager zurück. Es war höchste Zeit. Max Emanuel, Marsin und Tallard hatten schon bei Dillingen die Donau überschritten, in der Absicht, ihn von Norden her zu überflügeln. Hätten die drei Herren nicht einen Ruhetag eingelegt, so wäre es ihnen bei ihrer Überlegenheit nicht schwer gefallen, ihm arg zuzusetzen, bevor Marlborough nach Überschreitung dreier Flüsse, des Lech, der Donau und der Wörnitz, ihn erreichte. In der Nacht des 11. August war die Vereinigung vollzogen.

Am 12. August lagen die Heere einander gegenüber, jedes ungefähr 55000 Mann stark. Am 13. August 1704 erlebten die Franzosen, die voller Zuversicht waren, eine der schwersten Niederlagen, die ihren Ruf der Unbesiegbarkeit zerstörte. Ludwig Wilhelm nahm nicht daran teil, er hörte nur den Donner der Geschütze. Man muß überlegen: die Belagerung von Ingolstadt eilte nicht, auf ein paar Tage kam es nicht an, und da die Heere einander gleich waren, so hätte das des Markgrafen einen sicher wünschenswerten Ausschlag gegeben, auf den kein Feldherr ohne weiteres verzichtet. Es lag nur an den persönlichen Unerquicklichkeiten, wenn der Generalleutnant der Schlacht fernblieb, nicht an strategischen Umständen und ihrem Gebot, die das Gegenteil verlangt hätten. Ging es mit dem Herzog und dem Prinzen schief, so war auch der Markgraf verloren. Keiner der drei konnte die Trennung verantworten. Waren die beiden anderen es zufrieden, Ludwig Wilhelm nicht dabei zu haben, so hatte er doch zugleich von sich aus darauf bestanden, nicht dabei zu sein.

Der Morgen des 13. August verging mit Artilleriekämpfen.

Um ein Uhr setzte Marlborough mit dem Sturm auf die Dörfer Blindheim und Oberglauheim ein, daher die Engländer von der Schlacht bei Blenheim sprechen. Um vier Uhr hatten die Franzosen alle Angriffe des Herzogs, Max Emanuel mit großem Schneid die des Prinzen zurückgeschlagen. Mit dem Prinzen gingen die elf Bataillone preußischer Infanterie vor, unter Leopold von Anhalt, der damals noch nicht der alte Dessauer, sondern achtundzwanzig Jahre alt war, schon Vater des Gleichschritts und des eisernen Ladestocks, seit ein paar Jahren auch Ehemann der Apothekertochter Anneliese Föse.
Blindheim auf dem rechten Flügel der Franzosen war nicht zu nehmen. Marlborough verlegte den Druck auf ihre Mitte, in der die Reiterei stand. Unter Scheinangriffen auf Blindheim ordnete er seine Front um und warf gegen sechs Uhr die Kavallerie, dahinter tiefe Infanterieformationen, dreimal auf den Feind. Zweimal mußte die Infanterie an Stelle der zurückgewiesenen Reiter die Franzosen auffangen. Der dritte Angriff sprengte die Reihen Tallards, Marsin wurde mitgerissen. Eugen hielt unterdessen die Attacken Max Emanuels aus und konnte ihn schließlich zum Weichen bringen.
Der Kurfürst zog sich in guter Ordnung zurück, aber die französische Infanterie auf dem äußersten rechten, dem Blindheimer Flügel, ereilte ein Geschick, das dem Umstand entsprang, daß ihr General, Cleramboult, sich als guter Franzose strikt an das Wort klammerte. Er erhielt keinen Befehl, Tallard zu Hilfe zu kommen, also rührte er sich nicht. Als der bereits weichende Tallard ihm den Befehl zur Räumung schickte, wurde der Überbringer abgefangen, und der General tat noch immer nichts. Von allen Seiten angegriffen, mußte er dann wohl endlich kämpfen, geriet aber in die Donau und ertrank. Seinen Nachfolger forderte Marlborough auf, sich zu überzeugen, daß er von vierzig Bataillonen umzingelt war. Um acht Uhr ergab er sich mit seinen ungefähr 10000 Mann.
Das Regiment Navarra warf seine Fahnen in die brennenden Häuser und zerbrach die Waffen. Tallard aber war, als Cleramboult sich nicht rührte, selbst herangesprengt und gefangengenommen worden.
Eine sofortige Verfolgung fand nicht statt. Am Morgen nach der Schlacht besichtigten die Feldherren die eroberten Ge-

schütze, auch die 34 Wagen mit dem französischen Frauenzimmer, und fragten den gefangenen Marschall, weshalb er am 12. August nicht angegriffen habe. Weil er der Meinung gewesen sei, der Markgraf stehe ihm auch noch gegenüber. Dann ritten die Herren über das Schlachtfeld, das mit Toten übersät war. Beide Seiten hatten ungeheure Verluste erlitten. Den fliehenden Rest führten Max Emanuel und Marsin durch den Schwarzwald, wobei die Bayern massenhaft desertierten. Von Straßburg begab sich Max Emanuel nach Brüssel.

Nach der ersten kurzen Nachricht, es sei eine Schlacht verloren, mußte Ludwig XIV. sechs Tage warten. An Niederlagen nicht gewöhnt, empfand das Land den Schlag so schwer, daß die üblichen Spottschriften ausblieben. Der Kaiser machte Marlborough zum Reichsfürsten, indem er ihm aus der bayrischen Beute Mindelheim im Kreise Schwaben mit Sitz und Stimme im Reichstag verlieh, doch dauerte diese Herrlichkeit nicht länger als bis zum Friedensschluß. Ebenso merkwürdig, weniger sichtbar war die Ehrung, die der Kaiser sich für Eugen ausdachte. Er erhob sein Stadthaus in Wien zum adligen Freihaus, befreite es für ewige Zeiten von allen Belastungen und zahlte, damit die Bürger nicht murrten, 6000 Gulden in die Stadtkasse.

Am Tag der Schlacht schrieb Ludwig Wilhelm dem Kaiser einen Brief. Er erkundigte sich, ob es entgegen einem Befehl Eugens dem allergnädigsten Herrn gefalle, anzuordnen, daß Niederbayern so gut wie Oberbayern in Brand gesteckt würde, um zu verhüten, daß die Bauern in Oberösterreich einfielen. Auch ließ er durchblicken, daß Eugen besser in Italien aufgehoben sei, wenn er seine dort zurückgelassenen Truppen retten wolle. Die alte, schöne Freundschaft mit Eugen war zu Ende, an sich ließ sich dem Hinweis nicht die Berechtigung absprechen.

Die Entscheidung über Bayern fiel bei Höchstädt. Die Belagerung von Ingolstadt war nicht mehr wichtig. Eine Blokkade genügte bis zur endgültigen Regelung mit der Gemahlin Max Emanuels, die seit längerem bereits in München als Regentin amtete. An den Markgrafen erging die Aufforderung, sich am gemeinsamen Marsch an den Rhein zu beteiligen. Die Anordnungen gab nun das britische Hauptquartier heraus. Die Belagerungsarmee von Ingolstadt legte sich vor

Ulm, das nicht lange widerstand. Eugen zog mit seinen Truppen nach Rottweil, Ludwig Wilhelm mit der Artillerie und dem Brückenmaterial an den Rhein, und Marlborough mit dem Hauptheer folgte.

Der Markgraf machte einen Abstecher nach Aschaffenburg, um Augusta zu besuchen, die wieder in Umständen war. Die Niederkunft erfolgte im November; es war ein Mädchen, Augusta Maria Johanna, das der Mutter erhalten blieb. Zur Sorge um die Verbitterung des Gatten kam die um seine Wunde. Sie liebte ihn, was Liselotte von Orléans bestätigt und schwer begreiflich findet: ›Wie hat sie ihn so lieb haben können; Denn er war recht häßlich und debauschiert dabei, sie hätte wohl was Übles von ihm bekommen können‹, schrieb sie 1707 an ihre Stiefschwester, die Raugräfin.

Sie hatte den Markgrafen nur einmal gesehen, vor ihrer Verheiratung, als er mit seinem Vater nach Heidelberg kam und noch ein Kind war. Die Mitteilung, daß er häßlich sei, mag auf Villars oder andere, die ihn kannten, zurückgehen; bestimmt die, daß er auch als Ehemann ausschweifend gelebt habe. Es liegt kein Grund vor, diese Angabe zu bezweifeln, denn man wußte in Versailles genau Bescheid. Den größten Teil seiner Jahre verbrachte der Markgraf in Lagern und lebte kaum anders als seine Offiziere und Standesgenossen, höchstens daß er die Verbindung mit einer Mätresse nicht so offen wie etwa Max Emanuel im Fall der Gräfin Arco zeigte, was andererseits bedeutet, daß er nicht die persönliche und oft seelische Beziehung suchte. Es ist unwahrscheinlich, daß Augusta diese Dinge unbekannt blieben. Sie litt, und sie liebte ihn.

Die drei Feldherrn gingen bei Philippsburg über den Rhein. Marlborough und Eugen deckten den Markgrafen, bis er vor Landau lag, dann rückten die Engländer gegen die Mosel, nahmen Trier und bezogen die Winterquartiere. Eugen behielt weiterhin die Deckung. Der Markgraf fand im Kommandanten von Landau einen zähen Gegner, der erst nach siebzig Tagen die Festung übergab, in Anwesenheit König Josefs, wie beim ersten Mal.

Wratislaw, kaiserlicher Gesandter am englischen Hof, hatte Marlborough im Haag jenen Vorschlag Eugens, nach Deutschland zu kommen, mundgerecht gemacht. Er führte jetzt bei Landau die Verhandlungen mit der Kurfürstin von

Bayern, die eine Tochter Sobieskis war. Der Vertrag, den sie unterschreiben mußte, ließ ihr nur die Nutznießung von ein paar bayrischen Rentämtern. Die Verwaltung, die Festungen, die Truppen gingen in die Hand des Kaisers über, der vorerst Eugen mit der Statthalterschaft betraute. Als Gouverneur bewies der Prinz hohe Tugenden, Wohlwollen und strenge Gerechtigkeit.

Aber er blieb nicht lange. Überall brauchte man ihn wieder, in Ungarn und in Italien. Im nächsten Jahre versuchten die bayrischen Bauern der österreichischen Beamten und der norddeutschen Besatzungstruppen durch einen Aufstand ledig zu werden, nach dem Beispiel dessen, der sie selbst aus Tirol gedrängt hatte. Die Erhebung mißlang. Der Kaiser ließ die Söhne der Kurfürstin in Graz erziehen, sie blieben dort bis 1715.

Da Max Emanuel beim Aufstand nachhalf, beschloß Leopold, ihn und seinen Bruder von Köln in die Reichsacht zu tun. Die Vollziehung erlebte er nicht mehr. Er starb am 5. Mai 1705 im Alter von fünfundsechzig Jahren, mit dem Bewußtsein, daß die Vormacht Ludwigs XIV. gebrochen, der türkische Erbfeind für immer zurückgedrängt, die Nachfolge seines ältesten Sohnes im Reich gesichert sei. Durch unendliche Mühen hatte er sich hindurchgequält, und es war doch ein Sinn darin gewesen.

Er stammte aus der Generation, die im Dreißigjährigen Krieg zur Welt gekommen war. Von ihr lebte noch sein Gegenspieler, Ludwig XIV. Der folgenden, nach dem Westfälischen Krieg geborenen Generation gehörten Marlborough (1650), Villars (1653), Ludwig Wilhelm (1655), Max Emanuel (1662) und Eugen (1663) an.

Dem Markgrafen war der Kaiser immer ein wohlwollender Herr gewesen.[30] Bis in den Februar schrieb er noch freundliche Briefe. Sein Sohn sandte gleich am 6. Mai eine amtliche Notifikation und am 9. Mai machte er persönlich *›parté‹*. Die Antwort des Markgrafen, der den Winter in Aschaffenburg verbracht hatte, erfolgte aus Rastatt. Der neue Feldzug stand vor der Tür.

Das 1704 gesteckte Ziel war erreicht, kein Franzose stand mehr auf deutschem Boden. Durch die Eroberung von Trarbach und Trier hatte Marlborough den Aufmarsch im Moseltal gesichert, und es war natürlich, daß er von hier aus den

Krieg nach dem inneren Frankreich tragen wollte, um den König ein für allemal in die Knie zu zwingen.
Eugen fiel aus. Nachdem er für Ungarn ein Armeekorps zusammengestellt und in Berlin persönlich die Absendung neuer Regimenter nach Italien verabredet hatte, war er in die Lombardei geeilt. Die Regimenter kämpften dieses Jahr mit Flor an den Fahnen, den jeder Oberst im Kreis seiner Soldaten anzuheften hatte.
Marlborough wünschte also eine Hauptoperation an der Mosel. Ludwig Wilhelm setzte noch dem alten Kaiser in einem Gutachten auseinander, daß die Entblößung der Lauter und Landaus, die *millord duc de Marlboroug* verlange, angesichts der großen Truppenansammlungen im Elsaß zu einem neuen Einfall in Schwaben und einem Aufstand in Bayern führen könne; der englische Plan sei nicht solid, die Offensive müsse am Oberrhein erfolgen.
Er hatte gute Gründe angeführt. Der Schutz Süddeutschlands oblag wieder ihm, der auch für sich selber Straßburg und die Landvogtei gewinnen wollte. Marlborough ließ in Aschaffenburg mit ihm unterhandeln, Ludwig Wilhelm gab nicht nach. Der Herzog setzte die Hebel in Wien an, und bereits in der Notifikation vom 6. Mai drückte Josef I. die Erwartung aus, daß der Markgraf die Absichten und Operationen Marlboroughs unterstützen werde.
Es war ein Befehl. Der Markgraf schickte sich an, zur Besprechung des Moselfeldzugs von Rastatt nach Kreuznach zu reisen, als die Wunde vom Vorjahr aufbrach. Marlborough besuchte ihn darauf in Rastatt selbst, am 21. Mai.[31] Der Markgraf ließ nur 9000 Mann hinter den Bühler Linien und der Lauter stehen, 16000 Mann setzte er gegen Trier in Bewegung und folgte Anfang Juni nach. Drei Märsche vor Trier mußte er das Kommando an Friese abgeben. Die Chirurgen hielten ein *consilium*, fürchteten den ›kalten Brand‹ und schickten ihn nach Bad Schwalbach.
Der Marsch schon war ein Jammer gewesen; kein Kreuzer, kein Magazin. In Landau kein Pulver, überall dort hinten von Freiburg bis Philippsburg ungenügende Kräfte. Und jetzt die Selbstausschaltung, die man ihm falsch auslegen wird, als Weigerung. Von den körperlichen Schmerzen nicht zu reden.
In Schwalbach verfaßte er ein größeres Exposé über die Lage, das mit Besorgnissen gefüllt ist. Er glaubte aus allerlei Grün-

den nicht an den Erfolg Marlboroughs und behielt sogar Recht – nur daß Marlborough die Schuld ihm oder den Deutschen zuschob. Die Magazine in Trier waren fast leer, die Truppen von Mainz, Württemberg, Würzburg, Pfalz, Münster, Preußen waren noch nicht zur Stelle, wie der aufgebrachte Herzog am 31. Mai nach Rastatt berichtete.
Er wartete die Ankunft Frieses nicht ab, sondern rückte auf Verlangen der Generalstaaten gegen Villeroy an die Maas. Am 19. Juni teilte er das dem Markgrafen mit und stellte seine Rückkehr nach sechs Wochen in Aussicht, vorausgesetzt, daß bis dahin die säumigen Reichsstände Pferde und Wagen für die schwere Artillerie geliefert hätten. Die Befehlshaber der verschiedenen deutschen Truppen verwies er an den Markgrafen als ihren Führer, trat also von der Verabredung zurück. Um es auf die einfachste Formel zu bringen, der Engländer hatte nur ein Achselzucken für die deutschen Rückständigkeiten und Streitereien – er fand, er habe es nicht nötig, darauf einzugehen.

6

Louis wird zur tragischen Figur – Er rafft alle Energien zusammen und fällt im Elsaß ein – Die Truppen aus dem Reich lassen ihn im Stich – Er trifft Marlborough Oktober 1705 in Frankfurt und bezieht das Schloß in Rastatt – Warum widerstrebt er Marlborough? – Die Geburt seines zweiten Sohnes 1706 – Die Ächtung Max Emanuels und seines Bruders – Kaiser Josef lädt Louis nach Wien ein, Louis schickt nur ein Gutachten, der Kaiser wird mißtrauisch – Der Feldzug von 1706 – Louis räumt das linke Rheinufer – Der Streit um die Standlisten – Louis geht wieder nach Schwalbach – Thüngen übernimmt den Oberbefehl, die Hagenbacher Militärpromenade – Louis kehrt schwerkrank von Schwalbach zurück, der Halt in Waghäusel – Sein Tod 1707 – Die Beisetzung – Das Grabdenkmal

Die Polemiken, die sich an dieses Verhalten geknüpft haben, sind unerfreulich wie alle Federkriege. ›Die kalte Berechnung, die volle Selbstbeherrschung, die der Brite nie verlor, setzten ihn in den Stand, im Verkehr mit dem Markgrafen sich als dessen Freund aufzuspielen, während seine Briefe in die Heimat nicht aufhören, ihn zu tadeln und anzuklagen. Er vermochte es über sich zu bringen, in derselben Stunde einen freundlichen Brief an den Markgrafen zu schreiben, in der er dem feindlichen Feldherrn einen Trompeter schickte mit der Meldung, Marlborough müsse darauf verzichten, ihn zu schlagen, da der Markgraf ihm sein Wort gebrochen habe‹, läßt sich Schulte aus.

Das ist zu stark zugespitzt. Damit, daß Marlborough im Stil eines vollkommenen Weltmanns oder Diplomaten seine Unlust in verbindliche Worte kleidete und seine besten Wünsche für die Genesung übermittelte, spielte er sich nicht als Freund auf. Niemand wußte das besser als der Markgraf selbst, der seine Briefe mit den gleichen Freundschaftsversicherungen schloß. Der Engländer wollte einfach nicht mit ihm zusammen arbeiten.

Bitter war, daß er, um seinen Schritt zu rechtfertigen, die englischen Vertreter und die englische Presse unbedenklich benutzte, um die Klagen über die Nachlässigkeit der Reichsstände und, summarisch, über den deutschen Feldherrn überallhin zu verbreiten. Das Aufsehen war groß, der Markgraf konnte sich nicht wehren. Josef verlangte, er solle alles tun, um die Rückkehr Marlboroughs zu erleichtern. Dieser Brief fällt durch die Frische des Ausdrucks – der Wulst der Perückenzeit ist überwunden –, aber auch durch die Verstärkung des Majestätsbewußtseins auf.

Der Markgraf wird nun zur tragischen Gestalt. Alle Welt hackt auf ihn los, den graugewordenen, kranken Mann, der dafür büßt, daß er die Sache des unglückseligen Reichsheers zu seiner eigenen gemacht hat. Keiner Schuld ist er sich bewußt, immer war er sich selber treu. Der Charakter ist das Schicksal; aber um es zu begreifen, müßte man Abstand vom Ich nehmen können: dann würde sich zeigen, daß man die Welt nach dem eigenen Kopf formen wollte und daß das nur den wenigen gelingt, die die Macht mitbringen oder sie erringen. Dreißig Jahre hatte er dem Kaiser und der gemeinsamen Sache gedient, um seinen Namen der Nachwelt zu überliefern, und nun zehrte sich noch bei Lebzeiten der Ruhm, den er gewonnen, auf.

Der stolze Mann wurde ein ohnmächtiger Mann, wie alle Menschen der Tat, sofern sie keine Gegenkräfte in sich entwickelt haben. Da ihm nicht gegeben war, die Freiheit zu erlangen, die sich vom Ehrgeiz löst, blieb er folgerichtig und raffte noch einmal alle Energien zusammen, als die Ruhe und die Badekur seine Gesundheit zu bessern schienen. Er schrieb dem Kaiser und Marlborough, daß er den Oberbefehl wieder übernommen habe. Josef schickte ihm unter dem 6. August eine Antwort, die ihn beglücken mußte: er solle sich an frechem Urteil und vernunftloser Nachrede nicht stoßen, der Großen Tun und Lassen werde von den Gemeinen nie begriffen.

Aber als der Markgraf, der sich zur Armee nach Lauterburg begeben hatte, die Moderlinien angreifen wollte, erhielten die Generale der preußischen und pfälzischen Hilfskorps Befehl, nach den Niederlanden abzumarschieren. Nur Arnim ließ sich bewegen, die Rückkehr des sofort nach Berlin gesandten Kuriers abzuwarten. Bevor sie eintraf, verlangte auch der Kaiser, daß Truppen an die italienische Front abgegeben würden.

Weder in Flandern noch in der Lombardei standen die Dinge gut; in der Lombardei zum Verzweifeln. Marlborough hatte zwar Villeroy gezwungen, die Belagerung von Lüttich abzubrechen, konnte aber den Übergang über die Dyle nicht erreichen, daher seine Rufe nach den Preußen und Pfälzern. Überdies arbeitete er durch den englischen und holländischen Gesandten in Wien auf die Enthebung des Markgrafen hin. Daß der Kaiser ebenfalls Abgabe von Truppen verlangte, beweist, daß er sich von den Operationen gegen das Elsaß keine große Wirkung versprach, wenn Marlborough sich nicht an ihnen beteiligte. England lag nichts daran, Straßburg für das Reich zurückzugewinnen, Holland auch nicht: beider Interesse verlangte die Entscheidung in Belgien.

Anders der Markgraf. Er wollte seinen wankenden Ruf durch einen Erfolg dank eigener Kraft wiederherstellen. Am 12. August ging an den Kaiser der persönlichste und offenste Brief, den er je schrieb. Der Brief wandelt drei Motive ab: er sei verleumdet worden, er habe sein Blut für den Kaiser gegeben, er bitte beizeiten um einen Wink, wenn seine Dienste nicht mehr genehm schienen. ›Mein Gemüt, welches zwar willig und parat ist, auf alles, was Sie von dero Knecht verlangen, Red und Antwort zu geben, will sich nicht bequemen, andern Rechenschaft zu erstatten oder wie ein Krimineller Apologien zu machen.‹

Der Erfolg, den er brauchte, fiel ihm zu, da er so offensiv wie lange nicht vorging. Villars hatte nach einem plötzlichen Rheinübergang das rechte Ufer weit und breit verwüstet: der Markgraf marschierte von der Lauter herbei und trieb ihn über den Strom. Zurückgekehrt, machte er in den künstlichen Moderüberschwemmungen den schwächsten Punkt ausfindig, bemächtigte sich der Linien, erhielt Verstärkung durch die Preußen, die auf seinen Protest hin bleiben durften, nahm Hagenau und Drusenheim und drängte Villars bis unter die Kanonen von Straßburg.
Freilich, als er zur Sicherung der Winterquartiere das verlorengegangene Zweibrückensche Homburg belagern wollte, rückten die meisten Regimenter der Preußen nach Italien ab, drei kaiserliche waren schon dahin abgegangen, die württembergschen machten Schwierigkeiten, und die Belagerung unterblieb. Aber sein Ansehn im Reich und in Wien war wieder gestiegen, und nun schickte er bereits den Generalstaaten den Feldzugsplan fürs nächste Jahr, den anzunehmen oder abzulehnen von Marlborough abhing.
Der Markgraf folgt einem wohldurchdachten Plan. Er hatte Fuß im Unterelsaß gefaßt, hielt auch Fort Louis blockiert. Dieses Operationsgebiet am Oberrhein, das sich von Rastatt in wenigen Stunden nach allen Seiten erreichen ließ, gehörte ihm. Gelang es, Marlborough hierher zu ziehn, so hatte er, Louis, seinen Willen durchgesetzt, seine Unabhängigkeit bewiesen, dem Engländer den Ansatzpunkt vor aller Welt geliefert. Blieb Marlborough fern, dann saß er allerdings in diesem Rastatt wie die Spinne, die über ihr Netz nicht hinausgreifen kann.
Er traf Ende Oktober Marlborough in Frankfurt, trug ihm den Plan vor und vermochte keine Zusage zu erlangen. Unter diesen Umständen hielt er mit Augusta seinen Einzug im Schloß von Rastatt, das freilich noch längst nicht fertig war.
Marlborough dachte nicht daran, Anno 1706 an den Oberrhein zu gehn. Nach dem matten Jahre 1705 mußte etwas in Flandern und Oberitalien geschehn. Alle Gelder steckte er in die Vorbereitung dieser beiden Unternehmungen. In Wien war die Geldknappheit so groß, daß Kirchengeräte verkauft und den Wohlhabenden Zwangsanleihen auferlegt wurden. Augusta mußte auf ihre böhmischen Güter 15000 Gulden vor-

strecken: im Weigerungsfall werde man *extrema remedia* anwenden, denn es sei *periculum in mora*. Eugen hatte erklärt, entweder stecke der Kaiser den letzten Kreuzer in den italienischen Feldzug, oder er müsse abziehn und es dem Herzog von Savoyen überlassen, sich auf Gnade oder Ungnade den Franzosen auszuliefern.

Der Markgraf dagegen, der an die Reichsstände verwiesen wurde, stieß auf Weigerung und Widerwillen. Er sah nicht, daß in einem Koalitionskrieg, der in Belgien, Italien, Spanien und Übersee geführt wurde, das Operationsgebiet, auf das er sich versteifte, mit dem er zusammengewachsen war, nur den Rang eines Nebenschauplatzes einnahm, und ebensowenig, daß das kein Reichskrieg wie der vorangegangene war, als die Begriffe Kaiser und Reich noch zusammenfielen.

Der Kriegführende, der Mailand, Mantua, Neapel, Sizilien und den übrigen spanischen Besitz in Italien haben wollte, war nicht der Kaiser, den man in einem Namen mit dem Reiche nennt, sondern die Hausmacht Österreich, der neue Kristall am Rand des diffusen Gebildes Reich. Auch Sachsen-Polen, Preußen und Hannover waren solche Kristalle, um nur von den größeren zu reden. Sie alle unterstanden demselben Gesetz, daher sie vorläufig einander unterstützten. Was im Reich übrigblieb, das hatte an diesem wahrhaft revolutionären Krieg kein anderes Interesse als Schutz vor französischen Einfällen. Aktive Kriegführung war Angelegenheit der Seemächte, die Marlborough, und Österreichs, das Eugen vertrat.

Der Sache nach hatte Marlborough recht, wenn er dem Vertreter der Reichsarmee die Aufgabe zuwies, sich an der badischen oder schwäbischen Pforte rein defensiv zu verhalten. Denn kaiserlicher Oberbefehlshaber war jetzt nicht mehr der Generalleutnant, sondern in Wirklichkeit Eugen, und der Markgraf führte nur noch die Truppen des Reiches, das in diesem Krieg beiseite stand. Ganz selten und gleichnishaft ist der Umstand, daß Marlborough und Eugen nicht vorankamen, als sie sich trennten, und daß sie alles niederwarfen, sobald einer dem andern wieder das Schultergefühl gab. Vor allem Marlborough brauchte diesen Impuls der Zusammenarbeit – den er beim Markgrafen nicht fand.

Der Markgraf lag falsch im Rennen. Er hätte so selbstlos sein müssen, daß er diesem neuen englischen Feldherrn nicht widerstrebte, ihm Hilfe zuführte, wenn es verlangt wurde, und im übrigen an der südwestlichen Einfallspforte Wache hielt, was er ja vor dem Auftreten Marlboroughs selbst als seine Aufgabe angesehn hatte. Als aber Marlborough auftrat, fühlte er sich zurückgesetzt und verwirrte seine an sich klare Stellung dadurch, daß er Wünsche in sich aufkommen ließ, die auf Führung der Offensive zielten.

Die Gründe für sein Widerstreben gegen Marlborough entsprangen nicht der Sache, sondern dem Ich, und so kann man diese Abneigung nicht als die eines reinen Patrioten gegen einen Ausländer deuten, wie es geschehen ist. Man müßte dann auch einen Konflikt konstruieren zwischen dem guten Deutschen Ludwig Wilhelm und dem undeutschen König von Preußen samt allen andern Armierten, die ihre Truppen vom Oberrhein abzogen, um sie nach Italien zu schicken. Über die Ansätze solchen Urteils käme man nicht hinaus. Ludwig Wilhelm war ein bedeutender, aber kein durch Selbstlosigkeit großer Mann.

Fast kann man ihn einen armen Hiob nennen, wenn man bedenkt, daß er freudlos, verbittert, krank sein Versailles bezog und nur ein Jahr darin wohnen durfte. Rossi hatte während der fünf Jahre mit äußerster Energie gearbeitet, das Land seufzte unter seinen Geldansprüchen. Sogar die Goldwäscher am Rhein mußten ihre Ausbeute abliefern. Trotzdem reichten die Mittel nicht aus, um mehr als Stuckmarmor zu verwenden. Rossi ließ eine Reihe von Mitarbeitern, ›Pallieren‹, kommen, aus Italien und Böhmen. Rohrer, der ältere (s. S. 163), siedelte 1700 über und baute die damals viel bewunderte Wasserleitung fürs Schloß.

Als Deckenmaler berief Rossi drei Bologneser Künstler, Roli, Caccioli und Farina. Roli erhielt für das Deckenbild des Ahnensaales, Aufnahme des Herakles im Olymp, 4000 Gulden. Farina malte die Fruchtumrahmungen und Ornamente. Die vielen Stuckarbeiten, die Türken auf den Gebälkstücken der Pilaster, die Voluten, die Kindergruppen waren noch nicht fertig, als der Markgraf einzog. Auch den Bau der ersten Modellhäuser in der Stadt überwachte Rossi, ebenso den der Adelshäuser der Herrenstraße. Für den Festungsbau, der lange nicht vorankommen wollte, war eben aus Freiburg der kaiserliche Ingenieur Auguste de Venerie, für den Schloßgarten Le Maire berufen worden.

Beim Einzug verstellten noch Gerüste das *Corps de logis*, fehlten noch die Terrasse und die Gartenflügel. Die markgräfliche Familie bewohnte zunächst den rechten Hofflügel. Rossi hatte sein Büro in einem für die Bildergalerie bestimmten Raum aufgeschlagen. Seit Jahren sammelte der Markgraf Gemälde. Den Grundstock legte er 1693 in Günzburg mit dem Ankauf einer Sammlung von über siebzig deutschen, italienischen und holländischen Meistern. In den Schlössern Augustas hingen eine Maria mit dem Kind von Dürer, Bilder von Hans Baldung Grün, Cranach, Rubens laut einem Erbinventar von 1690.

Im Januar 1706 gebar Augusta ihr letztes Kind, den Prinzen August Georg. Der vierjährige Erbprinz erkrankte so schwer, daß sie ihn der Mutter Gottes in der Dannen zu Triberg ›verlobte‹. Das Kind genas, und der Markgraf stiftete etliche silberne Kinder und ein Antependium mit einer Medaille, auf den er sich als Archistrategus der Kaiserlichen Majestät bezeichnete.[32]

Einer der Gründe, weswegen das Preußen Friedrichs I. dem Kaiser und Marlborough zwischen 20000 und 30000 Mann zuführte, war die Abmachung, durch die es die Anerkennung der Königswürde erlangte. Ein anderer der Anspruch auf die oranische Erbschaft. König Wilhelm hatte einen nassauischen Seitenverwandten zum Erben des weitverstreuten Familienbesitzes bestimmt und die Generalstaaten mit der Überwachung des Testaments beauftragt. Friedrich mußte sich mit ihnen, und das heißt mit Marlborough, gut stellen, desgleichen für den Verhandlungsfall mit dem Kaiser.

Man kann der Meinung sein, daß Preußen ›von den natürlichen Wegen seiner Politik abgedrängt‹ wurde, weil es sich jedes Einflusses auf den Verlauf des Nordischen Krieges begab, aber Voraussetzung für seinen Aufstieg war doch die Zurückdrängung des Unruhestifters in Versailles – es sei denn, daß die neue Monarchie sich mit ihm verbündet und ihm ihre Heere zur Verfügung gestellt hätte. Ende 1705 reiste Marlborough nach Wien, um den nächsten Feldzug zu besprechen, von da nach Berlin, um durchzusetzen, daß wiederum preußische Truppen in Italien mitwirkten. 250000 Pfund, die er in England aufbrachte, gingen an Eugen und deckten wenigstens die bisher eingegangenen Schulden.

Für den Markgrafen fiel nichts ab. Wenn man sich seiner bitteren Abrechnung mit Habsburg anschließen will, so von diesem Winter auf 1706 an. Aber auch dann ist die Phrase vom schnöden Undank nicht angebracht. Josef war in einer Zwangslage, und von Wien sah die große Politik anders als von Rastatt aus. Die beiden einflußreichsten Ratgeber des neuen Kaisers waren Salm und Wratislaw, der eine dem Markgrafen freundlich, der andere feindlich gesinnt, sie hielten sich die Waage.

Josef verlangte in Regensburg oft und energisch genug, daß die Reichsstände ihre Kontingente dem Reichsheer, dem Generalleutnant, zuzuführen hätten. Man entrüstete sich gegen diesen ungewohnten Ton und machte Opposition: alle machten sie, auch Preußen, das fand, mit dem, was es für den Kaiser tue, sei genug getan. Auch die Reichsacht, die Josef im April zu Wien über Max Emanuel und seinen Bruder in feierlicher Sitzung vollzog, stimmte die Fürsten bedenklich. Es war nicht damit getan, daß im Rittersaal der Hofburg die Lehnsbriefe der beiden Wittelsbacher zerrissen wurden; Josef zog auch ihre Besitzungen tatsächlich ein, verwaltete Bayern bereits wie sein eigenes Land.

Ludwig Wilhelm erhielt also im wesentlichen durch Schuld der Reichsstände in diesem seinem letzten Jahr zu wenig Mittel und Truppen. Der Einladung Josefs, zur Kriegsberatung mit Eugen nach Wien zu kommen, folgte er nicht, er war neuerdings erkrankt. Er schickte ein Operationsgutachten ein. Hier war nun alle Logik wieder bei ihm, aus seiner Ecke heraus. Man habe ›von denen von Gott bishero verliehenen guten Gelegenheiten ferners zu profitieren‹, schrieb er und machte fünf Vorschläge – vier offensive, die sich alle um das Elsaß oder die Saar drehten, einen defensiven, den einzuhalten er sich außer Stand erklärte, wenn er weiterhin von allem entblößt bleibe.

Der Kaiser sah nur die Weigerung, nach Wien zu kommen, und hielt die Krankheit für einen Vorwand. Von diesem Augenblick an verstand er sich nicht mit seinem Feldherrn. Das Gutachten schickte er an die ›Seepotenzen‹, und Marlborough erwiderte: der Markgraf bleibe bei der seit einigen Jahren angenommenen Rolle; statt mit Herzlichkeit an den Beratungen seiner Kriegsgefährten teilzunehmen, bekrittelte er jeden ihrer Entwürfe; der Reichsfeldmarschall scheine nichts im Auge zu haben, als seine Residenzstadt zu bewachen.

Während die Franzosen im Elsaß wie auf allen Schauplätzen mächtige Heere ansammelten, zogen die dem Markgrafen unterstehenden Kontingente des Reichsheeres 1706 schleppend heran, und manche kehrten unter diesem oder jenem Vorwand um. Der Markgraf war wieder im Sattel, zu seiner Apotheose entschlossen: freilich keiner strahlenden, sondern der schmucklosen eines Mannes, der ausharrt, die Flinte nicht ins Korn wirft, seine Pflicht tut. Viel Selbstverschuldetes wirkte mit, daß es zu solcher Lage gekommen war, Starrheit, Mangel an politischem Blick, die Gleichsetzung persönlicher Abneigungen mit dem Recht und Unbelehrbarkeit – aber eines geschah nicht, daß er in der äußersten Bedrohung unkonsequent geworden wäre. Und ein erbarmender Gott ersparte dem armen Hiob wenigstens das Schlimmste: daß der Feind noch zu seinen Lebzeiten in Rastatt eindrang.

Von Villars, dem Waffengefährten alter Tage, den er persönlich nicht hassen konnte, und von Marsin mit einer mindestens siebenfachen Übermacht angegriffen, gab Ludwig Wilhelm Hagenau, Weißenburg, das ganze linke Rheinufer auf und zog sich auf Philippsburg zurück. Der Sieg Marlboroughs bei Ramillies, der ihm Brüssel und Brabant einbrachte, zwang Villars, Truppen abzugeben, daher er dem Markgrafen nicht über den Rhein folgte, sondern wieder einmal das Bistum Speyer und die Pfalz brandschatzte.

Der Herzog kam ohne Louis aus und verhehlte ihm das nicht. Die Seele, der Körper mit seiner Wunde, die Nerven waren krank, er zitterte vor Reizbarkeit. Aber der Leidensweg hatte erst begonnen. Nun forderte auch der Kaiser vier Regimenter für Ungarn von ihm. Zur Offensive seien seine Truppen nicht stark genug, zur Defensive auch ohne diese Regimenter genügend stark. Der Markgraf schickte seine Standlisten ein, damit man sähe, daß er einschließlich der vier Regimenter über 16000 Mann verfüge. Um sie behalten zu können, bot er sich an, Kehl oder die Lauter anzugreifen, doch brauche er den schriftlichen Befehl – ›aus Forcht, heuth oder morgen mit Verlustigung [Verlust] einiger erworbenen *reputation* vom todt übereilt zu werden‹.

Graf Schlick, der Wiener Generalkriegskommissär, hatte dem Kaiser vorgerechnet, daß der Markgraf über 40000 Mann verfügen müsse, und bestand auf dieser Zahl, nachdem er eine Inspektionsreise nach dem Oberrhein gemacht hatte. Ein Irrtum läßt sich schwer annehmen: so bleibt der Verdacht oder die Wahrscheinlichkeit einer Hofkabale, der der Kaiser zunächst Glauben schenkte, Schlick war ja selbst an Ort und Stelle gewesen.

Daher erhielt Ludwig Wilhelm auf seinen Bericht vom 12. Juli die Mitteilung, der Kaiser bestehe nicht nur auf der Absendung von vier Regimentern, sondern von fünf, und lehne die gewünschte Erteilung direkter Befehle ab, da ein Feldherr selbst die Verantwortung tragen müsse; der Feind entziehe fortwährend seiner Rheinarmee Verstärkungen für die Niederlande, so müsse der Markgraf mit dem gleichen einverstanden sein. Der Markgraf bat am 31. Juli, den Oberbefehl abgeben und zur Wiederherstellung seiner Gesundheit eine neue Brunnenkur machen zu dürfen. Die Erlaubnis wurde am 6. August erteilt. Am 28. August ging ein Handschreiben Josefs nach Schwalbach, das vernichtend war, da es den Markgrafen der Einsendung unwahrer Listen beschuldigte. Der Feind zählte nicht mehr als 13 000 Mann, ›hingegen Euer Lieb-den Armada zweymahl so stark seyn, und in die vierzig tausend Mann außmachen wirdt‹. Die Württemberger seien nicht angemerkt, die Kommandanten zum Teil verschwiegen worden – er befehle eine neue Musterung in Anwesenheit eines kaiserlichen Kommissars. Da der Markgraf die Kur gebrauche, habe er, der Kaiser, den Feldmarschall Thüngen direkt angewiesen, der Untätigkeit ein Ende zu machen, über den Rhein zu gehn und ins Elsaß einzufallen.

Ludwig Wilhelm setzte eine Rechtfertigung und neue Listen mit allen Belegen auf. Damit schickte er einen Kreisgeneral nach dem Haag und an Marlborough. Beide, die Generalstaaten und der Herzog, erkannten, freilich erst im Winter, die Richtigkeit der Belege und die Unhaltbarkeit der Beschuldigungen an.

Thüngen überschritt befehlsgemäß im September den Rhein und marschierte bis Hagenbach. Villars erwartete ihn hinter der Lauter. Zweimal wandte sich Thüngen an den Kaiser: seine 13 000 Mann seien durch Krankheit auf 4600 zusammengeschmolzen, Villars habe 20 000. Beim zweiten Mal gab der Kaiser die Erlaubnis zum Rückzug, und Thüngen machte kehrt. Für den Spott hatte er nicht zu sorgen, die Franzosen nannten seinen Ausflug die Hagenbacher Militärpromenade.

Ludwig Wilhelm war gerechtfertigt. Aber nach Rastatt kehrte er in Begleitung Augustas und des Erbprinzen als schwerkranker Mann zurück. Auf dem Heimweg ließ er die Kutsche in Waghäusel – östlich von Philippsburg – halten, empfing in der Kirche den Segen mit dem Allerheiligsten und ließ den Adjutanten aufschreiben, daß der Kapuzinerpater ein Brevier mit Diurnal brauchen konnte; das Buch traf in einer Prachtausgabe ein[33].

Bitteres Unrecht war ihm in diesem letzten Jahr geschehn. Wie Marlborough nicht an seine Krankheit glaubte, als er, statt nach Trier zu kommen, nach Schwalbach ging, so der Kaiser nicht, als er die Reise nach Wien ablehnte. Nichts war dem sterbensmüden Feldherrn geblieben als die verstehende Frau und ein Erbe.

Er besprach noch mit Thüngen die Winterquartiere und die Postierungen. Der Kaiser bat ihn, sich zu schonen. Der schwäbische Kreiskonvent bestätigte ihm in einem Dankschreiben, daß er durch die Jahre mit Hintansetzung aller andern Rücksichten dem allgemeinen Wohl treu gedient habe. Wie fern waren die Zeiten, wo er mit den Kreisen sein Lebenswerk hatte aufbauen wollen. Nicht die Kreise trugen die Zukunft, sondern die Armierten, die nun Kurfürsten und Könige geworden waren.

Sein Zustand ließ keine Hoffnung mehr. Er empfahl dem Kaiser Augusta mit den Kindern und erhielt Ende November eine herzliche, versöhnende Antwort. In der Hoffnung, daß seine soldatische Begabung auf den Sohn übergegangen sei – was nicht der Fall war –, bat er den schwäbischen Kreis, das ihm verliehene Regiment auf den Erbprinzen zu übertragen.

Am 6. Januar 1707 schrieb Liselotte, deren Tochter mit dem Sohn Karls von Lothringen verheiratet war, an die Rauhgräfin: ›Mein Dochter schreibt mir, daß die Fräulein von Fürstenberg, so nun bei Prinz Louis dem Markgrafen ist, ihr geschrieben, daß dieser arme Markgraf sterben muß. Denn seine Füße sind auffgangen, aber statt Wasser geht lauter Materie heraus, und find kein Linderung, auch keine Hilf.‹

Sie wußte noch nicht, daß Ludwig Wilhelm am 4. Januar verschieden war. Am 27. Januar kommt sie auf seinen Tod zurück: ›Prinz Louis hat gar vernünftig getan, den Mönch wegzuschicken, so ihm so impertinent zugesprochen; das war gar nicht nötig für seine Seligkeit.‹

Der Todkranke wies einen eifernden Pater zurück, nahm aber Augusta das Versprechen ab, eine Wallfahrt nach Rom zu machen, oder Augusta gelobte es. Als sie 1719 das Gelübde einlöste, ließ sich Liselotte aus: ›In meinem Sinn hat die Markgräfin von Baden eine unnötige, alberne Reise getan. Hat sie es aber ihrem Herrn auf dem Totenbett versprochen, so hat *sie* das Unrecht nicht, sondern ihr Herr.‹ Die gute Liselotte urteilte manchmal gar zu unbekümmert drauflos, zumal über den Glauben, den sie doch selber bei ihrer Heirat angenommen hatte.

Aus der Leichenrede des Jesuitenpaters Usleber, die gedruckt worden ist, erfährt man, daß Eingeweide und Organe des Markgrafen völlig vereitert oder zerfressen waren und daß nach Ansicht der Ärzte der arme Hiob schon seit vier Jahren ein vom Tode gezeichneter Mann gewesen sei, nur das gesunde Herz habe ihn am Leben erhalten. Von diesem medizinischen Gutachten fällt nachträglich ein Licht auf das Verhalten des willensstarken Fürsten. Das Herz Ludwig Wilhelms ruht in einer von neun silbernen Kapseln, die in der Fürstenkapelle des Klosters Lichtental vor dem Altar unter den Platten liegen. Neben diesem kleinen Raum wurden die Eingeweide beigesetzt; der übrige Körper fand seine letzte Stätte in der Stiftskirche zu Baden-Baden, die nach der Zerstörung von 1689 notdürftig wieder hergestellt worden war. Als sein Sohn und Nachfolger sie in der Mitte des achtzehnten Jahrhunderts gründlich erneuerte, ließ er auch dem Vater ein Denkmal setzen, das gern Pigalle zugeschrieben wird, aber zu unruhig ist, um mehr als ein Zeitgenosse dessen zu sein, das Pigalle in Straßburg für Augusts des Starken Sohn, den Marschall Moritz von Sachsen, errichtete.

In der Inschrift wird der Markgraf *Atlas Germaniae* und *nunquam victus* genannt. Er war in der Tat in 18 Feldzügen, von seinem ersten selbständigen Kommando – 1686 – gerechnet, nicht geschlagen worden.

Die französischen Ansprüche auf das elsässische Beinheim hatte er nie anerkannt. Seit 1697 saß wieder ein badischer Amtmann darin; es wurde bis zur Revolution und Einverleibung als *bailliage exempt*, nicht unterstellter Bezirk, behandelt.

VIERTER TEIL

1707–1733

ACHTER ABSCHNITT

1707–1733

I

Der Erbprinz erlangt in Einsiedeln die Sprache – Der Verkehr mit Einsiedeln – Die Testamentseröffnung – Rossi wird entlassen, Rohrer eingestellt – Plittersdorf – Villars erobert die Bühler Linien – Die Jahreszahlungen des Kaisers – Die endgültige Regelung von 1721 – Die Ettlinger Linien – Die Kriegsereignisse bis 1708 – Ludwig XIV. bietet Straßburg an – Der Sturz Marlboroughs – Der Tod Josefs I. – Der Friede von Utrecht – Villars erobert 1713 Freiburg und trifft sich mit Eugen zu Verhandlungen im Rastatter Schloß – Der Friede von Rastatt – Der von Baden – Die Ryswyker Klausel in der Pfalz – Die Neuordnung im Sponheimschen

Franziska Sibylla Augusta beendete kurz nach dem Tod des Markgrafen ihr zweiunddreißigstes Jahr. Von ihren neun Kindern lebten vier, drei Knaben und ein Mädchen. Der Erbprinz Ludwig Georg war noch keine fünf Jahre alt und anscheinend stumm oder behindert. Um dieses Gebrechens willen unternahm Augusta im Sommer des nächsten Jahres mit großem Gefolge die zweite Wallfahrt nach Einsiedeln.

Als das Kind vom Schnabelsberg das gewaltige Kloster mit der Kirche zu seinen Füßen sah und ein Heer von Pilgern dort das Ave Maria anstimmte, löste sich die Zunge und fragte, ob das die Muttergotteskapelle sei. Auf dem weiteren Weg verstummte der Knabe wieder; aber als Augusta in der Kapelle die Sakramente genommen hatte und inbrünstig betete, kehrte die Sprache für immer zurück, und alle weinten, so lautet der fromme, schon legendenhafte Bericht[34].

Augusta ließ kostbare Geschenke verfertigen, ein blausamtenes Meßgewand, zwei silberne Kinder, ihr eigenes Bildnis in Silber, einen silbernen Fuß, eine goldene Zunge und zwei goldene Augen. Der Abt schickte dem Prinzen im Winter zwei Gemsen. Im Dankbrief teilte die Mutter mit, daß sein Bruder Wilhelm Georg schwer erkrankt sei. Er starb im

Februar, zugleich fiel der Erbprinz in ein hitziges Fieber, und Augusta tat das Gelübde, mit ihm eine neue Wallfahrt zu machen. Als es so weit war, erkrankte sie selbst, ›an Seitenstechen‹, und mußte mit dem Sohn nach Karlsbad zur Kur reisen. Von da ging sie nach Schlackenwerth und bat den Abt um die Pläne der Einsiedelner Gnadenkapelle, um sie auf ihrem Besitz nachzuahmen. Solche Einsiedelkapellen gab es vielerorts, in Rom wie im Kloster Lichtental.

Vorerst schickte sie von Baden-Baden im Herbst 1709 nach Einsiedeln die Bilder des Gatten, der Kinder und ihr eigenes. Da der Erbprinz an Ohrenschmerzen litt, fügte sie zwei goldene Ohren hinzu. Endlich im März 1710 unternahm sie die Wallfahrt mit dem Sohn und seinem Schwesterchen. Um Einsiedeln lag noch tiefer Schnee, so daß sie und ihr Gefolge nicht wie gelobt sechs Meilen den Rosenkranz betend zu Fuß gehn konnten.

Sie brachte eine mit Purpursamt überzogene Tafel mit, worauf das in Silber getriebene Bild des Prinzen befestigt war. Aus dem angehefteten Schild erfährt man, daß Ludwig Georg Simpert auch noch die Heiligenvornamen Bernhard und Philipp Neri führte.[35] Im Juni 1710 zeigte sie ihre Ankunft in Schlackenwerth und den Bau der Kapelle an. Die Nachschrift lautet: ›Unser Einsiedelerkind, der Prinz Louis, läßt sich Euer Liebden schönstens empfehlen und recommendirt sich in Euer Liebden andächtiges Gebet.‹ Der Prinz, der der lieben Frau von Einsiedeln Gesundheit und Sprache verdankte, hieß fortan bei ihr das Einsiedlerkind. Sie hing fanatisch an ihm, mit allen Mutterängsten.

Der eifrige Verkehr mit Einsiedeln ging weiter. Im Frühjahr 1711 erkrankte Augusta in Baden-Baden, der Abt ordnete Gebete an; im April dankte sie aus Rastatt. Durch diesen Verkehr werden auch die Wohnorte der Markgräfin bis zum Friedensschluß aufgeklärt. In Baden-Baden weilte sie öfter, dahin waren viele Möbel und die Türkentrophäen aus Rastatt in Sicherheit gebracht worden.[36] Im Sommer 1711 ging sie um ihres kranken Armes willen zur Landeliner Badkur nach Mahlberg. Sie habe Maria angerufen, sei gesund geworden und sende nun nach Einsiedeln einen ganzen Arm von Silber. Im Frühjahr 1712 schickte der Erbprinz sein und der Mutter Bild. Er trägt Rüstung und Perücke, sie Hermelin und den schwarzen Witwenschleier.

An den Anfang dieses Abschnittes, der die Regenten- und Witwenzeit Augustas behandelt, gehört der stärkste Akkord, ihre Frömmigkeit. Man mag sie übertrieben finden, sie entsprach dem Zeitalter und ihrer innersten Empfindung. Zwei Seiten der weiblichen Natur sind in ihr ausgebildet: der praktische Sinn, der mit den Gegebenheiten fertig wird, und die Gefühlsstärke, die sich zur religiösen Inbrunst steigert.

Kehren wir zum Tode Ludwig Wilhelms zurück. Das Leben Augustas war reicher an Leid als an Freude gewesen, zumal in den letzten Jahren, die dem Gatten das Siechtum, die seelische Erregung und den schmerzhaften Tod gebracht hatten. Der Feind stand an den Grenzen, die Festung war nicht fertig, nicht die Stadt und nicht das Schloß. Die Einkünfte kamen aus Böhmen, und es bestand Gefahr, daß sie den weiten Weg nicht finden könnten. Das einfachste wäre gewesen, mit den Kindern außer Landes, nach Schlackenwerth, zu gehn und die zerrüttete Markgrafschaft einem Regentschaftsrat zu überlassen – den Geheimräten und den von Ludwig Wilhelm bestimmten Mitvormündern.

Am 11. Januar erfolgte die Testamentseröffnung, bei der Augusta, von der ›betrübnuss überwältigt‹, eine Ohnmacht erlitt. Die beiden Mitvormünder waren Kurfürst Johann Wilhelm von der Pfalz, gegen fünfzig alt, und der viel jüngere Herzog Leopold von Lothringen. Noch lebte Augustas Großvater in Sulzbach, kam aber wegen seiner hohen Tage nicht mehr in Betracht und starb auch bereits im nächsten Jahr.

Die Wahl der Vormünder war gut überlegt. Sie strebte noch mehr die französische Rückendeckung als die österreichische an. Das Wort des Pfälzers galt etwas am französischen Hof. Fanatischer Katholik, hatte er den Anstoß zur Ryswyker Klausel gegeben. Zugleich war er der Onkel Kaiser Josefs und der Schwager Gian Gastones von Toskana, der Augustas Schwester und seine, Johann Wilhelms, Schwägerin geheiratet hatte. Zwei andere Schwäger waren Karl II. von Spanien und Jakob, der Sohn Sobieskis. Johann Wilhelm residierte zu Düsseldorf, gründete die Gemäldegalerie und ließ noch bei Lebzeiten auf dem Markt sein eigenes Reiterstandbild, den Jan Wellem, errichten.

Leopold Josef von Lothringen wiederum war der Sohn jenes Karl, der Ofen erobert und mit dem Ludwig Wilhelm sich

nicht gut gestanden hatte. Seine Frau, Elisabeth Charlotte von Orléans, die Tochter Liselottes, gebar 1708 Franz Stephan, der sich mit Kaiser Karls VI. Tochter Maria Theresia vermählte und als Franz I. der Stammvater des lothringisch-habsburgischen Kaiserhauses wurde.
Augusta lehnte es ab, in Böhmen abzuwarten, bis ruhigere Zeiten kamen. Sie übernahm selbst die Regentschaft. Aus dem weichen Mädchen war eine selbständige Frau geworden, die sich eine Aufgabe setzte. Sie teilte ihren Entschluß alsbald dem Kaiser mit und bat um Bestätigung. Die Höfe von Düsseldorf und Lunéville wollten in ihren Ministerien eine eigene Abteilung für die Vormundschaft einrichten. Augusta erklärte, sie wünsche den direkten Verkehr über ihre Person. Auf die Huldigung des Landes legte sie zwar großen Wert, verzichtete aber vorläufig darauf; die Feierlichkeiten hätten den Städten zu große Kosten verursacht. Am 3. 8bris (Oktober) 1707, setzte sie dem Reichstag die Not der ›armen Untertanen‹ und des in die Wälder geflüchteten Bauersmannes auseinander.
Nicht den geringsten Anspruch ließ sie sich abhandeln. Zum ersten dachte sie im Geist der gottgewollten Ordnung, zum zweiten verteidigte sie die Rechte und die Zukunft ihrer Kinder. Als der kaiserliche Kommandant von Kehl es unterließ, eine ihr, der Lehnsherrin von Kehl, zukommende Steuer abzuführen, trat sie in Wien energisch auf. Desgleichen, wenn der Abt von Schwarzach und die Äbtissin von Frauenalb versuchten, ihre Hoheit anzuzweifeln.
Eigenwillige Leute konnte sie nicht brauchen. Sie setzte ihre eigenen ein. Der mit diktatorischen Vollmachten ausgerüstete Baurat Rossi war der erste, mit dem sie zusammengeriet. Er wurde entlassen. Mit ihm die drei italienischen Dekkenmaler, der Garteninspektor Le Maire und der Mann für den Festungsbau, Graf Venerie. Zum Nachfolger Rossis bestimmte sie den jüngeren Michael Ludwig Rohrer, der, 1683 im böhmischen Tissau geboren, bei Dientzenhofer vermutlich in die Lehre gegangen und dem Vater mit der Familie nach Rastatt gefolgt war.
Rossi kehrte nach Italien zurück. Es stellte sich heraus, daß er offenbar bei der hastigen Erweiterung nicht genügend unterkellert hatte. Das Mauerwerk zog Wasser, die Feuchtigkeit zerstörte die inneren Durchzüge bis in den Dachstuhl hinein.

Über schlechtes Eisen hatte er geklagt, vielleicht war er auch mit zu frischem Holz beliefert worden. Die Geheimen Räte beschlossen, Rossi verhaften zu lassen, was auch geschah. Es kam aber nichts dabei heraus. Mit den Ausbesserungen hatte Rohrer zwei Jahrzehnte zu tun.
Auch des Barons Greiffen entledigte sich Augusta. Er hatte durch die Jahre Ludwig Wilhelm in Wien vertreten. Forstner ersetzte ihn, nahm aber Anfang 1708 seinen Abschied, als die Markgräfin das Präsidium der Hofkammer und damit die Leitung der Staatsgeschäfte Plittersdorf übertrug. Plittersdorf stand schon in den Siebzig. Noch zwanzig Jahre amtete er als ihr vertrauter Ratgeber. Er starb in dem Jahr, in dem sie die Regentschaft niederlegte, 1727, als vierundneunzigjähriger Mann.
Im Mai 1707 bemächtigte sich Villars der Bühler Linien; weder der Markgraf von Bayreuth noch Thüngen waren zur Stelle. Augusta flüchtete mit dem Hofstaat nach Ettlingen. Villars ließ sich im Rastatter Schloß nieder und schickte ihr die notwendigsten Frauensachen (équipage) nach. Auch gewährte er die *Salva Guardian*, und sie hatte eine Begegnung mit ihm. Als sie ihm ein Kompliment über seinen Erfolg bei den Linien machte, meinte er, es sei weiter nichts Rühmliches dabei, der Markgraf lebe ja nicht mehr.
Er verzichtete auf die herkömmlichen Verwüstungen und ersetzte sie durch Kontributionen, die bis ins Fränkische hinein auferlegt wurden. Die Markgrafschaft sollte 400000 Livres zahlen. Leopold von Lothringen erreichte, daß die Franzosen sie auf die Hälfte und dann auf 97000 Gulden ermäßigten. Sie aufzutreiben, fiel noch immer schwer genug. Die Ausfouragierungen brachten ›viel hundert Untertanen an den Bettelstab‹.
Nach dem Abkommen von 1701 sollten die 200000 Gulden, die Ludwig Wilhelm als Gehalt und Entschädigungsgeld erhalten hatte, nach seinem Tode noch fünf Jahre an die Witwe gezahlt werden. Sie gingen 1707 nicht ein. Augusta wandte sich an den Kurfürsten nach Düsseldorf: sie werde ihre Kleinode veräußern müssen. Der Kaiser hatte zwar im Juli die Reichsstädte Hamburg, Bremen, Lübeck angewiesen, die Auszahlung zu übernehmen, aber sie war im November noch nicht vollzogen.
Sie muß dann doch geleistet worden sein, denn 1711 wandte

sich der Kurfürst an seine Schwester und gab zu bedenken, daß die 200000 Gulden seit zwei Jahren ausgeblieben seien, Augusta auch mit den Einnahmen aus den böhmischen Gütern Schwierigkeiten habe. Die Witwe Leopolds erwiderte, sie habe nicht viel zu sagen, und 1712 erklärte der Kriegskommissar Karls VI. – sein Bruder Josef war jahrszuvor an den Blattern gestorben –, der Stand der Staatsfinanzen mache es ihm unmöglich, der Markgräfin unter die Arme zu greifen.

1721 weilte Augusta selbst in Wien, um eine Regelung ihrer Gesamtforderungen zu erreichen. Diese beliefen sich auf über zwei Millionen, sie erhielt 750000 Gulden. Der Kaiser übernahm 400000 Gulden, ›so daß der Jud Wertheimer vermög seines contract an das Hauß Baden zu fordern gehabt‹, und zahlte den Rest bar. Augusta gab sich zufrieden, denn fast sah es so aus, als habe der Markgraf einst mehr erhalten, als er zu fordern hatte. Noch einmal stellt sich die Frage nach dem Undank des Hauses Österreich. Alles in allem trifft diese – erstmals von Röder aufgeworfene und seither als deklamatorisches Argument übernommene – Behauptung auf Kaiser Leopold nicht zu. Josef hing Ludwig Wilhelm anfangs schwärmerisch an, dann erkaltete die Freundschaft. Am meisten verargte Josef dem Markgrafen, daß er im Winter auf 1706 nicht nach Wien gekommen war, und der Sommer dieses Jahres brachte die Ungnade, den unglücklichen Streit über die Listen, bis Josef erkannte, daß der Markgraf ein todkranker Mann war. Bis zu seinem eigenen Tode zahlte Josef die ausbedungenen Beträge, solang es sich mit seiner verzweifelten Geldlage vereinen ließ. Als er starb, schwand in Wien die Erinnerung an den Generalleutnant und Reichsfeldmarschall – beide Stellungen waren längst an Eugen übergegangen, und man steckte noch bis über den Hals im großen europäischen Kriege.

Wenn Augusta sich die Auffassung des Gatten, ihm sei vom Kaiserhof nicht genug Beachtung geschenkt worden, aneignete, kann man nicht mit ihr rechten. Später lernte sie ruhiger darüber denken, und es lohnte sich. Wie Leopold dem Markgrafen zur reichen Erbin von Schlackenwerth verholfen hatte, so verhalf eines Tages sein Sohn dem Augustas zur Erbin von Schwarzenberg.

Villars hatte die Bühler Linien eingeebnet und die noch nicht vollendeten Befestigungen von Rastatt rasiert. Rastatt wurde erst 1844 wieder Festung. Das Land lag nun völlig ungeschützt im französischen Machtbereich, um so mehr, als Karl Wilhelm von Baden-Durlach, der 1709 zur Regierung kam und der Gründer von Karlsruhe wurde, zum Ersatz der Bühler Linien neue von Ettlingen nach Daxlanden am Rhein zog, die Rastatt nicht in ihren Schutz einschlossen und die Markgrafschaft jedem Einfall preisgaben. Sie paßte sich den Verhältnissen an und blieb, wenn es nicht anders ging, neutral – eine Politik, die man der Frau nicht verübelte. Im übrigen schien es 1709 Friede werden zu wollen.

Im September 1706 schlug Eugen nach einer Zeit böser Bedrängnisse mit Hilfe der Preußen, Württemberger, Gothaer vor dem von den Franzosen belagerten Turin Marsin und den Herzog von Orléans vernichtend. Ganz Oberitalien und Savoyen wurden im nächsten Frühjahr von Ludwig XIV. geräumt, worauf der Verteidiger von Turin, Daun, Neapel für den Kaiser eroberte. Josef erneuerte zum Unbehagen der Italiener mittelalterliche Vorstellungen von kaiserlicher Machtfülle, tat den Herzog von Mantua und den Fürsten von Mirandola in die Acht und schreckte auch vor dem Papst nicht zurück, der nachgab und die Katholiken unter den ungarischen Rebellen zur Aussöhnung mit Österreich aufforderte: Ungarn unterwarf sich 1711, und Rakoczy aß sein Gnadenbrot gleich Thököly fortan bei den Türken.

Eugen und Marlborough vereinigten sich wieder, schlugen 1708 bei Oudenaarde Vendôme und nahmen die erste aller französischen Festungen, Lille. Ludwig XIV. demütigte sich, gegen die Einigkeit und den Haß Marlboroughs und Eugens kam er nicht auf.

Im März 1709 bot er in den Verhandlungen zu Gertruydenburg dem Reich den Stand von 1648, also Straßburg und die elsässischen Reichsstädte an, Preußen aus der oranischen Erbschaft Neuchâtel, Habsburg den Verzicht seines Enkels auf die Krone Spanien.

Die Verbündeten verlangten, daß er zur Vertreibung des Enkels auch noch seine eigenen Truppen stellen und zur Sicherung bereits jetzt Straßburg räumen müsse. Das ertrug sein Stolz nicht, er versuchte es noch einmal mit den Waffen. Aber 1709 brachten ihm Marlborough und Eugen die Niederlage von Malplaquet bei. Er bot nun geldliche Hilfe zur

Vertreibung des Anjou an und wurde abgewiesen. Die große Wendung kam.
Im nächsten Jahr stürzten in England die Whigs, Marlborough fiel in Ungnade, Anna berief ihn ab. Und da wieder ein Jahr später Josef starb, verließ sein Bruder Spanien, wo er sich mühsam gegen den Anjou behauptet hatte, um die österreichischen Lande zu übernehmen und als Karl VI. den Kaiserthron zu besteigen. In England war das neue Ministerium Bolingbroke entschlossen, den Krieg zu liquidieren. Die Einheit der Verbündeten war gesprengt, die Lage von 1697 trat ein, die französische Diplomatie durfte an die Arbeit gehn. England hatte alle Kriegsziele erreicht und konnte sich franzosenfreundlich geben. Die Verblendung der Verbündeten rächte sich.
Im April 1713 unterzeichneten England, Holland, Preußen, Savoyen, Portugal, der Sache nach auch schon Spanien den Frieden von Utrecht. England erhielt das vom Prinzen von Hessen eroberte Gibraltar, die weiten Hudsonländer, das Monopol des Sklavenhandels in den spanischen Kolonien und Handelsverträge nach Wunsch. Holland bekam seine Barriere in Belgien wieder; Savoyen Sizilien, das es später gegen Sardinien austauschte; Preußen Neuchâtel und Obergeldern, dazu die Anerkennung als Königreich.
Der Kaiser und das Reich nahmen diesen Frieden nicht an. Der phantastische Zustand trat ein, daß Preußen als souveräner Staat nun mit Frankreich im Frieden lebte, als Reichsstand dem Reichsheer ein Kontingent von 6000 Mann zu stellen hatte. Es entzog sich dem Dilemma, indem es seine Regimenter im Kölnischen stehn ließ. Auch bei den übrigen Reichsständen hatte man nicht die geringste Lust, Eugen, der nun am Oberrhein operieren sollte, zu Hilfe zu kommen. Die Geldnot in Wien war ärger als je.
Die Zeiten Ludwig Wilhelms wiederholten sich. Nicht der Kaiser, sondern das Reich versagte. Eugen hinter den Ettlinger Linien mußte dulden, daß Villars Anno 1713 noch einmal bei Fort-Louis über den Rhein ging, über Speyer bis Mannheim drang, Landau nahm – es war die vierte Belagerung in diesem Krieg – und im November den tapferen Verteidiger von Freiburg, Harsch, zur Übergabe zwang. Kriegsmüde war man auf beiden Seiten. Villars brachte die Vollmacht zum Unterhandeln bereits mit, Eugen erhielt sie: am 26. No-

vember 1713 begannen die Feldherrn im Rastatter Schloß die Besprechungen.
Sie zogen sich drei Monate hin. Erst als Eugen abzureisen drohte und auch tatsächlich aufbrach, kam es zum Abschluß, im März 1714, zwischen dem Kaiser und Frankreich. Dieses behielt Landau, gab die rechtsrheinischen Festungen zurück.[7] Österreich erkannte den Anjou als König von Spanien an, doch sollte nie eine Personalunion mit Frankreich eintreten. An den Kaiser kamen die Gebiete von Mailand, Mantua, Neapel, Sardinien, Belgien. Max Emanuel und sein Bruder von Köln wurden wieder in ihre Rechte eingesetzt. Max Emanuel erhielt als bescheidenen Trost die Oberpfalz hinzu.
Blieb der Friedensschluß Ludwigs XIV. mit dem Reich. Er fand zu Baden bei Zürich statt, im September, kurz nachdem in England Anna gestorben und der Sohn Ernst Augusts von Hannover König geworden war. Der Badener Friede wiederholte inhaltlich den von Rastatt. Nicht einmal die Ryswyker Religionsklausel fiel. Am ärgsten lebte der konfessionelle Hader in der Pfalz wieder auf. Johann Wilhelm hatte den protestantischen Untertanen das Leben schwer gemacht; sein Bruder, seit 1716, stand nicht hinter ihm zurück. Er beseitigte den seit anderthalb Jahrhunderten geltenden Heidelberger Katechismus, riß die berühmte Scheidemauer im Chor der Heiligengeistkirche nieder und schloß die Reformierten aus.
Der Papst beglückwünschte den Kurfürsten; der Erzbischof von Canterbury wandte sich gegen ›die Person, die man den römischen Papst nennt‹. Preußen, wo seit 1713 Friedrich Wilhelm I. herrschte, entzog den Katholiken den Dom von Minden; Hannover und Hessen griffen zu ähnlichen Druckmitteln. Der Kurfürst gab nach, nicht aber die religiöse Spannung. Preußen wurde die Vormacht des Protestantismus, wie Österreich die des Katholizismus war. Der politischen Kontrapunktik entsprach die seelische. Der Protestantismus vollendete sich im Pietismus und der Bachschen Musik, der Katholizismus erlebte eine neue Jugend. Erregung, Aufschwung und Vertiefung waren überall. Auf diesem Hintergrund erst wird Augustas Glaubenseifer verständlich.
Sobald sie die Regierung übernommen hatte, schlug sie, was schon Ludwig Wilhelm geplant hatte, Kurpfalz vor, das

Condominium im Sponheimschen durch eine Teilung zu ersetzen. Der Reichstitel wurde dadurch nicht berührt, wohl aber eine Vereinfachung erzielt. In den nun an Baden fallenden Ämtern beschwerten sich die Protestanten bald über Versuche, die Ryswyker Klausel anzuwenden. Das *Corpus Evangelicorum* griff ein, und der Kaiser ermahnte Augusta, sich an die Bestimmungen von 1648 zu halten.
Im Mahlbergschen, wo sie protestantische Untertanen hatte, sollten die Kinder aus Mischehen durch Zwang der katholischen Kirche zugeführt werden; auch hier gab es Streitigkeiten. Andrerseits achtete sie die von ihrem Gatten verfügte Bestimmung, daß der protestantische Leibarzt Göckel Anspruch auf den Genuß seiner Religion habe, und wehrte die Angriffe der Jesuiten ab. Es genügte, daß man an ihrer fürstlichen Autorität Kritik zu üben wagte.

2

Augusta zahlt die Haus- und Landesschulden zurück – Die Familie Schönborn – Damian Hugo baut das Schloß in Bruchsal – Die Bauten Rohrers – Die Favorite – Johann Kaspar Fischer – Seine Singspiele – Die Besuche Schönborns in der Favorite – Das Kostümfest von 1729 – Der Türkenkopf vor dem Südportal – Pöllnitz und Keyßler – Das Zölibat – Damian Hugo als Landesfürst

Von 1715 bis 1733, dem Todesjahr Augustas, herrschte Friede im Westen und in der Mitte Europas. Im Osten eroberte Eugen in einem kurzen, glücklichen Feldzug Belgrad, und im Norden endete mit dem sterilen Heldentum Karls XII. die große Zeit Schwedens. Auch Ludwig XIV. trat von einem Schauplatz ab, der nicht den Vorstellungen entsprach, mit denen er sechzig Jahre zuvor auf die Bühne sprang. Frankreich war eingeordnet in ein Gleichgewichtssystem.
Menschen, die der Generation Augustas angehörten, mochten daran verzweifelt haben, daß je der Krieg aufhören könne. Nun war der Friede da und brachte der vierzigjährigen Frau Aufgaben in Hülle und Fülle: die Heilung der Schäden, die Entschuldung des Landes, die Erziehung der Kinder und die eigene Selbstvollendung in drei Erscheinungsformen, religiöser Inbrunst, fürstlichem Selbstgefühl und Bauen, die untrennbar zusammengehören.

Die Markgrafschaft schleppte alte und neuere Schulden mit. Die alten gingen noch auf die Zeiten Christofs zurück. Auf wie großem Fuß Ludwig Wilhelm gelebt hatte, ergibt sich daraus, daß Augusta hundert Bedienstete entlassen konnte. Was durch die Straffung der Verwaltung und aus den böhmischen Gütern einging, wandte sie an die Bezahlung der Haus- und Landesschulden, der Zinsen, der rückständigen Besoldungen – an die Gesundung des Staatsbudgets und danach ans Bauen. Die Berechnung dieser Tilgungen führt zu Summen, die voneinander abweichen. Nach der niedrigsten belief sie sich auf 840000 Gulden, nach der höchsten auf mehr als zwei Millionen. Aber auch die sparsame Augusta wurde nicht mit den Riesenzahlen fertig. Erst 1771 schaffte man die letzten Schulden aus der Welt.

Baulust ist eine der unmittelbarsten Äußerungen des Lebenswillens. Jede Generation verlangt es danach, ihr Wesen in sichtbaren Zeugnissen zu gestalten. Zwei Impulse vereinigten sich. Der eine kam vom Pathos des französischen Königtums – der andere von der Wiederbelebung, die das christliche Empfinden durch die Befreiung Wiens, die Zurückdrängung der Türken empfing. Die protestantischen Fürsten Deutschlands ahmten als Selbstherrscher das Vorbild Ludwig nach; die katholischen waren noch um den inneren Schwung reicher. Nicht Augusta allein baute – ringsum auch Speyer, Mainz, Würzburg. Wie man von politischen Koalitionen spricht, kann man von künstlerischen reden.

Den ersten Schönborn, der 1673 starb, haben wir kennengelernt. Sein Neffe, Lothar Franz, regierte seit 1695 in Mainz, gleichzeitig war er Fürstbischof von Bamberg. Er beschäftigte Maximilian Welsch, der die Festungswerke von Mainz und Erfurt, die Statthalterei in Erfurt baute, am Schloß von Pommersfelden und der Kirche von Amorbach beteiligt war, die Bruchsaler und Würzburger Residenz entwarf.

Der Bruder dieses Schönborn war mit der Tochter Boyneburgs verheiratet. Der Ehe entsprangen sieben Söhne. Der älteste, seit 1719 Fürstbischof von Würzburg, begann dort das Schloß. Unter seinem Bruder, der 1729 zur Regierung kam, vollendete Balthasar Neumann den großartigen Bau. Der dritte Bruder wurde 1719 Fürstbischof von Speyer: Kardinal Damian Hugo.

Er konnte sich mit den protestantischen Bürgern von Speyer

nicht verständigen und beschloß seine Residenz in Bruchsal zu errichten, an der Straße nach Heidelberg. Welsch machte ihm den Plan. Die Ausführung übernahm der Maurermeister Seitz, der sich überanstrengte und 1723 den Urlaub überschritt, worauf der Kardinal mit Einwilligung Augustas Michael Ludwig Rohrer anstellte, gegen Kost, Wohnung, zwei Pferde und 300 Gulden jährlich. 1725 wurde über Seitz ein Oberst gesetzt, der 400 Gulden und reichlich Zubehör erhielt. Der bayrische Hofmaler Asam und sein Bruder bekamen für die Ausmalung der Kirchendecke 5000 Gulden, sie dauerte zwei Jahre. Das Treppenhaus des Schlosses baute Balthasar Neumann ein.

Rohrer war vielerorts in der Markgrafschaft und im Speyerischen tätig. Für den Kardinal baute er vor allem noch Schloß Kißlau und die weitaus besser geglückte Eremitage in Waghäusel, beide 1724. Für Augusta beendete er das Schloß in Rastatt, hatte aber mit der Ausbesserung der Schäden aus der Zeit Rossis noch lange zu tun. Von den übrigen Arbeiten, die er für die Markgräfin im Badischen übernahm, sind die wichtigsten: Schloß Favorite (seit 1710) und die Magdalenenkapelle im Park – die Einsiedlerkapelle in Rastatt (1715) – die Schloßkirche in Rastatt (1719) – die Lorettokapelle in Rastatt (1721) – die Pagodenburg in Rastatt, halb Teehäuschen, halb Puppenstube (1722) – das Wachthäuschen und die Pavillons in Scheibenhardt (1724) – der Ausbau des Schlosses in Ettlingen (1728) und die Schloßkirche daselbst, über der er 1732 starb.

Hiervon sind weltliche Bauten nur die Sächelchen in Scheibenhardt, der lustige Einfall der Pagodenburg, zu der sich Augusta 1722 bei einem Besuch in Nymphenburg entschloß, die Favorite und das Schloß in Ettlingen. Da dieses kein Neubau war, hat Augusta für den eigenen Bedarf nur die Favorite errichtet. Alles andere, die Kapellen und die Kirchen, entsprang nicht der sich selbst genügenden, sondern der religiös bedingten Baulust.

Favorite diente ihr als Sommeraufenthalt, solange sie die Regentschaft führte und in Rastatt residierte. Ettlingen sollte man nicht als Witwensitz, sondern als Markgrafenmuttersitz bezeichnen. Die Regentschaft erlosch 1727, und es fällt auf, daß Augusta nicht vorher an den Umbau des Ettlinger Schlosses dachte. Fast sieht es aus, als habe sie in Rastatt woh-

nen bleiben wollen und sich erst nachträglich für Ettlingen entschlossen – um das Feld vor der Schwiegertochter zu räumen.
Das Hauptwerk Rohrers ist die Rastatter Schloßkirche, sein Erstlingswerk aber die Favorite. Das Vorbild für eine Residenz, die Schloß, Bürger- oder Beamtenstadt und Lustgarten auf einer Ebene vereinigte, kurzum das Vorbild für Rastatt, mag Ludwig Wilhelm in Schlackenwerth gefunden haben, und den Gedanken, das alles auch noch in eine Festung einzuschließen, fügte er hinzu. Die Festungswerke wurden geschleift, bevor sie beendet waren, für die Residenz einer Frau kein Nachteil. Was fehlte, war ein Sommerschlößchen. Scheibenhardt, das noch Rossi gebaut hatte, lag zu weit über Ettlingen hinaus.
Schon im Februar 1707 begann Augusta Land anzukaufen beim Dörfchen Förch, in der Gegend von Kuppenheim. Zuerst sollte wohl nur ein Lustgarten in die Wälder und Wiesen gelegt werden. Im Herbst 1710 fuhr man schon Bauholz und Kalk an. In nächster Nähe laufen die ersten oder letzten Hügel aus, und diese trockene Stelle wäre besser geeignet gewesen als die feuchte und an trüben Tagen düstere, die Augusta wählte, weil sie nach der Vorschrift des Zeitalters in der Ebene lag. Das Eisen lieferte die Hammerschmiede in Gaggenau, den Schiefer Sponheim. Rohrer arbeitete zum Mißvergnügen der Beamten, die alle Fuhren hergeben mußten, so rasch, daß der äußere Bau bereits 1711 fertig wurde.
Es war nicht die erste Favorite, das heißt, nicht der erste Lustgarten mit Schlößchen in Süddeutschland. In Mainz hatte Lothar Franz schon den Barockgarten mit den Pavillons am Rheinufer anlegen lassen, Eberhard Ludwig von Württemberg schon in Ludwigsburg mit seiner Favorite begonnen. Das Vorbild lieferte die Favorita des Kaisers auf der Wieden in Wien. Auch das, was später Karlsruhe wurde, war als Favorite gedacht, als Anno 1715 der jagdfreudige Markgraf von Durlach mitten im dichtesten Hardtwald seinen Garten und darin den Turm mit den Kämmerchen für die Pandurenmädchen baute.
Die Favorite Augustas ist von böhmischem Barock, nicht von dem in Frankreich erst später aufkommenden Régencestil bestimmt.[37] Es gibt kein Treppenhaus, nur vor der Nordfront eine von zwei Seiten schön aufschwingende Freitreppe.

Auf der Südfront fuhren die Kutschen der Gäste in den Empfangssaal, der durch alle drei Stockwerke geht und im dritten sich als Achteck unter der Kuppel zuschließt. Er diente als großer Speisesaal.
Die Inneneinrichtung und die Gestaltung des Parks beanspruchten noch viele Jahre. Augusta nahm in das Landschlößchen den Willen zum Repräsentativen mit und entfaltete den zum Persönlichen. Das Beste und Teuerste ließ sie aus Wien, Paris, Straßburg, Delft, Genua kommen und verwandte keine Landessteuern, sondern die Einkünfte aus Schlackenwerth. Nicht alles, was heute als Originaleinrichtung bezeichnet wird, stammt aus ihrer Zeit: weder die Sitzmöbel, soweit sie dem Rokoko angehören, noch die elsässischen Fayenceterrinen, die den Inhalt – Enten, Schildkröten, Spargel, Eberkopf, Salat – naturalistisch darstellen, noch viele Wandbespannungen.
Ursprünglich sind die schweren holländischen Kamine, die 313 Spiegel des Spiegelzimmers, im Schlafzimmer das Paradebett Augustas, der genuesische Samt der Wände, der Marmorboden in den Farben Schwarz, Grün und Rot. Auf Augustas Zeit gehn zurück die Lüster aus den böhmischen Gläsereien, die herrlichen Stickereien nach Tiermustern, die von Klosterfrauen gefertigt wurden. Augusta selbst war eine Künstlerin im Seidesticken und hielt auch ihre Damen an: aus diesen Händen stammen die Blumen- und Vasenmotive im Raum vor dem Schlafzimmer Ludwig Georgs.
Im Florentiner Zimmer[38], wo in den Boden hier und da eine Spielkarte, eine Maus, ein Käfer eingelegt sind, wurden die zahllosen Mosaiken von italienischen Künstlern hergestellt. Die blaue Tapete des chinesischen Zimmers dagegen ist viel später.
Zwölf Zimmer im obersten Geschoß trugen die Namen der Monate. Ihre holländischen Ledertapeten waren am Ende des Jahrhunderts so mürb, daß sie ersetzt werden mußten. Die Porzellane, die heute museumsmäßig darin aufgestellt sind, gehn meistens nicht auf Augusta zurück, wohl aber die Gläser, die sie so leidenschaftlich wie Spitzen sammelte.[39]
Genug; mehr als ein Begriff von der Vielfalt der verwandten Stoffe und Motive kann nicht gegeben werden. Dem armen Ludwig Wilhelm war es nicht vergönnt worden, in dem von ihm erbauten Schloß mit Hausherrnempfindungen zu woh-

nen – Augusta und Favorite wuchsen zusammen. In Frankreich mochte man sich schon an Schäferspielen ergötzen – in Favorite gelten die Anschauungen und Neigungen des Zeitalters Leopolds, des gemessenen Stils, der Sarabanden und Gavotten.
Ludwig Wilhelm und Augusta hatten in Schlackenwerth eine Hofkapelle gehabt, die seit 1696 Johann Kaspar Ferdinand Fischer leitete, ein in der Musikgeschichte wohlbekannter Pianist, ›dessen tiefsinniges Präludium F demjenigen in b aus Bachs Wohltemperiertem Klavier I unverkennbar zum Vorbild gedient hat‹[40]. 1716 siedelte er, vielleicht mit einem Gefolge böhmischer Musiker, nach Rastatt über; auch Baden-Baden wird als sein Wohnort genannt. So hatte Augusta eine Hofkapelle zur Hand und wird sie auch nach Favorite bestellt haben. Sie verpflichtete Sänger und Sängerinnen für die Hofkirche in Rastatt. Jeden Nachmittag wurde in Einsiedeln das *Salve Regina* gesungen; der Abt mußte es ihr nach Schlackenwerth schicken.
Fischer versuchte sich in der neuen Heimat mit Singspielen. Die Textbücher einiger sind erhalten. Zum Geburtstag Augustas 1718 führte die Hofkapelle im Baden-Badener Schloß eine Huldigung an Juno-Augusta auf, zwölf Szenen mit Tanzeinlagen und Arien, ›zu untertänigster Mit-Befröhlichung und in treu-gesinnt-niederträchtigster Wohlmeynung‹. Die Sprache ist eine Hochzeit des Schwunges mit der Plumpheit, die Musik dürfte besser gewesen sein. Dem Gegensatz kommt grundsätzliche Bedeutung zu. Soviel in der Folge der deutsche Geist aufholte – der deutsche Mensch und er kamen nie so innig und verpflichtend zusammen wie der deutsche Mensch und die Musik.
Favorite ist nicht ohne Augusta zu denken, Augusta nicht ohne Religion, und Religion nicht ohne Musik: so gehören Favorite und Musik zusammen. Abends dämpfte das Kerzenlicht die Farben, die kräftiger als in französischen Räumen waren. Zum Piquetspielen genügten zwei, zum L'Hombre drei Personen. Augusta mag gestickt und der alte treue Plittersdorf sie unterhalten haben. Wenn Damian Hugo von Schönborn, ›Das rote Käppel‹, der Kardinal, nicht in Schlangenbad zur Kur gegen Beschwerden, die mit seiner Wohlbeleibtheit zusammenhingen, oder auf Reisen war, überwachte er in einem Gasthof zu Bruchsal mit der Leidenschaftlichkeit

und Ungeduld eines Liebhabers die Fortschritte seines Schlosses und kam oft zu Augusta herüber.
Manchmal blieb er längere Zeit zur Wasserkur, zu Bußübungen in der Magdalenenkapelle, manchmal fuhr sie ihm entgegen nach Waghäusel, nach Scheibenhardt. In Waghäusel hatte Rohrer eine seiner besten Sachen gebaut, Schönborn ein Nest der Behaglichkeit daraus gemacht. Diese Eremitage ist ein Zentralbau, ein Sechzehneck mit Kreuzflügeln, die wieder abgeschrägte Rechtecke sind. Es gab immer etwas mit Schönborn zu besprechen, religiöse und weltliche Dinge, Baufragen und die Verheiratung der Tochter.
Mit Ludwig Wilhelm hatte Augusta einst Maskenbälle veranstaltet. Im Spiegelzimmer der Favorite hingen die Erinnerungen daran, Augusta als Diana, Schweizerin, Perserin, Sklavin. Auch jetzt noch veranstaltete sie gelegentlich Kostümfeste. Das späteste ist das vom Januar 1729, das sie an ihrem Geburtstag den Familienmitgliedern und Freunden im wiederhergestellten und vergrößerten Schloß zu Ettlingen gab. Ein Augsburger Verleger ließ es in 23 Kupfern stechen und widmete es als untertänigster Knecht der Markgräfin. Das Fest stand im Zeichen der modischen Chinoiserie. Die aufspielende Hofkapelle steckte in chinesischen Kostümen. Es gab eine Austernpyramide und eine andere aus chinesischem Sauerkraut, auch der Schweinskopf war à la tartare oder sonstwie östlich hergerichtet.
Dieses Fest, das nicht einmal in der Favorite stattfand, wird immer angeführt, wenn man das Leben Augustas als eine einzige Folge von rauschenden Festen darstellt. Daß Augusta dem achtzehnten Jahrhundert angehört, genügt für die Stichwortphantasie. Es fehlen aber alle Belege dafür, daß sie aus Rastatt ein Dresden machte; die Räume von Favorite fassen so wenig Menschen, daß es sich immer nur um kleine intime Veranstaltungen gehandelt haben kann, und als sie das Ettlinger Schloß bezog, war sie eine alte Frau, die ihren Thronsaal nicht oft benutzt haben wird.
Die Tatsache, daß die Markgräfin durch den Tod des Gatten die Freiheit erlangte und nun tun oder lassen konnte, was sie wollte, forderte die Legendenbildung heraus. Die Bußübungen, die sie in der Magdalenenkapelle des Parks vornahm, beschäftigten die Leute schon, als sie noch lebte. Nach ihrem Tod hielt man sich an den Kontrast zwischen Schloß und

Klause. Was sie dort gesündigt hatte, war hier abgebüßt worden, und auf die Buße mochten wohl neue Sünden gefolgt sein. Das Volk, das sich vom Dasein der Hochstehenden ausgeschlossen sieht, aber auch die übrigen Stände, denen es ebenso geht, nehmen Revanche, indem sie nachträglich durch Dichtung und Forschung Besitz von ihrem Leben ergreifen. Der Genealoge steht auf du und du mit Fürsten. Es mag nicht nobel sein, und doch ist es wiederum menschlich und ausgleichend. Nur geschieht es leicht, daß der seelische Rang verlorengeht und aus einer Sibylla Augusta eine Operettenherzogin wird – weil man von ihrer Frömmigkeit nichts mehr weiß oder sie als Zeichen des schlechten Gewissens auslegt.

Vor dem Südportal der Favorite steht eine Brunnensäule und darauf der Kopf eines Türken oder Mohren, der zu den Wohnräumen schaut – sehnsüchtig, begann man auszulegen, abwechselnd habe die Herrin ihm verschwiegene Rechte eingeräumt und Strenge gezeigt.

Ludwig Wilhelm hatte einen Leibmohren gehabt. Jemand machte ein Bild von ihm, und es wurde den Kindern zum Vergnügen im Rastatter Schloßgarten aufgestellt. Der Mohr könnte der Vater der zwei Mohrenknaben sein, mit denen Augusta und der Erbprinz Anno 14 in Einsiedeln ankamen, damit der Abt sie taufe. Zu Lebzeiten Augustas stand am Südportal der Favorite ein Brunnenobelisk mit Stern, noch auf einer Ansicht von 1724 ist er zu sehn. Erst später brachte jemand den Mohrenkopf herüber und half unwissend einem Märchen nach.

Mit Recht hat man darauf hingewiesen, daß der Freiherr Karl Ludwig von Pöllnitz, den Augusta nicht empfing, als er auf seinen indiskreten Reisen an die Höfe auch nach Rastatt kam, ihr zwar Stolz, Unterdrückung der Kinder und ein orientalisches Zeremoniell nachsagte, aber ihren Lebenswandel nicht antastete, kurzum nicht auf seine Kosten kam. Ein im achtzehnten Jahrhundert viel gelesener und immer wieder aufgelegter Reiseschriftsteller, Johann Georg Keyßler, der 1729 Favorite besuchte, erzählte, wie bereitwillig Augusta selber den Fremden das Schloß vom Dach zum Boden zeigte.[41]

Das Fehlen jeder Angabe und die innere Wahrscheinlichkeit sprechen dafür, daß Augusta den Tod des Gatten als Befehl zum Zölibat empfand. Sie war noch etwas jung dafür, und es liegt nahe, in der Enthaltsamkeit, der sie fortan lebte, eine der Erklärungen für die allmähliche Steigerung der religiösen Inbrunst zu suchen. Nichts kann natürlicher sein, selbst dann noch, wenn die Steigerung in reiferen Jahren zu krisenhaften Zuständen führen sollte, wie es tatsächlich geschah. Eine der Bestimmungen der Religion ist, in kritischen Augenblicken entspannend da zu sein.

In den Jahren nach 1720 öffnete Augusta sich mehr und mehr dem Einfluß Damian Hugo Philipps von Schönborn. 1676 geboren, war er ein Jahr jünger als sie, wohl ein Mann im besten Alter, aber auch von vorbildlichen Grundsätzen. Zum erstenmal hatte sie mit ihm zu tun gehabt, als er Kaiser Josef im niedersächsischen Kreis vertrat und das unter Sequester gestellte Hadeln betreute.

Zu Beginn des Spanischen Erbfolgekrieges noch Offizier in Philippsburg, nahm er die Weihen und wurde 1716 Koadjutor des Fürstbischofs von Speyer, Heinrich Hartard, unter dem die katholischen Bauern und die protestantischen Bürger der Reichsstadt Speyer einen kleinen Krieg oder eine große Schlägerei miteinander hatten. 1719 übernahm Damian Hugo selbst die Regierung des Fürstbistums, das lange nur ein Anhang von Trier gewesen war. Er erwies sich als ausgezeichneter Verwalter, der seine Aufgabe wie nur je ein guter Fürst ernst nahm und jede Hilfsquelle, die er im Lande fand, erschloß. Der Klerus murrte, als er, um den Bauern aufzuhelfen, die Ausbreitung der toten Hand unterband. Er erlaubte grundsätzlich jedem Untertan, sich aus der Leibeigenschaft loszukaufen. Als Gärtner züchtete er die Kastanie, die vom Osten Europas nach Wien gekommen war, die Kastanien der Favorite stammen von ihm.

Auf anderer, seelischer Ebene fand Augusta nun jemand, dem sie sich wie Ludwig Wilhelm unterordnen konnte, und wenn sie den Kardinal in hundert Dingen um Rat fragte, war er mehr als Berater. Er nannte sie seine geistliche Tochter, und sie schrieb ihm Briefchen wie dieses vom Juni 24: ›... Verzeihn Sie mir, daß ich wie ein ungebärdiges Fratz schreib, und klopfen mir auf die Finger, wenn Sie können. Ich hab es verdient und erkenn wirklich schon meine Fehler und versichere Sie, wenn ich es nicht geschrieben, so schrieb ich es nicht. Nun also fußfällig bitt ich meinen herzelieben Papa um Verzeihung.‹

Das klingt so vertrauend und naiv, als hätte es nicht die fast fünfzigjährige Frau im ewigen Witwenschwarz geschrieben, sondern das Mädchen von 1691 mit den großen blauen Augen und allen weichen Merkmalen der jungen Weiblichkeit.

3

Die Bußmission von 1717 – Die Berufung der Piaristen – Der Jesuitenpater Mayr verbrennt Gemälde – Der zweite Sohn August in der Schulprüfung – Der Charakter des Erbprinzen – Das Jagdhaus am Fremersberg – Stanislaus Leszczynski und seine Tochter Maria – Die Wallfahrt nach Loreto und Rom – Maria Anna von Schwarzenberg – Die Heirat in Krumau – Der Erbprinz reist nach Belgien – Taxissche Brautwerber in Rastatt – Das Haus Orléans wirbt ebenfalls um Augustas Tochter – Der Ehevertrag, Augusta wahrt die Interessen des Reichs – Schönborn vollzieht die Trauung – Die Enkelkinder Augustas

Im Sommer 17 erkrankten beide Söhne Augustas an den schlimmen Blattern, die in jenen Zeiten ungezählte Opfer forderten. Sie betete und ließ die Benediktiner in Einsiedeln beten, wo sie übrigens im April mit dem Erbprinzen auf Wallfahrt gewesen war.

Im Juli dieses Jahres veranstaltete der Jesuitenpater Josef Mayr in Rastatt die große Bußmission. Zwanzigtausend Menschen kamen aus der Umgebung zusammen, und manche Prozession zog durch die Straßen. Die Teilnehmer trugen Dornenkronen auf dem Kopf, Ketten um den Hals, brennende Kerzen in der Hand. *Aut poenitendum aut ardendum*, Buße tun oder brennen, stand auf der großen Fahne, die sommernächtens in den Schloßhof schwankte, und Augusta büßte mit.

P. Josef Mayr S. J. war Augustas Beichtvater. Der Orden, der in Baden-Baden und Ettlingen Kollegien unterhielt, war unzufrieden, als die von ihm gestellten Erzieher der Söhne durch Piaristen ersetzt wurden, die aus Schlackenwerth kamen. Schon 1714 berief sie ein Mitglied dieser Kongregation als Seelsorger des Erbprinzen und einen zweiten als Hofprediger nach Rastatt. Im nächsten Jahr trafen noch mehr Piari-

sten – *piarum scholarum patres* – ein und übernahmen den höheren Unterricht in der Hauptstadt. Das heutige Kolleg, Gymnasium, das eine bemerkenswerte Bibliothek[42] enthält, stammt aus späterer Zeit. Den Piaristen übergab Augusta auch ihr teuerstes Bauwerk, die Schloßkirche.
Schönborn war es, der 1723 Augusta veranlaßte, den Pater Mayr als Beichtvater zu entlassen. Nach Keyßler hatte Mayr den Hof, ja ganz Rastatt nach seinem Gutdünken regiert und war so weit gegangen, ›daß er für mehr als 50000 Florins Gemälde, die ihm im Schloß zu Rastatt zu nackend oder verführerisch schienen, verbrennen ließ‹. Nachfolger als Beichtvater wurde der Franziskanerpater Prokop Schneider, der uns noch begegnen wird.
Von der Erziehung der Tochter ist nicht weiter die Rede. Augusta Maria Johanna war ein williges und zartes Kind, das nicht wie die Mutter schon mit fünfzehn zu heiraten brauchte. Bei den Söhnen kümmerte sich die Markgräfin um jede Einzelheit. 1715 wurden beide einer Prüfung im Lateinischen unterworfen, der Erbprinz von einer Kommission von Geistlichen und Hofräten, August vom Weihbischof. Der neunjährige August ergriff dabei, was die Herren durchaus nicht billigten, munter selbst das Wort und forderte den Weihbischof auf, zu fragen, er werde nach Vermögen antworten. – Wer hat den Bauern erschaffen? – Gottvater, erwiderte er. – Sollte Gott auch den Prinzen erschaffen haben? wurde ihm nun auf den Zahn gefühlt. – Ja, ohne Unterschied mich gleich den Bauern. – Ob dieser Antwort nickte die Versammlung wohlgefällig.
August war zur geistlichen Laufbahn bestimmt, aber sie entsprach nicht seinen Neigungen. Es drängte ihn zur Welt, worüber die Mutter sich Sorgen machte. Sie sah ihn schon auf einem der drei Stühle am Rhein und kam frühzeitig beim Kurfürsten von Köln, dem Bruder Max Emanuels, um eine Präbende beim Domkapitel ein. Der Prinz erhielt sie mit zwanzig, wurde bald auch Dompropst in Augsburg und bezog schon in jungen Jahren recht ansehnliche Einkünfte.
Leichtsinn und Sinnlichkeit drücken ihm einen gewissen Stempel auf. Erbprinz Ludwig zeichnete sich durch Gleichmaß aus, und Augusta war zufrieden mit ihm, obgleich er nichts von der soldatischen Begabung des Vaters geerbt hatte. Als später einmal die Gelegenheit kam, das ihm vom

schwäbischen Kreis verliehene Regiment in den Krieg zu führen, zog er sich nach Böhmen zurück. Sein Wahlspruch war: *Honeste vivere, alterum non laedere, suum cuique tribuere,* ehrenhaft leben, den Nächsten nicht verletzen, jedem das Seine geben. Damit wurde er ein freundlicher, menschlicher Regent. Eine Leidenschaft teilte er mit dem Bruder, die fürstliche zur Jagd.
Augusta ließ am Fremersberg bei Baden-Baden durch Rohrer ein Jagdhaus erbauen, das noch steht. Es bildet ein Johanniterkreuz mit acht Spitzen, die den acht ritterlichen Tugenden entsprechen. Von hier brachen die Prinzen zur Hochjagd auf; an Hirschen fehlte es nicht, sogar Wölfe gab es noch. Der Erbprinz hieß beim Volk der Jägerlouis. Bei der Favorite legte er ein Gehege an, mit einer Tribüne für die Zuschauer. 1738 wurden vor ihren Augen 180 Schweine, 8 Wölff, 66 Täx (Dachse), 200 Hasen zur Strecke gebracht. Nicht einmal das ›fliegende Ungeziefer, so man Schnaken nennt‹, um Keyßler abermals anzuführen, schreckte den Prinzen ab. Die Schnaken der Favorite haben sich bis heute erhalten.
Der Erbprinz war noch nicht sechzehn, als der Cupido in sein Herz kam, wie die Mutter sich in einem Brief an den lothringischen Mitvormund ausdrückte. In Zweibrücken aß ein vertriebener König mit seiner Familie das Brot der Verbannung. Es war Stanislaus Leszczynski, bis 1704 Woiwode, von da bis 1709 König in Polen an Stelle des von Karl XII. verjagten Friedrich August. Als der schwedische König die Schlacht bei Pultawa verlor, kehrte August wieder, und Stanislaus fand eine Zuflucht in Zweibrücken, aus dem ja das in Schweden regierende Haus stammte.
Stanislaus machte Besuch in Rastatt, und der Erbprinz verliebte sich ein wenig in seine jüngere Tochter Maria[43]. Augusta wußte nicht recht, was sie sagen sollte. Es war recht unwahrscheinlich, daß Stanislaus auf den polnischen Thron zurückkehrte. Vorerst hing sein Schicksal völlig von dem Karls XII. ab, der jüngst im Herbst 1717, beim Einfall in das dänische Norwegen, sein ganzes Heer durch Kälte und Hunger verloren, aber ein neues gesammelt hatte, mit dem er nun vor Frederikshall zog.
Augusta beschloß, sich nicht einzumischen und abzuwarten. Ludwig war noch zu jung, um gleich zu heiraten. Wenn er die Jahre habe, könne er selbst wählen, schrieb sie in jenem Brief

vom März 1718 dem Herzog von Lothringen und bewies, daß sie eine vernünftige Frau war. Ein Jahr später, im Frühjahr 1719, hatte schon alles ein anderes Aussehn.
Im Dezember 1718 war Karl XII. vor Frederikshall durch einen Schuß, der vielleicht von schwedischer Seite kam, getötet worden, mit der unmittelbaren Folge, daß Stanislaus Zweibrücken verlassen mußte, denn es fiel an die Linie Kleeburg, die protestantisch unduldsam dem katholisch unduldsamen König die Gastfreundschaft kündigte: Stanislaus übersiedelte auf französischen Boden, nach Weißenburg. Außerdem erreichten Augusta vom kaiserlichen Hof erste Andeutungen von einer andern Möglichkeit. Eine polnische Anwartschaft auf die böhmischen Güter Augustas sah man in Wien nicht gern.
Augusta griff nach dem alten Mittel aller Eltern, die Zeit gewinnen wollen, sie brachte Ludwig fort. Vielleicht hatte sie wirklich am Sterbelager des Gatten ein Gelübde abgelegt, sei es nach Loreto, sei es nach Rom zu wallfahren. So wurde aus der Kavaliersreise des jungen Manns eine fromme in Begleitung der Mutter, worüber man sich in Versailles amüsierte: die taktlose Bemerkung Liselottes ist uns bekannt.
Die Reisenden besichtigten in Loreto das heilige Haus, das im dreizehnten Jahrhundert aus Nazareth von Engeln zuerst nach zwei andern Orten Italiens, dann nach Loreto getragen worden war, und stifteten der Madonna zwei goldene Herzen. Gegen den 20. Mai trafen sie in Rom ein. Am 24. wohnte der Papst – Klemens XI., Albani – einer Feier in der Kirche delle Barberine bei und begab sich danach zum Frauenkloster. Am Tor erwartete ihn Augusta und wurde mit ihrem weiblichen Gefolge eingeladen, ihn zu begleiten. Im Chor küßte sie dem Heiligen Vater den Fuß *summa et incredibili devotione*, in tiefster und unglaublicher Devotion. Ein Geheimkämmerer bot ihr einen Stuhl, und der Papst unterhielt sich lange. Nachher, außerhalb des Klosters, ließ er auch Ludwig zum Fußkuß zu und gab ihm den Segen[44].
In Rom lebte die Witwe Sobieskis. Beim Pontifikalamt saß die *serenissima regina* von Polen auf der rechten Seite des Chors, die *serenissima domina* von Baden auf der linken. Augusta wohnte einer Messe in der Sixtinischen Kapelle bei, und während der nachfolgenden Prozession hielten ihr vier Schweizergarden den Weg frei. Mit einer Kommunion in der

Hauskapelle und einer Audienz schließen die Berichte. Mutter und Sohn traten die Heimreise an.
Zum Gedächtnis an den Besuch Loretos ließ Augusta die Loretokapelle im Park von Rastatt bauen. Die Pracht und Farbigkeit der Kirchen Roms mag sie überwältigt haben. Hier beschloß sie den Bau der Rastatter Schloßkirche, in Erfüllung des Gelübdes ihres Gatten, mitten in der Stadt eine Kirche zu errichten, wenn ihm ein männlicher Erbe geboren werde.[45] Die Devotionstreppe zwischen Schloß und Kirche ist eine Erinnerung an die *Scala santa*.
Die Winke, die man aus Wien Augusta zukommen ließ, betrafen die einzige Tochter und den vorläufig einzigen Erben des Fürsten Adam Franz Schwarzenberg von der Krumauer Linie, Maria Anna. Kaiser Leopold hatte die aus Franken stammenden Schwarzenberg zuerst zu Reichsfürsten gemacht, dann ihnen Stimme und Sitz im Reichstag verschafft. Sie waren in Böhmen und Steiermark reich begütert. Augusta erkundigte sich genau, ob sie, die nicht zu den regierenden Familien gehörten, wenigstens den strengen Anforderungen entsprachen, die bei den vornehmsten Stiftern des Reiches an die Ahnen gestellt wurden. Adam Franz war der Schwiegersohn von Ludwig Wilhelms Tante, der Fürstin Lobkowitz.
Aus Schlackenwerth teilte Augusta dem Herzog von Lothringen mit, der Cupido regiere nun nicht länger im Herzen ihres Sohnes, und das werde sie auch nach Weißenburg berichten, damit sie sich dort keine Hoffnungen mehr auf eine Heirat der jungen Leszczynska mit dem Erbprinzen machten. Ebenso naiv, bis in die Rechtschreibung hinein, ist der Brief vom September, worin es heißt:
›Es wirdt Euer Libden bekhand sein, das zu Wien der so genande Reichsfürst von Schwarzenberg ist, welger eine einsiche dogter hatt, und seind fihl [viele] der Meinung, es derfte eine avandajeuse parti vor Mein Sohn sein ... Dergleichen fette partien find Man nicht fihl, absonderlich wan[n] sie [die Kinder] Einander gefallen.‹
Die Verhandlungen über den Ehevertrag begannen und waren nicht leicht. Dann begab sich Augusta zu jener Regelung der Forderungen, die sie an den Kaiser hatte, nach Wien. Ludwig begleitete sie bis Frauenberg im südlichen Böhmen und traf hier, auf Schwarzenbergschem Besitz, mit Maria Anna zusammen. Alsbald stellte Cupido sich wieder ein, und

der Prinz drängte in die Mutter, den Heiratsbrief nach Krumau zu schreiben, das noch südlicher an der Moldau liegt und das große fürstliche Schloß enthält.[46]
Nachdem der Herzog von Lothringen seine Einwilligung als Vormund und Karl VI. die seinige als Kaiser gegeben hatte, ging der Heiratsbrief nach Krumau. Die jungen Leute warteten dort schon auf Augusta, am 18. März wurden sie getraut. Maria Leszczynska aber heiratete vier Jahre später den Urenkel Ludwigs XIV., Ludwig XV., und wurde nicht glücklich.
Nach der Eheschließung in Krumau nahm Augusta den Sohn nach Rastatt mit, die ›Sohnfrau‹ durfte angesichts der schlimmen Winterwege nicht der Mühsal einer Reise ausgesetzt werden. Inzwischen bereitete Augusta in Rastatt alles zur Heimführung vor. Die Wiedervereinigung des Paares verzögerte sich, weil Ludwig, diesmal ohne Mutter, im Juli nach Belgien und Holland fuhr. Die Mutter begleitete ihn nur bis Waghäusel, wo der Markgraf sich von ihr für ein Vierteljahr ›auf das Zarteste beurlaubte‹.
Er reiste unter dem Namen eines Grafen von Sponheim und besuchte die Orte, die Augusta ihm aufgeschrieben hatte: darunter auch Schwalbach, zur Erinnerung an den Vater. In Mannheim wohnte er im Goldenen Schwan, in Brüssel aber bei der Fürstin von Thurn und Taxis, der Schwester der Fürstin von Schwarzenberg, geborenen Lobkowitz.[47] Sie hatte einen Sohn, Alexander Ferdinand, und im Hause Schwarzenberg faßte man eine Heirat mit Augustas Tochter ins Auge.
Die Taxis, aus Italien stammend, hatten seit Maximilian das Monopol der Postbeförderung im Reich und in Belgien. Neuerdings waren sie Reichsfürsten geworden, die in Regensburg residierten. 1723, als Augusta Maria Johanna von Baden neunzehn war, schickte die Fürstin von Taxis zwei Unterhändler nach Rastatt, die voreilig den Prinzen selbst nachkommen ließen. Aber Augusta war von diesem Eheplan nicht entzückt, trotz des vielen Geldes und ihres heißen Bemühens, dem Hause Baden ›wiederaufzuhelfen‹.
Es entspann sich eine förmliche Intrige, an der die Mitglieder des Hofes und der jüngere Sohn Georg teilnahmen. Augusta schrieb eine neue Reihe naiver und langer nächtlicher Briefe an Damian Hugo, bat ihn wieder um seinen Rat, dem sie *aveuglement* nachkommen wolle, als gehorsame Tochter des

herzlieben Papa – man sehe ›glar, das Gott für uns sorgd, wie wunderlich diese Sachen seint zusammen khommen‹. Das bezieht sich darauf, daß Anfang 1724 auch das Haus Orléans einen Fühler ausstreckte.

Liselotte war im Dezember 1722 gestorben, im nächsten Jahr erlosch durch Mündigwerdung Ludwigs XV. die Regentschaft ihres Sohnes, des Herzogs von Orléans. Dessen Sohn, Louis von Chartres, zwanzig Jahre alt, sollte verheiratet werden, und da er eine zarte Natur hatte, griff man wie zur Zeit seiner pfälzischen Großmutter auf eine deutsche Prinzessin zurück. Die von Baden war freilich nicht so kräftig oder derb wie Elisabeth Charlotte, die von ihren Winden schrieb und auf Fleischbrüh ›kotzte‹. Louis von Chartres war der Enkel des Bruders Ludwigs XIV., aber zugleich der Enkel des Sonnenkönigs selbst, da sein Vater eine der Töchter Ludwigs XIV. und der Montespan geheiratet hatte.

Ludwig XIV.
Zweite Frau Marquise Montespan
Françoise Marie

Philipp von Orléans † 1701
Zweite Frau Liselotte von der Pfalz † 1722
Herzog von Orléans, Regent bis 1723
Louis † 1752
heiratet Maria von Baden
Louis Philippe † 1785
Louis Philippe Egalité † 1793
Louis Philippe, König 1830–1848

Augusta hielt die Taxisschen Unterhändler bis in den April 1724 hin. Sie wußte nicht, wo ihr der Kopf stand. Die Taxisherren wollten ihr die Tochter ›abtrotzen‹, die französischen boten ein sechsmal so großes Heirats- und Witwengut an, erklärten aber, wenn die Nachkommenschaft ausbleibe, werde die junge Frau am Ende auf ein Landhaus verbannt. Beide Parteien drängten, Augusta richtete einen Stafettendienst nach Bruchsal ein, für all die Briefe, die sie an Damian Hugo schrieb, die einzige ›Sehl‹ in der Welt, an die sie sich wenden konnte.

Auch der Kurfürst von Mainz ward bemüht, als Erzkanzler und in Sachen des Erbfolgeverzichts, denn das Andenken an den pfälzischen Krieg schreckte. Aus dem gleichen Grund

mußte der Kaiser ins Vertrauen gezogen werden. Auf dem Dreieck Mainz-Wien-Rastatt lief viel Post, die Zeit verging, die Schwarzenberg steckten sich hinter den Kaiser: in Versailles beschloß man, eine Tatsache zu schaffen, und veröffentlichte das Verlöbnis.
Im Auftrag der Orléans erschien anfangs April der Graf von Argenson, der spätere Minister, der Freund Voltaires. Die Verhandlungen begannen. Seit ihrer Verlobung und dem Sterben des Markgrafen hatte Augusta keine so aufregenden Tage erlebt. Für uns ist es eine Gelegenheit, ein wenig hinter die Kulissen und ins Innere dieser Frau zu sehn.
Von Hause aus lebhaft und fröhlich, eine Österreicherin, in der Deutsches und Slawisches glücklich gemischt waren, hatte sie sich, im Grunde noch immer so anschmiegungsbedürftig wie zur Ehezeit, die Eigenschaften der Jugend bewahrt, die Weichheit und das mädchenhafte Empfinden. Als Mutter war sie nicht halb so streng, wie es den Anschein haben mochte. Sie lenkte, gängelte aber nicht und wußte sehr wohl, wo die elterliche Macht aufhört, die Stimme der Natur und der Wille Gottes beginnen. Zu Hause und unter Menschen, mit denen sie sich verstand, legte sie die Würde, die Strenge ab – diese unnahbare Haltung, die nun einmal nötig ist, um sich Autorität zu verschaffen und die Ordnung der Welt zu sichern. Daß sie beides, das frauenhafte Herz und die fürstliche Miene, so unbefangen vereinen konnte, mit ausgeprägtem Stolz, der nicht nach der Billigung andrer fragt, das macht sie liebenswert.
Argenson brachte Liselottes Ehevertrag mit und wollte den neuen nach diesem Vorbild abfassen. Am Rheinstrom zeigten noch allenthalben die Ruinen, was dabei herauskomme, erwiderte Augusta und schob als bessere Vorlage den Vertrag hin, den einst Ludwig Wilhelms Vater mit den Carignano geschlossen hatte. Argenson wünschte genau zu wissen, was alles in Böhmen dem Hause Baden gehöre und wieviel es eintrage – sie lehnte das Ansinnen ab. Nie durften die böhmischen Besitzungen an Bourbon fallen, nicht einmal wenn Baden-Baden ausstarb, es war dann noch immer Baden-Durlach da.
Sie blieb fest, und Schönborn lobte: eine so gescheute, penetrante Fürstin sei sie, daß kein Staatsmann seine Sache besser machen könne – der Argenson merke schon, daß mit denen

Regentinnen in Teutschland nicht so leicht umzuspringen sei, wie er sich vielleicht eingebildet habe. An einer teutschen Verbindung sei ihnen gelegen, also müsse man so teuer wie möglich verkaufen. Der gute Freund, was hätte sie ohne ihn wohl angefangen in dieser Staatsaktion, bei der Interessen des Reiches auf dem Spiele standen? Maria fürchtete sich schrecklich davor, nach Frankreich zu gehn – man bringe dort die Leute um, und Herzoginnen gälten wohl nicht viel. Augusta mußte auch der Tochter gut zureden. Um keinen Preis hätte sie dem Franzosen gezeigt, wie sehr dies Verhandeln an ihren Nerven zerrte. Lieber legte sie sich krank, bis es so weit war, daß Schönborn, am 9. Mai, den Vertrag mit Argenson unterschreiben konnte. So krank sei sie gewesen, versicherte sie dann, daß unter zehn Weibern nicht eins davongekommen wäre, wer habe denn in diesem Alter noch ihr starkes, gutes Naturell? Nur Unkraut nicht, das nie verderbe. Ohne Zweifel half sie ein wenig nach, wie Frauen das so tun.
Ende Mai traf in Rastatt der Marquis von Matignon ein und bat im Namen des Königs um die Hand Marias. Augusta stand wieder auf, und am Abend des 18. Juni vollzog Schönborn in der Hofkreuz- oder Schloßkirche zu Rastatt die Trauung, bei der Prinz Ludwig den Bräutigam vertrat.
Maria traf es, alles in allem, trotz der törichten Feindschaft mit Maria Leszczynska, nicht schlecht. Louis von Orléans, der in der Verkommenheit der Regentschaft aufgewachsen war und den Lawschen Aktientaumel erlebt hatte, erwies sich als lenksam und seiner jungen Frau zugetan.
In der Ehe Ludwigs mit der Prinzessin von Schwarzenberg waren zunächst die Kinder ausgeblieben, und Augusta hatte im Herbst 1722 eine neue Wallfahrt nach Einsiedeln gemacht, um die von einem goldnen Herzen umschlossenen Hochzeitsringe des Paares zu überbringen. Endlich, 1725, kam ein Mädchen zur Welt, Elisabeth, und auch die Herzogin von Orléans gebar in diesem Jahr einen Sohn, Louis Philippe. Die Enkelin und der Enkel lebten fast gleich lang – jene, die nicht offiziell heiratete, bis 1789, dieser bis 1785: er wurde der Vater des Herzogs von Orléans, Louis Philippe, der sich der Revolution anschloß, aber trotz der Egalité Anno 1793 das Schafott besteigen mußte. Seine Nachkommen existieren heute noch, die einzigen, die in direkter Linie von Augusta stammen.

4

Die Frömmigkeit Augustas – Die Armen und die Kranken – Die Magdalenenkapelle der Favorite – Die Einsiedeleien – Der Verismus – Die Reise Augusts nach Siena, Rom, Moncalieri – Der Tod der Tochter – Augusta legt die Regentschaft nieder und bezieht das Schloß in Ettlingen – Sie führt die Verehrung des heiligen Johann von Nepomuk ein – August in Augsburg – Die letzte Wallfahrt nach Einsiedeln 1731 – Das endgültige Testament – Augusta auf dem Sterbebett – Der Tod – Betet für die große Sünderin Augusta

Das protestantische Empfinden drängt den Todesgedanken auf ein Minimum zurück, das katholische setzt ihm schon im lebenden Menschen keine Grenze. Über Vorzüge und Nachteile beider Haltungen braucht hier nicht gehandelt zu werden. Es gilt nur zu verstehn, daß die tägliche Hinwendung zum Ewigen, die eine Einschränkung der irdischen Werte ist, der ursprünglich christlichen entspricht: Sündenbewußtsein, Zerknirschtheit, Beunruhigung sind nicht ›bizarre‹ Übersteigerungen, sondern gegebene Grundgefühle.
Die Generation, die in der zweiten Hälfte des siebzehnten Jahrhunderts aufwuchs, strebte noch einmal, ein letztes Mal, diesen aktiv-intensiven Glauben an. Die nach dem Spanischen Erbfolgekrieg Geborenen verstanden ihn nicht mehr, und denen von heute mag er gar ›mittelalterlich‹ erscheinen. Nicht überall trat der Bruch so einschneidend auf wie in den höchsten Ständen, den Nachahmern Frankreichs, das vom Barock zum Rokoko und der Aufklärung überging. Im deutschen Bürgertum, zumal im süddeutsch-österreichischen, schwang die Glut in jener heiteren Frömmigkeit aus, die Haydn und Mozart ermöglichte – dann starb auch sie mit ihrer schönen Sicherheit. Doch das gehört nicht hierher.
1724 wechselte Augusta ihren Beichtvater. Der Franziskaner Prokop Schneider, der an die Stelle des Jesuiten trat, hat nach ihrem Tode Aufzeichnungen verfaßt, die ungeachtet des beichtväterlichen Enthusiasmus den tiefsten Einblick in die sensitive Natur dieser Frau gewähren.[48] Im Verkehr mit Gott ist das Fürstliche nichts, sie schiebt es von sich fort. Die Beichte legt sie nicht in einem Privatraum ab, sondern in den öffentlichen Kirchen. Auf die Beichte folgt die Vorbereitung zur Kommunion, indem sie neben dem Stuhl auf dem

Boden kniet und sich mit dem Gesicht zur Erde wirft. Unterdessen wird eine sanfte angenehme Musik gemacht. Nach Empfang der Kommunion nimmt sie wieder dieselbe Lage ein, bis man den Ambrosianischen Lobgesang ›teutsch intoniert‹. Weder stören sie die andern, noch will sie ihnen etwa ein Vorbild sein, die Seele ist mit Gott allein, sucht die Vereinigung kraft mystischer Ekstase.
Den Hausarmen erwies sie Gutes in aller Stille und betreute eine ›elende, krüppelhafte Person, so sie in die Residenz aufgenommen, zu dero Bedienten höchster Verwunderung in eigener Person‹, besuchte Gefangene im Kerker und Verlassene auf ihrem Krankenbett. ›Gnädigst und zugleich ernsthaft‹ forderte sie zu Anfang den Beichtvater auf, allen menschlichen Respekt beiseitezulassen. Vor den drei großen Feiertagen verrichtete sie die dreitägigen Exerzitien.
So weit vorerst der Pater. Wenn es eine Entscheidung zu treffen galt, sammelte sie sich gern in der Wallfahrtskirche zu Waghäusel, bei den Kapuzinern. Meist kam Schönborn herüber, auf dessen Boden Waghäusel stand. Er baute die Eremitage hinzu. Neben dem Beichtvater war er es, der in ihr das Sündenbewußtsein vertiefte.
Als Favorite schon stand, aber an der Inneneinrichtung noch Jahre gearbeitet wurde, ließ sie im Park das Magdalenenkapellchen baun, damit die Handwerker sonntags ihren Gottesdienst hatten. Die Franziskaner kamen aus Rastatt herüber und lasen die Messe, wofür sie jährlich ein Fuder Affentaler Weins erhielten.[49] Der kleine achteckige mit einer Kuppel versehene Zentralbau ist einer der bescheidensten Nachkömmlinge der von Palladio eingeführten Rotonda, die sich über Europa verbreitete und in den fürstlichen Gärten zur Gloriette zusammenschrumpfte, um schließlich in den bürgerlichen Villengärten des neunzehnten Jahrhunderts sinnlos als kaum benutztes Zierstück zu enden. Schon vor Rousseau dienten diese Klausen dem aufkommenden sentimentalischen Wunsch, die Einödsamkeit und zugleich die Natur zu pflegen, daher man sie inwendig mit Baumrinde bekleidete und ›gleichsam wild zurichtete‹. So auch die Magdalenenkapelle der Favorite. Die Wände sind mit echter und gemalter Rinde bedeckt. Sie enthielt sechs Zimmerchen, im Rund um den Kapellenraum geordnet; heute sind es fünf. Alles ist denkbar einfach, das Bett eine Matte.

Wenn Augusta sich zu Tisch setzte, war sie nicht allein, sondern die vierte neben den lebensgroßen Gestalten der heiligen Familie – die Holztorsen sind bekleidet, die Hände und die Köpfe aus Wachs. Man fährt zurück, wenn man dieses Eßzimmerchen zum ersten Male sieht, der Verismus widerstrebt dem Empfinden, er mag noch allenfalls für ein Bauernmädchen passen. Aber für Augusta war es nicht eine Frage des Abstandes, sondern der Nähe. Sie bewirtete die Figuren, es war ihr ernsthaft zu Mut, und alles diente zur Verdeutlichung. Draußen warteten arme Leute auf die Abtragung der Speisen, und Augusta ahnte nicht, daß sie zwar von ihren Bußtagen und den Geißelwerkzeugen ergriffen wurden, sich aber auch insgeheim fragten, was die Fürstin begangen haben mochte, um so schwer zu bereuen.
Die Bußwerkzeuge werden heute in einem Glaskästchen der Kapelle aufbewahrt. Gewiß, weder die Speyrer Visitationsprotokolle noch Keyßler erwähnen Bußübungen Augustas, aber das ist kein Beweis. Überlieferung bedeutet nicht immer Legende, und die Überlieferung berichtet, daß Augusta auf der Matte schlief, am Tisch den Gestalten Speisen vorsetzte und in der Kapelle sich geißelte. Die Kapelle und die Bußinstrumente waren nicht zu dekorativen Zwecken da, die Augusta nicht kannte. Den Verismus, die Abstandslosigkeit eines Gemütes, das sich völlig an ein Gefühl hingibt, belegt die Tatsache, daß Augusta um die Reliquien, die sie durch ihren Agenten Piersanti in Rom bekommen hatte, Gebeine des heiligen Theodorus und der heiligen Theodora, künstliche Skelette herstellen ließ, die mit Seide und Halbedelsteinen geschmückt in der Hofkirche ausgestellt wurden. Wer sich in irgendeine Idee einlebt, wird so heimisch in ihr werden, daß er sie mit Haut und Haar bejaht – Haut und Haar sind immer Verismen. Man begegnet ihnen bei allen geistlichen oder weltlichen Glaubensbewegungen, dem nüchternen und unbeteiligten Beobachter erscheinen sie als Erhitzungen.
Auch Damian Hugo zog sich in die Magdalenenkapelle nicht nur zu Exerzitien, sondern zu aktiven Bußübungen mit der Geißel zurück und war doch alles andere als ein morbider Mann. Dauernde Beschäftigung mit Betrachtung, Sammlung, Vereinigung und Verzückung, den vier Stufen der heiligen Teresa de Jesus, mag die auf die Welt gerichtete Lebenskraft brüchig machen, und mit der derben, handfesten

Liselotte verglichen, mag Augusta eine gewisse Anfälligkeit aufweisen – sie überschritt trotzdem nicht die Grenze, die den Laien vom echten Mönch oder der echten Nonne trennt.
Die Frage, wie Weltabwendung und Weltbejahung zu vereinen seien, ist ja das dem Katholizismus eigentümliche Problem, das man durch Teilung der Aufgaben und Stufung der Observanz zu lösen sucht. Als Tertianerin gehörte Augusta einer Reihe von Orden an, so auch dem der spanischen Heiligen, den Karmeliterinnen, und strebte den ihr gegebenen Grad von Heiligkeit an. Das katholische Grundgefühl, das Bewußtsein der tiefen Sündhaftigkeit, genügt, um ihre Zerknirschung zu erklären, ohne daß die Reue über ein tatsächliches schweres Vergehn zu Hilfe genommen werden müßte.
Daß Augusta die letzten Jahre ihres Lebens fast ausschließlich in der Magdalenenkapelle zugebracht habe, gehört zu den Legenden. Nachdem sie die Regentschaft niedergelegt und als Markgräfinmutter ihren Sitz in Ettlingen genommen hatte, besuchte sie sogar die Favorite nur noch selten, wie ihre Schreibkalender ausweisen. Jenes angeblich so rauschende chinesische Kostümfest von 1729 fand nicht in der Favorite, sondern in Ettlingen statt.
Zwei Kinder waren untergebracht. Sorgen machte die Veranlagung des dritten, das nicht Bischof oder gar Kurfürst werden wollte. Als August neunzehn war, Anno 1726, beschloß Augusta, ihn auf Reisen zu schicken. Frankreich kam nicht in Betracht, dort stand ›das Christentum in großer Verachtung‹. Schönborn nannte Siena und bereitete alles durch seine Verbindungen vor.
Als junger Kölner Domherr trat August im Mai die Fahrt über den Brenner an. In Siena wohnte er bei einem Bürger. Seine Begleiter waren ein Domkapitular und der Baron de Fin. Wöchentlich mußte ein Bericht nach Hause geschickt werden, über die Studien im kanonischen Recht und die Ausgaben.
Im nächsten Jahr siedelte der Prinz nach Rom über, hatte Erfolg in der Gesellschaft, lebte verschwenderisch, spielte mit Leidenschaft und fühlte noch weniger Neigung zum geistlichen Beruf. Auf dem Rückweg besuchte er auf Verlangen der Mutter, die Reliquien haben wollte, Moncalieri, wo das Grab Bernhards von Baden Wallfahrtsstätte geworden war, und es

gelang ihm auch, von den wenigen Resten des Vorfahren einen Armknochen zu erhalten.
Aber da er in der Nähe war, ging er nach Turin und blieb zum Ärger Augustas länger, als ihm guttat: man bestärkte ihn dort in seiner Abneigung, das kirchliche Gewand zu tragen. Gleich nach der Heimkehr mußte er die Mutter auf ihrer siebten Wallfahrt nach Einsiedeln begleiten[50], fuhr aber fort, ›den Generösen zu machen‹ und mehr auf Schmeichler als auf die Mutter zu hören.
1726 erlosch das Lebenslicht der jungen Maria von Orléans. Sie starb, zweiundzwanzig Jahre alt, im zweiten Wochenbett. Dem Herzog ging es so zu Herzen, daß er ein Kloster aufsuchte und fortan einen besseren Wandel als in seiner Jugend führte. Den französischen Enkel bekam Augusta nie zu sehn. Sie bedachte ihn mit 10000 Gulden in ihrem Testament.
1727 lief die Regentschaft ab. Ludwig wurde mündig und bezog das Schloß in Rastatt. Augusta zog sich in das von Ettlingen zurück, einen alten, schweren Bau, der mit seinen Rundtürmchen den Dreißigjährigen Krieg und 1689 überstanden hatte. Rohrer baute in den Südflügel das Audienzzimmer, den Festsaal und die Wohnräume der Fürstin. Sie unterstellte das Schloß dem böhmischen Nationalheiligen, den König Wenzel gefoltert und ertränkt hatte. 1725 geschah mit der Zunge Nepomuks im Prager Dom ein Wunder, worauf er vier Jahre später kanonisiert wurde.
Cosmas Asam malte die Decke der Schloßkapelle, die durch drei Stockwerke ging, mit Darstellungen aus dem Leben des Märtyrers aus. Sie sind wieder freigelegt, das Schloß aber wurde Krankenhaus, Kaserne, Schule.
Wohl lag nun das tätige Leben hinter Augusta. Aber ihr Wesen blieb sich gleich. Reifer und gelassener war sie geworden, die naive Frauenhaftigkeit verlor sich nicht. Hören wir, wie es dem Markgrafen August erging, und wie sie sich dabei benahm.
Domizellar des Augsburger Domkapitels geworden, mußte er seiner Residenzpflicht genügen und reiste unter der Aufsicht eines Baden-Badener Propstes ab. Die Aufsicht half nicht viel, Augusta war mit dem Propst so unzufrieden wie mit dem Baron de Fin. Im Mai 1729 erhielt der Propst einen Brief, worin es heißt: ›...Denn ich kann dem Herrn Propst nicht bergen, daß mein August in seinen Schreiben an mich

solche Fehler begangen, welche ich, die ich doch nicht studiert, gleich wahrgenommen habe. So schreibt er 8taf, also da er es doch als ein lateinisch Wort octav schreiben solle, und Cerenemoni schreibt er statt Zeremonie ... Ich bitt ihn, soll er es doch, nachdem er dieses alles unserm August von Wort zu Wort vorgelesen, verbrennen, weil es, wenn es in fremde Hände käme, ihm allzu großen *torto* tun könnte.‹

August aber bekam ein paar Wochen später folgendes zu hören: ›Lieber August. Ich bin mit Dir gar nicht zufrieden, dieweilen ich aus dem letzten diario gesehen, daß du am St. Johannistag eine Spazierfahrt mit Frauenzimmer in einer Kutsche in die 7 Stund weith von der Stadt gethan, im Rückweg mit der Kutsch umgeworfen worden und kaum eine stund vor Mitternacht wieder in die Stadt zurückkhomen seyst ... Es hatt dir unser Hergott durch das Umbwerffen der Kutsch gezaiget, wie üblich [übel] ihm dergleichen Lustfahrten von einem Dombherrn mit Frauenzimmern gefallen ... du hast mich durch dein mir ins Herz tringende conduite auch schon auf einige Gedankhen gebracht, es seye der heilige Cupido nemblich wieder da.‹ Bei ihrer Ungnade befiehlt ihm Augusta, sich nicht weiter als eine halbe Stunde vor die Stadt zu begeben und mit den Frauenzimmern wenigstens behutsam umzugehn, damit kein Gerede entstehe.

Das Frauenzimmer und der Cupido war die Gräfin Öttingen, mit der der Domherr von dreiundzwanzig Jahren eine Liebschaft hatte. Er verspielte zweiundeinhalbtausend Gulden, und andere weltliche Neigungen wie Trommelschlagen oder Waldhornblasen konnten einer besorgten Mutter auch nicht gefallen. Als die Schulden zunahmen, drohten die Gläubiger, den Propst in Haft zu setzen.

Die Staatsräson kam dem Prinzen, der nicht geistlich sein wollte, zu Hilfe. Die Söhne seines Bruders starben, und der Fortbestand des Hauses war bedroht. 1734 erhielt er Dispens, heiratete die Herzogin Maria Viktoria von Aremberg, wurde Oberst des Regiments Baden, das nun in holländischen Diensten stand, General des schwäbischen Kreises und kaiserlicher Generalfeldmarschall.

Im Sommer 1731 [51] war Augusta noch so kräftig, daß sie, von ihrem Sohne August begleitet, die achte und letzte Wallfahrt nach Einsiedeln machen konnte. Im September reiste sie nach Nürnberg und Bamberg. Auch 1732 fanden noch kleine

Fahrten statt, nach Bruchsal, Waghäusel und Bickesheim, einem Wallfahrtsörtchen halbwegs zwischen Rastatt und Karlsruhe. Der Abt von Einsiedeln, dem sie in diesem Jahre Tokaier schickte, erhielt die Mitteilung, daß sie mit einer Arbeit für den Gnadenort beschäftigt sei. Es war ein samtnes Meßgewand, der Rückenstreifen wies mehr als tausend Edelsteine auf. Diese letzte Gabe traf in der Mitte des Jahres 1733 ein, kurz bevor Augusta starb. Sie muß also noch im Winter daran gearbeitet haben[52].

Einen Anhaltspunkt für die Verschlechterung ihres Zustandes gibt das Datum des 23. April 1733. An diesem Tage fügte sie zu ihrem Aschaffenburger Testament von 1703 ein Kodizill. Danach sollen die böhmischen Besitzungen, wenn Baden-Baden im Mannesstamm ausstirbt, an einen durlachschen Prinzen fallen, unter der Bedingung, daß er katholisch wird[53]. Fehlt er, so nimmt seine Stelle die Tochter der Schwester Anna Maria aus der ersten pfälzischen Heirat ein, die also die gesamten lauenburgischen Güter in Böhmen wieder vereinigen würde; diese Nichte ist mit einem Sohn Max Emanuels verheiratet.

Silber, Schmuck, Juwelen dürfen nicht veräußert werden, sie gehören zum ›Dekor‹. Die Armen erhalten fünfzigtausend Gulden[54]. Zehntausend Messen sollen in der Markgrafschaft, viertausend in Schlackenwerth gelesen werden. Für ein Jahr sind in der Markgrafschaft Tanz und Musik verboten. Sechs Wochen lang läuten zweimal am Tag alle Glocken je eine Stunde.

Im ersten Testament wünschte sie neben Ludwig Wilhelm in Baden-Baden bestattet zu werden, jetzt in der Schloßkirche zu Rastatt, unter der Haupttür in einer insgeheim vorbereiteten Gruft: eine seltsame Bestimmung, durch die sie sich der Vereinigung mit dem Gatten beraubte, äußerster Ausdruck der bekennenden Selbstdemütigung. Wer immer die Kirche betrat, überschritt das Grab und las die Inschrift, die nach ihrem Willen lautete: BETTET FÜR DIE GROSE SUNDERIN AUGUSTA.

Im übrigen erklärt sich die Wahl der Schloßkirche schon daraus, daß sie Augustas eigenste Schöpfung und ihr über alles teuer war. Der schönste Schmuck des Raumes, die Bespannung der Pfeiler, ist ihrer Hände Werk. Sechsundzwanzig Stoffbahnen, jede über vier Meter lang, überziehn die Pfeiler

vom Fuß bis zum Kapitäl. Die elfenbeinernen Streifen sind in den Farben Rot und Grün bestickt.
Der ergreifende Bericht des Beichtvaters über ihr langes und schmerzhaftes Sterben ist karg an Zeitangaben. ›Sagten also ihrem Leibmedico: Herr Doctor, wann er die geringste Alteration und Gefahr bei mir findet, thue er mir solches keineswegs bergen, damit ich mich recht kann bereiten zu einem glückseligen Tod. Welche Alteration und Gefahr auch den 17ten Juni vermerkt worden. Nachdem Ihnen solches von dem Leibmedico angekündigt worden, hat man mich gleich den 18ten Juni nach Ettlingen berufen. In meiner Ankunft sagten Sie mir: Mein lieber Pater, es gefallet mir von meinem Leibmedico, daß er mir geoffenbaret die Schwachheit meines sterblichen Leibes. Derohalben ... giebe ich hiermit ihnen meine arme Seel in ihre Händ ... Schreiben sie mir vor eine Tagordnung, wie ich mich zu verhalten habe ...‹
Die Tagordnung wurde eine Nachtordnung. Drei Wochen lang fand die Erforschung des Gewissens statt, ›welches nach dem letzten Verbinden zu nachts gegen halb elf Uhr in denen größten Schmerzen ihren Anfang genommen und auf das Wenigste eine stark halbe Stund dauerte‹. Danach empfing sie jedesmal das Sakrament der Letzten Ölung.
Die Wunden wurden zweimal am Tag verbunden, und wenn dabei die Schmerzen zunahmen, stimmte sie das *Te deum laudamus* an. Die Wunden waren an der Seite nächst dem hochgeschwollenen Arm. Die Krankheit wird als Krebs bezeichnet. Im letzten Stadium war der Schlund so sehr von ›Blattern‹ geschlossen, daß sie nicht schlucken konnte.
›Als ich‹, berichtet Schneider, ›sie einsmals befragte, ob Ihnen nicht schwer falle, das Zeitliche, die schön neuerbaute Kirchen und Residenz zu verlassen, wurde mir mit lächelndem Munde geantwortet: Es freuet mich, daß Sie mich wegen dergleichen befragen, nichtsdestoweniger versichere ich ihnen, daß ich von Jugend auf mein Herz niemals an Gold, Edelgestein und Reichthum gehängt, sondern als nichts geachtet.‹
Am 8. Juni teilte ihr der Arzt die verabredete ›Zeitung‹ mit, daß das Ende nahe. Sie nahm Abschied von den zwei Söhnen und Damian Hugo, der ihr den päpstlichen Segen und Sündenablaß brachte. Am 9. delirierte sie und erzählte nachher: ›Es waren lauter wüste Leuth um mich, die haben mir die

Allerheiligste Dreifaltigkeit ganz weich, wie Moos machen wollen, ich hab aber gesagt, sie seye schön und heilig ... ich hab brav gestritten und bin zu denen fünf Wunden meines Heilands gegrochen, alldo hab ich Hilf gefunden. Mein lieber Pater, wir wollen streiten, bis wir obsiegen.‹

›Den Freitag als 10ten Juli sagten Sie zu mir mit fast ganz gebrochener Stimm: Diese schwarze Kerl waren schon wieder da und ängstigten mich wegen daß Geheimniß der Dreifaltigkeit, aber ich hab sie wiederum abgepuzt.‹ Der Todeskampf begann am Abend und endete nach drei Stunden.

Bekleidet mit dem Gewand der Karmeliterinnen, bedeckt mit einer Binsendecke und auf zwei Bretter gelegt, wurde der Leichnam auf ein paar Stunden der öffentlichen Beschauung ausgesetzt, dann eingesargt. Die Überführung erfolgte zwei Tage später abends, die Versenkung in die Gruft unter der Haupttür der Schloßkirche zu Rastatt gegen Mitternacht. Darüber kam die Platte mit der erwähnten Inschrift.

5

Augusta und die Nachwelt – Die Entstellung des Bildes – Die vernichteten Briefe – Der Tod Eugens und der übrigen Hauptfiguren

Ihre beiden Söhne, die einander in der Regierung folgten (1761), hinterließen keine männlichen Nachkommen, und die Markgrafschaft Baden-Baden fiel 1771 an den protestantischen Karl Friedrich von Baden-Durlach, der sich dreißig Jahre später vor die Schicksalsfrage Ludwig Wilhelms, Max Emanuels, des schwäbischen Kreises und der rheinischen Fürsten gestellt sah: ob man für oder gegen den französischen Nachbar sein müsse. Sie alle wählten die Freundschaft, und Karl Friedrich wurde erst Kurfürst, dann Großherzog über ein gewaltig vermehrtes Land, das vom Bodensee bis zum Main und von den Waldstädten bis Mannheim reichte.

Hundert Jahre nach ihrem Tod wußte man nichts Bestimmtes mehr über Sibylla Augusta, außer daß sie sich auf der Grabplatte, die noch heute an ihrer Stelle liegt, als große Sünderin bezeichnet, in der Magdalenenkapelle gegeißelt und in der Favorite ein Lustschlößchen errichtet hatte. Vielleicht war das Wort *große* in der Inschrift zuviel gewesen. Es schien das allgemeine christliche Bekenntnis der Sündhaftigkeit ins Schuldig-Persönliche zu heben. Aus dem Bekenntnis, der Bußkapelle und dem Lustschlößchen war eine Legende entstanden. Der törichte Mohr kam hinzu, und alles reimte sich, die Sünde und die Reue.

Das griffen im neunzehnten Jahrhundert außer deutschen Literaten Pariser Journalisten auf, die von den französischen Pächtern der Spielbank zu Baden-Baden eingeladen wurden, die Propaganda für den ersten Badeort des Festlandes zu machen. Von der Geschichte des Landes wußten sie noch weniger als die Einwohner. Sie schilderten in Büchern mit entzückenden Lithographien die naturhaften Reize des Schwarzwalds, die wilden Schluchten, das liebliche Vorland, die malerischen Ruinen, und unter diese romantischen Motive geriet auch die Herrin von Favorite, die große Sünderin, die Frau mit dem Mohr, der noch immer zu ihren Fenstern hinüberschaute. Was ihnen an Kenntnissen fehlte, ersetzten sie durch unbekümmerte Gewandtheit und den Esprit. Im ›Mercure de Bade‹ oder in der ›Illustration de Bade‹ lasen die Badegäste, die nicht zum Baden kamen, spannende Feuilletons über eine Markgräfin des *ancien régime*, die abwechselnd Diana bei Schloßfesten und Magdalena in der Rindenklause gewesen war[55]. Erst im zwanzigsten Jahrhundert setzte die Säuberung ein.

Ihr Briefwechsel mit Damian Hugo, der 1743 starb, wurde im folgenden Jahr von Markgraf Ludwig in Bruchsal angefordert, ausgeliefert und zum größeren Teil offenbar vernichtet. Ob es dieselbe Hand war, die auch die Briefe Ludwig Wilhelms an Augusta und ihre Antworten an ihn zerstörte, ist so unbekannt wie die Beweggründe für diesen Eingriff. Als sicher darf gelten, daß man zum mindesten Dinge, die das Privatleben des Markgrafen betrafen, der Einsicht zu entziehen wünschte. Augusta könnte sie in den Briefen an Damian Hugo behandelt haben. Die Möglichkeit, daß es in ihrem eigenen Leben etwas gab, das sie später quälte, besteht – bei ihr so gut wie bei jedem Menschen und insbesondere bei jedem Fürsten der absoluten Zeit.

Am unwahrscheinlichsten sind Abenteuer erotischer Natur. Sie widersprechen zu Lebzeiten des Gatten der Neigung, die sie für ihn empfand, selbst wenn man in Betracht zieht, daß sie oft allein war und daß er ihr manchen Schmerz zugefügt haben mag. Die vielen Schwangerschaften, das Sterben und die Erkrankungen der Kinder, das Siechtum des Markgrafen, sein Schicksal als Feldherr, seine Verbitterung hatten eine ernste Frau aus ihr gemacht. Die Vermutung, daß sie seinen Tod als Befehl zum Zölibat empfand, gründet sich auf diesen Ernst und ihre starke, echte Frömmigkeit. Mehr als Vermutung kann es nicht sein. Ließ Augusta sich ein Vergehn zu Schulden kommen, so liegt leichtfertiger Wandel viel ferner als irgendeine von der Staatsraison veranlaßte Handlung – worüber wir nichts Nachweisbares wissen.

Den Tod Augusts von Polen, am 1. Februar 1733, erlebte sie noch, nicht mehr die Wahl Stanislaus Leszczynskis, der Österreich und Rußland widersprachen, woraus der Polnische Erbfolgekrieg erwuchs. Wieder standen die Franzosen im oberrheinischen Land, unter dem Herzog von Berwick, den Jakob II. mit Marlboroughs Schwester gezeugt hatte, und belagerten Philippsburg, während der alte Prinz Eugen den Befehl über die Reichstruppen übernahm.

Berwick fiel. Unter den Prinzen, die zuschauen wollten, wie der berühmte Savoyer die Festung entsetzte, war Kronprinz Friedrich von Preußen. Aber Eugen zog sich zurück und operierte auch in der Folge nicht glücklich. Er verließ die Armee und starb 1736. Noch älter als er, achtzigjährig, inzwischen Minister geworden, eroberte der Herzog von Villars Mailand, dann legte auch er sich zum Sterben, 1734 in Turin.

Stanislaus verzichtete, als 1738 Friede wurde, auf Polen und erhielt dafür Lothringen, das nach seinem Tode endgültig an Frankreich kam. Dafür erhielt Franz Stephan von Lothringen Toskana, wo gerade mit Gian Gastone, dem Schwager Augustas, der Hauptstamm der Medici ausgestorben war. Marlborough starb 1722, vier Jahre später Max Emanuel. Eine neue Generation sprang in die Arena, und alles wiederholte sich, worüber man Bücher schreiben kann, Krieg, Liebe, Ehrgeiz, Leidenschaft, Ruhm und das Unerschöpfliche, die Torheit des Menschen.

DIE VORFAHREN

Seit 962 begegnet man in den Urkunden, die sich auf den Breisgau, die Ortenau (Gegend Offenburg), die Baar (Villingen) beziehn, Grafen namens Berthold.
1061 wird Graf Berthold I. mit dem Herzogtum Kärnten belehnt, ohne daß er dort Fuß fassen kann. Das gleiche gilt von seinem Sohn Hermann, der Markgraf von Verona wird. Aber die Titel Herzog und Markgraf sind damit gewonnen. Berthold II. nennt sich Herzog von Zähringen. Zähringen im Breisgau ist die vom Reich empfangene Lehnsburg. Während aber Schwaben, Franken, Bayern, Sachsen, Lothringen Besitz von Stammesherzögen sind, hat es ein Herzogtum Zähringen nie gegeben.
1090 stirbt in der Schweiz das Haus Rheinfelden aus. Berthold II. hat eine Rheinfelden zur Frau und erbt deren Eigengüter bis nach Burgund hinein. In der Folge werden die Zähringer Reichsstatthalter in Hochburgund (Westschweiz), Reichsvögte für Zürich, Genf, Lausanne. Das sind Ansätze zur Bildung einer Hausmacht, die von Backnang bis Besançon gereicht und vielleicht die Geschichte der Schweiz verändert hätte, wenn nicht diese Linie ausgestorben wäre.
1120 gründet der Sohn Bertholds II. Freiburg im Breisgau.
In Hochburgund gründet der vierte Berthold das andere Freiburg, der fünfte Bern (1191), wobei er an Verona denkt. Ein Bruder Bertholds IV. ist Stammvater einer Nebenlinie, der Herzöge von Teck.
1218 erlöscht mit Berthold V. der Hauptstamm. Die Eigengüter auf der Baar und im Breisgau fallen an den Neffen Urach. Von dessen Söhnen begründet der eine die Linie der Grafen von Freiburg (die 1457 ausstirbt, worauf Freiburg wie schließlich auch die Ortenau an Österreich kommt), der andere tauft die Baar in Landgrafschaft Fürstenberg um und wird der Stammvater des Hauses Fürstenberg.
Die Markgrafen von Baden gehn auf Hermann, den Sohn Bertholds I. zurück, der mit der Mark Verona belehnt wurde. Daher der Titel. Von einer Westmark kann man nicht

sprechen, da über dem Rhein alles Land von Arles bis Groningen zum Reich gehörte.
Hermann II. ist, vermutlich durch Heirat, im Besitz des Ufgaus und baut darin, an der Oos, die Burg Hohenbaden, oberhalb des Fleckens Baden(-Baden), der einst zur Römerzeit die Garnison- und Badestadt Aurelia gewesen war. Das Haus wird allmählich zu den Reichsfürsten gerechnet. Sie erwerben Durlach, Ettlingen, Pforzheim, spalten eine Nebenlinie Hochberg ab, gründen das Zisterzienserinnenkloster Lichtental bei Baden, stellen der Kirche im seligen Bernhard einen Heiligen, verschwägern sich mit den letzten Babenberg, mit Habsburg, Brandenburg, Savoyen. Ein Hermannsohn besteigt mit Konradin in Neapel das Schafott.
Markgraf Christof, 1475–1515, ist der große Erber, Erwerber und Zusammenfasser, ein kluger Kopf und gebildeter Mann, der Gründer des Staates Baden. Sein Vetter, Kaiser Maximilian, verleiht ihm für Dienste in den Niederlanden eine Reihe Herrschaften in Luxemburg. Unter Christof erlebt Baden-Baden seine erste Blüte als Badeort und die Übersiedlung der Familie von Hohenbaden nach dem dicht über der Stadt gelegenen Neuen Schloß, das die Nachfolger weiter ausbauen.
Unter Christof umfaßt die Hausmacht geographisch fünf Teile:
1. Die eigentliche oder obere Markgrafschaft Baden-Baden. Im Norden reicht sie bis nahe an das noch nicht gegründete Karlsruhe. Im Westen bis zum Rhein. Im Süden über Bühl hinaus. Im Nordosten umschließt sie das Albtal, im Osten die im Murgtal gelegene Grafschaft Eberstein, vorerst nur die Hälfte. Es ist ein geschlossenes Gebiet mit den Hauptorten Baden, Stollhofen, Bühl, Rastatt, Kuppenheim, Ettlingen.
2. Die in der Gegend Lahr liegende Herrschaft Mahlberg. Lahr selbst gehört nicht dazu, ist nassauisch.
3. Die untere Markgrafschaft. Nördlich reicht sie von der Alb bis Graben, westlich bis zum Rhein, östlich greift sie über Pforzheim hinaus. Hauptorte sind Pforzheim, Durlach, Graben. Im Augenblick gehört Liebenzell dazu.
4. Die nördlich des Breisgaus liegende Herrschaft Hochberg (um Emmendingen). Die südlich des Breisgaus liegenden

Herrschaften Badenweiler, Rötteln (um Lörrach), Sausenberg (um Schopfheim).

5. Linksrheinischer Besitz, unzusammenhängend: Amt Beinheim im Elsaß, gegenüber von Rastatt. – Amt Grävenstein im Westrich, nördlich von Pirmasens. – Ungefähr 10 Herrschaften im Luxemburgischen, nach dem heute lothringischen Rodemachern, die rodemachernschen Lande genannt, darunter Bolchen, Useldingen, Hesperingen. – Die Grafschaft Sponheim zwischen Nahe und Mosel, die in die vordere und hintere zerfällt, ein Condominium mit Kurpfalz und Pfalz-Simmern, derart, daß Baden an den Einkünften dort zu zwei Dritteln, hier zur Hälfte beteiligt ist. 9 Ämter mit den Hauptorten Ingelheim, Kreuznach, Trarbach, Cröve, Castellaun, Birkenfeld.

1515 teilt Christof diese Gebiete unter seine drei Söhne Bernhard, Philipp und Ernst.

1535 ist das wichtigste Datum der Hausgeschichte. Nach dem Tode Philipps teilen sich Bernhard und Ernst in den Gesamtbesitz. *Seither gibt es die markgräflich Bernhardinische und die markgräflich Ernestinische Linie.* Es erhält die Bernhardinische, die von Baden-Baden, die vorhin unter 1, 2 und 5 erwähnten Gebiete – die Ernestinische die unter 3 und 4 aufgezählten.

Die Ernestinische Linie nennt sich zuerst Baden-Pforzheim, ab 1565 Baden-Durlach, zuletzt nach Gründung von Karlsruhe, 1715, auch Baden-Karlsruhe. Die Trennung in zwei Linien dauert bis 1771, wo Baden-Baden ausstirbt und das Land an Baden-Karlsruhe fällt.

Streng genommen hört die Baden-Badener Linie schon 1588 auf. Aber sie hat 1556 einem jüngeren Sohn die rodemachernschen und sponheimschen Lande überlassen, und diese Unterlinie springt 1588 ein. *Sie ist es, die fortan in der Markgrafschaft Baden-Baden regiert*, als jüngere Bernhardinische Linie.

Nach kurzer Vereinigung spaltet sich bereits 1600 wieder eine Rodemachernsche-Sponheimsche Unterlinie ab, bleibt aber in freundschaftlicher Beziehung zur Stammlinie, was von den Linien Baden-Baden und Durlach nicht gilt. Diese Markgrafen von Baden-Rodemachern regieren bis 1666, dann kehrt ihr Gebiet zu Baden-Baden zurück.

Die Baden-Badener müssen bis gegen Ende des Dreißigjäh-

rigen Krieges mit ihren Fürsten sechsmal den Glauben wechseln, bevor sie endgültig katholisch werden, während Durlach nur das lutherische mit dem reformierten Bekenntnis tauscht. Es gibt in Baden-Baden im sechzehnten Jahrhundert viele Vormundschaften, weil die meisten Fürsten jung zur Herrschaft kommen. Sie haben die Unruhe der Renaissancezeit im Blut und leben verschwenderisch.
Hohenbaden verfällt, ohne daß man angeben könnte, von wann an und warum. An der Zerstörung des Schlosses sind ausnahmsweise nicht die Franzosen von 1689 schuld. Der Stich in Merians *Topographia Sueviae* 1643 zeigt das Alte Schloß deutlich als Ruine – von einigem Alter, wenn die Bäumchen, die aus dem Gemäuer wachsen, nicht bloß Ausschmückung sind.
Die Gliederung der Markgrafschaft Baden-Baden im engeren Sinn ist einfach. Der Rhein und das Gebirge bilden zwei Parallelen, dazwischen die beiden alten Handelsstraßen auch. Näher zum Gebirge liegt die von Basel, Freiburg, Offenburg, Bühl herunterkommende, die in Oos den Verkehrsvorort Baden-Badens, in Kuppenheim den Ausgang des Murgtals berührt, nach Ettlingen, Durlach, Bruchsal, Heidelberg weiterzieht. Die näher am Strom gelegene kommt von Straßburg und Appenweier herüber, betritt bei Lichtenau die Markgrafschaft, berührt Stollhofen, Rastatt, Graben und führt nach Schwetzingen weiter. Der Hauptort der Markgrafschaft ist damals Ettlingen, aber es liegt am Rand. Baden-Baden liegt im Innern, jedoch in einem Seitental.

ANMERKUNGEN

Von älteren monographischen Arbeiten über Ludwig Wilhelm ist zu nennen nur: Charles Joseph de Ligne, ›Mémoires sur les Campagnes du Prince de Baden‹, Bruxelles 1787.
1839–1842 erschien in Karlsruhe: Philipp Röder von Diersburg, ›Des Markgrafen Ludwig Wilhelm von Baden Feldzüge wider die Türken‹, in 2 Bänden, das erste Werk, das die Karlsruher und Wiener Urkunden verarbeitete.
1850 gab ebenda derselbe Verfasser in 2 Bänden ›Kriegs- und Staatsschriften des Markgrafen Ludwig Wilhelm von Baden über den Spanischen Erbfolgekrieg‹ aus den Archiven von Karlsruhe, Wien und Paris heraus.
Die frühere Arbeit behandelte die Jahre 1683–1692, die spätere die Jahre 1700–1707. Die Lücke füllte, zufolge einem 1886 von der Badischen historischen Kommission gegebenen Auftrag, Aloys Schulte aus, als er, 1892 in Karlsruhe, das zweibändige Werk ›Markgraf Ludwig Wilhelm von Baden und der Reichskrieg gegen Frankreich‹ herausgab.
Röder von Diersburg ist Militär. Weder die Politik als Problemwissenschaft noch psychologische Fragen berühren ihn. Kritik an einem Mitglied der Dynastie würde er sich nicht erlauben, auch nicht an einem längst verstorbenen wie Ludwig Wilhelm. Im Buch über den Türkenkrieg macht das nicht viel aus; das Bild des jungen Helden, der fern der Politik in die weiten Räume des Balkans hinausstürmt, entspricht den Tatsachen. Unannehmbar ist Röders Bemühn, auch mit dem Markgrafen der letzten Jahre bedingungslos durch Dick und Dünn zu gehn. Er stellt ihn als reines Opfer der Verhältnisse hin, ohne nach den Charaktereigenschaften des Mannes zu fragen, die die Krise mitverschuldeten. Röder hat die zwei Gesichtspunkte eingeführt, die Gemeingut der populären Darstellung geworden sind: den Undank des Kaisers oder des Hauses Habsburg und die reine Idealität des deutschen Patrioten Ludwig Wilhelm.
Schulte verkennt nicht die starren Seiten im Wesen des Markgrafen. Aber die Stellen, an denen er Versuche zu einer kritischen Wertung macht, sind schwer zu finden. Sie verschwinden in der ungeheuren Detailarbeit, die er zu bewältigen hatte. Nicht jeder, der sich sein Werk kommen ließ, wenn er etwas über den viel berufenen und wenig gekannten Markgrafen schreiben wollte, hat sich bis zum Ende durchgelesen.
So kommt es, daß trotz der dankenswerten Arbeit, die Schulte geleistet hat, bis heute nicht eine einzige ernsthafte Biographie des berühmtesten Badeners erschienen ist, dagegen eine Unmenge kleiner Lebensumrisse,

die von Unkenntnissen und Verkennungen wimmeln. Sie sind alle abgestimmt auf jene Röderschen Akkorde des Märtyrers und des Patrioten – sie übersehn alle das Zeitgebundene im Naturell ihres Helden und obendrein die inneren Spannungen der seltsamen Übergangszeit, die vom Dreißigjährigen Krieg in die Epoche der österreichischen Monarchie hier, der preußischen dort führt.
Ludwig Wilhelm wollte der Reformator des Reichsheeres sein, die Entwicklung entschied gegen das Reichsheer, für die stehenden Truppen der Territorialherrn, und das Bild des Markgrafen kann nur auf diesem großen Hintergrund, nicht mit den Mitteln des Lokalpatriotismus gezeichnet werden.
Röder und Schulte haben das Material zur Kenntnis des Feldherrn und Politikers Ludwig Wilhelm so gut wie erschöpft. Eine Ergänzung stellt die im Münchner Geheimen Hausarchiv liegende Korrespondenz des Pfalzgrafen Christian August dar, auf die erstmalig Karl Theodor von Heigel aufmerksam machte. Laut Elisabeth Weiland enthält diese Korrespondenz u. a. ›zahlreiche Berichte des Markgrafen Ludwig Wilhelm aus den Türkenkriegen mit ausführlichen strategischen Darstellungen, zahlreichen Protokollen von Aussagen Gefangener und einer eingehenden Darstellung der Schlacht bei Szlankamen‹. Über Heigel vgl. Anm. 15, über Weiland Anm. 16.

1 Die Mitteilungen über das Badeleben sind Oskar Rößler, ›Baden-Baden als Heilbad‹, 1936, entnommen.

2 Rollers ›Ahnentafeln der letzten regierenden Markgrafen von Baden-Baden und Baden-Durlach‹, 1902, geben als Tag der Eheschließung den 15. März 1653 an. Aber das ist der Tag des Ehevertrags.

3 Eugenio Maurizio, der Gatte Olympias, war der jüngere Bruder Luisas. Der ältere hieß Emanuele Philiberto, war taub und stumm, aber bekannt durch die Überlegenheit, mit der er seine Gebrechen hinnahm, seinen geistigen und geschäftlichen Interessen nachging. Er heiratete und setzte die Linie fort:

Carlo Emanuele I., Herzog von Savoyen. Gest. 1630
Verheiratet mit Tochter Philipps II. von Spanien

Vittorio Amadeo I. Herzog v. Savoyen gest. 1637	Tommaso, 1596–1656, Gründer der Linie Carignano, heiratet Maria von Soissons aus dem Hause Condé			
Carlo Emanuele II. Herzog v. Savoyen reg. 1638–1675	Emanuele Philiberto, 1631 taubstumm geboren. Heiratet eine Este-Modena. Setzt die Linie Carignano fort	Luisa 1627–1689. Heiratet Ferdinand v. Baden	Eugenio Maurizio 1633–1673, Graf v. Soissons, heiratet Olympia Mancini	
Vittorio Amadeo II. Herzog v. Savoyen von 1675–1713, dann König v. Sizilien, seit 1720 von Sardinien		Ludwig Wilhelm v. Baden geb. 1655		Prinz Eugen geb. 1663 als jüngster Sohn Ohne Kinder
Die Linie erlöscht 1831	Die Linie besteigt 1831 den italien. Thron		Die Linie erlischt 1734	

4 Die Anwesenheit des (letzten) Fräuleins von Longueville und ihres künftigen Gatten, des Herzogs von Nemours, der einer Seitenlinie des Hauses Savoyen entstammte und bis vor kurzem Erzbischof von Reims gewesen war, gibt Anlaß zu einer Anmerkung für Liebhaber genealogischer Zusammenhänge. Es bestand eine weitläufige Verwandtschaft zwischen Longueville und Zähringen.

Der Stammvater der Herzöge von Longueville war der Bastard von Orléans, Dunois. Sein Enkel heiratete Johanna, die letzte Sausenberg, die ihm Neuchâtel einbrachte. Die Sausenberg-Hochberg gehörten zum

Hause Zähringen. Ihr Gebiet fiel mit Ausnahme von Neuchâtel an jenen Christof, der alle zähringischen Linien beerbte und 1515 die Äste Baden-Baden und Baden-Durlach gründete. Der mit der Sausenberg verheiratete Longueville war mit Neuchâtel nicht zufrieden, sondern verlangte auch Hochberg. Er erhielt aber nur eine Abfindung und den leeren Titel eines Markgrafen oder Marquis von Rötelin.
Mit diesem Rötelin ist Röteln gemeint (siehe Vorfahren), das auch den Sausenberg gehörte. Die Frau des ersten Condé, die Stammutter der Prinzessin Marie von Carignano, war eine Herzogin von Longueville und Marquise von Rötelin. So konnte Ferdinand Maximilian sich seiner Schwiegermutter gegenüber darauf beziehn, daß sie einen Tropfen zähringischen Blutes in sich trage, durch jene Johanna, die überdies die Tochter einer Savoia gewesen war.
Nebenbei, es erhob sowohl Österreich Anspruch auf Röteln als auch Baden-Baden auf Neuchâtel. Beide Streitfälle wurden erst im achtzehnten Jahrhundert aus der Welt geschafft: jener durch eine Zahlung Badens, dieser dadurch, daß Neuchâtel an Preußen kam, das ebenfalls aus grauen Zeiten her Ansprüche hatte.
5 Nach der gewöhnlichen Angabe. Im Bericht des Agenten des Herzogs von Savoyen aus Paris steht der 9. April. Vgl. Claretta, ›Le relazioni politiche e dinastiche dei Principi di Savoia coi Margravi di Baden‹, Torino 1887, S. 72.
6 Auf dem Krönungsfest fertigte der flämische Kupferstecher Wallerant Vaillant Zeichnungen der Kurfürsten an. Von demselben Meister besitzt die großherzogliche Familie eine Anzahl Porträts in Kreidemanier aus den Jahren 1655 und 56, die in der Zeitschrift für Geschichte des Oberrheins 1894 von Oechelhäuser veröffentlicht wurden. Sie stellen mit großer Wahrscheinlichkeit Markgraf Wilhelm, erkenntlich am goldenen Vließ, und seine Familie dar. Nicht alle Zuschreibungen sind überzeugend, unhaltbar die der Frau Leopold Wilhelms, der geborenen Caretto, da die Ehe erst 1659 geschlossen wurde, nicht 1650, wie Oechelhäuser annimmt. Da Luisa nicht in Baden war, könnte es sich bei der ihr zugerechneten Zeichnung nur um eine Wiedergabe nach einer Miniatur handeln. Der Beweis stützt sich auf die Perlen und ist schwach.
7 Friedrich von Weech, ›Badische Geschichte‹, 1890, läßt S. 239 Freiburg und Breisach im Rastatt-Badener Frieden wieder an die Franzosen kommen. Auch verwechselte er den Ryswyker Frieden mit dem Aachener.
8 1218 erlosch mit Berthold V. das ältere Haus Zähringen. Sein Neffe, ein Graf Urach, erhielt bei der Erbteilung die Baar, das Gebiet um Villingen im Schwarzwald. Dessen Sohn baute dort auf dem Fürstenberg eine Burg.
9 Über die Beziehungen zwischen Baden-Baden und Einsiedeln vgl. P. Odilo Ringholz O. S. B., ›Das markgräfliche Haus Baden und das fürstliche Benediktinerstift U. L. Fr. zu Einsiedeln‹, Freiburger Diözesan-Archiv XXIII, 1893, auch als Abdruck erschienen.

10 Vgl. Ernst Weydmann, ›Geschichte der ehemaligen gräflich-sponheimischen Gebiete‹, 1899, S. 42.
11 1683 erschien nach dem Vorbild der römischen Pasquille ein deutsches, worin Marphorio dem Pasquino erwidert: ›Ich will dich underweisen und dir den Weg zeigen, den du wandeln solt. Seye Kayser und kein Musicant, sey Kayser und kein Jäger, sey Kayser und kein Jesuit‹, wozu anzumerken ist, daß das gut klingt. Der Geschmack des Kaisers an der Jagd hielt sich in Grenzen und wurde erst bei seinem Sohne Josef zu einer phantastischen Leidenschaft. Neigung zur Musik und Fürstentum schließen sich nicht aus. Berechtigter war die Warnung vor der Abhängigkeit von den Beichtvätern.
12 Ringholz a. a. O. nennt die Herzogin Maria Beniana. Bei Johann Hübner, ›Dreihundertdreiunddreißig genealogische Tabellen‹, 1708, findet sich eine Maria Benigna Franziska, als Schwester des Herzogs Julius Franz und Witwe des Fürsten von Amalfi, Ottavio Piccolomini, des kaiserlichen Feldherrn im Dreißigjährigen Krieg. Es scheint, daß Ringholz oder schon die Klosterchronik die Schwägerinnen verwechselt hat.
13 Sie nannte sich selbst immer Augusta. Sibylla mag der einprägsamere Name sein, aber es geht nicht an, ihn der Trägerin nachträglich aufzwingen zu wollen. Man wird sich im Badischen gewöhnen müssen, ihr den richtigen zurückzugeben.
14 Die Angabe Schultes, daß der 27. März der Ostermontag gewesen sei, stimmt nicht. 1690 fiel der Ostermontag auf den 10. April.
15 Alfred von Reumont, ›Geschichte Toscanas‹, 1876 (in ›Geschichte der europäischen Staaten‹, herausgegeben von Heeren, Ukert, Giesebrecht). Die erste Darstellung der Verlobungen von 1690 gab Karl Theodor von Heigel in ›Biographische und Kulturgeschichtliche Essays‹.
16 Auszüge bei Elisabeth Weiland, ›Markgräfin Franziska Sybilla Augusta von Baden-Baden‹, Freiburger Dissertation 1922 (Maschinenschrift). Von allem, was über Augusta von Baden bis heute gedruckt worden ist, kommt nur in Betracht: Rudolf Sillib, ›Schloß Favorite‹, Neujahrsblätter der Badischen historischen Kommission 1914, und die Arbeit von Weiland. Über Fehler bei Weiland wird noch zu sprechen sein. Als brauchbaren Zeitungsartikel kenne ich nur den von Maximilian Letsch in der Rastatter Zeitung vom 10. Juli 1933. Der Rest sind Deklamationen, aus den Fingern gesogene Phantasien und Entstellungen. Den ersten Versuch, aus dem Wust zweier Jahrhunderte den wahren Charakter Augustas herauszuschälen, machte Cornelius Krieg 1907 in seiner volkstümlichen Schrift ›Markgräfin Augusta Sybilla von Baden, eine verkannte Fürstin‹. Aber andererseits von einer seltenen Kenntnislosigkeit in allem, was die Lebensumstände Ludwig Wilhelms betrifft, hat gerade er alle die törichten Angaben auf dem Gewissen, die man in der Literatur über den Markgrafen findet. Um ein Beispiel zu geben, läßt er ihn auf Hohenbaden, das 1655 längst Ruine war, geboren werden und seit 1693 ebenda mit Augusta residieren.

17 Max Friedrich Metz in ›Mein Heimatland‹, 1933, Heft 9.
18 Auf der Rückseite einer Silbermünze, die wieder Kleinert schlagen ließ, steht vor dem gefesselten Gott des Rheins der Markgraf, dem die Viktoria einen Kranz aufsetzt. Der Markgraf kehrt dem sinkenden Halbmond den Rücken und schaut zur Sonne hinauf. Die Münze ist abgebildet bei J. D. Schöpflin, ›Historia Zaringo Badensis‹, Band III, Tafel X, und bei A. v. Berstett, ›Münzgeschichte des Zähringisch-Badischen Fürstenhauses‹, 1846, Tafel IV. Die Münze wurde von Ph. H. Müller modelliert. Das Profil zeigt ungemein deutlich die hohe Stirn, die lange Nase, die vorgeschobene Unterlippe.
19 Zu den Legenden, die aus Krieg in die üblichen Darstellungen, aber auch noch in die Weilandsche Dissertation übergegangen sind, gehört die, Augusta habe die nun folgenden Jahre ›meistens an der Seite des Gatten in Feldlager zugebracht‹. Sie begleitete ihn im Augenblick ins Lager von Heilbronn, später besuchte sie ihn gelegentlich, so 1694 in Göppingen, 1695 in Wildbad. Im übrigen hatte sie vorerst ihren Wohnsitz in Günzburg und eine ihr teure Heimat stets in Schlackenwerth. Krieg läßt das markgräfliche Paar bereits 1693 nach Baden-Baden zurückkehren. Das übernimmt auch noch Sillib; erst Weiland kommen Zweifel. Ludwig Wilhelm selbst sah Baden-Baden erst 1694 und nur so lange, wie man für ein Mittagessen braucht. Wenn Augusta nicht den Aufenthalt in Wildbad zu einem Abstecher benutzt hat, lernte sie Baden-Baden erst nach dem Frieden, etwa 1698, kennen, und nicht einmal das ist sicher. Ihr nächster beglaubigter Aufenthalt in der Markgrafschaft war 1702.
20 Nach J. Löser, ›Geschichte der Stadt Baden‹, 1891. Daselbst genaue Angaben über die 20 von den Franzosen der Markgrafschaft auferlegten jährlichen Kontributionen. Im übrigen ist Löser veraltet, dynastiefromm und nur mit großer Vorsicht benutzbar. Eine gründliche Geschichte Baden-Badens fehlt.
21 1877 als Festschrift beim ersten Besuch Kaiser Wilhelms I. in Straßburg neu gedruckt.
22 Der Marquis La Grange d'Arquien adoptierte Maria, die natürliche Tochter des großen Condé und der Maria von Gonzaga. Seine eigene Tochter heiratete den Marquis von Béthune. Als Maria in zweiter Ehe die Frau Sobieskis und Königin geworden war, verlangte sie den Marquis von Béthune als französischen Gesandten. Dieser Zweig der Béthune nannte sich fortan Béthune-Pologne. Eine der Töchter Sobieskis heiratete den Stuartprätendenten, Chevalier de Saint-Georges, den Vater des Grafen von Albany, dessen Frau, eine Stolberg, mit Alfieri lebte, und des letzten Stuart aus der königlichen Linie. Vergl. ›Mémoires de la Baronne d'Oberkirch‹, II 46.
23 Es gibt Einwände gegen die Auffassung, daß in Rastatt zuerst nur ein Jagdschlößchen begonnen und der Plan, die Stadt zur Festung zu machen, erst um 1700 gefaßt worden sei. Vgl. in Zeitschrift zur Geschichte der Architektur VIII, 1924: Fritz Hirsch, ›Rastatt, Schloß und Stadt‹.

Ferner: Gerhard Peters, ›Das Rastatter Schloß‹, 1925. Über Rossi, die Baugeschichte des Rastatter Schlosses und andere Spezialfragen die verschiedenen Arbeiten Karl Lohmeyers. Über Bruchsal: Fritz Hirsch, ›Das Bruchsaler Schloß‹, 1910. Über Rohrer: Anna Maria Renner, ›Die Baumeisterfamilie Rohrer‹, 1936.

24 Der Markgraf erhielt die Ortenau als erzherzogliches Lehen vom Lehnshof in Innsbruck, daher das Gebiet beim Aussterben der Linie 1771 an Österreich zurückfiel. Da Offenburg und Gengenbach Reichsstädte, das Harmersbacher Tal mit Zell Reichstal war, so wurde der Markgraf zugleich Reichsvogt für diese Reichslehen.

25 1819 erhob der Herausgeber der ›Mémoires et Correspondence du Maréchal de Catinat‹ gegen Ludwig Wilhelm die Beschuldigung, er habe vor Landau mit Catinat verräterische Beziehungen unterhalten, und belegte diese Behauptung durch das Faksimile eines mit Louis unterschriebenen Schriftstücks. Röder von Diersburg wies a. a. O. als wirklichen Verfasser Louis von Bourgogne nach.

26 Weiland gibt 1703 an. Ringholz spricht nur von ›dieser Zeit‹, nämlich den Jahren zwischen 1701 und 1705.

27 Nach Rollers Ahnentafeln wurde Ludwig Georg Simpert am 7. Juli geboren. Weiland gibt einmal den 6. Juli, das andere Mal den 4. Juni an.

28 B. Erdmannsdörfer, ›Deutsche Geschichte vom Westfälischen Frieden bis zum Regierungsantritt Friedrichs des Großen‹ II, 203.

29 Röder von Diersburg wandte sich a. a. O. gegen W. Coxe, der in den ›Memoirs of the life of Marlborough‹, 1818, Ludwig Wilhelm als abgelebten, grämlichen, ränkesüchtigen Neider hinstelle, und gegen die deutschen Nachsprecher, die mit gewohntem Eifer vaterländische Verdienste unterdrückten. Daß deutsche Autoren in glücklich überwundenen Zeiten ausländische Größen über das Maß erhöhten, ist Tatsache. Trotzdem bedürfen die gar zu einfachen Urteile Röders der Kontrolle, und wenn hier eine *gewisse* Annäherung an den Standpunkt Coxes wiederhergestellt wird, so entspringt sie der Tatsache, daß man über die Krise im Charakter des Markgrafen nicht hinwegsehn kann. Der Markgraf hätte besser getan, seine Krankheit Krankheit zu nennen und einen gründlichen Urlaub zu nehmen.

30 Vgl. hiermit: ›Dem Habsburg von damals, wie so oft, war das Unmenschlichste zuzutrauen; der Kaiser Leopold I. war ein Schwächling, Frömmling, sondersgleichen und in den Händen einer verantwortungslosen Hofintrige. Jedenfalls hat er seinen Feldherrn auf das schmählichste im Stich gelassen. Man war frech genug in Wien, von dem neuen Oberbefehlshaber im Westen rasche, offensive Schläge zu erwarten. Erst als der aufrechte Mann, von schweren Verwundungen und von der maßlosen Gemeinheit seiner habsburgischen Gegner gebeugt – man hatte ihm schließlich noch den mehr arroganten als fähigen Engländer Marlborough an die Seite gesetzt ...‹, usw. (Friedrich Roth in ›Mein Heimatland‹ XXII, 1935, Heft 5). So kann man nicht Geschichte schreiben. Es

sind Kontrastmalereien eines Dramatikers, der sich auf einen nicht genügend bekannten Boden begibt.

31 Für die Angabe Weilands, Augusta sei beim Besuch Marlboroughs in Rastatt anwesend gewesen, war kein zeitgenössischer Beleg zu finden. Die Quelle ist Krieg, der die Familie bereits 1705 das Schloß beziehen läßt. Aber das geschah erst im November 1706, und Marlborough kam im Mai dorthin. Wenn der sehr höfliche Marlborough Augusta kennengelernt hätte, würde er sie in seinem nächsten Brief gegrüßt haben, wie auch Eugen tat.

32 ›Wunderbarliche Dannenfrucht auß einem unfruchtbaren Felsen auff dem Schwartzwald entsprossen‹, von Johann Baptist Degen, Rottweil 1722. Als im gleichen Jahr die Gemeinde Oberreuthe im Breisgau brannte, verlobte sie sich mit der Muttergottes von Triberg, und das Feuer erlosch. Man verlobte sich also aus der Ferne und holte die Wallfahrt nach, wenn es ging. Degen bestätigt nicht ausdrücklich, daß Augusta und ihr Gatte nach Triberg gekommen seien.

33 Nach den Kapuzinerannalen von Waghäusel. Mitgeteilt bei H. Nopp, ›Geschichte der Stadt und ehemaligen Reichsfestung Philippsburg‹, 1881. Ebenda die Eintragung der Kapuziner über das Hinscheiden des Markgrafen: Optime resignatus in voluntatem Dei sui et cum aedificatione adstantium obdormivit in Domino – mit Ergebung in den Willen seines Gottes und zur Erbauung der Umstehenden entschlief er im Herrn.

34 1710 sollen in Einsiedeln 210000 Pilger gezählt worden sein. Die Geschichte von der Heilung des jungen Markgrafen ging 1890 in die Schulbücher des Kantons Schwyz über.

35 Filippo Neri aus Florenz gründete ein Pilgerspital und stiftete die Kongregation der Oratorianer. Er starb 1595 und wurde 1622 heilig gesprochen. Markgraf Bernhard von Baden starb 1458, mit der Vorbereitung eines Kreuzzuges begriffen, in Moncalieri in Piemont, wo sein Grab zur Wallfahrtsstätte wurde. Die Seligsprechung erfolgte erst 1769.

36 Mitteilung des Frankfurter Ratsherrn von Uffenbach, der 1712 das Schloß besichtigte. Er erwähnt auch bereits die Kolossalstatuen der Einfahrt, den roten Anstrich des Gebäudes und das Kabinett im Erdgeschoß, für das Ludwig Wilhelm unter großen Kosten von einem Engländer, ›so lang in Indien gewesen ist‹, eine chinesische Tapete hatte herstellen lassen.

37 Dehio, im Handbuch der deutschen Kunstdenkmäler, 1911, ging von der älteren Annahme aus, Favorite sei 1725 gebaut worden, in einem ›für jene Zeit schon altmodisch zu nennenden Barock‹, dem er daher die Attribute schwerfällig und provinziell beilegte – ein Beweis dafür, daß die rein stilkritische Besichtigung eines Bauwerkes für das Scharmante und Einmalige zu wenig Worte findet. Das Attribut schwerfällig ist als einziges der Favorite bewilligtes in die 15. Auflage des Großen Brockhaus übergegangen, womit eine relativ gemeinte Bezeichnung zu einer

absoluten wird. Die Baudaten der Favorite hat zuerst Sillib richtig gestellt. Am ungeschicktesten löste Rohrer die Treppenfrage, nämlich gar nicht: es gibt keine Treppe, von der die Wohnräume der Markgräfin einzeln zugänglich gewesen wären. Man mußte die ganze Zimmerflucht durchlaufen, längs der Fenster.

38 Die Annahme, die Schwester Augustas habe als Großherzogin von Toskana die Künstler besorgt, erledigt sich durch die Tatsache, daß Anna Maria Florenz nie sah und von ihrem Gatten getrennt lebte.

39 Keyßler berichtet, Augusta habe auch das Geheimnis besessen, ›in den härtesten Achat die Figuren und Farben, welche sie will, zu bringen und zwar also daß nicht nur die äußere Fläche bemalt ist, sondern die Farben auch etliche Zoll tief in den Stein eindringen‹.

40 Das Atlantisbuch der Musik, S. 457.

41 Pöllnitz, ›Mémoires‹, 1734. – Keyßler, ›Neue Reise durch Teutschland‹, 1740.

42 Vom Autor bei Abfassung dieses Buches vielfach neben der Landesbibliothek in Karlsruhe benutzt. Beiden schuldet er Dank.

43 Stanislaus wohnte damals also noch in Zweibrücken, nicht schon in Weißenburg, wie Weiland annimmt. Ihre andere Vermutung, die jungen Leute müßten sich verlobt haben, kann nur im ungefähren, privaten Sinn gelten.

44 Berichte des päpstlichen Zeremonialarchivs, abgedruckt von Weech in Zeitschrift für die Geschichte des Oberrheins, 1894. Weech gibt bei dieser Gelegenheit das Geburtsjahr des Prinzen mit 1703 an. Überhaupt sind seine Daten ein Kreuz. In der Badischen Geschichte S. 242 läßt er den Erbprinzen 1726 statt 1721 und seinen Bruder 1753 statt 1735 heiraten, S. 234 die Tochter Augustas 1728 statt 1726 sterben – an anderen Stellen wiederum stehn die richtigen Jahre. Vgl. auch Anm. 7.

45 Renner a. a. O. vermutet, daß Rohrer die Markgräfin nach Rom begleitet haben könne.

46 Der bei Weiland als Beilage XV abgedruckte Brief ist, wie aus dem zweiten Postskriptum hervorgeht, in Wien geschrieben und geht chronologisch der Beilage VI voran.

47 Weiland gibt als Vornamen der Fürstin von Thurn und Taxis Maria Ludowika an, Hübner in seinen Genealogischen Tabellen Luisa Anna Franziska.

48 Das Original des Berichtes von P. Prokop Schneider, ›Von dem Tugendreichen Leben, exemplarischen Zubereiten zu dem Sterben und gottseligen Todt Ihro Hochfürstl. Durchlaucht verwittibten Frau, Frau Markgräfin von Baden-Baden p. p. Franciska Sibilla Augusta‹, befindet sich im Kloster Lichtental. Prokop Schneider war nicht, wie Weiland angibt, Jesuit, sondern Franziskaner.

49 Die sonntägliche Messe wurde bis 1771 gelesen, beim Übergang des Landes an die protestantischen Durlacher abgeschafft; die Franziskaner bestanden aber weiterhin auf ihrem Wein (Sillib S. 75). Der Auffassung

Weilands, die Magdalenenkapelle sei ›an sich kein kirchliches Gebäude‹ gewesen, steht der fünfzigjährige Gottesdienst entgegen.

50 Über diese Reise vom Oktober 1727 liegt ein bei Weiland als Beilage XVIII abgedruckter Bericht des Sekretärs Kligl vor, der sehr anschaulich die Schwierigkeiten einer Reise von damals – sie ging über Straßburg, Basel, den Zürichsee – die Kosten, die Gasthäuser, das Postwesen, beschreibt.

51 Weiland gibt 1730 an, bezieht sich aber selbst auf Ringholz, bei dem 1731 steht. Es seien einige Fehler bei Weiland berichtigt: die Daten im Itinerar stimmen nicht immer mit denen im Text überein, so beim Geburtsjahr der Tochter Luise und beim Geburtstag des Sohnes Ludwig Georg. Seite 27 muß es statt Leopold I. Josef heißen. Das Kind von 1697 wurde nicht am 30. November, sondern am 30. September geboren.

52 Von den Zuwendungen Augustas an Einsiedeln ist fast nichts erhalten. Die Franzosen plünderten das Kloster 1798 und hoben das Stift auf. Vieles ging auf der Flucht verloren, anderes wurde bei der Wiederherstellung zu Geld gemacht.

53 1771 fand sich in der Tat ein älterer durlachscher Prinz, der katholisch wurde, um Augustas Enkelin Elisabeth heiraten zu können. Aber Elisabeth wies ihn ab. Sie lebte mit ihrem Hofmeister Michael Wenzel von Althan, der achtzehn Jahre jünger als sie war, in heimlicher Ehe.

54 Genauer 49 559 Gulden, nach Weiland. Die Summe erscheint außerordentlich hoch gegen die 2000 im Testament von 1703. Aber um die Kinder brauchte sie sich nicht mehr zu sorgen, und das Bedürfnis nach einem gottgefälligen Werk hatte zugenommen.

55 Die Titel dieser Romane anzuführen, erübrigt sich. Immerhin seien als Autoren Spindler, Barrak, Haidheim, Méry genannt. Gänzlich überflüssig war, noch 1937 Méry in einer deutschen Bearbeitung neu herauszubringen, in voller Unkenntnis der grausigen Schnitzer dieses Franzosen, der den Frieden von Utrecht auf 1708 ansetzt, Augusta mit Liselotte verwechselt (›Zweimal erlebte sie die Niederbrennung der Pfalz, hörte die Todesschreie ihres Volkes‹) und sie zur Zeit Mélacs in Rastatt residieren läßt – wie Haidheim in Baden-Baden zur Zeit der Zerstörung. Der Inhalt der Novelle Mérys ist dieser: ein in Favorite lebender Abenteurer, der Chevalier de Malte, sucht den Liebhaber Augustas, den Grafen von Lille, im Duell zu beseitigen und vergiftet auch eine Verwandte Augustas, die der Markgräfin ins Gewissen redet. Augusta läßt ihn in die Gewölbe unter dem Neuen Schloß werfen, schickt aber Lille fort und tut fortan Buße: ›Im Schloß zu Rastatt hat die Magdalena des Rheins den Namen Schwester Augusta angenommen, Sibylla ist tot für die Welt.‹ Bei Haidheim ist der Gefangene in den Gewölben ein natürlicher Sohn Ludwig Wilhelms, und von hier aus ergibt sich das Reuemotiv. Die Ablehnung dieser Literatur ist dadurch gerechtfertigt, daß sie den Anspruch erhebt, eine geschichtliche Gestalt zu zeichnen, sich aber nie mit ihr vertraut gemacht hat.

REGISTER

Könige unter dem Vornamen

A

Abdurrahman 128
Acciajoli 66
Alba 70
Albrecht der Bär 155
Albrecht, Erzherzog 11
Alexander VII. 41
Anhalt 127
Anjou, Philipp von 269–329
Anna von England 218, 273, 277, 296, 328, 329
Anna von Frankreich 23, 24, 43, 44, 268
Apafi 126, 138, 186
Arco 263, 288, 298, 304
Aremberg 65, 353
Argenson 346–347
Arneth 121
Arnim 309
Asam 332, 352
Aspremont 173
Assignationen 192
Augsburger Bund 133
August der Starke s. Sachsen
Auvergne 168
Aviano 109, 119, 144, 229

B

Bach 335
Baden-Baden, Anna von 40, 53, 96
Baden-Baden, Franziska Sibylla Augusta von 156–165, 175, 185–186, 198, 201, 206, 207, 216, 223, 224, 228, 229, 232, 241, 245, 255, 263, 264, 265, 285, 290, 304, 310, 313, 317, 318, 321–358
Baden-Baden, Elisabeth von 347
Baden-Baden, Katharina Franziska von 53, 96
Baden-Baden, Katharina Ursula von 12
Baden-Baden, Augusta *Maria* Johanna von, s. Chartres
Baden-Baden, Maria Franziska von 50, 59, 64, 96, 99, 169, 265
Baden-Baden, Maria *Luisa* Christina von 26, 44–95
Baden-Baden, Maria Magdalena von 50, 96
Baden-Baden, Maria Victoria von 353
Baden-Baden, Bernhard der Selige 67, 351
Baden-Baden, Eduard Fortunatus von 9, 10, 18, 264
Baden-Baden, Ferdinand Maximilian von 10–63
Baden-Baden, Hermann von 40, 41, 50, 59, 76, 83, 85, 86, 96, 109–184, 254
Baden-Baden, Hermann Fortunatus von 59
Baden-Baden, Karl Bernhard v. 52, 91
Baden-Baden, Leopold Wilhelm von 41, 44, 50, 51, 59, 60, 64, 265
Baden-Baden, Ludwig Georg Simpert von 290, 313, 317, 318, 321–357
Baden-Baden, Ludwig Wilhelm von
Geburt 37
Taufe 39
Erziehung 52
in Besançon 65, 80

Bildnis 63
in Italien 66
Rheinreise 73, 77, 78
Holländischer Krieg 84
vor Philippsburg 87
mündig 94, 95
in Holland 103
Im Osten 111–186
Preßburg 139
Frauen 135
Batotschina 151
Nisch 152
Heirat 155
Szlankamen 180–187
Goldenes Vließ 183, 201, 287
Generalleutnant 183
Im Westen 195–318
In England 217
Polnische Kandidatur 245–251
Erbfolgekrieg 282
Schellenberg 298
Tod 317
Später 330, 333, 336
Charakter 122, 140–141, 196, 203, 215–216, 230, 237, 263, 279–280, 290, 291, 299, 304, 308–309, 312
Baden-Baden, Wilhelm von 10–94
Baden-Baden, Wilhelm Georg von 321–356
Baden-Durlach, Bernhard Gustav von 60, 79
Baden-Durlach, Friedrich V. von 60
Baden-Durlach, Friedrich VI. von 84, 86, 87
Baden-Durlach, Karl Friedrich von 356
Baden-Durlach, Karl Wilhelm von 217, 327
Baldung Grün 313
Barfuß 179, 181, 182
Bart, Jean 226
Bayern, Adelheid von 27, 42, 82
Bayern, Ferdinand Maria von 49
Bayern, Josef Ferdinand von 270–272
Bayern, Maria Antonie von 269–270
Bayern, Max Emanuel von 110–329, 354, 358
Bayreuth 195, 196, 284, 325
Bercsenyi 292
Bernini 66
Bertermann 247
Berwick 277, 358
Bethlen 107
Bismarck 156
Bluhm 157, 163
Bocskay 107
Boufflers 177, 228
Börner 224, 289
Bouillon 228
Bournonville 79, 82
Boyneburg 77, 240, 331
Brandenburg, Friedrich Wilhelm, der Große Kurfürst 70–94, 111, 127, 142, 221
Brandenburg, Friedrich III. von 164, 170, 193, 234, 274, 298, 313
Braunschweig, Georg Wilhelm von 88
Braunschweig, Sophie Dorothee von 88
Breuner 219
Bucelini 292
Buonvisi 119
Bürkli 204
Byron 294

C

Caccioli 312, 324
Caprara 110, 118–194, 226, 230, 251
Caraffa 11, 110, 138–139, 179
Catinat 179, 225, 289, 369
Chamilly 208
Chamois 262
Chartres, Louis von 345–352
Chartres, Augusta *Maria* Johanna von 340–352

Chavagnac 141
Choiseul 231, 241
Christine von Schweden 44, 66
Claudia Felicitas, Kaiserin 56, 67
Clerambault 302
Coigny 296
Cola di Rienzi 158
Colbert 21, 47, 48, 93, 134
Colonna 67
Commercy 289, 290
Condé, Familie 26
Condé, der Große 24–26, 46, 72, 80–86
Conti 119, 123, 245–250
Corneille 30, 163
Cranach 313
Créqui 91, 92, 119, 123, 129
Croy 153, 173, 174, 184, 215
Czernin-Caretto 40

D

Dagobert 54
Dauphin, Sohn Ludwigs XIV. 147 178, 210–271
Danckelmann 224, 246, 250
Darmstadt, Georg von 205, 273, 328
Daun 327
Degenfeld 61, 304, 317
Dekapolis 101
Derfflinger 126, 129
Dessau, Leopold von 299, 302
Dritte Partei 191, 193
Dientzenhofer 163
Dünewald 117, 129, 138, 181–183
Duras 151, 168–170
Dürer 313

E

Eberstein 65, 168, 170
Eggenberg 53
Eicken 9
Einsiedeln 12, 96, 156, 224, 285, 321–354
Eleonore, Kaiserin 148, 326
Elisabeth von England 9
Elz 53
Eugen, Prinz, s. Savoia-Carignano
Esterhazy 222
Estrée 289

F

Farina 312, 324
Favorite ab 333
Fay 87
Fénelon 99
Ferdinand II. 107
Ferdinand III. 108
Fin 351, 352
Fink 132
Fischer, J. K. F. 335
Flemming 249, 250
Forstner 222, 325
Föse 302
Frangipani 108
Franz I. 171, 324, 358
Friedrich der Große 90, 110, 194, 245
Friedrich Wilhelm I. 90, 285, 329
Friese 227, 231, 239, 246, 307
Fuchs 126
Fouquet 47
Freytag 19
Fürstenberg, Anton von 82
Fürstenberg, Frl. von 317
Fürstenberg, Franz Egon von 49, 71, 74, 101, 102
Fürstenberg, Hermann von 82
Fürstenberg, Maria Franziska von, s. Baden
Fürstenberg, Wilhelm Egon von 71, 76, 80, 82, 91, 92, 146, 147, 216
Fürstenbund 200, 202, 224

G

Georg I. von England 88
Georg II. von England 89
Göckel 330
Godolphin 277
Gonzel 247
Goor 283, 297

Goslaer Tagung 261–262
Grande Mademoiselle 28, 34, 73
Gustav Adolf von Schweden 9, 12, 58, 85
Grävenitz 195
Greiffen 170, 201, 224, 325

H

Hagenbacher Militärpromenade 316
Hanau 76
Hannover, Ernst August von 88, 166, 194–260
Hannover, Georg Ludwig von 89
Hannover, Sophie von 88, 273
Hannover, Sophie Dorothee von 89, 285
Harcourt 22
Harrach 260, 292
Harsch 205, 228, 257, 328
Haßlingen 196
Haydn 348
Heidersdorf 208-210
Heiliges Grab, Kloster 64, 169, 265
Heinrich der Löwe 156
Heinsius 216, 231–243
Heiß 40
Heißler 153, 172, 180, 231
Heister 294
Hippolyt P. 169–170
Hocher 103
Hofordnung, badische 97
Hohenlohe 236
Huber-Redlich 131

I

Ibrahim 109
Imhof 161, 165
Innozenz X. 18
Innozenz XI. 67, 109, 119

J

Jakob II. von England 126, 177, 194, 218, 225, 246, 276
Johann II., Kasimir von Polen 58, 59
Johann III. von Polen, s. Sobieski
Josef I. 127, 138, 171, 260, 263, 270, 278
Joyeuse 227

K

Karl VI., Kaiser 218, 270, 271, 294, 326, 328, 344
Karl I. von England 70
Karl II. von England 71
Karl II. von Spanien 171, 218, 269–275, 291
Karl XII. von Schweden 246, 262, 273, 330, 341
Kara Mustapha 111–112, 120, 144
Karolyi 292
Kast 65
Kaunitz 242, 259, 263, 272, 277, 292
Keyßler 337, 340, 341, 350
Kinsky 174, 224–249
Kleinert 184
Klemens X. 67
Klemens XI. 342
Köln, Josef Clemens von 278, 306, 314, 328, 340
Kolonitsch 206
Königsmark 90
Köprülü 50, 108, 154, 171, 180–183
Krauth 247
Krebs von Bach 28
Kulpis 203, 220, 231–255

L

La Chapelle 30, 46
La Vallière 123
Lassolaye 39
Lauenburg, Anna Maria Franziska von, s. Toskana
Lauenburg, Franziska Sibylla Augusta von, s. Baden
Lauenburg, Julius Franz von 155–160
Lauenburg, Hedwig Augusta von 155

Laxenburger Allianz 103
Leibniz 75, 100, 102, 166
Leiningen 286
Leyen, von der 78
Le Maire 312, 324
Leopold I. ab 41
Tod 305
Charakter 49, 110, 141–142, 148, 260, 369
Leszcinska, Maria 341–343
Liechtenstein 289, 290
Liga von Linz 118
Ligne 363
Ligny 82
Lionne 47
Liselotte s. Orléans
Lisola 72
Lobkowitz-Sagan 71, 76, 96, 162
Lobkowitz, Maria Anna Wilhelmine von 161, 216, 343
Lollio 78
Longueville 30
Lorge 85, 151, 170, ab 195
Lorraine, Chevalier 67
Lothringen, Karl III. von 46, 72, 85
Lothringen, Karl IV. von 93, 95, 109–171
Lebenslauf 125–126
Lothringen, Leopold von 317, 323, 344
Louvois 47, 72, 93, 134, 149, 169, 170, 194
Lubomirski 245
Ludwig XIII. 23, 268
Ludwig XIV. ab 20
Tod 330
Ludwig XV. 344
Luther 49
Lützenau 159
Luxembourg 72, 86, 150, 177, 195, 226

M

Magdeburger Konzert 148, 191
Maintenon 123, 290
Mancini, Hortensia 67
Mancini, Laura 289
Mancini, Maria 25, 67
Mancini, Olympia 25, 26, 44, 123
Mannsfeld 289–293
Mantua 288, 327
Marci 176
Maria Anna von Spanien 143, 171, 270, 271
Maria Luise von Spanien 269
Maria Theresia von Frankreich 45, 269
Maria Theresia, Kaiserin 205, 294
Marlborough 277–328, 358, 369
Marsin 288–315, 327
Matignon 347
Maultasch 63
Maximilian I. 20
Mayr, Josef 339–340
Mazarin 15–47
Neffe 47, 61
Medici 55, 65, 66
Mélac 149
Mercoeur 289
Merian 63, 64, 78, 224
Miles perpetuus 100, 220, 235
Mirandola 327
Montecuccoli 50, 59, 71–87, 95, 109, 140
Montespan 345
Moreau 85
Morrosini 134
Mozart 348

N

Nadasdi 108
Napoleon 110
Nassau-Weilburg 235
Nepomuk 352
Neuburg s. Pfalz
Neumann 331
Nikolas von Leyden 14, 170
Nördlinger Allianz 282

O

Obrecht 22
Odescalchi 247

Olbreuse 88
Oppenheim(ber) 152, 206, 208, 247, 291
Oranien, Wilhelm I. von 70
Oranien, Wilhelm II. von 70, 71
Oranien, Wilhelm III. von, s. Wilhelm
Orléans, Elisabeth Charlotte von, gen. Liselotte von der Pfalz 61, 123–125, 136, 147, 149, 158, 304, 317–318, 324, 342, 345, 346, 351
Ihre Tochter s. Lothringen
Orléans, Louis von, s. Chartres
Orléans, Louis Philippe von 347
Orsini 290
Öttingen 353
Oxenstjerna 12

P

Palffy 140, 204, 205, 228, 289, 292
Palladio 266, 349
Parazelsus 14
Parma, Alexander von 9
Peter der Große 141, 252, 262, 273
Pfalz-Neuburg, Johann Wilhelm von 76, 165, 219, 225, 243, 323, 326, 329
Pfalz-Neuburg, Maria Anna, s. Maria Anna
Pfalz-Neuburg, Karl Philipp von 143
Pfalz-Neuburg, Philipp Wilhelm von 28, 78, 110, 124
Pfalz-Neuburg, Wolfgang Wilhelm 59, 78
Pfalz-Simmern, Ottheinrich 14
Pfalz-Simmern, Karl Ludwig von 19, 61, 82, 88
Pfalz-Simmern, Liselotte von, s. Orléans
Pfalz-Simmern, Sophie von, s. Hannover
Piccolomini 95, 153, 154
Piersanti 350
Plittersdorf 224, 245, 325, 335
Polignac 245–249
Pöllnitz 337
Potocki 246
Przebendowski 249–250
Pufendorf 167, 203

R

Rabatta 110, 119
Rabutin 294
Racine 233
Radziwil 142, 246
Rakoczi 107, 292, 293, 327
Rettenbacher 167
Retz 24
Reunionen 98, 99
Reuß 220, 222, 223
Rheinbund 46, 75
Richelieu 15, 23, 61
Rochlitz 203, 219
Röder von Diersburg 131, 182, 326, 363, 369
Rohrer 163, 265, 312, 324, 325, 332
Roli 312, 324
Rose 248
Rossi 265–266, 312, 313, 324, 325
Rousseau 349
Rubens 78, 313
Rudenz 168, 204
Ruyter 71

S

Sachsen, Friedrich August von, gen. August der Starke 197, 219–253, 273, 341, 358
Sachsen, Johann Georg III. von 114, 193
Sachsen, Johann Georg IV. von 194, 203, 210–220
Sachsen, Moritz von 318
Saint-Simon 227
Salm 144, 159, 164, 165, 260, 263, 292, 314
Salaburg 292, 293
San Geniez 39
Sapieha 246, 250

Saurau 181–183
Savoyen, Carlo Emanuele II. von 37
Savoyen, Vittorio Amadeo II. von 178, 225–329
Savoyen-Carignano, Eugenio, gen. Prinz Eugen 26, 95
ab 112 im Osten
ab 178 in Italien
bei Zenta 252
In Italien ab 277
In Wien 289
Mit Marlborough ab 298
Später 327–330, 358
Charakter 290
Savoyen-Carignano, Eugenio Maurizio von 26, Gemahlin s. Olympia Mancini
Savoyen-Carignano, Maria von ab 26
Savoyen-Carignano, Maria *Luisa* Christina, s. Baden
Savoyen-Carignano, Tommaso von, ab 26
Schlick 315–316
Schmitz 30–31
Schmettau 247
Schneider, P. Prokop 340, 348, 355
Schönborn, Damian Hugo von 331–357
Schönborn, Johann Philipp von 45, 75, 77
Schönborn, Lothar Franz von 331
Schöning 126, 127, 194, 195, 223
Schöpflin 22
Schulte 110, 240, 308, 363, 367
Schulz 120
Schwäbischer Kreis, Zusammensetzung 221
Schwarzenberg 326, 343–347
Seitz 332
Seilern 225, 242
Serenyi 168
Sickingen 195
Sobeville 122
Sobieski, als König Johann III., 72, 80, 108, 110, 143, 214, 241, 245, 342
Soliman 128, 143
Souches 179–183
Speyer, Heinrich Harland von 338
Stanislaus von Polen 341, 342, 358
Starhemberg, Ernst Rüdiger von 113, 143, 226, 251, 260, 287, 290
Starhemberg, Guido von 153, 173, 174, 181, 289, 293, 294
Starhemberg, Gundacker von 287, 290, 293
Stertzinger 287
Stimmern 54
Stösser von Lilienfeld 91, 234–235, 240
Stradella 66
Stratmann 148, 223
Straßburg französisch 101–102
Styrum 288
Suleiman II. 107
Sulzbach, Christian August von 77, 156–164, 175, 201, 323
Sulzbach, Philipp von 157–162

T

Tallard 288–303
Talleyrand 76
Teresa de Jesus 350
Tessé 149
Tettenbach 108
Thököly 108, 109, 111–247, 292
Thüngen 232, 234, 257, 296, 316, 325
Thurn und Taxis 344–346
Tilly 11
Toskana, Anna Maria Franziska von 156–165, 354
Toskana, Gian Gastone von 165, 323, 358
Turenne 24, 46, 47, 72–86, 119, 123

U

Ulrich 14
Usleber 318

V

Vaillant 366
Vauban 17, 72, 147, 233
Vaubonne 241
Vaudémont 252, 289
Vecchi 130
Velasquez 18
Vendôme 287, 290, 327
Venerie 312, 324
Verelst 136
Veterani 153, 154, 171, 172, 174, 179, 228
Villars 117, 136, 137, 140, 195, 211, 221, 258, 262, 279, 284–329, 358
Villeroy 226, 289, 296–309
Vloßdorf 53, 65
Voisin 123
Voltaire 346

W

Waldeck ab 100, 114, 120
Wallenstein 207
Wartensleben 204, 211
Weimar, Bernhard von 96
Weinhardt 54
Wellington 294
Welsch 331, 332
Wenzel 352
Werchowitz 156–161
Wertheimer 326
Wilhelm von England (Oranien) 70, 72, 92, 103, 127, 148–277
Witt 71–72
Wratislaw 298, 300, 304, 314
Württemberg, Administrator von 195–196
Württemberg, Eberhard Ludwig von 195, 196, 212, 229, 231, 236, 255

Z

Zandt 142
Zapolya 107
Zrinyi 139, 183, 184

0 5 10 15 20 km
Speyer-Bach
Speyer
Edenkoben
Germersheim
Philippsburg
Landau
Queich
Bruchsal
Bergzabern
Rhein
Pfinz
Weißenburg
Lauter
(Karlsruhe)
Durlach
Sulz
Ettlingen
Sauer
MARKGRAF-
Beinheim
Favorite
Rastatt
Kuppenheim
Neuenbürg
Hagenau
Fort Louis
SCHAFT
Bischweiler
Moder
Gernsbach
Stollhofen
Baden
Wildbad
Brumath
Zorn
BADEN-BADEN
Bühl
Rhein
Murg
Enz
Ill
Sasbach
Achern
Straßbg.
Kehl
Nagold
Kinzig
Rench
ORTENAU
Offenburg
Freudenstadt

16
18
20
SCHLESIEN
P
MAEHREN
Kas
Krems
OBERUN
Tulln
Korneuburg
Leopoldstadt
Wien
Preßburg
48
Neuhäusel
Neustadt
Parkan
Erlau
Raab
Gran
Ofen-Pesth
Stuhlweißenburg
RUMPFUNGARN
Donau
Gr
Platten-See
Marburg
OSMANISCH
Kaposvár
Segedin
Fünfkirchen
46
Mohacs
Agram
KROATIEN
Zenta
Drau
BAN
Theiß
Esseg
SLAVONIEN
Peterwardein
Brod
Karlowitz
Szlanka
Save
Semlin
Belgr
BOSNIEN
Zwornik
REICH
44
Batasch
DALMATIEN
Jago
Sarajevo
SERB
16
18
20

22
24
26
0
50
100
150 km
L E N
A R N
Theiß
48
lein
Klausenburg
E S
SIEBENBÜRGEN
MOLDAU
rad
ros
46
Hermannstadt
mesvar
Kronstadt
Kimpolung
Gradiska
Orsova
Eisernes Tor
WALACHEI
Bukarest
Crajova
44
Widdin
Donau
N
BULGARIEN
Nisch
22
24
26

Otto Flake

Werke in Einzelausgaben
Herausgegeben von Rolf Hochhuth und Peter Härtling

Erzählungen
463 Seiten. Leinen

Fortunat
Roman in zwei Büchern
Zus. 1567 Seiten. Leinen

Schloß Ortenau/Sommerroman/Old Man
782 Seiten. Leinen

Monthivermädchen
784 Seiten. Leinen

Freiheitsbaum und Guillotine
57 Essays aus sechs Jahrzehnten.
588 Seiten. Leinen

Die erotische Freiheit
Essay. 111 Seiten. Nachwort von Peter Härtling
Fischer Bibliothek

Es wird Abend
Bericht aus einem langen Leben
Fischer Taschenbuch Band 2272

Große Damen des Barock
Historische Porträts
Fischer Taschenbuch Band 2273

Hortense oder Die Rückkehr nach Baden-Baden
Roman. Fischer Taschenbuch Band 2271

Marquis de Sade
Mit einem Anhang über Rétif de la Bretonne
Fischer Taschenbuch Band 2275

Schloß Ortenau
Roman. Fischer Taschenbuch Band 5787

Türkenlouis
Gemälde einer Zeit
Fischer Taschenbuch Band 5788

S. Fischer · Fischer Taschenbuch Verlag

fi 222/2